... allen, die ein Herz für Deutschland haben.

„Als ich das Vaterland im Elend erblickte, wurden mir selbst seine Gebrechen plötzlich teuer und wert, und ich gab dem Vaterland selber den Handschlag eines erneuten Bündnisses der Liebe.“

Heinrich Heine
(Düsseldorf 1797—1856 Paris)

Dieser Ausspruch darf und soll nicht darüber hinwegtäuschen, daß Heinrich Heine allzuoft Deutschland und die Deutschen aller Stämme mit ätzendem Spott, ja mit Haß überworfen hat. Auch noch nach seinem Übertritt von der jüdischen zur christlichen Religion, der Heine aber die in München erstrebte Professur mit einem Leben ohne Geldsorgen nicht einbrachte.

Es konnte nicht ausbleiben, daß seit über 30 Jahren Heine wieder von gewissen Kreisen verherrlicht wird, die nur sich selbst als Tugendwächter der Welt sehen und hinstellen.

Doch man soll bekanntlich auch beim Widersacher Gutes gelten lassen und daraus lernen. In diesem Sinne möchte der obige Ausspruch unabhängig davon verstanden werden, aus welchem Anlaß dieser erfolgte.

Gesamtherstellung: Druckerei Gerhard Rautenberg, 2950 Leer
Buchbinderische Verarbeitung: Großbuchbinderei Kuhlmann, 2900 Oldenburg
ISBN 3-7921-0273-0
Printed in Western Germany

Werner H. F. Kellermann-Tospel

Es gilt uns allen ...

Für Wahrheit in Geschichte

Historisch-Politischer Verlag · Leer (Ostfriesland)

Vor-Bemerkungen

1. Eine preußische Standarte, entnommen aus dem Wappenkalender von Prof. Otto Hupp, München, 1919, soll nicht bedeuten, daß etwa diese Schrift oder Teile davon im Zusammenhang mit irgendeiner preußischen Institution oder dem Hause Hohenzollern stehen.

2. Diese Schrift ist aus persönlicher Initiative und eigenen Gedanken von mir geschrieben. Ich übernehme für den Inhalt und alle Zitate die alleinige Verantwortung.

3. Da die Abschnitte zu verschiedenen Zeiten entstanden sind, wird wegen Wiederholung einiger Gedankengänge um Nachsicht gebeten. Doch wurde diese teilweise auch absichtlich vorgenommen, um zu versuchen, selbst einen flüchtigen Leser aufmerksam zu machen.

4. Die mit M. M. bezeichneten Gedichte stammen von Martin Machule. Geboren in Berlin, schlesischer Abkunft. Standorte seines Weges: Berlin, Südtirol, Österreich, München, Schwaben. — V. 2 und 9 nach Anton Wildgans, Wien, von „Verhüte dies ..."

5. Zitate bezeichnet mit:
   –x– aus Werken von Emil Meier-Dorn
   –xx– aus Werken von Prof. Dr. Bolko Frhr. von Richthofen

Der Verfasser

An Stelle eines Vorworts

„Wer Wind säet, wird Ungewitter ernten." (Hl. Schrift, Prophet Hosea 8. 7.)
„Darum säet euch Gerechtigkeit und erntet Liebe." (Hosea 10. 12.)
„Denn sie reden stolze Worte, dahinter nichts ist. Und verheißen ihnen Freiheit, ob sie wohl selbst Knechte des Verderbens sind. Denn von wem jemand überwunden, des Knecht ist er geworden. Mit ihnen ist das Letzte ärger geworden, denn das Erste."

2, Petrus 2
18. 19. 20.

„Wisset, daß das Geheimnis des Glücks: die Freiheit, das Geheimnis der Freiheit aber der Mut ist."

Perikles
Staatsmann und demokratischer Führer Athens, unter dem Mitte des 5. Jahrhunderts v. Chr. Griechenland die höchste Blüte erreichte.

„Denn wenn Unkenntnis der Wahrheit schon an und für sich eine Schmach ist, ist es dann nicht doppelt schimpflich, nach ihrer Erkenntnis der Lüge freiwillig anzuhängen?... Wertlos und rasch vergänglich sind die Geschenke, die denen gemacht werden, die jenen in Selbsterniedriegung schmeicheln, und die sie, sich täuschend, als ewige und unvergängliche Belohnung nehmen ... Zu allem trieb mich nur der Eifer für die Wahrheit und die Liebe zum Vaterland ... Es lebe die Freiheit! Ich hab's gewagt!"

Reichsritter Ulrich von Hutten. (1488—1523)
Er war der erste deutsche Publizist. Wortgewandter Verfechter der Geistesfreiheit. „Einer der größten und treuesten Söhne Deutschlands, der wie keiner seiner Zeit die deutschen Sorgen so klar erkannte und die Verhältnisse von einem so weltweiten und hohen Standpunkt aus betrachtete wie er." (Dr. Rudolf Neuwinger)

„Nicht wer zuerst die Waffen ergreift, ist der Angreifer, sondern der, welcher dazu nötigt."

Machiavelli (1469—1527)
Florentinischer Staatsmann und Historiker.

„Für meine Deutschen bin ich geboren, meinen Deutschen will ich dienen. Ich kann es ja nicht lassen, und ich muß mich sorgen um das elende, verlassene und verachtete und verkaufte Deutschland, dem ich kein Arges, sondern alles Gute gönne, als ich schuldig bin meinem lieben Vaterland."

Martin Luther (1483—1546)

„Darum erfindet sich in der Schrift, daß wir frei sind und wir wollen frei sein (Weish. 6,1 Pet. 2). Nicht daß wir gar frei, keine Obrigkeit haben wollen; das lehret uns Gott nicht. Wir sollen in Geboten leben, nicht im freien fleischlichen Mutwillen (5. Mos. 6, Matth. 4), sondern Gott lieben als unseren Herrn, in unseren Nächsten ihn erkennen, und das alles ihnen tun, was wir auch gern hätten ... Nicht allein vor der Obrigkeit, sondern vor jedermann sollen wir uns demütigen (Röm. 13)".

Aus den „Zwölf Artikeln" (3. Art.) der aufständischen Bauern im Jahre 1525, die nicht die äußerste Linke darstellten, wie oft behauptet wird, sondern eine Demokratie von Freiheit und Bindung.

„Im Fall der Gegenwehr ist es am besten, den Feind für mächtiger halten als er scheint."

Shakespeare (1564—1616)

Nach dem 30jährigen Krieg (1618—1648), als alles zusammengebrochen war, blickte ein Seher in die Zukunft: „Unser Land wird wieder blühende Kornfelder tragen. Alle Länder Deutschlands werden wieder blühen. Und die Menschen werden wieder blühen, reifen, Früchte tragen, ehe sie vergehen. Wir werden es nicht mehr erleben, aber wir legen die ersten Samenkörner dazu in die Seelen. Diesen Rest der Saat, den wir aus unserem unzerstörten Geistesgut gerettet haben. Jetzt erscheint es kaum glaublich, daß diese ausgeblutete und verkommene deutsche Menschheit jemals wieder menschenwürdig leben wird. Aber sie wird! Sie wird leben! Es wird eine große Zeit der Blüte und danach der Reife für sie kommen. Und wir sind notwendig. Ohne uns würde das Kommende nicht sein."

Lene Bertelsmann

„Der eigentliche Urheber des Krieges ist nicht der, welcher ihn erklärt, sondern der, welcher ihn notwendig macht."

Montesquieu (1689—1735)
Französischer Schriftsteller und Philosoph

„Ich will nicht der Spielball zwischen Ost und West sein ... Man muß uns das Recht zugestehen, Freiheit zur Entwicklung zu haben ... Die Feinde wünschen nichts weiter, als zum Angriffe zu reizen, damit sie den Schein des Rechts auf ihrer Seite hätten."

Friedrich der Große (1712—1786)

„Nur eine Verständigung mit Preußen über die Neueinteilung des deutschen Reiches kann uns stark und groß erhalten als deutsche Macht."

Kaiser Joseph II. (1741—1790)

„Die Freiheit des Menschen liegt nicht darin, daß er tun kann, was er will, sondern daß er nicht tun muß, was er nicht will."

Jean-Jaques Rousseau (1712—1778) forderte in seinem Werk „Gesellschaftsvertrag" die unbedingte Demokratie.

„Keine Lüge ist zu grob ersonnen worden, der die Deutschen nicht in unbegreiflicher Albernheit Glauben beigemessen hätten. Die törichte Mißgunst, womit sie sich untereinander angefeindet, habe ich zu meinen Gewinsten wohl gehegt. Immer hatten sie mehr Erbitterungen untereinander als gegen den wahren Feind."

Napoleon I. (1768—1821)

„Der Mensch ist zusammengesetzt aus Vergessenheit."

Arabisches Sprichwort

„Laßt uns besser werden, dann wird's besser sein . . . Der politische Glaube ist wie der religiöse, eine feste Zuversicht dessen, was man hoffet, aber nicht siehet."

Königin Luise von Preußen (1776—1810)

„Ich erkläre, daß ich die warnenden Begebenheiten alter und neuer Zeit, die weisen Lehren ganzer Jahrhunderte, die edlen Beispiele berühmter Völker nicht hingebe für eine lügenhafte Zeitung."
„Lastend ruht das ungerechte Urteil von ganz Europa auf uns. So bedürfen wir doppelten Mutes, um mit der Nation das Unglück und die Schande zu tragen. Und doch möchte ich allen Deutschen zurufen: ‚Ehret euch selbst, das ist: Verzweifelt nicht an eurem Schicksale.'"

Carl von Clausewitz (1780—1831)
Preußischer General, Gelehrter und Philosoph.

„Und wer die Freiheit zu unterdrücken auszieht, damit unschuldige Völker als Knechte dienen, der erhebt das Schwert gegen Gott den Herrn, und treffen wird ihn, der die Blitze vom Himmel wirft. Denn früher oder später findet Gott den Übermut und mißt jeglichem seinen gebührenden Lohn."
„Ich vertraue Gott, dem deutschen Geist und rufe: ‚Am Himmel und am Vaterlande darf man nicht verzweifeln.'"
„Recht tut, wer sich des Unrechts wehrt."

Ernst Moritz Arndt (1768—1860)
Dichter, Publizist und Politiker

„Scheußliche Verhöhnung, in der der Knechtschaft reif für die Freiheit zu werden, schwimmen zu lernen auf dem Trocknen. Nur in der Freiheit wird man frei.“
„Der Mut, den wir einzig und allein brauchen können, ist das Resultat der Liebe, der Pflicht, des Rechtsgefühls, der Begeisterung und der Ehre. Er ist nicht angeboren, sondern er wird, er wächst.“

Theodor Fontane (1819—1898)

„Zum Denken sind wenige Menschen geneigt, obwohl alle zum Rechthaben.“

Schopenhauer (1788—1860)

„Nichtswürdig eine deutsche Libertät, die prahlerisch im Feindeslager steht.“

Conrad Ferdinand Meyer (1825—1898)
Schweiz. Dichter aus „Huttens letzte Tage“

„Achte jedes Mannes Vaterland, aber das deinige liebe.“

Gottfried Keller (1819—1890)
Schweiz. Dichter

„Wir lieben aber auch aufrichtig und wahrhaft Preußen, wir lieben es als Deutsche, wir lieben es als Christen, wir lieben es als Untertanen eines so gerechten Königs, wir lieben es wegen seines Selbst- und Ehrgefühls, wir lieben es und haben die Überzeugung, daß Licht und Schatten sich zwischen Österreich und Preußen ausgleichen, und daß sie nur im vereinten Wirken unser deutsches Gesamtvaterland zu jener Entwicklung führen, die die göttliche Vorsehung ihm bestimmt hat.“

Wilhelm Emanuel von Ketteler
Bischof von Mainz (1811—1877)
Vorkämpfer des polit.-soz. Katholizismus

„Ich möchte eins zur Richtschnur empfehlen, was den Engländer und Franzosen auszeichnet: das ist das stolze Gefühl der Nationalehre, welches sich nicht so leicht und häufig dazu hergibt, nachahmungsweise bewunderte Vorbilder im Ausland zu suchen, wie es hier bei uns geschieht.“
„Der nächste Krieg würde viel weniger den Charakter eines Krieges von Regierung zu Regierung haben, als den eines Krieges der Roten Fahne gegen die Elemente der Ordnung.“

Bismarck (1815—1898)

„Die Politik Rußlands ist unwandelbar. Seine Methoden, seine Taktik, seine Manöver mögen sich ändern, aber der Leitstern seiner Politik, die Weltherrschaft, ist ein Fixstern.“
„Die tatarische Methode russischer Politik besteht darin, durch Verwirrung und

Angst zu siegen. Dem alten asiatischen System der betrügerischen kleinen Tricks getreu, spielt Rußland mit der Leichtgläubigkeit der westlichen Welt. Es gibt nur einen Weg, mit Rußland fertig zu werden: Furchtlosigkeit!"

Karl Marx (1818—1883)

„Man verdirbt einen Jüngling am sichersten, wenn man ihn verleitet, den Gleichdenkenden höher zu achten als den Andersdenkenden."

Friedrich Nietzsche (1844—1900)

„Die Wahrheit ist für die Menge das, was man ständig liest und hört."

Oswald Spengler (1880—1936)
Historiker u. Schriftsteller. „Untergang des Abendlandes"

„Ich wollte die Verleumdung ausrotten und die Wahrheit zur Kenntnis der Allgemeinheit bringen."

Sven Hedin (1865—1952)
Schwedischer Weltreisender, Forscher, Historiker und Schriftsteller. Kämpfer für Gerechtigkeit in und nach beiden Weltkriegen.

„Geschichte aber muß die Darstellung der Tatsachen sein."

Hugo Wellems, Chefredakteur und Schriftsteller. „Herz auf der Waage" — „Keine Nacht dauert ewig" u. v. a.

„Es ist doch eine große Annehmlichkeit, wenn man es sich leisten kann, die Wahrheit zu sagen."

Graham Greene, geb. 1904, englischer Schriftsteller. „Die Kraft und die Herrlichkeit" — „Das Herz aller Dinge" u. a.

„In tragischer Blindheit gehen die Menschen einher ... Die Jungen nehmen alles so selbstverständlich hin ... sie kennen keine Vergleiche, für sie „war es immer schon so."

Joachim Fernau
Historiker und Schriftsteller

„Nationen sind nicht wegen ihrer Feinde zugrunde gegangen, sondern wegen ihrer eigenen Dummheit."

Salvador de Madariaga y Rojo
Spanischer Schriftsteller und Politiker, „Wanderprediger des Liberalismus" genannt.

„Es ist nicht das Werk Hitlers, das vernichtet werden muß, das mag den Deutschen gelassen werden. Sondern es ist das Werk Bismarcks, das Werk Friedrichs d. Gr."

„The Nineteenth Century", London, 1. 9. 1939

„Zu einer inneren Umwälzung nach dem Guten gehört der volle Sieg über den äußeren Feind."

Werner Jansen, geb. 1890
Romane aus deutscher Heldensage und Geschichte. „Geier um Marienburg" u. v. a.

„Wir haben kein Recht, unsere moralische Überlegenheit der Entartung Hitlers gegenüber zu stellen. Die Geschichte der Nachkriegszeit ist kein Ruhmesblatt. Ein Dante hätte sich gesträubt, die Furchtbarkeit dieser Repressalien an Unschuldigen darzustellen."

Papst Pius XII. (1876—1958) in seiner Weihnachtsansprache 1947

„Wir alle kennen jene Stunden der Mutlosigkeit, in denen wir gleichsam zu uns selbst sagen: „Laß doch alles laufen, wie es will, du reibst dich auf in deinen Arbeiten und erreichen tust du doch nichts. Überall ist ja doch nichts als Lüge und Stumpfsinn." Diesen möchte ich zurufen: „Arbeiten und nicht verzweifeln!"

Thomas Carlyle (1795—1881)
Schottischer Schriftsteller, Historiker und Philosoph. Großer Freund der Deutschen.

„Wenn wir uns vorstellen, wir sollten lediglich mit dem leben, was wir als Angehörige einer einzelnen Nation sind, wenn wir beispielsweise den durchschnittlichen Deutschen aller der Sitten, Gedanken, Gefühle zu entkleiden versuchen, die er von anderen Völkern Europas übernommen hat, dann werden wir bestürzt erkennen, wie unmöglich eine solche Existenz ist: Vier Fünftel unseres geistigen Besitzes sind europäisches Gemeingut."

Ortega y Gasset (1883—1955)
Spanischer Philosoph und Soziologe

„Immer wieder spekuliert der Bolschewismus darauf, daß jede Blut- und Schandtat bald vergessen wird."

Arnold Krieger, aus „Stärker als die Übermacht" 1961

„Freiheit! Das schönste Wort der Welt, aber auch das am meisten mißbrauchte. Jeder Unterdrücker der Geschichte führte es auf den Lippen. Anarchisten bom-

ben im Namen der Freiheit. Die roten Fahnen der menschenverachtenden Kommunisten flattern um das Transparent Freiheit; Freiheit für Radikale, Freiheit für Umsturz, Freiheit für hemmungslosen Sex, Freiheit für Abtreibung. Freiheit für jede Unappetitlichkeit.
Aber Freiheit und Gleichheit können nicht gleichwertig zusammenstehen. Natürlich muß es Gleichheit vor dem Gesetz geben. Aber die Theorie von der Gleichheit aller Menschen ist das Todesurteil für echte Freiheit."

Axel Springer, „Kein Aufschrei geht durch unser Vaterland" 1976

„Viele Menschen, die begriffen haben und dieser Jugend entgegentreten könnten, sie wagen es nicht zu widersprechen, sondern flirten sogar mit ihnen, nur um nicht konservativ zu erscheinen."
„Man kann nicht nur die eigene Freiheit lieben und in Ruhe zusehen, wie die Hälfte der Menschheit, der größere Teil der Erde, Gewalt und Unterdrückung ausgesetzt sind."

Alexander Solschenizyn
Russischer Schriftsteller, Systemkritiker, Nobelpreisträger

„Kenntnis aller Seiten eines Gegenstands schützt vor verzerrter Sicht. Kenntnis des Imperialismus sämtlicher Großmächte — von Englands Ägypten-Okkupation 1882 bis zur sowjetrussischen Afghanistan-Invasion 1980 sind Dutzende Länder im Laufe der letzten hundert Jahre besetzt worden — schützt vor der irrigen Annahme, es handle sich dabei um eine deutsche Spezialität. Das gleiche gilt für Massenmord ... Kenntnis der Geschichte öffnet den Blick für mannigfache Verzahnungen von actio und reactio, von Herausforderung und Antwort im Denken und Handeln der Menschen ..."

Karl Ludwig Bayer, „Epoche" 8/81

„Es ist kein Trost und keine Hilfe bei der Weisheit der Weisen und der Macht der Mächtigen. Denn der HERR kam nicht zur Welt, damit die Menschen klüger, sondern damit sie gütiger werden. Und darum sind es allein die Kräfte des Herzens, die uns vielleicht noch einmal werden retten können."

Karl Heinrich Waggerl (1897—1973)
Österreichischer Dichter

Verhüte dies...

Die satte Übermacht bedrohte uns voll Neid,
Wir glaubten ganz an unser Lebensrecht
In zwei gewaltigen Kriegen unserer Zeit.
Das schweißte uns zusammen eng und fest.

So suchten wir mit Blut und blanken Waffen,
Zum Trotze aller Frevelgier und List,
Uns immer wieder unser Land zu schaffen,
Das uns der Inbegriff der Erde ist.

Doch alles wird verfälscht und umgebogen.
Als Teufel werden nur Besiegte hingestellt.
Zum Raube wird erpreßt und immerfort gelogen.
Folglich bedroht solch Treiben längst die Welt.

Uns wollte man bekämpfen namens Völkerrecht,
Um Selbstbestimmung, Glauben hochzuhalten.
Brutal zertreten es die Sieger selbst,
Ohne das Urteil der Geschichte zu beachten.

Herausgehauen ward aus unserem Lande,
Was unser Eigen ist von uralt her.
Zerrissen unserer Geschichte Bande:
Es gilt uns allen, nicht nur dir und mir.

Entwürdigt wurde, was uns hoch und heilig ist,
Aus unserer Eltern, unserer Ahnen Denken.
Nur das soll bleiben, was mit ungemeiner List
Uns geistig Fremde hintergründig lenken.

So wuchern Rache, Völkerhaß, Gewalt.
Den Toten jener Seite gilt allein die Trauer.
Vernebelt aber werden dargestellt
Der Bombenterror, die Vertreibung und... die Mauer.

Wir wissen, daß auch wir uns schuldig machten.
Doch Schuld kann niemals nur die eine Seite haben.
Der Zwang, uns selber zu verachten
gibt neues Unheil, ob auch erst in fernen Tagen.

Verhüte dies in Deinem dunklen Walten,
Allmächtiger, der Schmach und Sieg verleiht.
Denn unser großes, stummes Händefalten
Ist nur gerichtet auf Gerechtigkeit.

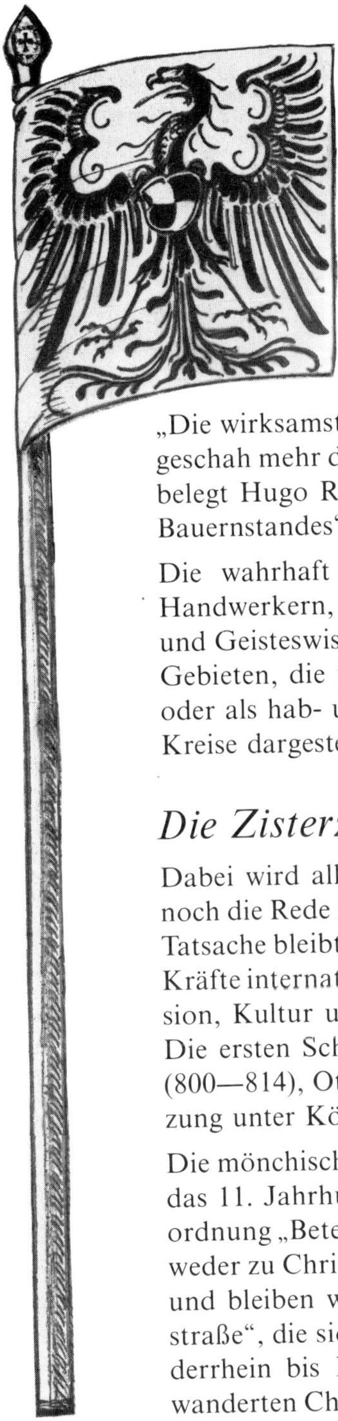

„Mehr durch den Pflug als durch das Schwert"

Wie oft und eindringlich aus Kanälen aller Art wurde und wird diese geschichtliche Wahrheit in das Gegenteil umgebogen, und auch stetig behauptet, das Schwert sei zu allen Zeiten bis in die jüngste Vergangenheit nur in Händen von Deutschen gewesen.

So möchte der Abschnitt dieser Schrift dazu beitragen, die historischen Tatsachen für das eine und andere sprechen zu lassen.

„Die wirksamste und nachhaltigste Eroberung des deutschen Ostens geschah mehr durch den Pflug als durch das Schwert." So urteilt und belegt Hugo Reinhofer in seinem Werk „Geschichte des deutschen Bauernstandes" (Graz 1925).

Die wahrhaft bedeutenden Kulturtaten von deutschen Bauern, Handwerkern, Baumeistern, Kaufleuten und Künstlern, von Natur- und Geisteswissenschaftlern im deutschen Osten und vielen anderen Gebieten, die uns geraubt wurden, werden entweder verschwiegen oder als hab- und ländergierige Eroberungen seitens der bekannten Kreise dargestellt.

Die Zisterzienser

Dabei wird allermeist schon der Deutsche Orden, von dem später noch die Rede ist, als rein kriegerische Organisation angegriffen. Die Tatsache bleibt unerwähnt, daß es doch weit vorher schon christliche Kräfte internationalen Charakters waren, die in reinem Eifer für Mission, Kultur und Zivilisation die Ostkolonisation betrieben haben. Die ersten Schritte dazu geschahen unter den Kaisern Karl d. Gr. (800—814), Otto d. Gr. (962—973) und fanden planmäßige Fortsetzung unter König Lothar von Supplinburg. (1125—1137)

Die mönchische Gemeinschaft des Zisterzienser-Ordens aber, die auf das 11. Jahrhundert in Frankreich zurückgeht, wollte ihre Lebensordnung „Bete und arbeite" zumal in solchen Gebieten verbreiten, die weder zu Christus beteten, noch sich an Arbeit gewöhnten. Es waren und bleiben wahrhaft zeitlose Grundsätze. „Auf der Cistercienserstraße", die sich von Citeaux über Clairvaux-Morimont-Kamp/Niederrhein bis Falkenau/Livland und Koprywnica/Polen dahinzog, wanderten Christentum und Kultur jedweder Prägung nach Osteuropa. (Ambrosius Schneider — Die Cistercienser — Geschichte-Geist-Kunst — Köln 1977 -I-.) Bereits gegen Ende des 12. Jahrhunderts werden die Zisterzienser mit den Worten charakterisiert: „Mit ihrer Hände Arbeit speisen und kleiden sie die Armen, offen steht dem Wanderer ihre Pforte.“

„Die Ostkolonisation war in erster Linie eine wirtschaftliche und keine politische Bewegung. An ihr beteiligten sich außer der Kirche, die mit ihren Ordensniederlassungen religiös-kulturelle Mittelpunkte schuf, alle deutschen Stände: Ritter und Bürger als Städtegründer, Bauern als Bebauer des neuerschlossenen Siedlungslandes. In die nur schwach besiedelten Gebiete östlich der Elbe und Oder zog — dem Ruf deutscher wie einheimischer Großen folgend — ein gewaltiger deutsch-niederländischer Siedlerstrom ... Der Deutsche Orden und die Hanse übernahmen die Weiterführung des Siedlungswerkes.“ (wie vor -I-)

Für uns Westdeutsche, gerade für Rheinländer und Bergische, ist die große Bedeutung des Kölner Raumes, mit dem Kloster Altenberg, für die Missionierung des Ostens bewegend. Im Jahre 1133 werden schon Altenberger Konvente beurkundet, die ostwärts gesandt wurden. Auf Bitten des Polenherzogs Mieszko entsendet Altenberg einen Konvent nach Lond a. d. Warthe und erhält als Eigenbesitz 14 Ortschaften und 3 Märkte. (Archivalien im Stadtarchiv Köln) „Die hohe Wertschätzung der in der Folgezeit von den Londer Mönchen geleisteten Kulturarbeit findet ihren Niederschlag in zahlreichen Privilegierungen der Landesfürsten.“ (wie vor -I-) Rege persönliche Beziehungen der Mönche zu ihrer Heimat und ihrer Vaterstadt wie auch lebhaftes Interesse an den Söhnen im fernen Osten blieben erhalten.

Ferner möchte eine weitere sehr frühe Erwähnung zur Wiedergewinnung des deutschen Ostens, wie es Reinhofer im Jahre 1925 ausdrückte, aus unserem so heimatlichen Sauerland hier nicht fehlen. Das Benediktinerkloster Grafschaft (Grascap), gelegen im altsächsischen (altwestfälischen) Gebiet, wurde im Jahre 1072 vom Kölner Erzbischof Anno II. mit Mönchen aus der Abtei zu Siegburg begründet. Es hat sich eine Urkunde aus der ersten Hälfte des 12. Jahrhunderts in Grafschaft mit dem Text des ersten Aufrufes zur Missionierung, Urbarmachung und Besiedlung des Ostens erhalten. Dies war zweifellos auf den Einfluß des Mutterklosters Siegburg, überhaupt auf den Kölner Raum zurückzuführen. Man muß sich vorstellen, was der Ruf zum Osten vor 850 Jahren bedeutet hat als das Kloster Grafschaft tief im Gebirge selbst noch mit Schwierigkeiten und der Beseitigung von Resten des germanischen Glaubens befaßt war. Auch aus späteren Jahrhunderten finden sich noch viele Spuren der Sauerländer. Im Danziger Bürgerbuch 1364—1434 sind allein zwölf Namen mit Herkunft aus dem Sauerland beurkundet, wie in Elbing, Thorn, Wisby, Dorpat, Reval u. v. a. Dem weltweiten Zug der Hanse wurde auch aus kleinen Orten des Sauerlandes gefolgt, so daß in der Geschichtsschreibung die alten Wege und ihre Ziele festgehalten wurden und im Gedächtnis des Volkes unvergessen bleiben.

Eine großzügige wirtschaftliche Unterstützung der Siedler mit Vieh, Saatgut, Werkzeugen, mit Abgabenfreiheit für 6—12 Jahre kam auch Teilen der slawischen Bevölkerung zugute, obwohl „die Leistungen der deutschen Ansiedler eine der Grundlagen der zisterziensischen Klosterwirtschaft im östlichen Mitteleuropa bildeten". (Die Zisterzienser-Ordensleben zwischen Ideal und Wirklichkeit — Schriftenreihe des Rhein. Museumsamtes N. 10 — Bonn 1980 — II —)

„Musterschulen des Landbaues waren die klösterlichen Gutsbetriebe. Bereitwillig teilen die Mönche Kolonisten und alteingessener Bevölkerung die neuesten Erfahrungen in Ackerbau, Vieh- und Bienenzucht, in Obst- und Gemüsebau, Fischerei und Werkzeugproduktion mit. Unverkennbar bleibt auch ihr nachhaltiger Einfluß auf den Kirchenbau (Backsteingotik) und auf die Schreibstuben des Ostens." (wie vor -I-)

Die endliche Ausbreitung des Christentums bereitete jedoch immer noch große Schwierigkeiten. So mußte Bischof Christian von Preußen, vormals Abt in dem großpolnischen Kloster Lekno, Anfang des 13. Jahrhunderts „energisch gegen landesübliche Unsitten, wie Vielweiberei, Frauenkauf und Tötung neugeborener Mädchen einschreiten, und zwar mit Genehmigung des Papstes im Jahre 1218". (wie vor -I-)

Zu Beginn des 14. Jahrhunderts berichtet ein Mönch über die Verhältnisse: „Das arme und nicht fleißige polnische Volk habe keine Städte oder Flecken, kein Salz, kein Eisen, keine Münzen, auch kein anderes Metall, nicht einmal rechte Kleider und Schuhe." (wie vor -I- u. -II-) Wenn dies auch in dem Werk zu -II- 1980 dahin gedeutet wird, als habe dieser Mönch übertrieben, und die Leistung seines Ordens bzw. Klosters (Leubus in Schlesien) herausstellen wollen, so finden sich ähnliche Berichte aus viel späterer Zeit, wie noch erwähnt. Im übrigen mag sich jeder selbst ein Bild machen, der über Jahrhunderte hinweg jeweilige wirtschaftliche und kulturelle Leistungen da und dort betrachtet, sei es aus authentischen Berichten oder eigenen Erkenntnissen und Wahrnehmungen.

Doch die friedliche Missionierung scheiterte wieder einmal mehr an benachbarten polnischen Herzögen, „die sich über die christianisierten Gebiete landesherrliche Rechte anmaßten und die Bevölkerung zu drückenden Frondiensten heranzogen." (wie vor –I–) So erteilte der Papst die Erlaubnis an die Zisterzienser, Kreuzfahrer anzuwerben, um die christianisierten Gebiete schützen zu lassen. Wobei das Schwert wohl oder übel unentbehrlich war.

Die Entwicklung nach weiteren 270 Jahren — 1489 — ging trotz bzw. gerade wegen der Leistungen der Deutschen dahin, daß diese dem „erstarkten polnischen Nationalgefühl ein Dorn im Auge wurden ... und nichtpolnische Elemente in Staat und Kirche ausgeschaltet werden sollten". Wiederum an die 100 Jahre später mußten sogar Mönche aus vielen Klöstern nach Schlesien fliehen, wobei die Mitnahme der Archivalien gelang. (1553)

Bezeichnend ist die Erklärung vom 15. 2. 1561 des polnischen Königs Sigismund II. an Kaiser Ferdinand: „Die Polen seien zwar nur wenig mit den Wissenschaften, mehr aber mit der Kriegskunst und anderen Dingen... vertraut." (wie vor –I–) Was also der deutsche Pflug Jahrhunderte hindurch errungen hatte, sowohl wortwörtlich wie in Kultur und Zivilisation, zerstörte schon in Zeiten von polnischen Königen deren Schwert. Die Herrschaft der polnischen Könige im 16. Jahrhundert wird „Das goldene Zeitalter Polens" genannt.

Der Deutsche Ritterorden

Wir haben gesehen, daß seit Jahrhunderten die Ostgebiete meist bäuerliche Bevölkerungsüberschüsse des Westens aufnahmen, so daß eine lebendig pulsierende Ader mit deutschem Blut aus dem Rheinland, Westfalen, Niedersachsen, Bayern, Schwaben, Hessen u. a. deutschen Ländern und Landschaften bis in die Wolgagebiete entstand.

Der ostpreußische Historiker, Prof. Dr. Fritz Gause, schrieb über den Staat des Deutschen Ordens, nachdem dessen Aufbauarbeit im Inneren mit großer Tatkraft verstärkt werden konnte:

„Das Ordensland Preußen war eine der seltsamsten und großartigsten Schöpfungen, die Menschengeist jemals hervorgebracht hat, kirchlich und weltlich zugleich, ritterlich und bürgerlich, deutsch und europäisch. Er war seiner Zeit verhaftet und hat Werte geschaffen, die Jahrhunderte überdauert haben. Er war in vielen Dingen ein Typus und doch mit keinem anderen Staat vergleichbar, ein Gebilde eigener Art, aber nicht gebildet allein vom menschlichen Verstand, sondern erwachsen aus der Gesinnung, die seinen Gründern aus ihrer Weltanschauung zum selbstverständlichen Gehalt ihres Lebens geworden war."

Dieses preußische Staatskunstwerk, gewachsen aus den beiden Wurzeln, der Markgrafschaft Brandenburg und dem Staat des Deutschen Ritterordens, konnte nur durch die prägende Kraft von Arbeit, Fleiß, Mut, Askese und Verzicht auf höfischen Glanz emporsteigen. Es hat einen Menschentyp geformt, der eine herbgespannte Seele erkennen läßt, dem das rauhe, unwirkliche Land in den ersten Anfängen ein kaum vorstellbares Maß an Hingabe an die große Aufgabe abgefordert hat. So entstand ein zur Einheit gewordenes, schöpferisches Volkstum sozialaristokratischer Prägung, bereit, einer überpersönlichen Aufgabe zu dienen, nicht primär um des Lohnes, sondern um der Aufgabe willen.

„Die Zisterzienster Mönche trugen über dem weißen Habit ihr schwarzes Skapulier, und die Deutschordensritter trugen auf dem weißen Ordensmantel das schwarze, aufrecht stehende Kreuz. Sie hatten die Länder Brandenburg und Preußen urbar gemacht, und also wurden die Farben Schwarz und Weiß die Farben des Königreichs Preußen. In ihnen spiegelt sich der pflichtgewohnte Ernst

Deutscher Bauer und Deutschordensritter

„Mehr durch den Pflug als durch das Schwert"

Wiedergewinnung des deutschen Ostens, aller Länder östlich der Saale und Elbe, vom 10.—14. Jahrhundert, die schon zur Zeit der Völkerwanderung in germanischen Händen gewesen waren (Reinhofer, Geschichte des Deutschen Bauernstandes, Graz/Leipzig 1925).

einer großen geschichtlichen Leistung, der freiwillige Verzicht auf Glanz und Farbe und nicht zuletzt der Geist des Schlieffen-Wortes: „Mehr sein als scheinen, viel leisten, wenig hervortreten." (Dr. Wolfram von Wolmar — Siegerwillkür gegen Preußen. Wie Preußen aus der Geschichte hinausgeschwiegen wurde. — Deutschland-Journal, Januar 1980)

„Das Land begann aufzublühen. Nicht weniger als 94 Städte und mehr als 1000 Dörfer wurden in der Ordenszeit gegründet. Einige zu Wohlstand gekommene Städte traten bald der Hanse bei, zu der auch der Orden selbst freundschaftliche Beziehungen unterhielt." (Hans-Ulrich Stamm — Schicksal in sieben Jahrhunderten — Hamburg 1973)

Immer wieder fanden und finden sich Deutsche, die dem unseligen Drang folgen, die eigene Geschichte zu verzerren, ja, das eigene Nest zu beschmutzen, zumal in Zeiten des Niederganges.

„Der Professor an der Wiener Universität, Friedrich Heer, ein dem linken Flügel des katholischen Lagers in Österreich angehörender Hochschullehrer, der es schätzt, ‚Kulturphilosoph' genannt zu werden, er nannte vor Jahren die Gebiete des einstigen Deutschen Reiches, die jenseits der Elbe liegen, allen voran Brandenburg-Preußen, ‚barbarisch halbkolonisierte Gebiete', die eigentlich zur ‚östlichen Welt' gehören." (Dr. Wolfram von Wolmar — Soll Preußens Geschichte der „DDR" geschenkt werden? — Deutschland-Journal, September 1980)

Verstand und Bildung dieses Preußenhassers reichen ganz offenbar zu der Logik nicht aus, als nach seinen Worten „barbarisch halbkolonisierte Gebiete eigentlich die östliche Welt" darstellen. Somit ist jedenfalls diesem „Kultur-Philosophen", der seine Kultur aus der von ihm so verehrten Welt bezieht, ungewollt eine Wahrheit entschlüpft.

Friedrich Heer tut weiter dar und scheut sich nicht, der Moskauer Propaganda zu folgen, daß der Deutsche Ritterorden Feldzüge voll Brutalität und Aggressivität mit Ausrottung ganzer Stämme von Slawen veranstaltet habe. Abgesehen davon, daß doch vor über 700 Jahren und mehr allüberall kaum Methoden zur Christianisierung üblich waren, die man nach heutiger Beurteilung als human empfinden kann, so wird auch hier wieder in Einseitigkeit und Verleumdung der Blick nur auf deutsche, angebliche oder tatsächliche Untaten gelenkt. Zudem noch die absolut friedliche Missionierung seitens der Zisterzienser u. a. unterschlagen.

Im übrigen herrschten viel später bei der Verfolgung unschuldiger Menschen anderen Glaubens, anderer Abstammung allergrausamste Methoden. Etwa bei der Gegenreformation, der Inquisition, der Hugenotten-Ausrottung und -Vertreitung in Frankreich, unter Oliver Cromwell in England, in Irland, Schottland, der überaus schrecklichen Zermürbung des Buren-Volkes niederländischer Abstammung. Bei Untaten gegen Juden, doch weit übertroffen gegen deutsche und deutschstämmige Zivilbevölkerung, nur weil das eigentliche Kriegsziel deren unterschiedsloser Vernichtung erreicht werden sollte. Vom Bolschewismus und Stalin mit seinen Nachfolgern ganz abgesehen, die nicht nur „Stämme", sondern ganze Völker vom Erdboden vertilgten. Wie es erschütternd Dr. Robert Conquest, der britische Historiker und Mitglied der Royal Society of Literature, in seinem Werk „The Nation Killers — Stalins Völkermord — Wien 1970, schildert und beweist.

Wolfram von Wolmar schreibt weiter zu den Anwürfen von Friedrich Heer und damit zu allen Verleumdungen des Deutschen Ordens: „Friedrich Heers Preußenhaß ist nichts Neues. Daß sich ein Gelehrter ohne Nennung der trüben Quelle, aus der er seine Gruselgeschichte schöpft, zu einer solchen Geschichtsentstellung bereitfindet, um diese unter dem Deckmantel professoraler Kompetenz an den Mann zu bringen, erscheint in hohem Maße verwerflich.

Heer verschweigt natürlich, welche Slawenstämme durch den Deutschen Orden ausgerottet worden sein sollen. Er weiß genau, daß die slawischen Polen längst schon christianisiert waren, als der slawische Piastenherzog, Konrad von Masowien, 1225 den Deutschen Ritterorden zu Hilfe rief, weil er in seinem Missionseifer der heidnischen Pruzzen selbst nicht mehr Herr werden konnte. Die Pruzzen waren aber keine Slawen, sondern ein baltischer Stamm. Der Piastenherzog übergab dem Orden das Kulmer Land und einige der angrenzenden Gebiete 1226 als eigenen Herrschaftsbereich. Diese Landschenkung bestätigte ebenso wie den Missionsauftrag, den der Deutsche Orden erhalten, Kaiser Friedrich II. — der Staufer — 1226 in der Goldbulle von Rimini, und Papst Gregor IX. sanktionierte beides im Jahre 1234."

Damit hatten die höchsten Autoritäten des christlichen Abendlandes den Ordensstaat und dessen Missionsauftrag autorisiert. Einer der wohl besten Kenner der Quellen zur Geschichte des Ordensstaates, Professor W. Hubatsch, schrieb:

„Dieser Staat war seinem Charakter nach weniger Militär- als Missionsstaat, und er hat dargelegt, daß der Ritterorden nicht gegen fremdes Volkstum, sondern gegen die Heiden gekämpft hat ... Weder der Orden, noch die von ihm ins Land gerufenen Siedler wirkten als Unterdrücker fremden Volkstums. Sie waren Kolonisatoren, die das bis dahin wilde, unfruchtbare, sumpfige oder sandige Land unter den Pflug nahmen, Deiche anlegten, die christianisierten Altbewohner anlernten und die so alsbald das Land zu hoher Blüte brachten. 1400 musterhaft angelegte Dörfer und 93 blühende Städte, eine geordnete Verwaltung und deutsches Recht sind die Zeugnisse der großen Kulturleistung des Deutschen Ordens im europäischen Nordosten. Sind das Beweise ordensritterlicher Menschenjagden oder Zeugnisse des Völkermordes?" (Ende der Zitate v. Wolmar)

Gewiß, Friedrich Heer und ähnliche „Kulturphilosophen" bzw. Propaganda-Agenten wollen wohl, können aber nicht die Vorfahren der Ostdeutschen herabsetzen. Dazu gehören auch Abkömmlinge unseres alt-westfälischen Freibauerngeschlechts und deren engerer und weiterer Nachbarn. Unsere Familienforschung ergab, daß nicht nur nachgeborene Söhne nach dem Osten auswanderten, es ist auch urkundlich erwiesen, daß einige in ihrer Eigenschaft als Hansekaufleute vor 600 Jahren schon Beziehungen zum Osten pflegten. Im Jahre 1499 aber reiste Albert Kellermann-Tospel als westfälischer Alderman (= Präsident) der „Genossenschaft des Gemeinen westfälischen Kaufmanns" der Hanse, unter den „Siegeln der Nation" nach Danzig. Die „mercatores regi" — königliche Kaufleute — waren mit besonderen Vorrechten ausgestattet, die in einem Schutzbrief beurkundet wurden. Danzig darf als „deutsche Stadt schon 1224 erwähnt werden". (u. a. Karl Pagel — Die Hanse — Berlin) Wie überhaupt das deutsche Stadtbürgertum die ganze Ostseeküste mit blühenden Städten überzog und der Landsiedlung mit den Boden bereiten half. Allermeist bereits Anfang und Mitte des 13. Jahrhunderts, wie Königsberg 1255, Memel 1252.

Eine Vormauer

Der große deutsch-österreichische Historiker Heinrich von Srbik schrieb in seinem Werk „Deutsche Einheit":

„Wer dürfte übersehen, daß Kaiser und Reich einstmals die Hanse und das Deutschordensland sich selbst überlassen hatten, daß die habsburgische Großmacht den Norden und Nordosten nicht hinreichend decken konnte, und daß hier lebendigste Kräfte des deutschen Volkes eine Kultur- und Staatsaufgabe größter Art für Kultureuropa und Mitteleuropa zu erfüllen hatten. Ein politischer Raum entstand mit besonderem politischen Bewußtsein, eine Vormauer, eine Grenzmark gegen den Osten."

Treffender konnte es kaum ausgedrückt werden, mit der daraus folgenden Logik, daß diese „lebendigsten Kräfte des deutschen Volkes" mit Brandenburg/Preußen — wie immer im ersten Treffen — unter der allermeist tüchtigen Führung der Hohenzollern die unerläßliche Mauer für Kultureuropa stetig verstärkt und gehalten haben. Mit dem Pflug, doch notwendigerweise auch mit dem Schwert. Eine traditionsreiche Mauer, an deren Grundfesten schon in fernsten Zeiten deutsche Kaiser, eine Unzahl frommer Mönche mit Idealen und Wirklichkeitssinn und tapfere deutsche Ritter gebaut haben.

Der unanfechtbare Beweis für diese historischen Tatsachen liegt u. a. darin, daß die eigentlichen Sieger nach dem Zweiten Weltkrieg nichts Eiligeres und Schlechteres zu tun hatten, als diese Mauer in blindwütigem Haß, in Rache und Aberrache niederzureißen, um der blutroten Springflut den längst erstrebten Weg zu bahnen. Wenn überhaupt von einer Mauer noch gesprochen werden kann, so besteht diese aus Papier oder aus Gold, wie die Börse es will. Jedenfalls aus der Arbeit von Millionen fleißiger deutscher Arbeiter, also aus Milliarden von vornherein verlorener Kredite, die an Tributzahlungen zu Zeiten der Hunnenherrschaft erinnern.

Hier ist nicht der Platz, um auf die großen Verdienste einzugehen, die sich die Hohenzollern um die beste Grundlage der Vormauer, um den Pflug erworben haben. Hierüber gibt es höchst dankenswerte, also tendenzfreie historische Literatur. Doch ein zeitgenössisches Urteil möchte ich zitieren, es stammt aus einem kaiserlich-königlichen Lexikon des Jahres 1761! Der Chronist schrieb über den sonst so viel verlästerten „Soldatenkönig" Friedrich Wilhelm I.:

„König Friedrich Wilhelm hat viele Mühe und Kosten aufgewandt, das Land, an denen Orten, wo es nicht genugsam bevölkert, zu peuplieren und sich zu solchem Ende viel tausend arme Pfälzer und salzburgische Emigranten hinein gesandt, und mit Äckern und allerlei Nothdurft zum Anbau und Einrichtung ihrer Haushaltungen versehen worden." (Joh. Hübners Reales Staats-Zeitungs- und Conversations Lexicon — Regensburg-Wien — 1761 — Mit Privilegia ... von Gottes Gnaden Kaiserin Maria Theresia ...)

Das waren noch Zeiten, so könnte man sagen. Als 1761, zur Zeit des 7jährigen Krieges, die Kaiserin Maria Theresia als damals bittere Gegnerin von Preußen, ein Lexikon privilegierte, das wahrheitsgetreue Ausführungen über den Vater ihres Gegners, Friedrich der Große, brachte. — In unserem „humanen" Jahrhundert bleibt es bekanntlich unmöglich, daß die Sieger dem ehemals entgegenstehenden Volk auch nur die geringste Spur von Wahrheit und Gerechtigkeit zuteil werden lassen.

Kurz noch eine Bemerkung über Friedrich den Großen, der sich wohl am meisten um den Pflug bemühte. Als bei einer Teilung Polens zwischen Rußland, Österreich und Preußen der kleinste Teil an Preußen fiel, was heute als schamlose Eroberung und Annektierung hingestellt, während von Rußland und Österreich geschwiegen wird, schrieb ein Chronist: „Die polnischen Gebiete waren öde und verkommen. Der Bürger- und Bauernstand waren gedrückt, die Städte entbehrten jeden Rechtsschutzes und jeder Selbständigkeit; Wohlstand, Handel und Gewerbefleiß zerfielen immer mehr, während sich der Luxus und die Vergnügungssucht des Adels steigerte." (Theod. Ebner)

Gleicherart wird die Geschichte verfälscht, wenn die Teilung Polens auf dem Wiener Kongreß nach den Freiheitskriegen gegen Napoleon als „preußische Eroberung im Zuge von ‚Blut und Eisen', als typischer preußischer Militarismus" dargestellt wird, um den Preußen, den Deutschen den Schuldkomplex aufzuzwingen, nur wir allein trügen schon zu jener Zeit die Schuld an der Zerteilung Polens. Wo doch der geschichtliche Beweis ganz klar ist, daß 1815 auf dem Wiener Friedenskongreß Rußland nicht weniger als 82 %, Österreich 10 % und Preußen 8 % der polnischen Landmasse zugesprochen wurde! Rußland war schon immer der Todfeind Polens und sicherte sich Litauen, Weißrußland, die Ukraine, Ost- und Zentralpolen! Hier kann ich nur weniges darüber herausstellen, verweise aber auf Dr. Wolfram von Wolmar, „Das unbegründete Schreckensbild Preußens." (Deutschland-Journal, Februar 1980)

Auch hier etwas von einer anderen Art von „Pflug“, den Preußen nicht vergessen hatte:

„Dank der merkantilistischen Wirtschaftspolitik, die neben der Entwicklung der heimischen Industrie die Vermehrung der Bevölkerung und die Ansiedlung fremder Industrien fördert, erringen die preußischen Länder seit Mitte des 17. Jahrhunderts in wirtschaftlicher Hinsicht einen erheblichen Vorsprung vor den geistlichen und kleinen weltlichen Staaten.“ (Wolfgang Leesch — Wirtschaftliches und kulturelles Leben seit dem 16. Jahrhundert aus Ploetz — Geschichte des Landes Nordrhein-Westfalen, Würzburg 1973)

Der Osten rief...

Es war schon von der Familiengeschichtsforschung kurz die Rede. Neben den gewissenhaften und stets mit nachprüfbaren Quellen belegtenForschungsergebnissen, bedeutet es sehr viel, den Versuch zu machen, sich in die Lage und Denkart der Vorfahren zu versetzen. In diesem Sinne seien die folgenden, mehr gefühlsmäßigen Ausführungen verstanden.

Nicht angeborener oder erworbener Drang, Handel jeglicher Art zu treiben, trieb so viele wanderlustige Deutsche hinaus. Etwa vorzugsweise dorthin, wo Fehden, Umstürze, Kriege sich vorbereiten ließen oder schon tobten. Nein, es war die von altersher in ihnen herrschende Liebe zu freiem Bauernland. Die nicht erbberechtigten Bauernsöhne, wenn überhaupt etwas zu erben war, wie solche von Handwerkern, Kaufleuten u. a., die ja alle noch im Bauerntum wurzelten, wollten frei sein oder werden auf eigenem Grund und Boden. Soweit sie nicht in Lateinschulen um den besten Teil ihres Lebens und oft Verstandes gebracht worden waren und oft genug in dumpfen Zellen, Kanzleien und Studierstuben verdämmerten. So ist es wohl auch zu verstehen, daß in alten Zeiten, wie wir gesehen haben, es gerade viele Mönche in die Ferne trieb, von ihrem Gehorsamsgelübde ganz abgesehen.

Nicht für gnädig auf Zeit überlassenes Pachtland, nicht nur um Brot für Stunde und Tag wollten sie arbeiten, sondern ihre harten, arbeitsgewohnten Hände wollten über das eigene, kurze Leben hinaus schaffen. Denn Gott hatte es tief in solche Menschen gelegt, ihnen eingeboren, daß sie Eigentum für die Nachkommenden mit erarbeiten. Nicht zu deren Müßiggang, sondern für die Weiterentwicklung und möglichste Unabhängigkeit von Kind und Kindeskind.

Entfliehen wollten sie der Enge, manchen sie bedrückenden Grundherren sowie den Wucherern, die für dreißig Gulden deren fünfundvierzig und mehr zurück haben wollten und darob so großen Haß auf sich luden. Viele Fürsten und ihre Kanzlisten wollten sie hinter sich lassen, so manche aufgeblasen von Stolz und damit ohnehin um den Verstand gebracht.

Westfälischer Bauer mit Pflug. Standbild vor dem Gebäude einer preußischen Ansiedlungskommission im Osten.

Brot und Eisen

Nach Osten ging der Weg der Wanderscharen,
Weil sich daheim für sie kein Erbe fand,
Nach Osten, — wie vor vielen hundert Jahren,
Und immer trieb die gleiche Sehnsucht: Land!
Der stumme Bauerntraum von eigner Erde
Glühte von Urzeit her im Blute tief,
Daß Weib und Kindern freie Heimat werde,
War ihr Verlangen. Und der Osten rief...

Der Osten rief mit grenzenlosen Weiten,
Mit brachem Feld, das wuchernd Unkraut trug.
Und durch die aufgebrochenen Ackerbreiten
Ging nun der deutsche Bauer mit dem Pflug.
Er fragte nicht nach Mühsal und Beschwerde,
Er bot sein Ohr nicht fremden Klängen dar.
Durch zähe Arbeit wurde ödes Land zu eigener Erde,
Wie es stets gutes Recht der Völker war.

Und wo auch immer später starrten
Rauchüberwölkt wohl Schlot an Schlot,
Die Massen brauchten niemals warten.
Der deutsche Osten schaffte reichlich Brot.
Was dort an Eisen, hier an Brot sich fand,
Das wurde ausgetauscht schon je, seit alter Zeit.
Denn Beides war blutnötig überall in deutscher Hand:
Der Feind, aus eigener Leere, blieb stets sprungbereit!

(Verse 1 und 2 nach Maria Kahle)

Sehnsucht drängte, irgendwo im menschenleeren Land ein urhaft-bäuerliches Leben führen zu können. Jungfräulichem Boden wollten sie Brot und Erbe mit aller Kraft und Redlichkeit abringen, deren die Deutschen fähig sind. Gerade deshalb wurden sie vorzugsweise auch von fremden Fürsten und Herren in deren wüste, noch unerschlossene oder wieder verkommene Länder gerufen, wie bereits erwähnt.

So geht uns das Ostland-Lied in seiner Liebe zu friedsamer Bauernarbeit, eben zum Pflug, noch immer zu Herzen:

„Ins Ostland ziehn wir gerne,
Das Westland ward zu klein.
Dort ist noch Raum und Ferne,
Groß Glück wird dorten sein.

Im Ostland grünen Auen,
soweit das Auge reicht.
So wir den Wald dort hauen,
Kein Harm das Herz beschleicht.

Es wachsen keine Reben
im Ostland hanghinauf.
Doch Kindlein sollen leben,
Deutsch Bauernblut zu geben,
Herrgott sieh gnädig drauf."

Die Ruhe und Unendlichkeit großer Ebenen liebten sehr viele ohnehin, die Züge der gewaltigen Wolken, das Rauschen grauer und grüner Wellen am Meeresstrand oder an Ufern großer Ströme. Weithin entstand so deutsches Leben mit sauberen Höfen, Dörfern, allmählich auch Städten als Beispiele für die vielerorts althergebrachte, primitive Lehmhütten —, ja Höhlenwirtschaft, die ohne Schnaps inmitten halborientalischer Trägheit kaum gedacht werden konnte. Die aber auch die Gefahr brachte, selbst darin zu versinken, wenn man von der Väter Fleiß, Tüchtigkeit und Redlichkeit abließ.

Wieviel Schweiß, unaufhörliche Mühe waren aufzuwenden, wieviel Gefahren durch Unwetter, Mißernten, Raubtiere und Raubmenschen zu bestehen, vermögen nur die ganz zu begreifen, die überhaupt Bauernarbeit kennen, aus alten Bauerngeschlechtern stammen oder sonstwie selbst erfahren haben, was es heißt, aus dem Nichts etwas aufzubauen, zu behalten und weiterzugeben.

Es konnte nicht ausbleiben, daß sich durch die Geschichte des deutschen Ostens und Südostens, ja aller Gebiete, wo Deutsche siedelten, der gelbe Faden des Neides zog. Wie ja überhaupt durch die deutsche Geschichte. Immer und immer wieder ergab sich der Zwang, das mühsam Erarbeitete zu verteidigen. Nach dem so selbstverständlichen und allgemein gültigen Recht: „Wer Länder kultiviert, Jahrhundert auf Jahrhundert, und dazu noch von den Landesherren gerufen wurde, dem gehören die Länder." Doch stets ist es so gewesen: „Reicher Acker und üppiges Dorf locken Feinde und Räuber an."

Daher hieß es im Ostlandlied auch:

„Nach Ostland wolln wir reiten,
Nach Ostland wolln wir ziehn,
Ein gutes Schwert zur Seiten,
Und Heimat zu bereiten,
Wo buntre Blumen blühn."

Aber wo in aller Welt wäre nicht „ein gutes Schwert zur Seite" selbstverständlich und unentbehrlich gewesen? Daß es nur zur Hand der Deutschen war, daß diese stetig andere Völker überfallen haben, wird weithin nach dem Grundsatz geglaubt: „Eine Lüge braucht nur oft genug wiederholt zu werden, um zur Wahrheit aufzusteigen."

Zu allem Vorhergesagten aber passen die treffenden, tief bewegenden Worte von Hugo Wellems („Herz auf der Waage", Hamburg 1975):

„Wer würde einen Franzosen, einen Engländer oder Italiener tadeln, wenn er historische Tatsachen, die für den Pioniergeist und für den Fleiß seines Volkes sprechen, auch der Öffentlichkeit darstellt? Niemandem würde das einfallen. Nur bei uns fällt es irgendwem ein, aus falschverstandener Annäherung selbst die Geschichte auf den Kopf zu stellen oder entscheidende Abschnitte aalglatt zu übergehen. So, als wäre nichts gewesen.

Wer darf sich da wundern, wenn unsere junge Generation ohne oder mit falschen Kenntnissen über die Geschichte unseres Volkes heranwächst und wer wird ob solchen Treibens erstaunt sein, wenn etwa polnische Historiker erwarten, daß die Geschichte des deutschen Ostens nur noch aus polnischer Sicht gesehen wird. Geschichte aber muß eine Darstellung der Tatsachen sein."

Wie alt bist du, mein Volk, wie alt!
Vor tausend Jahren ging dein Pflug
Schon hier am grauen Ostlandstrom.
Und was dein Blut an Träumen trug,
Mit Müh'n und Arbeit ward Gestalt
In Hof und Stadt, in Turm und Dom.

Maria Kahle

Preußische Polenpolitik

Wenn es möglich wäre, das Bemühen um Befolgung dieses beispielhaften Lehrsatzes noch sorgfältiger durchzuführen als schon geschehen, so gerade bei den weiteren Ausführungen und zahlreichen Zitaten. Denn diese nähern sich allmählich dem brisantesten Thema der jüngsten Vergangenheit und Gegenwart. Wer also das Schwert geschmiedet, geschärft, auf die Mitte und den Osten Deutschlands gerichtet hat, um damit gewaltsam und mit Übermacht mehr als die Hälfte unseres angestammten Landes zu rauben. Jeder aufrechte Deutsche muß dieses Unrecht „als ein Stück von sich selbst" empfinden.

Zunächst muß den bekannten, stets erneuerten Angriffen gegen die preußische Polenpolitik begegnet werden, die unter Bismarck und weit früher schon allein daraus bestanden habe, die im preußischen Verbande lebenden Polen zu unterdrücken, zu vertreiben, ja auszurotten. Gewiß kamen Fehler und gelegentliche Härten, Ungerechtigkeiten auch auf preußischer Seite vor. Aber in welchem Staat der Welt geht immer alles und jedes ganz gerecht zu? Man betrachte nur die Nachbarländer und deren Behandlung von völkischen Minderheiten.

Bismarck erklärte noch zu Ende der 80er Jahre: „Wir wollen nicht das Polentum ausrotten, sondern wir wollen das Deutschtum davor schützen, daß es seinerseits ausgerottet werde." (Scheider/Deuerlein — Reichsgründung 1870/1 — Kap. Oswald Hauser-Stuttgart 1970)

Gleicherart warnte Bismarck vor über hundert Jahren vor der Maßlosigkeit von Polen: „Befriedigen können wir die Ansprüche, welcher dieser neue Nachbar (sc. Polen) auf unsere Kosten erheben würde, niemals. Sie würden außer Posen und Danzig auch demnächst auf Schlesien und Ostpreußen sich richten, und die Landkarten, in welchen die Träume der polnischen Insurrektion ihren Ausdruck finden, bezeichnen Pommern bis an die Oder als polnische Provinz." (Erlaß v. 17. 2. 1863 an den Gesandten in London IV. S. 60, Hans Joachim Schoeps)

Bismarck weiter: „Die Wiederherstellung des Königreichs Polen in irgendwelchem Umfang ist gleichbedeutend mit der Herstellung eines Bundesgenossen für jeden Gegner, der uns angreift. Ein souveräner polnischer Staat mit eigener Armee würde ein französisches Lager an der Weichsel vorstellen." (Promemoria v. 7. 5. 1863 IV. S. 118 wie vor)

Zudem ging es nicht um das eigentliche Volk der Polen, sondern weit früher noch und überhaupt um deren herrschende Schichten. „Nur bei Adel und Geistlichkeit herrsche der unüberwindliche Haß gegen die preußische Regierung und die Sehnsucht nach der Wiedervereinigung Polens. Beide Stände befürchteten, daß die unteren Volksschichten sich unter der gegenwärtigen Regierung wohlfühlen könnten." (Schieder/Deuerlein)

Wie sollte sich das einfache Volk im allgemeinen auch nicht wohlfühlen können, wo doch schon König Friedrich Wilhelm IV. sich auf die überlegene Kraft des Kultur-, Wohlfahrts- und Rechtsstaates Preußen berufen konnte, mit sozialen Aufstiegsmöglichkeiten im Mittelstand und Bauerntum, mit wirtschaftlichen Fortschritten und Sicherheit der Verhältnisse.

Gleichwohl kam der König dem polnischen Adel und der katholischen Geistlichkeit entgegen, übertrug letzterer sogar die Aufsicht über das gesamte Volksschulwesen, „die aber nicht daran dachte, zur Förderung deutscher Kultur beizutragen, sondern im Gegenteil die Polonisierung unterstützte." (wie vor) Also an Kultur, in diesem Fall an die in Preußen längst selbstverständlich gewordene Schulbildung, und an das Wohlergehen des eigentlichen Volkes wurde nicht gedacht, lediglich an Herrschaft und Luxusleben der Funktionäre, um diesen Ausdruck für die führenden Kreise von Adel und Geistlichkeit hier zu gebrauchen. Wem zwingt sich nicht der Vergleich mit den heutigen Verhältnissen auf? Nur daß die Funktionäre weder adlig noch geistlich sind, dafür Proletarier.

Noch ein Zitat aus dem vorgenannten Werk ist unerläßlich, dessen Herausgeber, Professor Schieder und Professor Deuerlein, Wissenschaftler von internationalem Rang und Ansehen sind.

„Wie bei der Durchführung des Sozialistengesetzes, so ist es auch in der Polenpolitik ermutigend zu sehen, wie die preußischen Gerichte sich trotz des allgemeinen nationalistischen Trends in größter Gewissenhaftigkeit an die Gesetze gehalten haben, deren Schutz auch den polnischen Staatsbürgern uneingeschränkt zugebilligt wurde. In einer Fülle von Fällen wurden durch sie die Verwaltungsbehörden gezwungen, ungesetzliche Maßnahmen zurückzunehmen. Wenn Roman Dmowski in seiner Schrift Deutschland, Rußland und die polnische Frage von 1908 das preußische Polentum als Vorbild des polnischen Nationalismus bezeichnen konnte, so war das nicht zum wenigsten der Rechtsstaatlichkeit Preußens zu verdanken, die ja die Pressefreiheit einschloß. Zusammen mit dem wirtschaftlichen Aufstieg und einer fortschrittlichen Sozialgesetzgebung hat sie trotz aller Germanisierungsbestrebungen die Entwicklung des Polentums möglich gemacht und damit einen der positivsten Züge der preußischen Staatsidee über nationale Verengung hinaus für eine neue Zeit fruchtbar werden lassen."

Das vielgelästerte Preußen hat also im wesentlichen das wahrgemacht, was schon im Jahre 1822 der preußische Kultusminister von Altenstein im Zeichen des Neuhumanismus betonte:

„Religion und Muttersprache sind die höchsten Heiligtümer einer Nation, in denen ihre ganze Gesinnungsart und Begriffweise gegründet sind. Eine Obrigkeit, die diese anerkennt, achtet und schützt, darf sicher sein, die Herzen der Untertanen zu gewinnen, welche sich aber gleichgültig dagegen zeigt oder gar Angriffe darauf erlaubt, die erbittert und entwürdigt die Nation und erschafft sich ungetreue und schlechte Untertanen." (wie vor)

Aber was nützen die besten Absichten und daraus folgende Handlungen und Gesetze eines Rechtsstaates, so muß man fragen, wenn immer wieder Lüge gesät und Haß gepredigt wurde und wird, also ein solcherart besudeltes Schwert regiert.

Die westfälisch-sauerländische Schriftstellerin Maria Kahle, deren zweite Heimat der deutsche Osten wurde, schrieb: „Die Verbundenheit und das Wachstum eines Volkes sind nicht von seinen staatlichen Grenzen abhängig. Ein Deutscher kann Bürger eines fremden Staates sein, und dennoch gehört er durch sein Blut, seine Rasse, durch seine Wesensart und seine Sprache zu uns."

Wie belegt ist, wenn hier auch nur aus wenigen, aber kompetenten Quellen, die leicht vermehrt werden könnten, hat der Rechtsstaat Preußen den Polen gegenüber im höchsten Maße danach gehandelt. Ja, sogar die selbstverständliche, in heutigen Zeitläuften bewunderte Tugend gefördert, zu ihrer Nation, ihrer Rasse, ihrer Art, ihrem Glauben zu stehen. Befolgten aber dieses Naturgesetz je einmal die Preußen, die Deutschen, so wurden sie pauschal beschimpft, verleumdet, zumindest aber des Hochmuts einer „Herrenrasse" bezichtigt.

Doch es gab auch gerechte Urteile. Wie z. B. der polnische Politiker Wladimir Studnicki der Wahrheit die Ehre gab, indem er am 1. März 1929 im Lemberger „Wiek Nowy" (Staatslexikon, Herder-Verlag, 1931 Band 4 Seite 250) schrieb: „Es gibt kein Volk, dessen Glieder als Bürger eines Fremdstaates sich durch eine solch bedeutende Loyalität diesem Staate gegenüber auszeichnen, wie die Deutschen. Polen verdankt den Deutschen in Polen sehr viel. Sie schufen uns das Handwerk,

die Städteverfassung, Dörfer auf deutschem Recht gegründet, eine Großindustrie. Auf allen Gebieten war ein bedeutendes Prozent hervorragender Menschen, deren sich Polen rühmt, deutscher Abkunft."

Diesen unverrückbaren Tatsachen steht dann so kraß eine chauvinistische, nur ihre Rasse verherrlichende Agitation gegenüber. Nicht nur das Land selbst, nein, alle Spuren des früheren Wohlstandes, der ehemals blühenden Landwirtschaft, des Handwerks, der Industrie, Kultur und Wissenschaft wurden uns entrissen. Die herrlichen Zeugen des Städte- und Kirchenbaus, der Architektur, das ganze kostbare, jahrhundertealte Vätererbe aus vielen deutschen Stämmen wurden als angeblich urpolnische Stücke aus dem deutschen Leib herausgehauen. Wahrlich, ein Stück von jedem Deutschen, der um Wahrheit, Gerechtigkeit und damit um wirkliche Versöhnung bemüht ist.

Polen als „Zeitbombe"

Mit Zehntausenden von Quadratkilometern, die dem Deutschen Reich entgegen allen Zusagen nach den Waffenstillstands-Bedingungen mit dem Diktatfrieden von Versailles geraubt worden waren, wurde der neue Staat Polen auch mit Teilen von Rußland und Österreich-Ungarn auf die Beine bzw. auf tönerne Füße gestellt. Das schon erwähnte Wort von Bismarck wurde wahr, daß damit „ein Bundesgenosse für jeden Gegner, der uns angreift", geschaffen würde.

Der britische Botschafter D. Abernon hat am 26. Januar 1926 Polen „als Pulverfaß Europas" bezeichnet. (x) Der sowjetische Außenminister Molotow, Volkskommissar für Äußeres, nannte Polen vor dem Obersten Sowjet am 31. Oktober 1939 „den Wechselbalg des Versailler Vertrages".

Als Zeitbomben waren Danzig und der „Korridor" in Versailles eingebaut. Ich habe sie gut gekannt, die alte Hansestadt in ihrer ursprünglichen Pracht und Tradition. Als unser Vater, der als junger Mann bei der Kaiserlichen Marine gedient hatte, im Kriegsjahr 1917 vorübergehend zur Kaiserlichen Werft, Danzig, abkommandiert wurde, aber privat wohnen konnte, nahm er mich ein dreiviertel Jahr mit, weil ich unter den Brüdern der durch Hunger und Kälte am meisten Geschwächste war. Ich besuchte in Danzig das Realgymanasium. Dank des Vaters erlebte ich Stadt und Umgebung. Die Marienkirche mit dem berühmten Gemälde des Brügger Meisters Hans Memling (1433—1494), „Das jüngste Gericht". Heute befindet es sich in einem Museum. Wahrscheinlich, wie könnte es anders sein, als Zeuge polnischer Kunst? Dann den Artushof, erb. 1481, wo sicherlich unser erwähnter Vorfahre an der Tafelrunde der Hansekaufleute teilgenommen hat, das Krantor, die Langgasse u. v. a. Ferner die herrliche Ostseeküste mit Brösen, Glettkau, Zoppot sowie die wunderbaren Buchenwälder landein mit dem Kloster Oliva. So entstand in frühen Jahren die erste förmliche Liebe zum deutschen Osten und seiner Geschichte.

Danzig wurde dem Deutschen Reich fortgenommen. Der schweizerische Völkerbundkommissar für Danzig, C. J. Burckhardt, schrieb: „Mit Recht hat der französische Botschafter in Berlin, Coulondre, in seinen Memoiren aufgezeichnet, daß das deutsche Volk sich mit der Rückkehr des Elsaß an Frankreich abgefunden habe, daß es ihm aber unmöglich gewesen sei, die Verstümmelung seiner Ostgebiete anzuerkennen. In diesem Punkte und zugleich auch in den militärischen Klauseln müsse es das Diktat von Versailles um so bitterer empfinden, als es in ihm mehr das Ergebnis eines Verrates als seiner Niederlage empfunden habe.

Bei dem ganzen Vorgang scheint man damals vergessen zu haben, daß es eine Danziger Bevölkerung gab — bestehend aus 96 % Deutschen und nur 4 % Polen — über welche man, entgegen allen Grundsätzen, einfach verfügte". (Carl J. Burckhardt — „Meine Danziger Mission 1937—1939" — München 1960)

Ostpreußen war vom Reich abgeschnitten und über Land nur durch einen von der Gnade Polens abhängigen sogenannten Korridor zu erreichen, und zwar mitten durch das geraubte Land.

„Das unlösbarste Problem wäre nicht entstanden, wenn man den Korridor niemals aus Deutschland herausgeschnitten hätte... Diese Situation wurde die Hauptursache zu Deutschlands Hauptbeschwerde. Auch bevor Hitler zur Macht kam, gab es von den Kommunisten bis zu den Nationalsozialisten nicht einen Deutschen, der nicht schwor, früher oder später müßte der Korridor zu Deutschland zurückkommen." (H. R. Knickebocker — Kommt Krieg in Europa? — Berlin 1934)

Der preußische Ministerpräsident Otto Braun (SPD) erklärte im November 1930 in Königsberg:

„Ich bestreite nicht das Interesse Polens an einem Ausgang zum Meer, aber wie er dem neuen tschechischen Staat durch Elbe und Hamburg gesichert wurde, konnte er Polen auch durch Weichsel und Danzig eröffnet werden, ohne daß Ostpreußen vom Mutterland losgerissen und Hunderttausende deutscher Volksgenossen ohne Befragung unter fremde Staatshoheit gepreßt, wo sie jetzt schlimmsten Terror ausgesetzt sind, oder gar aus ihrer Heimat verdrängt wurden. Dieses Unrecht könne und werde Deutschland niemals als berechtigt anerkennen." (Christian Höltje — „Die Weimarer Republik und das Ostlocarno-Problem 1919—1934" — Würzburg 1958)

„Das letzte Gefühl für Maß und Größe verloren"

Graf Sforza, der italienische Außenminister, sagte, daß nach „der Polen ewigen Ansprüchen und uferlos wachsenden Forderungen halb Europa ehemals polnisch gewesen wäre und wieder polnisch werden müsse." (Friedrich Heiß — „Deutschland und der Korridor" — Berlin 1939)

Lloyd George, der britische Premierminister, verkündigte 1919, daß „Polen viel imperialistischer sei als selbst die großen Staaten.“ (Friedrich Grimm)

Lloyd George vor dem Unterhaus am 13. Mai 1921: „Vom geschichtlichen Standpunkt aus hat Polen nicht das geringste Recht auf Oberschlesien.“ (Friedrich Heiß)

„Wer es nicht glauben will“, so schreibt Hugo Wellems (Herz auf der Waage, Hbg. 1975) über Tatsachen, die ausgelöscht und umgefälscht werden . . . „mag die Erinnerungen alliierter Staatsmänner nachlesen, die 1919 in Versailles mit polnischen Forderungen konfrontiert wurden, für die man die absurdesten, historischen Beweise anführte.“

Der ehem. Reichskanzler der Weimarer Republik, Prof. Heinrich Brüning (Zentrums-Partei), schrieb: „Der polnische Mobilisationsplan war so aufgestellt, daß die bestimmte Absicht, ganz Schlesien bei gebotener Gelegenheit durch einen Handstreich zu nehmen, außer Frage stand.“ (Udo Walendy — Wahrheit für Deutschland — „Die Schuldfrage des zweiten Weltkrieges“ — Vlotho 1970)

„. . . Die polnische Armee soll in Ostpreußen einmarschieren und diesen Teil Deutschlands annektieren. Andere Zeitungen fordern noch mehr: Polens Grenze müsse bis an die Oder vorgeschoben werden. Auf Versammlungen werden Forderungen erhoben, die geradezu wahnwitzig anmuten. Nicht die Oder, sondern die Elbe sei Polens Westgrenze. Und Berlin sei keine deutsche Stadt, sondern eine alte slawische, eine alte polnische Ansiedlung! Polen beginnt mit der Teilmobilisierung. Plakate erscheinen an den Hauswänden: Auf nach Berlin!‘“ (wie vor, aus K. Zentner „Illustr. Geschichte des Zweiten Weltkrieges“)

„Dazu (zur Entfesselung der deutsch-feindlichen Stimmung durch behördliche Maßnahmen Polens) kam die sich immer mehr steigende Kriegshetze in der polnischen Presse und im Rundfunk . . .“ (wie vor aus Th. Bierschenk „Die deutsche Volksgruppe in Polen“ 1934—1939)

Die dem polnischen Staatspräsidenten Marschall Pilsudski nahestehende Zeitschrift „Mocarstwowiec“ verkündete 1930: „Wir sind uns bewußt, daß der Krieg zwischen Polen und Deutschland nicht vermieden werden kann. Wir müssen uns systematisch und energisch für diesen Krieg vorbereiten . . . Unser Ideal ist, Polen mit Grenzen an der Oder im Westen und der Neiße in der Lausitz abzurunden und Preußen vom Pregel bis zur Spree einzuverleiben. In diesem Krieg werden keine Gefangenen genommen, es wird kein Platz für humanitäre Gefühle sein. Wir werden die ganze Welt mit unserem Krieg gegen Deutschland überraschen!“ (Udo Walendy) Also wiederum vor Hitler, drei Jahre vor dessen Machtübernahme und neun Jahre vor dem deutschen Polenfeldzug!

Der italienische Ministerpräsident Francesco Nitti bekundet: „ . . . Frankreich hat später alles getan, um ein Großpolen zu schaffen, das mit seinen Massen fremdvölkischer Elemente den Keim seines Untergangs in sich selber trägt. Und wenn heute die Polen ein Volk voll imperialistischer Anmaßung sind, das sich mit einem Heer belastet hat, dessen Kosten seine Finanzen ruinieren, und eine Politik der Gewalt, der Begehrlichkeit und der Intrigen treibt ... die es über kurz oder lang zur Katastrophe führen wird, so trägt allein Frankreich die Schuld daran." (Francesco Nitti — Die Tragödie Europas und Amerika? Frankfurt/Main 1924)

Der belgische Schriftsteller und Historiker Ward Hermanns schrieb am 3. August 1939 (x): „Die Polen haben das letzte Gefühl für Maß und Größe verloren. Jeder Ausländer, der in Polen die neuen Landkarten betrachtet, worauf ein großer Teil Deutschlands bis in die Nähe von Berlin, weiter Böhmen, Mähren, die Slowakei und ein riesiger Teil Rußlands in der überaus reichen Phantasie der Polen schon annektiert sind, muß denken, daß Polen eine riesige Irrenanstalt geworden ist."

Danach wollten also die chauvinistischen Schichten Polens und das von diesen und weiteren, ganz bestimmten Kreisen maßlos aufgehetzte Volk auch „Bruder"-Völker, d. h. eigener Rassezugehörigkeit ohne geringste Notwendigkeit überfallen. Wo ohnehin in Versailles außer Polen noch ein weiteres Schwert geschmiedet worden war.

Der ausgesprochen hitlerfeindliche Historiker Michael Freund schrieb: „Man hat die alte, mit Frankreich und der Sowjetunion verbündete Tschechoslowakei als einen auf das Herz Deutschlands gerichteten Dolch bezeichnet. Sie war in der Tat eine feindliche Festung mitten im deutschen Raum gewesen, eine Einbruchspforte aller Gegner des Reichs." (x)

Das bestätigte der französische Luftfahrtminister Pierre Cot am 14. Juli 1938: „Diesen Staat brauchen wir, weil von diesem Staat aus die deutsche Wirtschaft, die deutsche Industrie am leichtesten mit Bomben zu zerstören sind." (x)

Der französische Marschall Foch erklärte 1919: „Sie wollen mir nicht erlauben, die (französische) Grenze an den Rhein vorzuschieben, so lassen Sie mir doch wenigstens diese Bastion." (x)

Wie an anderer Stelle dieser Schrift belegt, ist auch dies ein Beweis dafür, daß mit dem Versailler Diktat der Zweite Weltkrieg mit dem Bombenterror präzise, generalstabsmäßig vorbereitet wurde.

So vollzog am 21. Mai 1938 die Tschechoslowakei die Mobilmachung gegen das Deutsche Reich. Der US-Botschafter in Paris, Bullit, einer der wichtigsten Mitarbeiter Roosevelts, schrieb diesem in jenen Tagen, daß dieser Schritt der Tschechen als „Anstiftung zum Krieg" aufgefaßt werden müsse, der als Ergebnis nur die „Errichtung des Bolschewismus auf dem ganzen Kontinent" haben könne. (x)

Der tschechoslowakische Präsident Benesch ging nach seiner Abdankung ins Ausland und bekannte: „Ich wollte alle meine Arbeit in erster Linie darauf konzentrieren, daß wir uns als Staat an einem Zweiten Weltkrieg gegen Deutschland beteiligen können." Und 1947 berichtet Benesch, daß sein Staat genauso wie Polen schon 1936 zu einem Krieg gegen Deutschland bereit gewesen war!" (x)

Zurück zu Polen selbst, das bereits 1930 (!) einen vorbeugenden Angriffskrieg gegen das Deutsche Reich, die Weimarer Republik, die sich in größter wirtschaftlicher und politischer Not befand, geplant hatte. Danach berichtete der tschechoslowakische Gesandte in Warschau, Girsa, „in polnischen Offizierskreisen herrsche die Ansicht vor, daß der Krieg zwischen Polen und Deutschland unvermeidlich sei. Der Gedanke eines Präventivkrieges habe Anhänger nicht nur in Marschall Pilsudski, sondern auch im Generalstab, der schon gewisse Maßnahmen an den Grenzen getroffen hat.“ (x)

Am 18. Mai 1933 erklärte der polnische Kriegsminister Kasprzycki bei einer Generalstabsbesprechung in Paris „Wir haben keine Grenzbefestigungen, denn wir beabsichtigen einen Bewegungskrieg zu führen und von Beginn der Operation an in Deutschland einzumarschieren.“

Der US-Botschafter in Warschau, E. Davies, berichtete am 26. August 1939 nach Washington, im polnischen Außenamt habe man ihm erklärt, „die polnische Regierung würde nie zugeben, daß Polen und Deutschland zusammenkämen ... Drei Wochen nach Kriegsausbruch würden polnische Truppen in Berlin sein.“ (x)

Wie könnte es anders gewesen sein, daß nach wie vor die polnische Presse sich in wilden Hetztiraden und brutalen Kriegsdrohungen gegen das Deutsche Reich, gegen die Weimarer Republik, über drei Jahre vor Hitler, erging. Am 10. August 1929 schrieb der „Kurjer Polski“: „Immer allgemeiner sei jetzt die Auffassung, daß Karthago (= Deutschland) zerstört werden müsse. Mit raschen Schritten nähere sich der Augenblick, in dem die Auffassung über die Zerstörung des Pestherdes (= Deutschland) im Zentrum Europas Allgemeingut wird. Dann werde von Deutschland nur noch ein Trümmerhaufen übrig bleiben.“ (x)

Unter dem 20. August 1939 ist in der „Warschauer Depesza“ zu lesen: „Wir sind bereit, mit dem Teufel einen Pakt abzuschließen, wenn er uns im Kampf gegen Hitler hilft. Hört ihr — gegen Deutschland — nicht nur gegen Hitler. Das deutsche Blut wird in einem kommenden Krieg in solchen Strömen vergossen werden, wie dies seit Entstehung der Welt noch nicht gesehen worden ist.“ (x)

Parole: „Deutsche ausrotten“

Der „Manchester Guardian“ berichtete am 24. Dezember 1931 aus Polen: „Die Minderheiten in Polen sollen verschwinden. Diese Politik wird rücksichtslos vorwärtsgetrieben und ohne die geringste Beachtung der öffentlichen Meinung der Welt, auf internationale Verträge und auf den Völkerbund.“ (Udo Walendy)

Das betraf in unmenschlichster Weise auch andere Minderheiten. Die gleiche britische Wochenzeitung schrieb am 17. Oktober 1930: „Der polnische Terror ist in der Ukraine heute schlimmer als alles andere in Europa. Aus der Ukraine ist ein Land der Verzweiflung und Zerstörung geworden, was um so aufreizender ist, als die Rechte der Ukrainer völkerrechtlich gewährleistet sind, während der Völkerbund allen Appellen und Darlegungen gegenüber taub ist, und die übrige Welt nichts davon weiß oder sich nicht darum kümmert." (Udo Walendy)

„Die Tatsache, daß in den 20 Jahren polnischer Herrschaft über die Westgebiete gegen 1,5 Millionen Deutsche teils durch Abwanderung, teils durch Aussiedlung oder Ausweisung infolge der planmäßigen polnischen Vergewaltigungs- und Verdrängungspolitik Pommerellen, Posen und Ostoberschlesien verlassen haben, beweist, wie unnatürlich die polnische Westgrenze (im Diktat von Versailles) vom Standpunkt des völkischen Selbstbestimmungsrechts gezogen worden ist." (Friedrich Heiß)

Der niederländische Historiker Louis de Jong, Leiter des Institutes für Kriegsdokumentation, Amsterdam, bestätigte: „Die Polen versuchten, die Deutschen systematisch zu vertreiben ... Schon 1933 gab es Augenblicke, von denen ein erfahrener amerikanischer Beobachter schrieb, ‚Die Spannung scheine zu groß, als daß sie noch länger ertragen werden könne.'" (Louis de Jong — Die deutsche 5. Kolonne im Zweiten Weltkrieg — Stuttgart 1959)

„Schon im Frühjahr 1933 hatte der Wojewode von Ostoberschlesien, Grazynski, mit einer programmatischen Rede im polnischen Innenministerium die Parole ‚Deutsche ausrotten' verkündet." (Udo Walendy)

„Die Autoren Seraphim, Maurach, Wolfrum stellen in dem Werk ‚Ostwärts von Oder und Neiße' S. 43 fest, daß in dem Zeitraum kurz vor und nach Beginn der Kampfhandlungen (1. September 1939) 12 500 ermordete Volksdeutsche namentlich erfaßt sind. Diese Zahl übersteigt weit jene der deutschen gefallenen Soldaten des Polenkrieges." (10 572) (x)

Weitere markante Feststellungen des schweizerischen Völkerbundkommissars für Danzig, Carl J. Burckhardt, der am 5. Juli 1939 an Roger Makins, den britischen Völkerbundsdelegierten in Basel, schrieb: „Bei den Polen setzte sich eine gefährliche Stimmung durch, oder was schlimmer ist, man erklärte sogar, daß ein allgemeiner Krieg das letzte Heil für die Republik (Polen) bedeuten würde. Man begann, was besonders gefährlich ist, sich mit dem Gedanken einer unvermeidlichen Katastrophe vertraut zu machen; maßlose Ansprüche fielen, und das Ergebnis von alledem war eine Art von psychischer Vergiftung in dieser unglückseligen Stadt (Warschau), wo als Unglücksboten und Sturmvögel unzählige Schlachtenbummler einzutreffen begannen, die vielfach darauf aus waren, die Krise zu verschärfen, sei es durch persönliche Interventionen in dem lokalen Streit, sei es durch phantasievolle Reportagen." (Udo Walendy)

Ich sprach schon von ganz gewissen Kreisen, welche die Glut schürten, bis das Pulverfaß explodierte. Wem drängt sich nicht ein Zusammenhang mit der allerersten Kriegserklärung auf, die Deutschland am 24. März 1933 hinnehmen mußte? Später ist davon noch die Rede.

Professor Charles Tansill (USA) urteilt: „Die Polen haben ihrerseits in polnischem Dünkel und slawischem Treibenlassen auf England und Frankreich vertrauend, jede etwa noch vorhandene Chance, den Krieg zu vermeiden, versäumt ... Er, der polnische Außenminister Beck, und das polnische Kabinett folgtem dem Rat Chamberlains und wählten die Straße, die zum Krieg mit Deutschland und in der Folge zur Vernichtung des polnischen Staates führte. Das britisch-polnische Einvernehmen im Frühjahr 1939 bestimmte Hitler, sich Stalin zuzuwenden, um jenes Bündnisses (zwischen England und Polen) willen, dem der zündende Funken zu einem Konflikt entsprang, der schließlich über ein geschlagenes und verstümmeltes Polen die rote Herrschaft brachte. Die polnische Diplomatie von 1938—1939 war ein Musterplan des Unheils." (x)

Doch auch in England gab es in dieser kritischen Zeit warnende Stimmen, wie aus den Jahren 1919 und 1921 oben schon erwähnt. Am 6. August 1939 schrieb die Londoner „Daily Mail": „Es muß objektiv darauf hingewiesen werden, daß von deutscher Seite keine Rede der führenden Staatsmänner gegen Polen gehalten werden, wie sie der Marschall (Rydz-Smigly) am letzten Sonntag in Krakau hielt. Wenn England die Dinge so weitertreiben läßt, wird es mitschuldig, wenn die Explosion kommen sollte." (x)

Der britische Staatsmann Lloyd George, Premierminister von 1916—1922, der maßgebend am Versailler Diktat beteiligt war, hat gleichwohl, wenn auch im nachhinein, dann doch eingeräumt: „Ich wiederhole, daß wir niemals daran gedacht haben, Polen eine Provinz zu geben, die seit 900 Jahren nicht mehr polnisch gewesen ist ... Der Vorschlag, daß wir 2,1 Millionen Deutsche der Autorität eines Volkes mit anderer Religion unterstellen sollen, eines Volkes, das im Laufe einer Geschichte noch niemals gezeigt hat, daß es sich zu regieren versteht, dieser Vorschlag würde früher oder später zu einem neuen Krieg im Osten Europas führen." (x)

Wer ferner unter den Historikern herausragt, der sich mit wissenschaftlicher Gründlichkeit um die Wahrheit bemüht, ist Prof. Dr. Bolko Freiherr von Richthofen. („Kriegsschuld. Der Schuldanteil der anderen — 1939—1941" — Kiel 1981 u. a. — s. auch Abschnitt „Blut und Eisen") (– xx)

„Wir sollten uns auch daran erinnern, daß ein übersteigertes und unnachgiebiges nationalistisches Gefühl eine Gesellschaft fast bis zur Grenze seiner geistigen Vernichtung zerfressen kann. Solch ein Gefühl beherrschte das moderne Polen als freilich von einem bestimmten Gesichtspunkt aus erklärbare traurige Sünde." (US-Historiker Prof. Dr. Shuster -xx-)

„Solange wird nicht Frieden in Europa herrschen, bis nicht alle polnischen Länder vollkommen an Polen zurückgegeben sein werden, solange nicht der Name Preußen, da er ja der Name eines schon lange nicht mehr vorhandenen Volks ist, (Anm. die so lange heidnischen Pruzzen) von der Karte Europas getilgt sein wird, und solange nicht die Deutschen ihre Hauptstadt Berlin weiter nach Westen verlegt haben." (Poln. Generalstabsoffizier Baginski in seinem erstmals 1927 und dann immer wieder aufgelegten Buch. -xx-)

„Wenn es nach ihnen gegangen wäre, so wäre halb Europa ehemals polnisch gewesen und hätte wieder polnisch werden müssen." (Graf Sforza, ein scharfer Gegner des ital. Faschismus. -xx-)

„Denn genau dasselbe, was die Polen in der Oder-Neiße-Frage versuchen, nämlich den Friedenswillen und das Bedürfnis nach Ruhe der westlichen Welt für die Durchsetzung und Anerkennung der durch einseitige Akte geschaffenen Grenzverhältnisse in Ostdeutschland auszunutzen, haben sie in ähnlicher Weise auch nach dem Ersten Weltkrieg vorexerziert. Auch damals hat sich Polen durch einseitige Akte, ja sogar gegen den erklärten Willen seiner westlichen Verbündeten, in den Besitz weiter Gebiete gesetzt, auf die es keinen ethnographisch begründeten Anspruch erheben kann. Auch damals hat Polen unter Mißachtung der Rechte und Ansprüche unnachgiebig an dem auf diese Weise Errungenen festgehalten." (Dr. Heinz Sasse, Leiter der Dokumentationsabteilung im deutschen Auswärtigen Amt. -xx-)

„Der Zweite Weltkrieg wurde auch mitverschuldet durch den antideutschen Panslavismus. Das zeigt die lehrreiche Darstellung von dessen Geschichte durch den bekannten, als Mitglied einer Prager jüdischen Familie geborenen amerikanischen Historiker Hans Kohn aus New York." (-xx-)

„Ein Krieg zur Unterwerfung Polens war jedenfalls in Hitlers Konzeption nicht von vornherein eingeplant." (Dr. Lothar Gruchmann, Mitarbeiter des Münchener „Instituts für Zeitgeschichte und Geschichte des Nationalsozialismus, Band 2" Deutsche Geschichte seit dem Zweiten Weltkrieg, Stuttgart 1973 -xx-)

„Hitler wurde vor die Notwendigkeit gestellt, Krieg zu führen zu einem Zeitpunkt, als er weitere unblutige Siege zu erringen hoffte." (Exilpolnischer Minister und General Kazimierz Sosnkowski am 31. August 1943 vor der Presse in London. -xx-)

„Dieser Krieg ist ein englischer Krieg"

Rev. Peter H. Nicoll: „Die britische Garantie für Polen war die voreiligste, törichste und am meisten unmoralische und am meisten vermessene Bindung, in die sich je eine Nation einer anderen gegenüber begeben hat. Und es war diese unglückselige Bindung, die geradewegs und rasch zum Zweiten Weltkrieg führte . . ." („Britain's Blunder. An Objective Study of the Second World War. Its Cause, Conduct and Consequence" 1948—S. 34, aus) (x)

Staatssekretär im Auswärtigen Amt, Ernst von Weizsäcker, führendes Mitglied der deutschen Widerstandsbewegung: „Warschau hatte es in der Hand, das britische Empire in den Krieg zu ziehen." (Ernst von Weizsäcker — Erinnerungen — München/Freiburg 1950)

Lord Dawson of Penn am 25. Juni 1939 zu dem großen Neutralen, dem schwedischen Forscher und Weltreisenden Sven Hedin: „In dem Augenblick, da Deutschland Danzig besetzt — sei es auf friedliche Weise oder durch Waffengewalt —erklären wir (die Briten) absolut und sofort Deutschland den Krieg." (Sven Hedin — „Amerika im Kampf der Kontinente" — Leipzig 1942)

Der britische Minister für wirtschaftliche Kriegsführung, Duff Cooper: „Das Schicksal des Britischen Reiches und die Verantwortlichkeit für Krieg oder Frieden ist also hiermit einer Handvoll unbekannter Persönlichkeiten in Polen anvertraut." (Hans Grimm — Antwort eines Deutschen — Die Erzbischofschrift — Göttingen 1950)

Ministerpräsident Neville Chamberlain im Unterhaus am 3. Oktober 1939: „Polen ist zwar die direkte Gelegenheit zum Kriege gewesen, jedoch nicht die fundamentale Ursache dazu." (Ludwig Leher — Das Tribunal — München 1965)

Der polnische Außenminister Beck gestand nach Polens Niederlage 1939 in seinem rumänischen Exil einem Freund: „Niemand kann mit Aufrichtigkeit behaupten, daß Danzig der Kriegsgrund war." (S. L. Sharp Poland — White Eagle on a Red Field — S. 143) (x)

Winston Churchill aber, der „große Europäer", charakterisierte zynisch das Garantie-Dokument seiner Regierung vom 31. März 1939 für Polen, fünf Monate vor Kriegsausbruch, mit den Worten: „daß es mit Bestimmtheit die Niedermetzelung von Millionen heraufbeschwört." (x)

Winston Churchill im britischen Rundfunk am 3. September 1939: „Dieser Krieg ist ein englischer Krieg und sein Ziel die Vernichtung Deutschlands." (Hans Grimm)

Deutscher Vorschlag: „Mäßig, entgegenkommend..."

Schon viele Jahre vor dem Polenfeldzug war die deutsche Reichsregierung um Ausgleich bemüht. Der Staatssekretär im polnischen Außenministerium, Graf Szembek, bestätigte überraschenderweise diese Tatsache und berichtete über eine Unterredung mit Hitler am 12. August 1936: „... Er (Hitler) wich keinen Schritt und verfolgte den Weg, den er sich vorgezeichnet hatte, nämlich den der unerläßlichen Verständigung mit Polen weiter." (Udo Walendy, wie oben)

„Noch am 25. August 1939 sucht Deutschland wiederholt die Neutralität Englands und garantiert den Bestand des britischen Imperiums" (x)

Bis zum allerletzten Augenblick wurde dieser Weg eingehalten, von dem u. a. Professor Charles Tansill (USA) feststellte: „Der deutsche Vorschlag war überraschend gemäßigt, und es wäre vielleicht doch noch möglich gewesen, den Frieden zu retten oder dazu einen Aufschub zu erreichen, wenn sich am 30. August ein polnischer Bevollmächtigter eingefunden hätte ..." (x)

Dieser Vorschlag lief darauf hinaus, die Freie Stadt Danzig, die ohnehin nicht Polen, sondern dem Völkerbund unterstand, es sich also gar nicht um eigentlich polnisches Gebiet handelte, an Deutschland zurückgelangen zu lassen. Den „Korridor" aber wollte Deutschland weiter hinnehmen, sondern verlangte nur einen „Korridor durch den Korridor", nämlich einen Streifen von einem Kilometer Breite und 85 Kilometer Länge für eine exterritoriale Eisenbahn- und Autobahnverbindung nach Ostpreußen, also nur diesen Streifen unabhängig von der Gnade Polens. Selbstverständlich, nachdem zuerst eine Abstimmung der Bevölkerung unter einer internationalen Kommission stattgefunden hatte, welchem Staat überhaupt der ganze Korridor nach dem Entscheid der Stimmberechtigten zufallen solle. Ferner selbstverständlich, daß die gegenseitige Behandlung von Minderheiten einer internationalen Kommission unterbreitet und entschieden sei. (Sven Hedin, wie oben)

Sven Hedin, der hochgeachtete Schwede, Rußland- und Asienkenner, weiter: „Die diplomatischen Akten der neueren Weltgeschichte werden kaum ein Schriftstück aufweisen, das diesem Vorschlag an Mäßigung, an Entgegenkommen und Verständnis für die Bedürfnisse eines anderen Landes gleichkommt. Daß Polen ihn trotzdem nicht einmal einer Empfangsbestätigung für wert hielt, kann nur durch die inzwischen bekanntgewordene Tatsache erklärt werden, daß es sich nicht nur auf seine europäischen Freunde Großbritannien und Frankreich verließ, sondern vor allem auch auf die Unterstützung der Vereinigten Staaten. Roosevelt hatte sie ihm durch seine Botschafter in Warschau und Paris zusagen lassen."

Doch wie 1914: „Deutschland ist alleinschuldig"

Sven Hedin fährt fort: „In London ist behauptet worden, daß der deutsche Vorschlag so spät abgesandt wurde, daß die Warschauer Regierung gar nicht darauf antworten konnte. Der deutsche Einmarsch in Polen sei so schnell erfolgt, daß der ganze Vorschlag wahrscheinlich nicht ernst gemeint war. Die Behauptung ist unwahr. Der ‚Londoner Daily Telegraph', eine dem Foreign Office nahestehende Zeitung, hat in der Abendausgabe vom 31. August 1939 einen Bericht über Beratungen im englischen Kabinett veröffentlicht. In diesen sei zur Sprache gekommen, daß dem britischen Botschafter in Berlin, Sir Nevile Henderson, vom deutschen Reichsaußenminister die deutschen Vorschläge über eine friedliche Beilegung des deutsch-polnischen Konfliks übermittelt worden seien. Er habe sie sofort nach London weitergemeldet, da sich die britische Regierung in einer Note vom 28. August 1939 gegenüber der deutschen Regierung bereit erklärt hatte, die Vermittlung zu übernehmen. Das Londoner Kabinett habe das deutsche Memorandum nach Warschau weitergeleitet, und die polnische Regierung habe nach seinem Empfang die Generalmobilmachung angeordnet."

Auch der schwedische Politiker Dahlerus, der die Rolle eines Vermittlers zwischen dem Deutschen Reich und Polen übernommen hatte, informierte sofort — am 31. August 1939 — von der englischen Botschaft aus das Foreign Office, London! Dahlerus bezeichnete gleichfalls die deutschen 16 Punkte als „außerordentlich großzügig", kam gleichwohl zu dem Schluß, daß „die Polen nicht beabsichtigen, nachzugeben, und daß es uns offenkundig wäre, daß die Polen die Möglichkeit einer Verhandlung sabotierten." (-x- und: Birger Dahlerus — Der letzte Versuch — München 1948)

Sven Hedin weiter: „In London hat der Bericht des ‚Daily Telegraph' große Bestürzung hervorgerufen, denn man war dort — mit Zustimmung Roosevelts — entschlossen, die Schuld am Ausbruch des Krieges nach dem Vorbild von 1914 Deutschland zuzuschieben.

Im britischen Blaubuch über den Kriegsausbruch und in den Erinnerungen Sir Nevile Hendersons ‚The Failure of a Mission' ist dieser Entschluß ausgeführt worden.

Die unbeabsichtigte Wahrheitsliebe des ‚Daily Telegraph' wurde dadurch zu vertuschen gesucht, daß die genannte Abendausgabe beschlagnahmt und die Redaktion veranlaßt wurde, eine zweite Spätausgabe herauszubringen, in deren Bericht über die Kabinettsberatung der für die britische Regierung so peinliche Satz über die polnische Generalmobilmachung nach Erhalt des deutschen Vorschlags entfernt war. Das Foreign Office hat aber nicht verhindern können, daß die erste Ausgabe des ‚Daily Telegraph' mit der Mitteilung bereits in die Hände einiger Menschen gekommen war, die sich für die wahren Umstände interessierten.

Der beispiellos schnelle Ablauf des deutschen Feldzuges gegen Polen ist in aller Erinnerung. Die versprochene Truppen- und Waffenhilfe der Mächte, die Polen durch ihre Garantie zum Widerstand gegen Deutschland ermutigt hatten, ist nie erfolgt. Polen ist von England, Frankreich und dem Amerika Roosevelts verraten worden." (Ende der Zitate aus dem Werk von Sven Hedin)

„Um Polens Freiheit zu retten, zogen die Demokratien in den Krieg. Nicht nur wurden viele slawische Länder, sondern auch ein romanisches Volk und ein Großteil der germanischen Bevölkerung Mitteleuropas, dazu bestes Asiatentum, das sich verzweifelt gegen seinen Untergang wehrte, fast ohne Widerspruch der sogenannten christlichen Völker in das gut zementierte Staubecken der kommunistischen Sammelbewegung eingebracht ... Immer wieder spekuliert der Bolschewismus darauf, daß jede Blut- und Schandtat bald vergessen wird." (Arnold Krieger — Stärker als die Übermacht — Seewald-Vlg. 1961)

Nachdem also das „Pulverfaß Europas" zur Explosion gebracht wurde, der polnische Feuerwerker seine Schuldigkeit und „England seinen Krieg" hatte, erklärte

Churchill noch vor dem Kriegsende dem polnischen Ministerpräsidenten Mikokajcyk eiskalt die lauterste Wahrheit: „Sie sind keine Regierung . . . es handelt sich bei Ihnen um rücksichtslose Menschen, die Europa ruinieren wollen. Ich werde Sie Ihren eigenen Schwierigkeiten überlassen . . . Sie haben nur erbärmliche, kleinliche und selbstsüchtige Interessen vor Augen . . . Sie gehören in eine Irrenanstalt." Das letztere Wort haben wir oben schon einmal gehört. (Udo Walendy)

Unter dem Titel „Mord aus Staatsraison" hat der britische Historiker David Irving die Frage aufgeworfen, ob Churchill im Jahre 1943 den damaligen Chef der polnischen Exilregierung in London, General Sikorski, ermorden ließ und auch damit den Bolschewisten den Weg in Warschau frei machte.

Über die Polen, das arme, gequälte, verhetzte und betrogene Volk, sagte Churchill dann auch in Jalta 1945: „Ich selbst interessiere mich wenig für die Polen." (Udo Walendy)

Man könnte weiter Beweis an Beweis anführen, wie u. a. aus dem Werk des britischen Historikers Emrys Hughes — „Churchill — Ein Mann in seinem Widerspruch — Churchill ohne Tünche" — Tübingen 1959) — „Wir hatten den Zweiten Weltkrieg gewonnen, und Churchill stand an der Spitze der Welt, was aber hatten Sieg und die bedingungslose Übergabe Europa gebracht?" Liddel Hart, der sein Leben lang über Kriege und Siege geschrieben hatte, sagte in einer Versammlung der Liberalen in Kendal: „Wir sind vor 6 Jahren in den Krieg gezogen, um die Unabhängigkeit Polens zu wahren. Es dürfte nun klar sein, daß Polen nur als Satellitenstaat überleben wird, beherrscht von jener Macht, die es 1939 aus dem Hinterhalt überfallen und sich dann mit Deutschland in sein Territorium geteilt hat."

Wer war der Angreifer?

Obwohl an sich nach den vorherigen Ausführungen und Zitaten kein Zweifel darüber bestehen kann, und es mir eigentlich widerstrebt, eine sowjetische Stimme noch heranzuziehen, so soll es doch geschehen, weil gerade diese die geschichtlichen Tatsachen noch unwiderlegbarer macht.

Am 31. Oktober 1939, also nach der Teilung Polens, hielt Herr Molotow, 1931 bis 1941 Vorsitzender des Rates der Volkskommissare der Sowjetunion, seit 1939 Volkskommissar des Auswärtigen, eine Rede, in der er nicht Deutschland, sondern England und Frankreich als die Angreifer bezeichnete: „Es ist Angst um ihre Weltherrschaft, die den regierenden Kreisen Großbritanniens und Frankreichs das Schüren des Krieges gegen Deutschland diktiert. Darum ist der imperialistische Charakter dieses Krieges sichtbar für alle, die die Wirklichkeit sehen wollen und ihre Augen nicht vor Tatsachen verschließen." (Dr. Robert Ingrim — Von Talleyrand zu Molotow — Die Auflösung Europas — Zürich 1947) Dieser Historiker ist gebürtiger Österreicher, später Bürger der USA, europäischer Berichterstatter des „National Conference Board, New York“, der „Basler Nachrichten“, der „Weltwoche“, Zürich. „Er stellt das gröblichst verzerrte Bild von Europas Vergangenheit und Gegenwart richtig“, wie geschrieben wurde.

So bleibt die unzerstörbare, uralte historische Wahrheit gültig: (Machiavelli, florentinischer Staatsmann und Historiker, 1469—1527) „Nicht wer zuerst die Waffen ergreift, ist der Angreifer, sondern der, welcher dazu nötigt.“

„Wahrhaftigen Gottes, dies ist die Höhe des menschlichen Wahnsinns“

Dies sprach ein Brite aus, der doch aus der Geschichte der Herrscher seines Landes allerhand gewöhnt sein mußte, und zwar über die Tatsache, den Umfang und die Grausamkeit der Vertreibung der Ostdeutschen, die einmalig in der Geschichte seien. Es war Ernest Bevin! (1881—1951, seit 1935 Führer der Labour-Partei, 1945—1951 Außenminister) Zitiert aus Austin App — „Der schrecklichste Friede in der Geschichte.“ — Salzburg 1947.

Papst Pius XII. hat es im gleichen Jahr noch ausführlicher ausgedrückt, und zwar in seiner Weihnachtsansprache 1947:

„Europa und die Welt, sogar das ferne gequälte China, sind weiter als je zuvor entfernt von einem wahren Frieden, weiter von völliger und bestimmter Sicherheit, weiter von einer neuen Ordnung, die sich nur auf gegenseitige Übereinstimmung gründet...

Wir haben kein Recht, unsere moralische Überlegenheit der Entartung Hitlers gegenüber zu stellen. Die Geschichte der Nachkriegszeit ist kein Ruhmesblatt. Ein Dante hätte sich gesträubt, die Furchtbarkeit dieser Repressalien an Unschuldigen darzustellen.“

Zu Dante (1225—1321), dem aus Florenz stammenden, größten Dichter Italiens, der in mittelalterlichem Denken die Weltanschauung des Jahrtausends bildhaft faßte, muß man wissen bzw. sich erinnern, daß er einmal dichterisch durch die Hölle wandelte. Dante sah den untersten Höllenpfuhl und schilderte grausigste Qualen.

Wenn ein Papst also diese in Vergleich damit setzte, was noch nach dem Kriege an deutschen Unschuldigen verübt wurde, so läßt sich allein daraus ermessen, welche furchtbaren Verbrechen unschuldigen Deutschen angetan worden sind.

Doch seit über 35 Jahren wird die nur leiseste Erwähnung derartiger und weiterer Grausamkeiten an unschuldigen deutschen Zivilisten, ja auch an Kriegsgefangenen, als „Aufrechnung, Minderung, Beschönigung, Zudeckung“ mit weltweiter Propaganda niedergewalzt bzw. geredet, geflimmert, gepredigt, gelehrt und gedruckt.

Deutsche und ausländische Historiker, die doch „eine neue Ordnung erstreben, die sich nur auf gegenseitige Übereinstimmung gründet", werden unbesehen als Rechtsextremisten, Faschisten, Imperialisten, Revanchisten, Kriegstreiber u. a. hingestellt. Auf das Schwert der Verleumdung kann offenbar immer noch nicht verzichtet werden. Wie ebensowenig darauf, jeden Deutschen nach wie vor als schuldig an allem Unheil zu brandmarken, wenn er sich nicht jener Meinung anschließt. Wie es unlängst noch Bundeskanzler Schmidt hinnehmen mußte.

Somit wären beispielsweise auch der damalige britische Außenminister, Ernest Bevin, sowie der Heilige Vater, Papst Pius XII., Neo-Nazis der ersten Stunde. Wir würden uns also in keiner schlechten Gesellschaft befinden.

Wie sehr die Sieger es nötig haben, ihre Verantwortung für die den Deutschen zugefügten, alles übertreffenden Greuel abzulehnen, zeigt so recht die anhaltende Verharmlosung der alle Menschlichkeit spottenden Greuel bei der Vertreibung der Deutschen aus ihrer angestammten Heimat, mit Ausdrücken wie „Umsiedlung, Umschichtung" und dergleichen. Es wird sogar versucht, auf ausländische Historiker Druck auszuüben, solche Themen nicht zu erforschen und darüber zu schreiben. Wie es dem New Yorker Völkerrechtler Alfred de Zayas noch unlängst seitens des polnischen Parteiorgans „Trybuna Ludu" passierte, der sich indes erlauben konnte, sich gegen derartige „untragbare Zensur" scharf zu wehren: „Für freie Menschen und insbesondere Wissenschaftler gebe es nicht nur das Recht, sondern bestehe auch die Pflicht, sich allen Ungerechtigkeiten zu stellen, gleichgültig wer sie begangen habe. Bei der Vertreibung der Deutschen aus den Ostgebieten habe es sich nicht nur um eine Ungerechtigkeit, sondern um ein Verbrechen im völkerrechtlichen Sinne gehandelt. Diese Tatsache werde nicht dadurch geändert, daß die Deutschen beispielsweise in Polen auch Verbrechen begingen." (Deutschland Journal September 1980)

Im übrigen muß wiederholt werden, daß die Polen mit ihren Hintermännern die Verbrechen an den Deutschen doch mitten im Frieden teils vor Hitler geplant und öffentlich propagiert hatten. Ganz im Gegensatz zu uns Deutschen, deren diktatorische Minderheit erst in den letzten Phasen des Krieges gewisse Verbrechen beging, die zudem erst nach dem Kriege der deutschen Öffentlichkeit bekannt wurden, wie im Abschnitt „Blut und Eisen" belegt. Daher müssen die wahrhaft barbarischen Propaganda-Thesen erneut kurz erwähnt werden: „Vom Pestherd Deutschland wird nur noch ein Trümmerhaufen übrig bleiben ... Es wird kein Platz für humanitäre Gefühle sein ... Das deutsche Blut wird in einem kommenden Krieg in solchen Strömen vergossen werden, wie dies seit Entstehung der Welt noch nicht gesehen worden ist ... Deutsche ausrotten ..." Churchill: „Kriegsziel ist die Vernichtung Deutschlands."

Wann hätte je irgendeine deutsche Seite solche Vorankündigung derartiger Barbarei vorgenommen oder auch nur nach dem Wissen des deutschen Volkes gedacht?

Ein Schicksal wurde Abermillionen unschuldigen Deutschen und Deutschstämmigen aus der Zivilbevölkerung bereitet, wie vielleicht nur in Zeiten allerwüsteter Unmenschlichkeit, ob durch die Hunnen, die Despoten Dschingas Chan und Batu Chan mit Asiens Horden, die alles grausam unter ihre Geißel zwangen. In unseren Tagen weit barbarischer, weil zusammen mit sogenannten christlichen Mächten unter lästerlichem Mißbrauch des Namens von Christus und des Kreuzes-Symbols. Wie Roosevelt und Churchill sangen: „Vorwärts Soldaten Christi." Stalin war zwar bei der ersten Intonierung dieses „Choral-Songs" nicht anwesend, wird aber hohnlächelnd Beifall gespendet haben, denn die genannten „christlichen" Sänger waren es, „die Stalin erlaubten, seinen Herrschaftsbereich um 13 geographische Längengrade nach Westen vorzuverlegen. Sie waren es auch, die der Sowjetunion in den Texten der Konferenzen von Moskau und Teheran (1943), Jalta und Potsdam (1945) bescheinigten, daß die UdSSR ein „friedliebender, demokratischer Staat" sei. (Egmont Roth, Deutschland Journal August 1981)

Zwar war eigentlich das so schreckliche Schicksal der Deutschen im Falle der totalen Niederlage zu erwarten, wenn man nicht nur allgemein welt- und geschichtskundig war, sondern die erste Kriegserklärung bedachte, die Deutschland bereits am 24. März 1933 erhalten hatte. Die nur dazu führen konnte, wie es Ilja Ehrenburg in Flugblättern und Radio-Aufrufen forderte: „Tötet, tötet, es gibt nichts an den Deutschen, was unschuldig ist."

Verzicht auf Rache und Vergeltung

Das Vorstehende mußte gesagt und in die Erinnerung zurückgerufen werden, um die Moral der deutschen Heimatvertriebenen bewerten zu können!

In der Charta der deutschen Heimatvertriebenen vom 5. August 1950 ist der Verzicht auf Rache und Vergeltung dokumentiert. Damit ist der richtige Weg in eine bessere Zukunft gewiesen, aber auch die vollauf berechtigte Forderung festgeschrieben, „daß das Recht auf die Heimat als eines der von Gott geschenkten Grundrechte der Menschheit anerkannt und verwirklicht wird".

Welche Tragik ist es doch, daß Jahrzehnte nach diesem öffentlichen, verpflichtenden Bekenntnis und trotz vieler Wiederholungen dieses Grundrecht bei unseren ehemaligen Gegnern kein Gehör fand. Bei der kommunistischen Diktatur ohnehin nicht. Vielleicht bedeutet es aber eine Ermutigung, daß nun endlich — wenn auch mit einer Verspätung von über drei Jahrzehnten — ein Oberhaupt der katholischen Kirche, Papst Johannes Paul II., sich mit persönlichem Einsatz außerhalb von Rom gegen den Atheimus zur Wehr gesetzt hat. Zwar nur indirekt und allgemein, ohne das „von Gott geschenkte Grundrecht auf Heimat" zu berühren. Man konnte solches gerade von diesem Heiligen Vater auch kaum erwarten, obwohl es der gleiche Gott ist, dem sich Katholiken wie Protestanten verpflichtet fühlen müßten.

Aber vielleicht nimmt dieser Papst die letzteren auch gar nicht mehr ernst? Weil doch sehr viele Geistliche der evangelischen Kirche sich schon lange dem rein atheistischen Marxismus verhüllt und unverhüllt zuwenden und damit dokumentieren, daß das erwähnte Grundrecht nicht existiert. Um so mehr verwerflich, weil diese Geistlichen, teils in hohen Kirchenämtern, in gut gepolsterten Amtssesseln sich ihrer und der Freiheit ihrer Gemeinden noch erfreuen dürfen. Wogegen die evangelischen Gemeinden im SED-Staat, im Marxismus, in höchster Bedrängnis sind, verfallen und aufgerieben werden, wie es wahrhaft erschütternd wieder einmal in unseren Tagen berichtet wird. „Die Geistlichen stehen auf einsamen Posten, müde, abgekämpft, resigniert über ihre Kirche im Sozialismus." (Dieter Stadach, Rheinische Post, 3. Oktober 1981. — Geistlicher Notstand?) Wie soll ein Papst sich u. a. daher etwa für die Protestanten einsetzen und der Wahrheit die Ehre geben, daß es hauptsächlich der Pflug dieser war, die sich seit vielen Jahrhunderten mit Fleiß und Ehrlichkeit das Recht auf Heimat „als ein von Gott geschenktes Grundrecht" erworben haben.

Keine Wirkung ohne Ursache

Wohin es führt, wenn nur das Schwert regiert, der Pflug, also Moral und Menschenrecht, indes mißachtet wird, welch wirtschaftlichen, kulturellen und politischen Rückfall in finstere Zeiten weit früherer polnischer Staatsgebilde und Annexionsbestrebungen es bedeutet, zeigt beweiskräftig das „moderne Polen". Nicht nur, weil es ein „Arbeiter- und Bauernparadies" sein soll. Auch allgemein, weil es nicht zuwege gebracht wurde, aus dem ungeheuren Raub der ehemals blühenden deutschen Provinzen, aus den Ländern Preußens mit reichstem landwirtschaftlichen Überschuß das eigene Volk zu ernähren.

In wenigen Jahrzehnten entstand ein Land mit allergrößter Not, das gezwungen ist, von USA, der nach ruhmlosem Erlöschen der Kriegskameradschaft verleumdeten „imperialistischen, kriegslüsternen" Macht, weitere Milliarden zu erbitten. Wie auch von dem gleicherart fortlaufend beschimpften westlichen Teil Deutschlands. Und das angesichts einer ohnehin kaum tilg- und verzinsbaren Schuld, von der kaum ein Cent oder Pfennig je zurückgezahlt werden kann.

„Polens Jugend — eine Generation ohne Hoffnung". ... nach 35 Jahren Sozialismus sieht sich die Jugend dieses Landes als eine „hoffnungslose Generation" ... „es dauert zehn Jahre, bis man vom Staat eine Wohnung bekommt ... Das Dilemma meiner Generation ist, daß sich eine gute Ausbildung gar nicht lohnt ... dieses Urteil eines jungen Polen wird von Millionen seiner Landsleute geteilt ... soziale Krankheiten, wie Alkoholismus, Rauschgiftsucht, Verachtung der Arbeit ... Nur die zynischsten von uns gingen in die Partei, um auf diese Weise Karriere zu machen ... Arbeitslosen-Unterstützung gibt es in Polen nicht ..." (Die Welt — 30. Juli 1981.)

Es ist nicht nur eine ungemein rückständige, vernachlässigte Landwirtschaft, die dazu geführt hat. „Es ist eine Schande, ein Verbrechen, was versäumt worden ist", sagt Prof. Markiewicz von der polnischen Akademie der Wissenschaften. „Statt ausreichend Wohnungen zu bauen, habe man Unsummen in ‚gigantomanische', aber unrentable Industrieprojekte gesteckt." (wie vor)

„Die Korruption nahm zu. Immer höhere Schmiergelder wechselten immer mehr Hände. ‚Asiatisierung' nannten das die Polen. Die wirtschaftliche Talfahrt beschleunigte ihr Tempo von Jahr zu Jahr, bis das Modell des ‚modernen Polen' 1980 zusammenbrach. Mit 26 Milliarden Dollar Auslandsschulden." (Frankfurter Allgemeine Zeitung 6. Juni 1981)

„Balagan ist eine polnische Besonderheit, die mit Wirrwarr nur unzulänglich übersetzt ist ... Die jahrhundertelange Rückständigkeit des Landes ..." (wie vor) Eben darum muß besonders die polnische Landwirtschaft noch kurz Erwähnung finden, da diese in unseren Massenmedien kaum zur Sprache kommt und in so krassem Gegensatz zu den früheren Verhältnissen und Leistungen in den uns geraubten Ländern steht.

„Warum kann sich Polen heute nicht einmal selbst ernähren?" (Dietrich Möller — Rheinische Post 23. August 1980) „Der Fläche und Fruchtbarkeit nach könnte sich die Volksrepublik Polen in der Tat gut selbst versorgen und ein Agrar-Exportland sein. Nicht aber der Struktur der Landwirtschaft nach.

Wer am polnischen Weg zum Sozialismus zu rühmen weiß. daß über 80 Prozent der landwirtschaftlichen Nutzfläche in privater Hand sind, übersieht die Kehrseite der Medaille: Über zwei Millionen Kleinbauern haben Hofgrößen zwischen zwei und vier Hektar. Da gibt es keine großen Erntefahrzeuge und Schlepper. Das eine Pferd, das Polens Durchschnittsbauer besitzt, ist oft nur eine Schindmähre, die Pflug, Egge und Wagen ziehen muß. Polen, aus der Luft betrachtet, ist ein Flickenteppich aus Klein- und Kleinstgehöften, unwirtschaftlich und rückständig. Die Erträge sind mäßig, die Einkommen oft jämmerlich ... Die Alten auf dem Lande wehren sich entschieden gegen den Beitritt zu den Genossenschaften, auch wenn man ihnen verspricht, es würden freiwillige Zusammenschlüsse sein, wie im Westen, keine Kolschosen wie im Osten. Das hatte man schon einmal gesagt: freiwillig. Und dann war es doch eine Zwangskollektivierung, die erst durch eine Revolte im Oktober 1956 rückgängig gemacht wurde. Auch hier wirkt die Vertrauenskrise nach."

Dietrich Möller räumt dann wohl drei Mißernten ein und stellt neben der Summe objektiver Gründe „vor allem das Versagen des kommunistischen Systems heraus, das seit 35 Jahren die Bauern und Arbeiter mit Versprechungen vertröstet und mit Phrasen abspeist".

Im gleichen Sinne schrieb die Zeitung „Rheinischer Merkur/Christ und Welt" am 29. August 1980 (Julius Struminski „Polens Wirtschaft") „Ein Schuldenberg drückt. Der Parteiapparat produziert Pläne ohne Hoffnung." Es wird dargelegt, daß wohl sogenannte spezialisierte Bauernhöfe mit mehr Boden und Tieren bessere Resultate erzielen, indes eine größere Schicht dieser Großbauern — Kulaken genannt — die ganze sozialistisch-landwirtschaftliche Doktrin auf den Kopf stellen... und andere Comecon-Staaten politisch in Verlegenheit bringen würden. „Die produktiven Landwirte beweisen schon jetzt, daß die sozialisierten staatlichen Güter eine Belastung der polnischen Wirtschaft sind. Denn die Staatshöfe erwirtschaften trotz Subventionen und der Bevorzugung bei der Versorgung mit Landmaschinen und Kunstdünger sowie bei der Steuerfreiheit nur Defizite." In mehrfacher Hinsicht ist das alles natürlich ein uralter Hut. Nicht nur wegen der so grundverschiedenen Art des Wirtschaftens. Schon vor über einem halben Jahrhundert waren Berichte in Zeitungen und Büchern, u. a. der Schweiz, ungemein beeindruckend, wie allein der Kernsatz: „Die Landwirtschaft wird immer mehr der Ort, wo der Marxismus am kläglichsten versagt." Im übrigen trifft allgemein das russisch-polnische Sprichwort den Nagel auf den Kopf: „Der Spatz kann sich wohl in das Nest einer Henne setzen, aber ein Hühnerei legen kann er nicht."

Die Polen selbst haben das Recht auf Heimat infolge Arbeit, Kultur, Nüchternheit, Fleiß und sich daraus ergebendem Wohlstand vor bald anderthalb Jahrhunderten für sich in Anspruch genommen, im Jahre 1842, mit den Worten: „Werden wir Polen besser, gebildeter und reicher als die Deutschen, dann sind wir die Herren." (Prof. Dr. Oswald Hauser, in Schieder/Deuerlein, Stuttgart 1970 s. o.)

So wenig dieses „Herrenrecht" — nur ein solches — je von den Polen erworben wurde, in welchen Gebieten auch immer, schon gar nicht in den uns geraubten Ländern, so sehr wollen sie Herren der letzteren sein und bleiben. Nicht nur wird von diesem „allerchristlichen" Volk, wie sie sich selbst bezeichnen, da „selbst die Heilige Mutter Gottes nur polnisch spreche", das von Gott geschenkte Grundrecht auf Heimat mißachtet. Die Polen nehmen als gute Schüler der eigentlichen Sieger, deren eine so große Anzahl bei ihnen lebte, auch für sich in Anspruch, was den Deutschen selbst in Zeiten nationalen Überschwanges fremd war: „Nichts haben die Polen vergessen, die Nation hat ihre Vergangenheit zum Kult erhoben. Die patriotische Tradition vererbt das Verlangen nach Freiheit von Generation auf Generation. Wie die Heiligen in den Legenden der Kirche bleiben die Helden der polnischen Geschichte und ihre Taten lebendig im Bewußtsein des Volkes. Sie werden nicht in verlegene Anführungszeichen gesetzt." (Frankfurter Allgemeine Zeitung 6. Juni 1981)

Doch weiter: „Vaterländisches Pathos weht weit über das Land... Man sollte bereit sein, zur Verteidigung der nationalen Unabhängigkeit sogar sein Leben aufs Spiel zu setzen... Ihre Vergangenheit lebt immer noch unter ihnen mit allen guten und schlimmen Ereignissen... Die Nation ist eine Art moralischer Gemeinschaft aller Polen und ‚ein Wert an sich', während der Staat nur als das höchste Organisationssystem begriffen wird, als ein Gut an sich nicht, sondern als reines Verwaltungsinstrument..." (wie vor)

Wollten wir Deutsche auch nur weniges von solchen Prinzipien aussprechen oder gar befolgen, so würde sich bei den Polen zuerst, dann weltweit wieder die schreiende Verleumdung erheben, daß wir Deutsche zum Rechtsextremismus, zum Faschismus zurückkehrten!

Dabei dokumentiert die polnische und europäische Geschichte bis in die jüngsten Tage, daß „die Helden der polnischen Geschichte“ doch in der erdrückendsten Mehrheit „Helden des Schwertes“ gewesen sind, wovon eine der herausragendsten Gestalten Marschall Pilsudski, die Tendenz billigte, wie oben nachgewiesen „... es wird kein Platz für humanitäre Gefühle sein. Wir werden die ganze Welt mit unserem Krieg gegen Deutschland überraschen“. So rotteten dann ja auch die „polnischen Helden“ die Deutschen mit Stumpf und Stiel, mit Mord und Brand, mit Vertreibung aus urdeutschen Ländern aus, die vor den Deutschen wüst und leer waren.

Die Unterscheidung zwischen „der Nation als einer moralischen Gemeinschaft“ und „dem Staat als Verwaltungsinstrument“ soll wohl für die Polen und andere Völker gültig, tugendhaft und teilweise christlich sein, nicht aber für die Deutschen. Als diese sich aus allertiefster Not auf ihre Nation besannen, und ein Teil ihres „Verwaltungsinstrumentes“, noch dazu eine Diktatur, Untaten im Zweiten Weltkrieg beging, da erklärte man die gesamte deutsche Nation als alleinverantwortlich für sämtliche Verbrechen.

In dieser doppelten Moral mit unterschiedsloser Helden-Verherrlichung angesichts der Tatsache, daß Polen 58 % seiner Vergangenheit mit Kriegen verbracht hat, das verlästerte Preußen nur 28 %, werden seitens der christlichen Polen doch auch „Helden“ hochgejubelt, wie u. v. a. jener Wojeicch Korfanty (1873—1938), der 1903, 1912, 1919 im Deutschen Reichstag saß, der ab 1919 als Reichstagsabgeordneter gegen Eid und Pflicht den Polenüberfall auf Oberschlesien — mitten im Frieden — organisierte und 1921 mit beispiellosen Grausamkeiten an unschuldigen deutschen Zivilisten, an Frauen, Kindern und alten Leuten das ganze Deutsche Reich zum Entsetzen brachte!

Wie Dr. Peter Kleist es berichtete: „... als die Banden Korfantys raubend und mordend nach Oberschlesien einrückten und ihre Prügelstationen einrichteten, in denen Tag und Nacht Deutsche, die nichts getan hatten, als Deutsche zu sein, um Gesundheit und Leben gebracht wurden.“

Bis am Annaberg in Oberschlesien das deutsche Freikorps Oberland, von deren Soldaten ich in jungen Jahren noch zwei gekannt habe und berichten lassen konnte, den grausigen Verbrechen der Polenüberfälle ein Ende machte! Worauf dann später diese braven Truppen als „haltlose Landsknechte“ von der damaligen SPD-Regierung bezeichnet wurden.

Oder ist z. B. Josef Beck, der Mitarbeiter von Marschall Pilsudski, ein „Held“, der zwar 1934 den Nichtangriffspakt mit dem Deutschen Reich abschloß, gleichwohl aber Polen der Einkreisungspolitik von England angliederte und damit den Zusammenbruch von Polen und den zweiten Weltbrand herbeiführte? „Um von Deutschland nur einen Trümmerhaufen übrigzulassen“, wie oben zitiert.

„Ein gerechtes Europa“

Wie verträgt sich das alles mit dem frommkatholischen, „allerchristlichsten“ Volk? Gelten nicht die „Rechte des Menschen, die so tief eingeschrieben sind in die unveräußerlichen Rechte des Volkes“, wie Papst Johannes Paul II. predigte, für sämtliche Völker, für alle Konfessionen, ja für alle Religionen schließlich, daß „die Liebe nimmer aufhören solle, anstatt der Rache“?

So hat sich der Papst „gegen jede Form des Totalitarismus mit Vehemenz gewandt, der den Menschen und Völkern das Grundrecht der Selbstbestimmung vorenthält ...“, auch bei dem Besuch seines Geburtslandes. „Als grundlegende Bedingung für die Heilung einer heillosen Welt gilt ihm dabei das Prinzip der Wahrheit.“ (Werner Grave — Gemeinsam Zeugnis geben — Joh. Paul II. in Deutschland — Kevelaer 1980) Der Papst nahm u. a. Bezug auf die Bibelworte: „Wir wollen uns nicht gegenseitig richten“ (Röm 14,3). Wir wollen aber einander unsere Schuld eingestehen. „Alle haben gesündigt.“ (Röm 3,23)

Die Reisen des Papstes mit bewunderungswertem persönlichen Einsatz u. v. a. gegen „Beraubung der Gewissens- und der Religionsfreiheit“, als „Reisen der Liebe, des Friedens, der universalen Brüderlichkeit“ mit dem Ausdruck von allen Deutschen „die ganze geliebte deutsche Nation ehren“, hat ihm offenbar auch die Worte sprechen lassen, am Grab des Unbekannten Soldaten in Warschau: „... es kann kein gerechtes Europa geben, ohne die Unabhängigkeit Polens, wie es auf seinen geographischen Karten eingezeichnet ist.“

An der Unabhängigkeit Polens wird seitens der Deutschen sicher nicht gerüttelt, aber ein einziges Wort des Papstes ist aufs allerhöchste für uns bedeutungsvoll und hoffnungsreich, denn „geographische Grenzen“, wie sich der Papst mit feinster Diplomatie ausdrückte, sind noch lange weder politische noch ethnographische Grenzen! Letztere hat also selbst der Papst offen gelassen.

Gerade das hat offenbar die Genossen erregt, zusammen mit dem Eintreten gegen jede Art von Totalitarismus und den Raub von Gewissens- und Religionsfreiheit, wie Kurt Ziesel schreibt, der die Deutschland-Stiftung e.V. vertritt und Herausgeber des Deutschland-Magazins ist: „Da wird ein Papst, der mit der Ausstrahlung großer Menschlichkeit ganze Kontinente von seinen sittlichen Forderungen überzeugt, vom ‚Spiegel' Rudolf Augsteins oder vom ‚Vorwärts' Egon Bahrs in einer Weise verunglimpft, für die das Wort vom ‚geistigen Pöbel' noch viel zu niedrig angesetzt ist. Im ‚Vorwärts' wird der Papst gar im Stil pornographischer Excesse à la St. Pauli angepöbelt. Im ‚Spiegel' auf einem anderen Niveau als finsterster Reaktionär verunglimpft.“ (Deutschland-Magazin 12/80)

„Brücken ... gegenseitiger Achtung und Wertschätzung"

Es war schon die Rede von der „Charta" der Heimatvertriebenen, die bereits vor über 30 Jahren fest bekundeten, auf jede Art von Rache zu verzichten, doch das Recht auf Heimat aufrechtzuerhalten.

Etwa zur gleichen Zeit, als der Papst noch als Seelsorger für seine Landsleute in Frankreich und Belgien tätig war, hat z. B. Hugo Wellems schon die wegweisenden Worte gefunden „von jenen Brücken, die zwischen Deutschen und Menschen anderer Nationen, Rassen und Religionen gebaut waren ... auf dem besten Fundament gegenseitiger Achtung und Wertschätzung". („Die Brücke 1953" in — „Keine Nacht dauert ewig" — Düsseldorf 1978)

Doch auch das stellte Hugo Wellems kurz und klar heraus: „Ist es uns zu verübeln, wenn wir 25 Jahre nach der Vertreibung das Recht auf Heimat weiter verteidigen und darauf hinweisen, daß das polnische Volk trotz Aufteilung und Zerstörung seines Staates über mehr als 125 Jahre sein Nationalbewußtsein erhalten hat und heute darüber die ganze Nation mit Stolz erfüllt ist? Darf für die Deutschen nicht gelten, was man den Polen hoch anrechnet?" („Herz auf der Waage" — Hamburg 1973)

Drei Glocken ...

Im Sinne von Friedensglocken, die für das Recht auf Heimat läuten, wie überhaupt für Gerechtigkeit und Versöhnung, glaube ich, diesen Abschnitt nicht besser schließen zu können, als erstens das Standbild erneut in Erinnerung zu rufen, das als Symbol von Leistung und Kultur des deutschen Ostens stets zu gelten hat: Der deutsche Bauer mit dem Pflug. Ein Sinnbild der Wahrheit und des Friedens, das als „Zeichen deutscher Eroberungssucht" der Zerstörung alles dessen zum Opfer gefallen ist, was an deutsche Leistung und das Recht auf Heimat der Ostdeutschen mahnt.

Zweitens aber dürfen wir eine Gedenkstätte des deutschen Ostens in unserer engeren Heimat, dem Bergischen Land, nicht vergessen. Im Batterieturm von Schloß Burg a. d. Wupper wurde die Bronzebüste von Immanuel Kant (1724 bis 1804), dem großen Sohne von Königsberg, dem deutschen, kritisch-idealistischen Denker, aufgestellt. Auf seiner Lehre fußt die Mehrzahl der großen Denker des 19. und 20. Jahrhunderts. Die Büste von Joseph Freiherr von Eichendorff (1788 bis 1857) erinnert an den großen Schlesier, von dessen Werken voll inniger, romantischer Naturbeseelung viele volkstümlich geworden und unvergessen sind.

Eigentlich müßte gerade dort auch Gustaf Kossinna (1858—1931), in Tilsit geboren, geehrt und sein Gedenken erhalten werden, der sich um den wissenschaftlichen Beweis der Kulturhöhe unserer Vorfahren hochverdient gemacht hat! Unter anderem mit seinem Werk „Die deutsche Vorgeschichte, eine hervorragend nationale Wissenschaft".

Ferner ist diese Gedenkstätte ein Mahnmal der Vertreibung. Eine höchst eindrucksvolle Plastik, die eine Gruppe von sechs Vertriebenen darstellt, steht in der Mitte des Turmes. Auch erinnern Kupfertafeln an die Goldenen Bücher der Technischen Hochschulen von Danzig und Breslau.

Drei Glocken jedoch, die eine vom Dom zu Königsberg, die beiden anderen von der Breslauer St.-Jacobus-Kirche, die auf dem Hamburger „Glockenfriedhof" den Krieg überdauerten, verkünden Geschichte und Geist des preußisch-deutschen Ordenslandes mit dem Leitmotiv „Gott allein die Ehre", wie der evangelische Königsberger Pastor Riedesel sagte und betonte: „Wo dieser Ruf der Glocken recht verstanden werde, da seien weder Heimatlosigkeit, noch Fremde, noch Einsamkeit oder Furcht."

„Fluchtburg der deutschen Seele" nannte der erste Präsident der Bundesrepublik Deutschland, Prof. Theodor Heuss, diese Gedenkstätte bei der Einweihungsfeier im Jahre 1951. Der katholische Pfarrer Vogl fügte hinzu, daß diese Glocken für das Recht der Heimat läuteten, daß sie rufen: „Tragt eure heilige Heimat tief im Herzen und gedenkt der Toten der Heimat."

Tief im Herzen: unser schönes Land, unser großes, reiches Land. Unabsehbare Kornfluren mit hineingepflügtem Schweiß unserer Vorfahren von aberhundert Jahren, Furche an Furche. Frucht für uns übergenug und für so viele von Memel bis über Ruhr und Rhein an die Maas.

Tief im Herzen: unerschöpfliche Wälder mit grenzenloser Erneuerungskraft. Blühende Heiden, blaue, stille, einsame Seen. Klargraue Ströme...

Tief im Herzen: das immer wieder erregende Erlebnis unserer Ostsee mit blaugrüner Unendlichkeit, mit herrlich frei und wild duftendem Wind, mit Vogelschreien, mit gischtenden Wogen auf weißen Sand voll Muscheln und leuchtendem Bernstein als Gruß von Jahrtausenden. An düsterklaren Tagen mit schweren, dunklen Wolken der Brandungsdonner. Fern, geheimnisvoll die Halbinsel Hela...

Tief im Herzen: uralte deutsche Hansestädte, am Meer, am Strom, im Land. Mit Bürger- und Handwerkerhäusern, mit grünkupfernen, trotzig gereckten Türmen von Kirchen, Domen und Rathäusern in Schönheit und Würde. Machtvoll in Wind und Wetter, woran die Kräfte von vielen Generationen unserer Ahnen gewirkt hatten, im weitenhungrigen Seewind deutschen Kaufmannsgeistes und Bürgerfleißes, der in tatkräftigen Geschlechterfolgen nicht erlahmte, immer wieder die Zerstörungen von Feuer, Unwetter und Krieg zu beseitigen... Vom deutschen Recht regiert...

Wie Lübeck, die „Königin der Hanse, der Ostsee", mit der deutschen Geist bezeichnenden und immerdar mahnenden Inschrift über dem Bogen des Holstentores „Concordia a domi, foris pax" — Eintracht im Haus, Friede draußen —

Tief im Herzen: die Gedächtniskapelle unter einem Turm der Marienkirche zu

Lübeck als erschütterndes Mahnmal an unsere geraubten und entfremdeten Städte. Wo die geborstenen Glocken liegen, die in den Bombennächten von den Türmen stürzten... Wo im großen Fenster in Glasmalerei die Wappen unserer stolzen, unvergessenen Städte leuchten.

Nicht anders kann man hinblicken als tief im Herzen Andacht und Ehrfurcht zu empfinden ob der großen Leistung der Vorfahren aus allen deutschen Ländern. Im durchscheinenden Licht schimmert es gleich Tränen, wie in vielen Kirchenfenstern auf manch schmerzenreichem Antlitz von Heiligen zu sehen ist, die bitterlich weinen ob der Raub- und Machtgier dieser Welt, ob so viel Heuchelei, die das Gute vorgibt, aber das Höllische tut.

Tief im Herzen: das Gebot Gottes „Vater und Mutter zu ehren", doch auch die Heimat, „das Land, das dir Gott, der HERR, gegeben hat..."

Ostlandsdeutsche

Unser Haus ist zerstört, unsere Scholle entweiht,
doch in Heimwehnot und im Knechtschaftsleid
seit tausend Jahren singt Ostseewind,
Sudetenwind, Karpathenwind
von Ostlands deutscher Herrlichkeit.

Und wenn ihr uns heute auch schweigen heißt.
dann reden die Steine! Aus Stein ward Geist,
in Höfen und Rathaus, in Turm und Dom,
am Baltenmeere, am Weichselstrom,
aus Steinen wächst der deutsche Geist!

Und macht ihr den Mund unserer Kinder stumm,
es geht ein Raunen im Lande um,
ein Beten, das tief aus der Seele spricht;
denn die deutsche Seele bezwingt ihr nicht;
die Treue ist unser Heiligtum.

Maria Kahle
(vertrieben aus dem Osten, geboren im Sauerland)

„Ohne Preußen sind die Deutschen keine Nation“

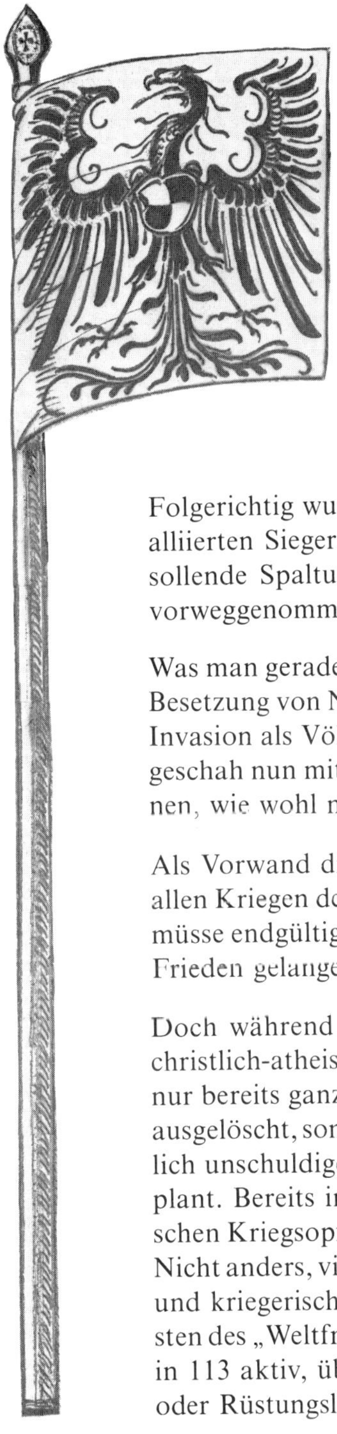

Über diesen Ausspruch von Charles de Gaulle (1890—1970), des französischen Generals und Staatspräsidenten, kann man wohl in den Kreisen deutscher Stämme streiten, die sich erst spät zu einer deutschen Einheit unter Führung von Preußen 1870/1871 zusammengeschlossen haben. Doch klarer konnte man das eigentliche Kriegsziel der Alliierten, den uralten Traum Frankreichs nicht ausdrücken.

Folgerichtig wurde am 25. Februar 1947 der Staat Preußen von den alliierten Siegermächten per Dekret ausgelöscht; die endgültig sein sollende Spaltung des Deutschen Reiches in gleicher Zielrichtung vorweggenommen.

Was man gerade noch allen Deutschen vorgeworfen hatte, indem die Besetzung von Nachbarländern im Kriege zum Schutz gegen alliierte Invasion als Völkervergewaltigung und Annexion hingestellt wurde, geschah nun mit einem Willkürakt sondergleichen an den Unterlegenen, wie wohl noch nie in der Weltgeschichte vorgekommen.

Als Vorwand diente die Alleinschuld der deutschen Nation an fast allen Kriegen der neueren Zeit. Der preußisch/deutsche Militarismus müsse endgültig ausgerottet werden, damit die Welt zum endgültigen Frieden gelange.

Doch während man den Deutschen und der Welt das brüderlich-christlich-atheistische Kriegsziel „Weltfrieden“ aufzwang, waren nicht nur bereits ganze Völker und Volksgruppen unterjocht und teilweise ausgelöscht, sondern es wurden bereits weitere Massenmorde an gänzlich unschuldigen Zivilpersonen in aller Welt generalstabsmäßig geplant. Bereits im Zweiten Weltkrieg stand das Verhältnis von deutschen Kriegsopfern aus dem militärischen und zivilen Bereich 1 zu 1! Nicht anders, vielleicht noch schlimmer geschah es in den 126 Kriegen und kriegerischen Konflikten, in welche nach 1945 die Propagandisten des „Weltfriedens“ verwickelt waren. Die Sowjetmacht allein war in 113 aktiv, über ihre Satelliten oder Drittländer als Kriegstreiber oder Rüstungslieferant direkt und indirekt beteiligt.

Während ferner die Greuel an Zivilisten, welche eine diktatorische Minderheit in deutschem Namen begangen hatte, pausenlos der Welt eingehämmert werden, spielen offenbar nicht nur die Opfer an deutschen Zivilisten eine Rolle, auch nicht die Opfer an Toten und Verwundeten seit 1945 mit mehr als 32 Millionen Menschen in 126 Kriegen. Wie ebensowenig die Schreckenssumme der deutschen Vertriebenen mit hoher Todesquote und die weiteren Abermillionen Flüchtlinge in aller Welt seit 1945. (Zahlen: Kriegsursachenforscher Professor Kende, Washington, in „Journal for Peace Research". Computer-Analysen des Brooking Instituts, Washington, 1980)

Schon nach dem Ersten Weltkrieg als die gleichen zersetzenden Kräfte am Werk waren, sagte Gustav Stresemann (1878—1929), Reichskanzler und Reichsaußenminister: „Solange wir nicht von dem Geist der Wechselstuben zu dem Geist des alten Preußen der sittlichen Wertverfassung zurückkehren, solange haben wir kein Recht auf Wiedergeburt und Wiederauferstehung." Was der „Geist der Wechselstuben" bedeutet, hat sich allein zahlenmäßig herausgestellt. Gerade deshalb wurden und werden die Preußen, die Deutschen verleumdet, um ein noch größeres, geschichtliches Analphabetentum aufzuzwingen.

So kann es nur das gute, demokratische Recht aller Deutschen sein, sich unabhängig von irgendeinem Herrschaftssystem dagegen zu wehren, daß bei der geschichtlichen Betrachtung ihres Volkes, zumal des preußischen Teiles, fast nur abstoßende Züge sichtbar gemacht wurden und verstärkt werden. Wie ferner kein Vergleich darüber angestellt wird, wie es in älteren und neueren Zeiten bei unseren Nachbarn aussah.

Doch schon sehr früh in den 50er Jahren haben sich Persönlichkeiten mit großem Mut für Preußen eingesetzt. Professor Hans Joachim Schoeps, von dem später noch die Rede ist, faßte seinen Einsatz für Preußen noch kurz vor seinem Tode in die Worte zusammen: „Nicht die Existenz Preußens, sondern sein Untergang bedroht den Frieden und die Sicherheit der Völker heute." Wie auch Dr. Wolfram von Wolmar in seinem Werk „Ein Requiem für Preußen" diese Linie verfolgt.

Nicht nur aus tief verletztem Rechtsgefühl muß man sich in die kleine, doch größer werdende Schar der Standhaften einreihen. In der vorliegenden Darstellung geschah es auch aus der Sicht eines „westlichen Preußen", im Andenken an die Vorfahren aus vielen Jahrhunderten aus der preußischen Grafschaft Mark, einen Teil des heutigen Bundeslandes Nordrhein-Westfalen. Also vielleicht eine Lücke derart ausfüllend, als bisher in Zeitgeschichte und Gegenwehr nur die Preußen in Mittel- und Ostdeutschland eine Rolle spielen. In neueren Schulbüchern des genannten Bundeslandes ist Preußen ohnehin unterschlagen.

Die folgenden Ausführungen stellen das Kapitel „Von den Preußen" aus meiner Familienchronik „Ahnen und Heimat" dar und sind daher in diesem Sinne zu verstehen. Nicht als wissenschaftliche Arbeit etwa, aber in Befolgung der Leitworte: „Erinnern, Wecken, Wachen."

„Der Mut, den wir einzig und allein brauchen können, ist das Resultat der Liebe, der Pflicht, des Rechtsgefühls, der Begeisterung und der Ehre. Er ist nicht angeboren, sondern er wird, er wächst."

Theodor Fontane (1819—1898)

Die Alteinwohner der Grafschaft Mark sind vom Stamme her Westfalen, doch seit über dreihundert Jahren Preußen. Wenn auch anderer Art, als die Preußen der Mark Brandenburg, von Mitteldeutschland und Ostelbien, so sind unsere märkisch-preußischen Vorfahren doch eng mit den Tugenden wie auch Schwächen von Preußen und vieler seiner Persönlichkeiten eng verbunden.

„Die Grafschaft Mark ist seit Jahrhunderten ein Muster treuer Anhänglichkeit an den preußischen Thron", sagte König Friedrich Wilhelm IV. bei seiner Ansprache in Schloß Bodelschwingh beim Besuch der Grafschaft Mark im Jahre 1847.

Wenn volkskundige Historiker gesagt haben, daß allgemein die Art einer lange bestehenden Obrigkeit den ihr unterstehenden Menschen eine oft deutliche Prägung verliehen habe, so findet man, daß viele Wesenszüge der eigentlichen Preußen mit diesen Westfalen übereinstimmen. Man braucht nur an die Worte Friedrichs des Großen zu denken, die wohl politisch für das Ansehen Preußens gegenüber den europäischen Mächten galten, aber genauso für die einzelnen Menschen gelten und in Westfalen weitverbreitet sind: „Die Reputation ist ein Ding ohne Vergleichswert und gilt mehr als Macht." (Reichtum) Da es bekannt ist, daß gerade im westfälischen Volkscharakter die Werte von Tradition, Fleiß, Erfüllung von Pflichten gegenüber Familie und Staat als wichtige Tugenden von jeher fest verankert waren, so ist das umgekehrt nicht nur westfälisch, sondern auch preußisch.

Wo hätte es einen König, einen Fürsten in den Nachbarländern, ja in ganz Europa gegeben, der folgende Worte nicht nur aussprach, sondern höchstselbst beherzigte: „Man wird sagen, die Rechnungen langweilen mich. Ich erwidere: Das Wohl des Staates erfordert, daß ich sie nachsehe, und in diesem Fall darf mich keine Mühe verdrießen."

Wie es Friedrich der Große für Preußen befolgte und in seinem politischen Testament von 1752 ausdrückte, so lag es den Westfalen im Blute, für das eigene kleine Reich von Familie, Hof und allen Unternehmen zu handeln: „Man muß bei allen Kredit (Geld)-Fragen eine gewisse Mittelstraße innehalten; verläßt man sie, so entsteht Unordnung. Wenig für sich verbrauchen, im rechten Augenblick und hinlänglich geben, den Hilfsbedürftigen zuvorkommen, mit den Staatsgeldern haushälterisch umgehen, sie ordentlich und sparsam verwalten: das sind königliche Eigenschaften, die dem Geiz wie der Verschwendung im gleichen Maße fernbleiben". Die menschliche Haltung im Unglück wird den Märkern bei den vielen Kriegen ebenso verwandt gewesen sein, wie der König nach der verlorenen Schlacht von Kolin im Jahre 1757 schreibt: „Sie wissen wohl nicht, daß jedes Menschen Glück seine Rückschläge haben muß. Ich glaube, daß die meinigen jetzt kommen. Aber bei unserem Unglück muß die Contenance die Sache so vielmöglich parieren. Das Herz ist mir zerrissen, allein ich bin nicht niedergeschlagen und werde bei der ersten Gelegenheit suchen, diese Scharte auszuwetzen."

Trotz der sehr spürbaren Leiden infolge des Siebenjährigen Krieges, oder auch mit wegen dieser Kriegsnöte, die erfahrungsgemäß zu verbinden vermögen, verstärkte sich das Preußentum in der Grafschaft Mark immer mehr. Wie Fritz Ernst in „Westfalenart" sagte: „Besonders die stattlichen Söhne der Grafschaft Mark reihten sich in die Truppen des Königs ein. Woher ihr Riesenkinder, ihr Söhne kräftig und stark? Wir wollen Soldaten werden, sind aus der Grafschaft Mark." Wie es im Volkslied ausgedrückt wurde (nach Ehm Welk): „Es rührt ein Ruf mit leiser Hand / Die Trommeln im Westfalenland: / Rumbumm, rumbumm, rumbumm / Der Alte Fritz geht um. / Wo Westfalens Grenadiere stehn / Da singt man nicht vom Wiedersehen, / Denn Tritt bei Tritt / Und Schritt für Schritt / Ziehn hunderttausend für uns mit / Rumbumm, rumbumm, rumbumm / Der Alte Fritz geht um . . ." In der „Geschichte meiner Zeit" sagte der König von den einfachen preußischen Soldaten, den eigentlichen Landeskindern: „Er ist tapfer, ohne grausam zu sein, und man hat ihn oft eine Seelengröße bestätigen sehen, die man bei Menschen niederer Herkunft nicht erwarten konnte." Es waren nicht wenige unter ihnen, die es zu hohen Stellungen brachten.

Im Rahmen der damaligen Zeit sorgte der König für seine Soldaten, um vor allem das Schicksal der Verwundeten und Kranken zu erleichtern. Man kann sagen, daß der dahingehende Vertrag von 1759 zwischen Friedrich und Frankreich ein einzigartiger Vorläufer der Organisation des Roten Kreuzes war, die erst 1864 in Genf beschlossen wurde. Und wenn ich in Berlin vor dem Invalidenhaus stand, nächst dem Invalidenfriedhof, das der König 1748 als Unterkunft für 600 Mann errichten ließ und die ehrende Inschrift über dem Haus las „LAESO ET INVICTO MILITI" — Dem zwar verwundeten, aber unbesiegten Soldaten — und wenn ich unter der Königslinde am Spandauer Schiffahrtskanal noch stand, unter der Friedrich nach jedem Besuch seiner Invaliden auszuruhen pflegte, so mußte ich ehrfürchtig an die vielen Söhne aus väterlichen und mütterlichen märkischen Geschlechtern denken, die für Preußen gekämpft, geblutet und gelitten hatten.

Dem von uralt überkommenen, stark ausgeprägtem Rechtsbewußtsein der märkischen Westfalen, gewiß noch in jahrhundertelangem Nachwirken ihrer bäuerlichen Femgerichte, kam die Einstellung des Königs entgegen. Dieser wurde auch der „Advokat des armen Mannes" genannt. Der König hat selbst gesprochen von den hohen Justizbeamten, von den Canaillen, die unter Mißbrauch seines Namens gewaltige, unerhörte Ungerechtigkeiten verübt haben. „Ein Justitiarius, wo chicanieren thut, muß härter als ein Straßenräuber bestraft seindt." Im „Codex Fridericianus", dem Allgemeinen Preußischen Landrecht, wurde 1749 vom König angewiesen: „Sie müssen allen Menschen ohne Ansehen der Person, Großen und Kleinen, Reichen und Armen, gleiche und unparteiische Justiz administrieren." So begrüßte Professor Pütter, der aus dem märkischen Sauerland stammte, in Göttingen im 18. Jahrhundert lehrte, dieses Preußische Landrecht als den Vorläufer eines gemeinsamen, deutschen Privatrechts und betonte damit in der staatlichen Zerrissenheit der damaligen Zeit gemeinsame deutsche Werte. Weit ihrer Zeit vorausgreifend war auch die Sinnesart weniger, aber doch einiger hoher Offiziere, so des Reitergenerals Seydlitz, der am preußischen Niederrhein, in Kalkar, geboren wurde, und vor dessen dortigem Denkmal ich mehrfach sinnend stand. General Seydlitz, der berühmte Sieger von Roßbach, Zorndorf u. a., empfand den Soldaten nicht als „ersten Mann im Staate", vertrat vielmehr die Meinung „Der Bauern- und Bürgerstand ist der erste und nützlichste aller Stände, daher auch der achtbarste. Wir sind um seinetwillen da, nicht er um unseretwillen. Wir sind ein notwendiges Übel, weil einmal die Welt oder ihre Beherrscher nicht ohne Krieger sein können. Aber wir zerstören nur, und die anderen Stände bauen auf". In der meist evangelischen Grafschaft Mark und im Bergischen Land ist in den freieren, religiösen Kreisen gleichfalls die liberale Einstellung Friedrichs des Großen unvergessen, mit seiner berühmt gewordenen Anweisung von 1740: „Die Religionen müssen alle Toleriert werden und mus der Fiscal mehr ein Auge darauf haben, daß keiner dem anderen Abrug Tuhe, den hier muß ein jeder nach Seiner Fasson Selich werden."

Wie Walter von Molo in „Fridericus" (1924) den König zu den ewig streitenden Theologen sagen läßt: „Begreifet doch endlich in eurer Hirnenge: es ist völlig gleich, mit welchem Bekenntnis man Gott dient, ich toleriere jedes Bekenntnis. Mir ist es gleich, ob einer katholisch, lutherisch, kalvinistisch, jüdisch, schwenckfelderisch, hussitisch, türkisch, unitarisch, bruderunitätisch, oder wie sonst euer Stumpfsinn heißt, selig zu werden hofft, es kommt mir bloß darauf an, daß meine Untertanen anständige Menschen sind ..." Wenn auch, wie Hansen schrieb, der Protestantismus die Anerkennung mehrerer christlicher Konfessionen eingestand, Rom dagegen die einzige gottgesetzte Autorität beanspruchte, so kann man doch ermessen, wie eine solche preußische Toleranz den vielen Köchen die Suppe versalzte, die geheimnisvoll in ihren Töpfen brodelte, gen Himmel schwelte und deren jede gegen gutes Geld das alleingültige Rezept für ein ewiges Leben sein sollte. So glüht der Haß der schwarzen Köche noch heute, diese gehen aber immer mehr mit ihren wechselfarbenen Suppen in scharfes Rot über, denn seit je richtete sich der Koch nach der Herrschaft. Der Freidenker Friedrich stand auch hoch über jenen Frommen, die nie alle werden und für ihre Kriege, Raub- bzw. Kreuzzüge den Name Gottes und das Symbol des Kreuzes mißbrauchten. Der König lehnte es ab, den preußischen Fahnen eine neue Inschrift geben zu sollen „PRO DEO ET PATRIA", weil „der Namen Gottes nicht in die Streitigkeiten der Menschen paßt". So blieb es bei „Pro Patria". Wie der König auch aus dem Freimaurerorden wieder austrat mit der Begründung: „Die Freimauer stiften in ihren Logen eine Religionssekte, die, und das ist viel gesagt, noch abgeschmackter ist, als die anderen Sekten." Am meisten aber wohl sprach den einfachen, märkischen Bauern aus der Seele, wie allen anderen auch, deren Vorfahren seit Jahrhunderten mit dem Kirchenzehnten den Reichtum der Kirche gemehrt hatten, als Friedrich der Große die mit ihren Bezügen unzufriedene Geistlichkeit mit den Worten abtat: „Euer Reich ist nicht von dieser Welt, sondern von jener; weder Petrus noch Paulus haben brodtkorn gekrigt und ist im Neuen Testament kein Apostel-Magazin zu finden.“

Im Siebenjährigen Krieg hatten die westfälischen Länder Preußens sehr zu leiden. Rom wirkte nach dem Bündnis der Preußen und Engländer auf Frankreich ein, König Ludwig XV., nach diplomatischer Art durch die Mätresse des Königs, Marquise Pompadour, die immer eifrig als gute Katholikin das Interesse der Kirche gepflegt hatte, zwecks Anschluß an Österreich, um eine Allianz der katholischen Mächte dem protestantischen Preußen gegenüberzustellen. Für das kleine Preußen entstand damit ein Kampf auf Leben und Tod; eine unerhörte Übermacht schien Preußen einfach zu erdrücken. Wie ein Dichter sagte: „Gelang uns der Stoß durch die erzene Wand, / Gleich war eine neue, die wieder erstand. / Wir brachen mit blutenden Händen sie nieder, / Aber die Mauer wuchs immer wieder.“

Im Osten hatte Friedrich genug mit den Österreichern und Russen zu tun, so daß die Westgrenze fast ungedeckt im Sinne Roms den Franzosen offenstand, die somit als Bringer des wahren Glaubens sengend und plündernd wie im 30jährigen Krieg die preußischen Provinzen bis nach Minden unter Marschall Contades durchziehend verheerten. Dort lagen sich die beiden Armeen, auf der einen Seite Franzosen, auf der anderen Braunschweiger und Hannoveraner wie zwei eisenstarrende, schwarze Kolosse lauernd gegenüber. Bis Herzog Ferdinand seine eiserne Klammer zusammenzog und in wenigen Stunden die Franzosen vernichtend schlug. Die kläglichen Reste fluteten zurück und verübten auf ihrem Rückzug durch Westfalen und das Bergische Land wiederum Greuel, Brand und Mord an den vielfach wehrlosen Einwohnern. Der einsam und schutzlos lebende Bauer hatte wiederum einen schweren Stand, mußte sich selbst helfen, und seine Familie, Vieh und bewegliche Habe in den Wäldern bergen. Doch den Franzosen wurde aufgelauert, wo man nur konnte, und wehe denen, die in die Hände solcher Einzel- oder Gruppenkämpfer fielen. Wie oft werden sie gedacht und gesagt haben, wie es Börries von Münchhausen ausdrückte: „Und bin ich heut'geschlagen, / Ich schlage morgen wieder schon! / Was soll da langes Zagen, / Was nützen Klagelieder wohl“! — Dieser Notwehr-Charakter im Gemüt vieler Preußen und Deutscher wurde dann immer wieder und niederträchtigerweise als Militarismus verzerrt.

Man kann der umfangreichen Literatur über den 7jährigen Krieg und Friedrich des Großen entnehmen, daß es nur der größten Beharrlichkeit des Königs, so vieler preußischer Persönlichkeiten, letztlich dem ganzen Volk mit großen Leiden und Opfern, zusammen mit der „Fortune“ des Königs, zu verdanken war, daß Preußen nicht dem Vernichtungswillen von fast ganz Europa unterlag. Ungeachtet dessen, ob das Volk nun Einsicht hatte oder nicht, diesen Kampf durchzustehen. Kein einziges Volk jener Zeit hatte im übrigen zu fragen, und doch spielten damals schon sich die Feinde Preußens mit ihren Agenten als Befreier auf, um im obsiegenden Falle erfahrungsgemäß zu zeigen, was wirklich Tyrannei und Menschenverachtung bedeuten.

Einen Teil des Geistes des Preußentums aber hatte der König in dem Vers des evangelischen Kirchenliedes gespürt, wie Friedrich Syben schrieb, den seine Truppen sangen beim Aufmarsch zur Schlacht bei Leuthen 1757 gegen den über doppelt so starken Feind: „Gib, daß ich tu' mit Fleiß, was mir zu tun gebühret, / Wozu mich dein Befehl in meinem Stande führet; / Gib, daß ich's tue bald, zu der Zeit, da ich's soll, / und wenn ich's tu', so gib, daß es gerate wohl." — Auf die Frage eines Generals, ob der Gesang eingestellt werden solle, erwiderte der König: „Laß er sie singen, mit solchen Leuten werde ich heute siegen."

Mit seinem überlegenen, klaren Geist, mit seiner aus Erfahrung gereiften Anpassung an alle gegebenen Verhältnisse und somit überlegener Feldherrnkunst war Friedrich der Große nicht nur Sieger. Mehr noch! In unermüdlicher, 20jähriger Arbeit betrieb er den Wiederaufbau seines Landes, zwar in selbstherrlicher Regierung, in Wirklichkeit aber nach seinem Ausspruch: „Ich bin nichts anders, als der oberste Diener des Staates." Und das zu einer Zeit, in der der französische König noch nach seinem Wort lebte: „l' état c'est moi", was mit die Ursache des Blutbades der französischen Revolution war. Welcher Monarch seiner und einer späteren Zeit hätte die Worte gefunden und in der wirtschaftlichen Entwicklung wahrgemacht, wie Friedrich der Große schrieb: „Die Landwirtschaft ist die erste aller Künste; ohne sie gäbe es keine Kaufleute, Dichter und Philosophen; nur das ist wahrer Reichtum, was die Erde hervorbringt." Im „Magazin für Westfalen" 1789, nach dem Tode Friedrichs, heißt es: „Gehet es in einem Staate dem Bauernstande und Ackerbau wohl, dann ruht seine Verfassung auf ewigen Grundlagen. Innere Feinde hat er nicht und äußere fürchtet er nicht. Das wußte vor anderen der große König, darum war er seiner Bauern Vater, Beschützer und Freund." Im Jahre 1789 wurde die Grafschaft Mark „unter die best angebauten Provinzen Preußens" gerechnet. Dies betraf vor allem wohl die Gebiete mit gutem Boden, wie den Hellweg, an dem Tospel liegt. Im Sauerland gab es viel ärmere Gebirgsgegenden. Straßen und Chausseen wurden neu angelegt, was offenbar hoch vonnöten war, nach dem Magazin für Westfalen „Alles, was die trübe Aussicht zum Halsbrechen gibt, findet sich überall, wo keine Chaussee vorhanden". Anfang des Jahres 1806, noch vor dem unglücklichen Feldzuge gegen Napoleon, als es hieß, daß Preußen sich von der Grafschaft Mark trennen müsse, richtete der ev. Pfarrer von Elsey bei Hohenlimburg in unserer engeren Stammheimat, Johann Friedrich Möller, eine Bittschrift an König Friedrich Wilhelm III. „Pfarrer Möller, ein aufrechter Patriot, dessen Schriften heute noch lesenswert sind, betonte, in welch hohem Maße Preußen seinen Schutz der Grafschaft Mark wie den anderen altpreußischen Landesteilen Westfalens, gegeben hatte, in geistiger wie in wirtschaftlicher Beziehung. Er erinnerte an das Wort des Großen Kurfürsten, daß

Friedrich der Große nimmt ein Bittgesuch entgegen.

Die Bauern benutzten gerne die täglichen Ritte des Königs, um ihre Bitten persönlich anbringen zu können.

„Ich bin nichts anderes,
als der oberste Diener des Staates.“
Friedrich d. Gr.

„nun und in allen Zeiten die Mark bei Preußen erhalten bleiben solle“ und faßte zusammen: „Wir sind nicht damals erst zu Preußen gekommen, als es schon groß war, mit auf unserer Kraft und Arbeit ruht seine jetzige Größe. Die Söhne unseres Landes waren in allen Kriegen des Großen Königs an seiner Seite. Sie sind nie von den Besten im Heer übertroffen worden. Ein großer ehrwürdiger Teil von ihnen liegt begraben auf jenen Schlachtfeldern, wo er seine Siege — größer als die, mit denen ein glücksverwöhntes Volk heute prahlt — errungen hat. Dafür ist Preußens Ruhm der unsrige.“

Einer Persönlichkeit dieser Zeit möchte ich hier noch gedenken, die auch im fremden Lande und unter einem Regime kommender Demokratie dem Preußentum treu blieben. Friedrich Wilhelm Freiherr von Steuben (1730—1794), Offizier im 7jährigen Krieg und Adjutant Friedrichs des Großen, nahm am Unabhängigkeitskrieg von Nordamerika gegen England teil, wurde unter Washington der Organisator des nordamerikanischen Heeres, gewissermaßen nach dem Muster des viel bewunderten Preußenkönigs, und stieg zum Generalinspekteur der gesamten Armee der USA auf. Welch ein Triumph muß es für diesen Offizier von preußischem Geist gewesen sein, als ihm am 19. 10. 1781 ein englischer Feldherr nach der Schlacht von Yorktown seine entwaffnete Armee zuführte und dem Sieger eigenhändig seinen Degen übergab. Unser Onkel August Voß, Stiefbruder unserer Mutter, der früh nach USA auswanderte, in New York ein Geschäft mit Solinger Stahlwaren betrieb, war Mitglied der 1919 gegründeten Steubengesellschaft, der führenden kulturpolitischen Vereinigung der Deutsch-Amerikaner. Früher schon waren da und dort in den USA Denkmäler für Steuben errichtet worden, wobei höchst bemerkenswert ist, daß das Andenken dieses Preußen, in Magdeburg geboren, nicht nur wegen seines militärischen Könnens und seiner Organisationsgabe hochgehalten wird, sondern — vielleicht mehr noch — wegen seines unbestrittenen, wesentlichen Beitrags zur gesellschaftlichen Entwicklung der nordamerikanischen Nation. Unser Bruder Wilhelm hat das Grab von General Steuben in einem Park in New York besucht bzw. gesucht. Es ist unbekannt, aber in seiner mutmaßlichen Nähe befindet sich ein Granitblock mit einer Inschrift: „Indispensible to the achievement of American independance“. Im Jahre 1919 wurde diesem großen Deutschen typisch preußischen Charakters an hervorragender Stelle ein prachtvolles Denkmal errichtet, und zwar im Lafayette-Park gegenüber dem Weißen Haus in Washington.

Preußen war der an weitesten vorangeschrittene Staat Deutschlands, in vieler Hinsicht auch Europas. Natürlich noch selbstherrlich regiert, was später immer nur Preußen vorgeworfen wird, nie aber allen anderen, gleichartig regierten Staaten. Trotz mancher Mängel der Bürokratie war es unter Friedrich dem Großen ein Staat, in welchem die Ideale, daß jeder Beamte nur ein Diener des öffentlichen Wohles sein solle, in dem jedermann das Gesetz kennen und achten mußte, in großem Maße erfüllt waren. Jeder hatte sich unabänderlich dem Nutzen des Gemeinwesens zu unterwerfen. Die Bürger konnten auf den unerschütterlichen

Rechtsanspruch eines Königlichen Kammergerichts bauen, und alle umliegenden Völker blickten neiderfüllt auf Preußen. Besondere Mißstände, die das Volk in vielen Kleinstaaten quälten, waren fast ganz ausgemerzt, wie z. B. von einem direkten Nachbarländchen, der Grafschaft Mark, dem Oberbergischen Amte Neustadt berichtet wird: „Das schändliche Gewerbe des Wuchers ist das sicherste und einträglichste von allen. Die Hälfte des baren Geldes dieses Ländchens liegt unter den gierigen Händen einiger weniger Wucherer, die niemals mehr als landesübliche Zinsen, d. h. 6 % verabreden, aber durch allerhand Kunstgriffe ... 8, 10 und mehr Prozent sich machen, alle Industrie ersticken, das Mark des Landes saugen und die Erklärung der auffallenden Erscheinung geben, daß ein Land, welches fast gänzliche Befreiung von landesherrlichen Abgaben genießt, das dabei Handlung und Fabriken hat, dennoch ein armes Land sein kann" (Bereisungsbericht des Bergrates Friedrich August Alex. Eversmann 1790 — Zeitschr. d. Berg. Gesch. Ver. Bd. 84). So gab es in jener Zeit auch aus diesem Grunde große Anstrengungen für die Vereinigung mit der preußischen Grafschaft Mark.

Mit dem „Prahlen des glückverwöhnten Volkes" waren sicher die Franzosen gemeint. Der Innere Umsturz der französischen Revolution in deren Fortsetzung und Auswirkung im napoleonischen Zeitalter Reiche und Länder zertrümmert wurden, zerbrach auch den Waffenruhm der friderizianischen Armee. Mit Jena und Auerstedt versank Preußen in Schmach und Schande, wurde verstümmelt, ausgestoßen aus dem Kreis der europäischen Mächte, von feindlichen Mächten überschwemmt sowie von Europa und vielen Landsleuten mit Hohn, Spott und Schadenfreude überschlammt. Man sieht immer wieder, daß alles schon dagewesen ist. In diesem Sinne zur eigenen Belehrung mit Blick auf die Gegenwart seien einige Stimmen zur Ursache der Katastrophe herausgegriffen: Der Historiker und politische Schriftsteller Heinrich von Treitschke, Sachse von Geburt, Wahlpreuße und Kämpfer für das Preußentum, schrieb: „An einem großen Mißgeschicke des Gemeinwesens ist niemand ganz schuldlos ..., im Heere und in den höheren Ständen herrschte ein Ton geringschätzigen Übermutes gegen die kleinen Leute, der alle Grundlagen des bürgerlichen Friedens zu erschüttern drohte ..., und das Auge des Großen Königs blickte zürnend auf die Erben nieder."

Reichsfreiherr vom und zum Stein, in Nassau aus reichsunmittelbarem Geschlecht geboren, über den ich an anderer Stelle schon sprach, war in Geist, Wahl und Leistung ein Preuße und darüber hinaus ein wahrhaft großer Deutscher. Er blieb tiefverehrt und unvergessen und fand seine eigentliche Heimat auf dem Schlosse Cappenberg bei Dortmund in der preußischen Grafschaft Mark. In Preußen sah er die unentbehrliche Grundlage eines zukünftigen, einigen Deutschland und tat gegenüber dem preußischen König den so bekannt gewordenen Ausspruch: „Ich habe nur ein Vaterland, das heißt Deutschland!" Als Staatsmann und Mensch hielt Stein zum Schutze der Schwächeren die Einmischung des Staates in allen Dingen für notwendig. Damit knüpfte er an friderizianische Traditionen, wie auch an der hohen Auffassung der Arbeit als altgermanischem sittlichen

Begriff, womit der Mensch sich selbst ausdrücke und ehre. Die Zunftverfassung der Handwerke gehörte somit auch zu Steins Weltanschauung, weil die Zünfte die Forderungen der Menschheit und die Ehre über wirtschaftliche Vorteile stellten. Welchen fortschrittlichen, ja zeitlosen Geist Stein vertrat, zeigt so recht eine historische Begebenheit bei dem Besuch eines russischen Staatsmannes, des Grafen Goloffkin, auf Schloß Cappenberg, der in einer Erörterung über einen ohne Kenntnis der Akten unschuldig zum Tode verurteilten politischen Gefangenen, in welchem Land ist nicht berichtet, zu Stein den Ausspruch tat: „Was man Recht nennt, ist wohl eine Erfindung der Menschen. Wer die Macht hat, ist im Recht. Das ist doch immer so gewesen.“ Zutiefst empört schrie Stein den Russen an: „Das ist ein Aufstand gegen Gott! Das ist Anarchie und Bestialität! Gott behüte uns vor den russischen Theorien!“ Stein ließ den anfänglich geehrten Gast stehen und sprach auch bei dessen baldiger Verabschiedung kein Wort mehr mit ihm.

Man meint sich förmlich in unser humanes 20. Jahrhundert versetzt, in dem nicht nur vor, zwischen und nach den zwei Weltkriegen diese russische Gewalttheorie zur allgemeinen Praxis erhoben wurde, sondern Jahrzehnte danach in unserer heutigen Zeit wurde der Spruch „Macht ist Recht“ wie vordem, teils weiterhin mit offener und stillschweigender Duldung so vieler hochmoralischer Hochkopfeter aus Regierungen und Kirchen in die Gesetzestafel noch tiefer eingemeißelt. Ob dies nun trotz aller vorangegangenen „Befreiungen“ von diesem „Aufstand gegen Gott“ in einem „Heiligen Land“ geschieht, in „Gottes eigenem Land“, oder nach wie vor in den hochgezüchteten, somit uferlos wuchernden „Paradiesen der Arbeiter und Bauern“, bleibt sich offenbar gleich. Nur insoweit nicht, als dem Unterlegenen die alleinige Schuld an dieser Menschheitstragödie aufgebürdet wird. Ein Prügelknabe war für fast jede Macht stets unentbehrlich, wie die Geschichte erweist.

Stein hatte als erster das Anwachsen eines Übels in ganzer Tragweite erkannt, wie Rene Fülöp-Miller schrieb, über das Napoleon einfach hinweggeritten war. So entstand in Stein der erste Kämpfer auch gegen das eingerissene, verknöcherte Beamtentum, in dessen lebensfeindlichen Formalismen mindestens ebensoviel dunkelste Numinosität gesteckt habe wie im feudalen Staat selbst. Stein habe genug von den Qualen mitangesehen, die Bürger und Bauern von diesem Bürokratismus zu erleiden hatten, und er wetterte gegen die „vom konkreten Leben abgelöste Beamtenklasse“, die anstatt realer Arbeit ein „geheimnisvolles Schreiberwerk verrichtete“, nach den Worten von Stein: „Besoldet, Buchgelehrt, Interesselos, Eigentumslos — diese vier Worte enthalten den Geist unserer und ähnlicher geistlosen Regierungsmaschinen; besoldet, also Streben und Erhalten und Vermehren der Besoldeten; buchgelehrt, also lebend in der Buchstabenwelt und nicht in der wirklichen; interesselos, denn sie stehen mit keiner der den Staat ausmachenden Bürgerklassen in Verbindung, sie sind eine Kaste für sich, die Schreiberkaste; eigentumslos, also alle Bewegungen des Eigentums treffen sie nicht, es regne oder scheine die Sonne, die Abgaben steigen oder fallen, man zerstöre althergebrachte Rechte oder lasse sie bestehen ... alles das kümmert sie nicht — sie erheben ihr Gehalt aus der Staatskasse und schreiben, schreiben im stillen, mit wohlverschlossenen Türen versehenen Bureau, ohnbekannt, ohngerühmt, und ziehen ihre Kinder wieder zu gleichen brauchbaren Schreibmaschinen auf. Das zudringliche Eingreifen der Staatsbehörden in Privat- und Gemeindeangelegenheiten muß aufhören, dessen Stelle muß die Tätigkeit des Bürgers einnehmen, der nicht in Formen und Papier lebt, sondern kräftig handelt, weil ihn seine Verhältnisse in das wirkliche Leben hinrufen und zur Teilnahme an dem Gewirr der menschlichen Angelegenheiten nötigen". Dieser so adelsstolze Reichsfreiherr vom und zum Stein forderte im Gespräch mit Scharnhorst und Gneisenau, daß der König den Adel einfach aufheben und nur jenen wieder zuerkennen solle, die sich im Kampfe ausgezeichnet haben.

Wem zwingt sich nicht wiederum ein Vergleich zu heutigen Zeitläufen auf? Zum allermindesten insofern, um nach F. W. Heye zu sprechen, daß zehn Beamte für das bezahlt werden, was fünf billiger tun könnten, wenn sie nur zu dritt wären und zwei davon krank sind? Es mag jeder aus seiner Lage und Sicht entscheiden, ob und inwieweit Hofadel, Hofkamarilla und sonstige „geistlose Regierungsmaschinen" längst abgelöst sind oder weitgehend dazu im Begriff stehen, und zwar von gleichartigem, „zudringlichen Eingreifen der Staatsbehörden" seitens einer bonzokratischen Schreiberkaste, die „interesselos in Formen und Papier", ohne Verbindung zum praktischen Leben fast nichts anderes tut, als Gehälter, Diäten usw. zu erheben, teilweise unversteuert. Bleibt nur das Interesse der Bonzokratie, das Volk zum „Blindekuh-Spiel" zu verführen, damit nur ja vor der nächsten Wahl der Wohlstand nicht sinke. Bei den Verführern selbst bleibt er ohnehin. In den benachbarten Paradiesen haben längst „freie Wahlen" stattgefunden, aus denen genug Spruchbänder mit Parolen von Freiheit und Frieden übrigblieben, um Augen, Geist und Sprache der freien Wähler verkleistert zu halten. Selbst das Gehör ist paradiesisch durch pausenlose kämpferische Marschmusik „Auf zum letzten Gefecht" abgestumpft. So geht die Sehnsucht unserer Spielleiter im „Blindekuh" folgerichtig und sich bekreuzigend ins gleiche Paradies, damit ihre geistvollen Funktionen nicht länger etwa von „der Tätigkeit des Bürgers" Einbuße erleiden. Wäre dies eine Glosse? Jedenfalls war es Freiherr vom und zum Stein bitter ernst mit seinen Berichten vom damals weithin herrschenden, „lebensfeindlichen Formalismus, über eine vom konkreten Leben abgelöste Beamten- bzw. Politikerklasse ohne reale Arbeit", die vor 170 Jahren bereits zum Ruin des Staates führte.

So bestätigte König Friedrich Wilhelm III. 1807 „Alles ist verloren! Woher soll Hilfe kommen? Von denen, die man bis jetzt meine Freunde und die Stützen des Thrones genannt haben, erwarte ich enttäuscht nichts mehr. Nur durch das ehrenfeste Volk. Nur durch den biederen Bürger, den schlichten Landmann". Der preußische Staatsmann Karl August von Hardenberg war wie Stein unermüdlich für Reinigung des Beamtenapparates, für Einschränkung der Adelsvorrechte tätig und drückte aus: „daß jeder Einwohner des Staates persönlich frei seine Kräfte entwickeln und benutzen kann, ohne durch die Willkür eines anderen daran behindert zu werden; daß niemand einseitig eine Last trägt, die nicht gemeinsam und mit gleichen Lasten getragen wird; daß die Gleichheit vor dem Gesetz einem jeden Staatsuntertan gesichert ist und daß die Gerechtigkeit streng und pünktlich gehandhabt wird; daß das Verdienst, in welchem Stand es sich befinde, ungehindert emporstreben kann". Im Geiste des westlichen Liberalismus vertrat Fürst Hardenberg nicht nur die Gewerbefreiheit, auch die Verleihung der staatsbürgerlichen Rechte an die Juden. Da waren die „Reden an die deutsche Nation" von Johann Gottlieb Fichte, geboren in der Oberlausitz in Obersachsen, der als Wahlpreuße lebte und wirkte, der „Das Erz der Idee unmittelbar in das Schwert der Tat umschmiedete" und woraus nur die Worte herausgegriffen sein mögen „Nicht die Gewalt der Armee, noch die Tüchtigkeit der Waffen, sondern die Kraft des Gemütes ist es, welche Siege erkämpft. Preußen berge einen Grad der Aufklärung und vernünftiger Religionserkenntnis, wie ihn in dieser Ausdehnung gegenwärtig kein Land in Europa besitzt". Königin Luise schrieb in ihr Tagebuch: „Der politische Glaube ist wie der religiöse, eine feste Zuversicht dessen, was man hoffet, aber nicht siehet." Der schon erwähnte Historiker des 19. Jahrhunderts, Heinrich von Treitschke („Deutsche Kämpfe") schrieb hierzu folgende Worte über den erbitterten Gegner Preußens, Napoleon, die wahrhaft zeitlos sind, wenn wir die späteren Gegner und Neider aller Färbungen bis zum heutigen Tag betrachten: „Mit sicherem Instinkt ahnte Napoleon die Kraft des Widerstandes, die in diesem schwachen Weibe schlummerte; wie er allezeit in den sittlichen Mächten des Völkerlebens die gefährlichsten Feinde seines Weltreichs sah und die ‚Ideologen' mit seinem wildesten Haße verfolgte, so überhäufte er auch die fromme Frau auf dem preußischen Throne mit den pöbelhaften Schimpfreden der Wachstube." So lernt man umsomehr aus der Geschichte, warum gewisse heutige Politiker bestimmter Färbung aus dem In- wie dem Auslande, obwohl keiner Napoleons Geisteskräfte, aber dessen Zerstörungswillen besitzt, sich einer Fäkaliensprache bedienen.

Die hinreißenden Worte von Friedrich Schleiermacher für die nationale Erhebung segneten den Auszug der Soldaten. Schleiermacher, ein Theologe, der im übrigen für den Zusammenschluß der lutherischen und reformierten Kirche eintrat und die „Reden über die Religion" schrieb. Friedrich Ludwig Jahn, der „Turnvater", Lützowscher Jäger, Kämpfer für die Einheit Deutschlands, schrieb „Deutsches Volkstum" und „Deutsche Turnkunst". Er war ein persönlicher Wander- und Gesinnungsfreund des großen Volkserziehers, Dichters und politischen Schriftstellers, Ernst Moritz Arndt, der in glühenden Flugschriften, Gedichten und Liedern, die in volkhaft-bäuerlichem Sinne gehalten waren, gegen die napoleonische Fremdherrschaft, gegen jegliches Tyrannentum kämpfte. Arndt schürte die Begeisterung des „ehrenhaften Volkes" für die Freiheitskriege als Propagandist, wie man heute sagen würde. Seine Schrift „Der Rhein, Deutschlands

Strom, nicht Deutschlands Grenze" und die meisten seiner Gedichte sind unvergeßlich. Wie „Der Gott, der Eisen wachsen ließ, der wollte keine Knechte". Ferner, wie ich noch in der Schule lernte: „Was ist des Deutschen Vaterland? / Ist's Preußenland? Ist's Schwabenland / Ist's wo am Rhein die Rebe blüht? / Ist's, wo am Belt die Möwe zieht? ... Ist's Bayerland? Ist's Steierland? Ist's Pommerland, Westfalenland? ... Ist's, wo der Märker Eisen reckt? ... Das ganze Deutschland soll es sein! / O Gott vom Himmel, sieh darein / Und gib uns rechten deutschen Mut, / Daß wir es lieben treu und gut! / Das soll es sein, das soll es sein! / Das ganze Deutschland soll es sein!" Dabei war auch Arndt noch nicht einmal Deutscher nach damaligem Sinne, sondern Schwede, auf Rügen geboren, als Sohn eines ehemaligen leibeigenen Bauern, auch ein Wahlpreuße. Und es kam nicht von ungefähr, daß sich bis in die jüngste Zeit so viele bedeutende Persönlichkeiten aus allen Volksschichten für Preußen entschieden haben. Ernst Moritz Arndt behielt im übrigen zeitlebens eine enge Bindung an das Bergische Land, an Solingen und Remscheid, und befand sich jahrzehntelang in Freundschaft zu der Familie Hasenklever in Ehringhausen, aus der unsere Urgroßmutter Anna Karolina Hasenklever stammt. Ein hannoverscher Bauernsohn, Gerhard von Scharnhorst, schuf still, mit beispielloser Zähigkeit gegen unendliche Schwierigkeiten, aus der begeisterten Jugend, aus Bauern und Bürgern ein neues Heer, zusammen mit Gneisenau, der die preußische Festung Kolberg mit dem Seebären Nettelbeck erfolgreich gegen die Franzosen verteidigt hatte und später als Heerführer der bedeutendste militärische Gegner Napoleons wurde. Der Reitergeneral Blücher, der als Kornett noch unter Friedrich dem Großen gekämpft hatte, war von Geburt Mecklenburger, aus Rostock, auch ein Wahlpreuße, den Arndt besang: „Was blasen die Trompeter? Husaren heraus!". Blücher war wohl der volkstümlichste preußische General, der „Marschall Vorwärts", ein lebensfroher, welterfahrener Mann, der in Wort und Schrift alle Regeln der deutschen Sprache mit Bravour über den Haufen ritt. Blücher hatte mit einer preußischen Truppe Münster zu besetzen und wurde doch vom Münsterschen Domkapitel und den Ständen als Gouverneur vom König erbeten. Beim Vorüberfahren an der Rheinpfalz in Kaub, wo noch sein Denkmal steht, muß ich stets an diesen kernigen Preußen denken, der dort in der Neujahrsnacht 1814 den Übergang der preußischen Armee über den Rhein trotz größter Schwierigkeiten schnell bewerkstelligte. Theodor Körner (1791—1813), in Dresden geboren, den die schmähliche Art seines opportunistischen, napoleonsüchtigen Landesherrn, des Königs von Sachsen, empörte, muß als Dichter genannt werden. Als Lützowscher Jäger starb er einen frühen Soldatentod. Er schrieb den Aufruf: „Frisch auf mein Volk! Die Flammenzeichen rauchen ..." und „Das Volk steht auf, der Sturm bricht los; / Wer legt noch die Hände feig in den Schoß"? Ferner „Lützows wilde, verwegene Jagd", vor allem aus heißem Kampfererlebnis und heldischer Todesbereitschaft das „Gebet während der Schlacht", 1813:

„Vater ich rufe dich!
Brüllend umwölkt mich der Dampf der Geschütze,
Sprühend umzucken mich rasselnde Blitze.
Lenker der Schlachten, ich rufe dich!
Vater, du führe mich!

Es ist ja kein Kampf für die Güter der Erde!
Das Heiligste schützen wir mit dem Schwerte;
Drum fallend und siegend preis' ich dich,
Gott, dir ergeb' ich mich!"

Max von Schenkendorf (1783—1817), ein Ostpreuße, war keine kriegerische Natur, dessen Lied aber den Kameraden von 1813/1815 und allen Preußen und Deutschen aus dem Herzen sprach: „Freiheit, die ich meine, die mein Herz erfüllt... Wo sich Gottes Flamme in ein Herz gesenkt / Das am alten Stamme treu und liebend hängt..." Heinrich von Kleist (1777—1811), dieser wohl größte Dramatiker nach Schiller, war erfüllt von wilder Begeisterung des Kampfes gegen Napoleon für die Befreiung des unterjochten Vaterlandes, die er nicht mehr erlebte. Einige Beispiele von Dichtern und Denkern aus späterer Zeit des 19. Jahrhunderts mögen hier noch genannt werden, die auf vaterlandsbewußte Vorfahren sicherlich größten Eindruck machten. Franz Grillparzer (1791—1872), Österreichs größter Dramatiker, der den Deutschen ins Gewissen schrieb: „Deutsche, werdet wahr! Ihr seid's vielleicht gegen Andre, doch nicht gegen euch selbst. Die Lüge gegen Andre ist Sünde. Die Lüge gegen sich: „Verkehrtheit, trotz Wissen und trotz Gelehrtheit!" — Ludwig Uhland (1887—1862), der Balladen und Romanzen schrieb, wovon wir Älteren einen Teil noch in der Schule lernten, der den Preußen und allen Deutschen aber das unvergängliche Lied schenkte, das mir und allen im Zweiten Weltkrieg beim Begräbnis von Kameraden so zu Herzen ging, die mit im gleichen Schritt und Tritt gegangen waren: „Ich hat' einen Kameraden"! Theodor Fontane (1819—1898), dessen Vorfahren Hugenotten waren; in volkstümlichen Balladen besang er die großen Führergestalten der preußischen Geschichte. Ferdinand Freiligrath (1810—1876) aus Lippe-Detmold sang von dem Trompeter, der den „Prinzen Eugen" dichtete, und war im Lager der revolutionären Volkstribunen ein leidenschaftlicher Sänger republikanischer Freiheit; er mußte das Land verlassen und konnte erst nach zwanzig Jahren die Reichsgründung kraftvoll besingen! Nicht zu vergessen der Preuße Leopold von Ranke (1795—1886), der als Historiker absolute Sachlichkeit mit größtem Weitblick als Meister der neueren deutschen Geschichtswissenschaft zu hoher Darstellungskunst verband. Es seien nur genannt, „Deutsche Geschichte im Zeitalter der Reformation" und „Weltgeschichte". Sie und viele andere, die Preußen, die Deutschen, nur wenige können hier genannt werden, mit vielen tüchtigen Offizieren und Patrioten, vor allem aber mit dem „ehrenfesten Volk der Bürger und Bauern" waren die großen Sieger der Freiheitskriege gegen Unterdrückung und Gewalt-

In der Schlacht bei Belle-Alliance, der letzten Schlacht gegen Napoleon:

„Von Rauch und Feuer umwirbelt, quoll eine nicht endenwollende Flut von Preußen hervor, mit unerhörter Wucht, alles niederreißend und überschwemmend."

August 1814:

Am Abend vor dem Einzug der siegreichen Truppen in Berlin sah Friedrich Wilhelm III., wie vor dem Zeughaus eine Schaustellung erbeuteter Fahnen und Kanonen aus dem Feldzug vorbereitet wurde, welcher den Tyrannen Napoleon niederwarf, der in blutigsten Kriegen fast ganz Europa unterjocht hatte.

„Mißfällt mir" sprach der preußische König. „Darf überwundenen Feind nicht verhöhnen! Ist elende Prahlerei. Wollen mit dem Hochmut, der uns unglücklich gemacht, im Glück nicht wieder anfangen!"

herrschaft und bewirkten in seltener Einigkeit den Wiederaufbau Preußens und die spätere Einheit Deutschlands.

Wenn man sich fragte, wer von unseren westfälischen und bergischen Vorfahren und Verwandten wohl im kampfdurchtobten Europa mitgelitten und mitgekämpft hatte, so gibt es weder eine Überlieferung noch bisher ein Forschungsergebnis. Napoleon preßte auch aus unserer Heimat Abertausende zu Soldaten, zumal für seinen Rußlandfeldzug. Schlaflos, hungrig, fluchend auf Regen, Wind und Kälte, auf die ganze Welt, gequält von Krankheiten, Schmutz, von Sorge um ihre Angehörigen werden sie manche Schlacht erwartet haben, die ihnen unabweisbar bevorstand. Wobei der Tod meist noch das gnädigste Schicksal war, durch Wundbrand unversorgt auf dem Schlachtfeld oder infiziert in den damaligen Lazaretten, oder gar Verstümmelung. Als es danach mit den Preußen gegen Napoleon ging, hatten sie wenigstens einen Glauben an ihr wieder auferstandenes Volk, sie hatten wieder Zuversicht, wie ein Dichter sagte: „Ist nicht die Seele jeden Mutes der Glaube an den eigenen Sieg." Es lebte in ihnen das Lied: „Wir haben im Sturm und auf nächtlicher Wacht / an unseres Landes Freiheit gedacht / Und wenn tausend am Boden liegen / Wir siegen, Deutschland, wir siegen!" Viele aus Berg und Mark standen dabei bei dem Märkischen Landw. Infanterie-Regiment, das 1814 mit der Armee Bülow den holländisch-belgischen Festungskrieg, die Schlacht bei Deventer mitmachte, und mit westdeutschen Regimentern fochten die Preußen den letzten Feldzug gegen Napoleon durch. Vielleicht werden einer oder mehrere der Vorfahren bei den bergisch-westfälischen Truppen gewesen sein, die 1815 im Verbande der Brigade Steinmetz der Armee Blücher an den Kämpfen bei Charleroi, Ligny, Belle-Alliance beteiligt waren, siegreich mit in Paris einzogen, oder beim Sturm auf Issy die letzten Schüsse Europas auf Napoleon abgaben.

Die Freiheitskriege hatten ungeheuer Großes in sittlicher und politischer Selbsterneuerung gebracht, wie geschrieben wurde. Man fand den Mut, wieder deutsch zu sein, indem man an der Überlegenheit französischer Kultur zu zweifeln begann. Diese Kriege in europäischer Einigung befreiten von dem großen Tyrannen Napoleon, dessen Unterdrückung für alle Völker unerträglich geworden war. Und da die Fürsten ihre Völker nötig hatten, hatten sie ihnen feierlich neue Rechte und Gesetze versprochen. Aber auf dem Wiener Kongreß, der Europa den Frieden bringen sollte, wurde wieder einmal alles zerredet, die Völker betrogen und ihnen kein einziges der versprochenen Rechte gegeben. Immer das Gleiche; der einzelne Bürger wird bestraft und verachtet, wenn er Versprechen und Verträge bricht, während das bei so vielen Politikern zum täglichen schmutzigen Handwerk gehört. Und stets erneut kriechen ganze Völker auf den Leim, weil keine Generation etwas von der früheren lernt. In Wien wurden alle freiheitlichen Gedanken geknebelt, wobei der österreichische Staatskanzler Fürst Metternich, selbst Rheinländer, ein Meister in polizeilicher Überwachung der Völker und Ausspähung der Kabinette für erneute Zersplitterung, Fortdauer des Absolutismus, Zerstückelung und Kleinstaaterei, für die Wiederkehr dieses alten Unglücks Deutschlands sorgte. Damit zumal Preußen als größte protestantische Macht des Festlandes und überhaupt als konkurrierende Großmacht nur ja nicht noch mehr an Sympathie und Vertrauen gewinnen könnte, wie es nach dem Zeitalter Friedrich des Großen und den Freiheitskriegen schon geschehen war. Es durfte nicht wahr werden, was die Helden und alle Patrioten der Befreiungskriege verfochten hatten, wie es auch 1807 der preußische Kanzler Fürst Hardenberg erstrebt hatte mit seinen „Demokratischen Grundsätzen in einer monarchischen Regierung", wie es der preußische König Friedrich Wilhelm III. in seinem „Aufruf an mein Volk" ausgedrückt und das Preußentum gleichwertig neben das Deutschtum gesetzt hatte. Die Worte der Feinde Preußens sagen alles: „Il faut avilir la Prusse et après la démolir" — Man muß Preußen erniedrigen und dann zerstören. Dieser Satz aus der Zeit vor über 150 Jahren mutet wahrhaft zeitlos an, wenn man an die gleichen Kriegsziele denkt, die vor, in und nach den beiden Weltkriegen gegen Preußen mit ebensolcher brutalen Offenheit ausgegeben wurden, denen sich aber nach 1918 und 1945 auch führende deutsche Kreise schändlicherweise anschlossen. Immer schon, vor Hitler, seien die Deutschen für „einen gewalttätigen Nationalismus anfällig gewesen", sagte am 20. 7. 1969 Bundespräsident Heinemann. Also auch der Freiheitskampf gegen den Tyrannen und Gewaltmenschen Napoleon wird als „preußischer Militarismus" hingestellt. „In schlechtem Gewissen und schlotternder Angst vor Erinnerungen und Traditionen eines Volkes", wie Friedrich von Gagern in ähnlichem Zusammenhang sich ausdrückte, wird es vernebelt, daß einer Diktatur zur heute schon fast uneingeschränkten Gewaltmacht nicht nur über Preußen/Deutschland, sondern über ganz Europa verholfen wurde, die mit den Horden des Eroberers Napoleon sich verhält wie ein Hornissenschwarm zu fliegenden Festungen.

Wenn wir heute in Wetter a. d. Ruhr, der altmärkischen Freiheit Wetter, in der Stein, der spätere preußische Minister, schon 1784/1785 eine selbstlose und gesegnete Tätigkeit ausgeübt hatte als Direktor des Märkischen Bergamtes, wo er im Hause Freiheitstr. 18 wohnte, und am Rathaus vor dem Denkmal Steins stehen; wenn wir auf der Höhe des Ardeygebirges vom Harkort-Turm den herrlichen Blick auf den Harkort-See haben; wenn wir vom Vincke-Turm auf der Höhe von Hohensyburg sinnend in unsere westfälisch-preußische Stammheimat blicken, so denken wir, nächst Stein, an weitere zwei preußische Persönlichkeiten, die ganz besonders bemerkenswert sind und sich rühmlichst aus der vielfach trüben Zeit nach den Freiheitskriegen hervortun. Dank der deutschen Erhebung, der preußischen Stein-Hardenberg'schen Reformen wurden die Selbstverwaltung und Eigeninitiative gefördert und ein Zeitalter der Leistung und einer gewissen Wohlhabenheit eingeleitet, wobei der größte Teil Westfalens im alten Stammlande in altem Namen unter Preußen beisammenblieb. Die preußische Regierung hatte die Klugheit gehabt, die altpreußisch-westfälischen Gebiete unter einheitliche, einheimische Verwaltung zu stellen. Was hierbei der Oberpräsident der Provinz

Westfalen, Freiherr Ludwig von Vincke, in Minden gebürtig und aus westfälischem Uradel stammend, geleistet hat, bleibt unvergeßlich. Dieser hohe preußische Beamte hatte eine besondere Vorliebe für die Bauern, war ihnen als einfacher Mensch ein geduldiger, hilfreicher Freund. Die preußische Volksschule, die Schulpflicht, wurden unter ihm Begriffe, nach dem Grundsatz, der in keinem anderen Land schon galt, zumal nicht in einem katholischen: „In jedem neugeborenen Armen, welcher unwissend bleibt, erwächst der Gesellschaft ein neuer Feind." Friedrich Harkort, ein Sohn des Ennepetals, unserer engeren Heimat, geboren 1793 auf Freihof Harkorten bei Haspe, war ein Industrie-Pionier von überaus lebendigem, heute noch modernen Geist, eine der interessantesten und bedeutendsten Persönlichkeiten in praktischer Anregung für einen gesunden Sozialismus. Vor über 40 Jahren besuchte ich auf einer Wanderung den Stammsitz Haus Harkorten im Gebiet der Ennepe bei Haspe. Die Harkortstraße führte durch eine prachtvolle Lindenallee zu einem wahren Kleinod der Altväter-Zeit, einem Patrizierhaus hoher westfälisch-bergischer Baukunst im Barockstil des 18. Jahrhunderts. Das geschwungene Dach, die Giebel, die kostbare Tür mit Oberlicht, ergaben nicht nur ein Bild meisterlichen handwerklichen und architektonischen Könnens, sondern strahlten ruhige Vornehmheit und Heimatstolz aus.

Unwillkürlich dachte ich an das Urteil über unsere Altvorderen aus dieser Zeit: „Sie lieben das Bauen schöner Häuser." Die riesenhafte Eiche unweit des Hauses, wohl an die 1000 Jahre alt, grünte mit nur noch wenigen grünen Ästen fort. Harkort verkündete keine utopischen Ideale, vielmehr einen Sozialismus unter der Voraussetzung einer ersprießlichen Volkswirtschaft in gewerblicher und industrieller Freiheit. Auch der religiösen Zerrissenheit trat Harkort mit seinem Grundsatz entgegen: „Liebe deinen Nächsten, dann kannst du glauben, was du willst!" Er entfaltete eine bahnbrechende Tätigkeit in der Einführung neuer Maschinen, zwecks Arbeitserleichterung und um aus der Abhängigkeit von England bezüglich Rohstahl herauszukommen, und führte eine neue Technik des Eisenfrisch-Verfahrens ein, ließ 1826 den ersten Hochofen mit eisernem Mantel und 1827 das erste Walzwerk anlegen. Aus der Enge der Verhältnisse ging Harkort in einmaliger, großer Voraussicht selbst große Wagnisse als Schiffsreeder und Seefahrer ein, knüpfte damit an die Tradition westfälischer Hansakaufleute an, und man bedeckte bei seinem Tod im Jahre 1880 seinen Sarg mit der Flagge eines seiner Segelschiffe.

Harkort sah in seiner Zuneigung zu Industrie und Gewerbe über drei Generationen die preußische, die deutsche Entwicklung voraus und erkannte auch, wie dunkle Schatten des damals menschenentwertenden Kapitalismus das helle Licht der warenschaffenden Kraft des Industrialismus verdüsterten. Eins der wirksamsten Mittel zum Ausgleich sah Harkort prophetisch in der „Befriedigung der alten Menschensehnsucht nach Land, also für den Arbeiter in der Möglichkeit, sich ein Eigentum zu erwerben". Einige Wohnungen mit Garten, möglichst auf dem Lande, forderte Harkort und prangerte die verderblichen Wirkungen des engli-

Karl Reichsfreiherr vom und zum Stein (1757—1831)

„Ich habe nur ein Vaterland, und das heißt Deutschland."

Er war ein treuer und freundlicher Freund der freien Bauern in seinem geliebten Westfalen; ihm gefielen diese knorrigen Nachfahren uralter Bauerngeschlechter, von denen er sagte: „Wenn ich hier nicht zuerst grüßte, so werde ich auch nicht gegrüßt."

„Wenn ein Bauer zu Pferde steigt, gilt das mehr als sechs Herren."

„Der altbehauptete Familienbesitz ist nicht allein eine Befestigung des Glückes, sondern mehr noch eine Befestigung der Tugend als Grundlage des Staates."

„Eine angebliche schrankenlose Freiheit von einem sogenannten Volkseigentum zieht nur eine seelenlose, bodenfremde Bürokratie nach sich."

schen Pächtersystems an. Harkort förderte den Bau von Eisenbahnen für die Fahrten der Arbeiter, und es kam ihm darauf an, daß „der Arbeiter seines Lebens und seines Besitzes auch froh werde", und zwar mit gesetzlicher Festlegung der Arbeitszeit, wenigstens des Höchstmaßes. So hat der Geist eines Westfalen, um hundert Jahre vorauseilend schon die ersten Aufgaben praktischer Arbeiterfürsorge verfochten und teilweise durchgesetzt, auch mit den später 1855 von ihm gegründeten „Arbeiter-Versorgungs- und Invalidenkassen". Längst also, ehe das Wort vom sozialen Kaisertume Deutschlands in Gesetzesparagraphen ausgesprochen wurde, hatte sich der Sohn des westfälischen Herrenhauses von Haspe sozial betätigt und für die Bedürfnisse der unteren Gesellschaftsschichten und ihre Ebenbürtigkeit jeder Art mit warmer Liebe eingesetzt." (Männer und Helden der Roten Erde, Wilhelm Uhlmann-Bixterheide, 1921).

Weitere Persönlichkeiten möchte ich erwähnen. Nicht nur, weil deren Wirken, wie das unseres großen Landsmannes Harkort, um die Mitte des 19. Jahrhunderts das wirtschaftliche Leben unserer Vorfahren mit berührte, sondern heute noch spürbar und es wert sind, uns an ihren Taten und ihrem einfachen Leben ein Vorbild zu nehmen. Friedrich Wilhelm Raiffeisen (1819—1888) wurde in Hamm im Westerwald geboren, hatte seine Jugend zum großen Teil in Preußen verlebt und wandte sich vor allem schon früh den wirtschaftlichen Problemen der Bauern zu. Nur einmal im Jahre, nach der Ernte, bekam der Bauer Geld und war in der Zwischenzeit, bei Wetterkatastrophen und sonstiger Not dem erbarmungslosen Wucherer ausgeliefert, wie es damals hieß. Raiffeisen begründete gegen diesen jahrhundertealten Mißstand ländliche Spar- und Darlehnskassen, die heute noch unter dem westfälischen Zeichen der gekreuzten Pferdeköpfe blühen! Über Preußen und einen großen Teil Deutschlands zog er die Organisation der Raiffeisen-Vereine hoch, ohne eigenen Nutzen in unermüdlicher Arbeit und lebte selbst in apostolischer Einfachheit und Bescheidenheit. Wo hätte man das je bei einem Großkopfeten des Marxismus früher oder heute gesehen? Tritt heute einer derselben aus Gewerkschaft oder Amt zurück, oder wird getreten, so erhält er nicht nur vom Geld der Steuerzahler horrende Pensionen und Abfindungen, bekommt eine Luxusvilla, wenn er sie nicht schon längst hatte, sondern wird darüber hinaus von den Groschen der Arbeiter-Genossen zum Millionär gemacht. Als Frivolität und blanken Hohn kann man es dann nur auffassen, wenn er beim Ausgetretenwerden stolz verkündet, sein Leben seiner Partei und der Bekämpfung des preußischen Militarismus weiterhin zu weihen.

Die genossenschaftliche Selbsthilfe vertrat erfolgreich auch Hermann Schulze-Delitzsch (1808—1883) als geborener Sachse und Wahlpreuße. In dem von ihm begründeten Deutschen Genossenschaftsverband trat er den sozialdemokratisch-marxistischen Lehren entgegen und wurde von der preußischen Nationalversammlung an die Spitze des Ausschusses berufen, welche die Arbeiterfrage bearbeiten sollte. Auch Schulze-Delitzsch blieb der bescheidene, dem Gemeinwohl verpflichtete Mann! Es gäbe noch viel in diesem Sinne zu erwähnende Persön-

lichkeiten; wen ich aber als Westfalen, stammend aus der Grafschaft Mark hervorheben möchte, ist Friedrich von Bodelschwingh (1831—1910), den Gründer der christlichen Wohlfahrts- und Missionsanstalten in Bethel, mit den ersten Arbeiter-Kolonien in der Fürsorge für Entwurzelte und Geisteskranke. Wer unter dem gleichen Stichwort „Nächstenliebe deine Sache" hier nicht fehlen darf, ist auch Johan Hinrich Wichern (1808—1881), der als protestantischer Geistlicher als der „Erwecker des sozialen Auftrags der Kirche" gilt, und zwar seit seiner berühmten Rede auf dem ersten gesamtdeutschen Kirchentag in Wittenberg 1848. Als „Vater der Inneren Mission" nannte Wichern schon vor weit über 100 Jahren, wenn auch zur Revolutionszeit, wo Not und Unwillen des Volkes hochbrandeten, als drei Hauptaufgaben der Kirchen und des Staates die sozial-pädagogische Betreuung von Randgruppen der Bevölkerung, die Rehabilitierung von Straffälligen durch Strafvollzugsreform und die soziale Hilfe für die „mobilisierten, entwurzelten Massen." Einer der Nachfolger auf diesen Gebieten ist heute der Direktor des Diakonischen Werkes der Ev. Kirche im Rheinland, Pfarrer Friedrich Wilhelm von Staa (Der Weg, 22. 9. 1974). Ich weiß nicht, ob diese hervorragende Persönlichkeit der gleichen Familie entstammt, wie unsere Großmutter Henriette von Staa. Bei der großen Seltenheit bzw. Einmaligkeit dieses Familiennamens ist es anzunehmen.
Alle diese preußisch-deutschen Persönlichkeiten, sei es aus dem wirtschaftlichen, praktischen Leben oder den Gebieten der Kirche der konkreten Hilfe für so viele Menschen, ja für ganze Bevölkerungsgruppen, die im kalten Schatten lebten, wirkten bahnbrechend und führend in der Welt. Sie waren typisch für den preußischen, auf ganz Deutschland übergehenden Geist der genauen Pflichterfüllung für das Gemeinwohl mit unbestechlichem Charakter, mit unbeirrbar nationaler Gesinnung ohne utopische, internationale Weltverbesserungsideen. Gerade das aber war und bleibt den inneren und äußeren Feinden von Preußen, von Deutschland, ein Dorn im Auge, so daß sie alles preußische unterschiedlos mit Militarismus verleumden. Was wäre vom Marxismus übrig geblieben, wenn die Bestrebungen und Taten so vieler in Preußen wirkender und lebendig gebliebener, wirklicher Sozialisten umfassend an Boden gewonnen hätten? Wenn die Kirchen, nicht als „Pastorenkirchen", vielmehr als Volkskirchen mit ganz großen Taten der Nächstenliebe die Massen an sich gezogen haben würden? Wenn weiterhin das oft so schlappe Bürgertum wachsamer und allgemein sozial tätiger gewesen wäre? Heute, nach über hundert Jahren, sind zwar fast alle sozialen Probleme in unserer Bundesrepublik und anderen westlichen Ländern in einem nie für möglich gehaltenen Umfang gelöst, aber das Geschäft mit dem Marxismus wird gleichermaßen profitabel gehalten. Wenn auch nur durch gewissenlose Vogelsteller und wirklichkeitsfremde Theoretiker, die meist selbst in großem Luxus das Leben genießen, wie es Marx auch getan hat. Sie leben glänzend von der Propagierung eines Marxismus in den berüchtigten „vier Nüssen", die der verführten, ewig gutgläubigen Masse versprochen werden, obwohl die Lügner genau wissen, daß nur zwei vorhanden sind, und sie den Baum so radikal beschneiden, sei es aus Dummheit

oder infolge guter Bezahlung, daß höchstens eine Nuß nachwachsen kann. Was das Geld und nicht den Betrug anbelangt, so hat es Konrad Adenauer in diplomatisch einfacher Form ausgedrückt: „Sozialisten können nicht mit Geld umgehen, am wenisten mit anderer Leute Geld."

Zunächst konnte es nicht anders kommen, als daß die in den Jahrzehnten nach den Freiheitskriegen wieder allmächtig gewordene Bürokratie und Polizeiaufsicht Bürger, Arbeiter und Bauern wieder einmal in Verärgerung, Abscheu, Opposition, in Staatsverdrossenheit, in geheimen und offenen Widerstand trieb. Zumal die früheren, freiheitlichen Bestrebungen des bedeutendsten preußischen Staatsmannes vor Bismarck, des Freiherrn vom und zum Stein, im Volke unvergessen waren. Wenn später auf die Revolution von 1848 zurückgeblickt wurde, so findet man ein vielspältiges Echo. Wohl gab es Auswüchse und Exzesse. Von den einen als freche Revolte und deutsche Schande verdammt, wurde 1848 von den anderen als Aufstand gegen Unterdrückung und Tyrannei verherrlicht. Heute aber um so mehr von denen, die einer anderen Tyrannei, der blutigsten, die je die Weltgeschichte gesehen hat, dem Bolschewismus, beide Hände reichen. Jedenfalls hat die Geschichte befunden, daß die Bestrebungen von 1848 überwiegend eine Sache der Besten des deutschen Volkes waren, weder eine Angelegenheit von blutdurstigen Verschwörern, noch von unpraktischen weltfremden Professoren. Die Mehrheit kämpfte für deutsche Freiheit und Einheit, was uns alle heute — nach 125 Jahren — ganz besonders angeht, so daß wir an das Jahr 1848 dankbar und nationalbewußt gedenken und uns erinnern sollten, was führende Revolutionäre aussprachen: „Deutschland muß als solches endlich in die Reihe der politischen Großmächte des Weltteils eintreten. Das kann nur durch Preußen geschehen, und weder Preußen kann ohne Deutschland, noch Deutschland ohne Preußen genesen." „Die schwarz-rot-goldene Fahne wehte vom Stephansdom. Es war wie ein Traum, das Zeichen deutscher Einheit. Dann die deutsche Fahne auf der Kaiserburg zu Wien. Nur ein Gefühl, ein Gedanke: Deutschland, Deutschland!" „Österreich, eine Pulsader im Herzen Deutschlands, muß mit uns im Deutschen Bunde sein und bleiben" (Der Vorkampf, T. Klein). Carl Schurz, ein Rheinländer, geb. in Liblar bei Köln, 1829—1900, Revolutionär von 1848, deutsch-amerikanischer Staatsmann, Minister des Innern der Vereinigten Staaten von Amerika, kämpfte gegen die Mißwirtschaft der Parteien: „Was dem deutschen Volke die Erinnerung an den Frühling 1848 besonders wert machen sollte, ist die begeisterte Opferwilligkeit für die große Sache, die damals mit seltener Allgemeinheit fast alle Gesellschaftsklassen durchdrang, für die Freiheit des Volkes, für die Ehre und Größe des Vaterlandes."

Wer als einer der Besten von Preußen, ja aller Deutschen, sich 1848 hervortat, war der alte Patriot Ernst Moritz Arndt. Schon 1845 schreibt er: „Was könnten die Deutschen sein, wenn die Führer des Volkes, die Fürsten, uns recht deutsch zu gebrauchen verständen. Wir Kleinen und Mittleren dürfen nur nimmer müde werden, das Gerade und Freie, das ehrliche und tapfere Deutsche mit Herz und

Mund zu halten und auszusprechen, in der Hoffnung, daß es immer mehr aus der Tiefe zu den Höhen fliegen wird“ (Wilhelm Rees, Mitte. Bld. B. G. Rd. 60). Arndt war wegen „Demagogie“ verfolgt worden, wurde später rehabilitiert, und den Bergischen war er besonders ans Herz gewachsen. Zu den Familien David und Josua Hasenclever in Remscheid-Ehringhausen stand er jahrelang in enger Freundschaft und sprach mit großer Zuneigung von seinem treuen Solingen, von Remscheid, von Barmen und Elberfeld. Als fast 80jähriger in voller Rüstigkeit nahm er das Mandat von Solingen für die Abgeordneten-Wahlen zur Nationalversammlung an, betrat als Abgeordneter von Solingen die Frankfurter Paulskirche, wo dieser Wahlpreuße und echte Deutsche am 23. 5. 1848 mit unermeßlichem Beifall geehrt wurde. Am 18. 6. 1848 sprach er auf Schloß Burg zu den „wackeren Söhnen der Roemeryken Berge“. Der Text ist uns erhalten in dem Buch „Burg a. d. Wupper“ von Hermann Bäcker, den ich schon erwähnte, und sicherlich wird Arndt einer unserer Solinger Vorfahren dort gehört und gesehen haben. Einige Worte seien zitiert, weil er uns gerade heute als ein einzigartiges Vorbild von zeitloser Größe erscheinen muß: „Glaubt mir altem Manne! Haltet zusammen. Ein Volk, das so viel Mut und Geist hat, wie die Deutschen, kann nicht untergehen. Im Wettergang der Weltgeschichte, wo das morsche Alte sank, um neuem Leben Platz zu schaffen, sind wir ein ganz anderes Volk geworden, ein stärkeres, ja ich sage es mit Bedacht, ein besseres und tüchtigeres Volk! Ich vertraue Gott, dem deutschen Geist und rufe: Am Himmel und am Vaterlande darf man nicht verzweifeln!“

So muß man an das Deutschland-Lied denken, was in den gleichen Zeitläufen entstanden ist. Und wenn ich in Corvey a. d. Weser, an der alten Klosterkirche am umgrünten, fast vergessenen Grab des Dichters Hoffmann von Fallersleben stand, der als Literat und Professor auch zu den Besten von 1848 gehörte, als Bekenner zu Preußen und Deutschland, als ein Feind der auslandshörigen, eigensüchtigen Uneinigkeit, so muß ich denken, daß er damit sein unvergängliches Lied „Deutschland, Deutschland über alles“ unserem Volk als immerwährende Mahnung gab, sich als eine über alles gehende Aufgabe stets ein einiges Deutschland vorzustellen.

Wenn ferner im Rückblick auf 1848 Historiker diese Revolution als „erfolgreichsten Mißerfolg“ bezeichnet haben, mehr eine Revolution der Ideen als der Gewalt, in ihrer Stärke und ihrer Schwäche typisch deutsch, weil das Volk ohne politische Erfahrung führerlos in eine furchtbare Krisis gedrängt worden sei, so kam dann doch ein großer Staatsmann, wie T. Klein in „Vorkampf“ schrieb, der die gesammelte Kraft des größten, reindeutschen Staates, von Preußen, in den Dienst der Einheitsidee zwang. Bismarck sprach 1863 im Parlament: „Nicht durch Reden und Majoritätsbeschlüsse werden die großen Fragen der Zeit entschieden, sondern durch Blut und Eisen.“ Man mag diese Worte vielleicht als ungeschickt bezeichnen, aber es gibt wohl kaum den Ausspruch eines Politikers, welcher derart aus dem Zusammenhang, aus seiner Zeit und deren Lebensnotwendigkeiten gerissen worden ist und noch wird, wie dieser vor nunmehr 100 Jahren. Sei es, daß es geschieht von den Feinden und Neidern Preußens und Deutschlands, als von jenen sogenannten Deutschen, die zumal nach Niederlagen in den dann stets modisch werdenden Verbeugungen und Kniefällen vor den Siegern in erbärmlichster Weise sich nicht genug darin tun können, die Geschichte ihres Volkes schamlos zu verzerren und zu verfälschen.

Es gab trotz der meist protestantischen, westfälischen Altpreußen aus der Grafschaft Mark und anderen Gebieten, wozu auch unsere westfälischen Vorfahren gehörten, wie wir gesehen haben, in Westfalen auch gewisse konfessionelle Kreise, deren Hauptort Münster war, die in ihrer Neigung zu den katholischen Mächten Österreich und Frankreich den Staat Preußen absolut ablehnten. Doch schon bei Beginn der Freiheitskriege waren zwei Kavallerie-Regimenter des „Königreichs Westfalen" zu den Preußen übergegangen. Und als 1815 die neue preußische Provinz Westfalen gebildet wurde, herrschte bei der Huldigung großer Jubel des Volkes, wobei sich nur die frühere herrschende Schicht abseits hielt. Bei der Huldigungsfeier der Universität Münster verkündete Professor Johann Christoph Schlüter: „War es nicht Preußen, das sich das zweite Mal mit einem Mute, einer Kühnheit und Energie in seiner Gesamtkraft erhob, die einem Wunder gleich ewig ein Gegenstand allgemeiner Bewunderung bleiben wird?" ... Als wenige Jahrzehnte später der aus der alten Oberschicht des Münsterlandes stammende Erzbischof von Köln, Clemens August von Droste-Vischering, von dem westfälischen Altpreußen von Bodelschwingh wegen politischer Umtriebe verhaftet wurde, wurden sogar Straßenunruhen in Münster inszeniert, die von dem preußischen General von Wrangel unterdrückt werden mußten. Doch der aus gleichen Kreisen stammende Wilhelm von Ketteler schrieb später — als Bischof von Mainz (!) — im Jahre 1854: „Wir lieben aber auch aufrichtig und wahrhaft Preußen, wir lieben es als Deutsche, wir lieben es als Christen, wir lieben es als Untertanen eines so gerechten Königs, wir lieben es wegen seines Selbst- und Ehrgefühls, wir lieben es wegen seiner Energie und Kraft in inneren Verwicklungen, wir lieben es und haben die Überzeugung, daß Licht und Schatten sich zwischen Österreich und Preußen ausgleichen, und daß sie nur im vereinten Wirken unser deutsches Gesamtvaterland zu jener Entwicklung führen, die die göttliche Vorsehung ihm bestimmt hat" (Fritz Ernst).

Um an Preußen kein gutes Haar zu lassen, werden auch die sozialen Fortschritte, die von allen Staaten zuerst Preußen eingeleitet und erreicht hat, weitgehendst oder völlig unterschlagen. Wie schon Friedrich der Große erklärt hat, der Advokat des armen Mannes zu sein, so begannen sich unter Stein, vor allem aber unter Bismarck, die Monarchie und das arme Volk, das Proletariat, zu nähern. Bismarck schuf die soziale Gesetzgebung für Kranken-Unfallschutz, für Hilfe im Alter und Todesfall. Bismarck pflegte 1863/1864 Kontakte und Verhandlungen mit Ferdinand Lasalle, dem Gründer des Allgemeinen Deutschen Arbeitervereins, und war mit diesem fasziniert von dem gemeinsamen Gedanken an ein sozia-

Grundsteinlegung in Köln

Meine Herren von Köln!
Es begibt sich Großes unter Ihnen.

Dies ist, Sie fühlen es, kein gewöhnlicher Prachtbau. Er ist das Werk des Brudersinnes aller Deutschen, aller Bekenntnisse...

Hier, wo der Grundstein liegt, dort mit seinen Türmen zugleich, sollen sich die schönsten Tore der Welt erheben.

Deutschland baut sie — so mögen sie für Deutschland durch Gottes Gnade Tore einer neuen, großen und guten Zeit werden!

Alles Arge, Unechte, Unwahre und darum Undeutsche bleibe fern von ihnen.

Nie finde diesen Weg der Ehre das treulose Untergraben der Einigkeit deutscher Fürsten und Völker, das Rütteln an dem Frieden der Konfessionen und Stände;

nie ziehe jemals wieder der Geist hier ein, der einst den Bau dieses Gotteshauses, ja den Bau des Vaterlandes hemmte!

Der Geist, der diese Tore baut, ist derselbe, der vor neunundzwanzig Jahren unsere Ketten brach, die Schmach des Vaterlandes, die Entfremdung dieses Ufers wandte.

Aus der Rede des Königs von Preußen, der größten protestantischen Macht des Festlandes, Friedrich Wilhelm IV. bei der Grundsteinlegung der Türme des Kölner Domes 1842.

les Königtum, an eine soziale Nation. Die Arbeiterversicherungs-Gesetzgebung ist die große, unsterbliche Tat Bismarcks, wie der große Nationalökonom Gustav Schmoller geurteilt hat. „Sie wäre ohne Bismarcks Überzeugungen und ohne seine Tatkraft nicht vorhanden. Und ohne sie wäre die deutsche Volkswirtschaft und die Lage der arbeitenden Klassen in Deutschland heute eine wesentlich andere, nach meiner Überzeugung ungünstigere, unvollkommenere, zurückgebliebenere. Und da die meisten anderen Staaten die deutsche Gesetzgebung mehr und mehr nachzuahmen beginnen, so handelt es sich nicht bloß um eine deutsche, sondern um eine weltgeschichtliche Wendung der Sozialpolitik" (Gust. Schmoller, Max, Lenz, Erich Marcks, Zu Bismarcks Gedächtnis 1899, aus H. J. Schoeps, Bismarck über Zeitgenossen, Zeitgenossen über Bismarck, Frankfurt 1972). Nach der gleichen letzteren Quelle haben Marx, Engels und ihre Genossen diese Sozialgesetzgebung, die ein riesiger beispielhafter sozialer Fortschritt war, im Jahre 1888 als „Sozialreformscheiße" abgelehnt. Eine in ihrer Art und Ausdrucksweise gewisse Parallele gibt es wohl in unseren heutigen Tagen, wo es den sozialdemokratischen und weitergehend kommunistischen Kreisen mit den übermäßigen Forderungen ihrer Gewerkschaften offenbar nicht um weitere, volkswirtschaftlich tragbare soziale Verbesserungen geht, an denen es kaum so viel und schnell noch zu verbessern gibt, als vielmehr um die absolute, staatliche Macht, daß „Schluß gemacht wird mit der Bourgeoisie und ihren Helfershelfern, wie es in Sowjetrußland der Fall gewesen ist". So geißeln alle Verehrer der Sowjets „Blut und Eisen" wohl lautstark bei den Preußen und allgemein den Deutschen, nehmen aber ihre Welt, die ganze rote Welt, gänzlich aus und hetzen zudem noch im eigenen Volk letztlich zum blutigsten Bürgerkrieg. Auch die westlichen Kreuzfahrer werden ausgenommen, obwohl Lenin schon über England, Frankreich und Rußland gesagt hat: „Wir wissen, daß Jahrzehnte drei Räuber sich zur Plünderung Deutschlands rüsteten." In ihrem Götzen Lenin wird selbst im Westen „Blut und Eisen" förmlich angebetet; denn dieser sagte ferner: „Die Geschichte wird im Schützengraben gemacht, wo der vom Alpdruck des Kriegsrausches besessene Soldat dem Offizier sein Bajonett in den Leib stößt, in das heimatliche Dorf zurückkehrt, um den roten Hahn auf das Dach des Herrenhauses zu setzen." Diese Barbarei ist euch zuwider? „Nichts für ungut", antwortet die Geschichte, „ich liefere, was ich kann." Dieses, ihr eigenes blutiges und eisernes Programm haben Lenin, Stalin und alle ihre Nachfolger, Anbeter und Mitläufer mit 48 Millionen Menschen-Opfern durchgeführt, wie die Zeitschrift „The New Approach" (Scranton, USA) dokumentiert. Und wofür im Jahre 1967 zur Feier des 50. Jahrestages der bolschewistischen Revolution der Außenminister der Bundesrepublik Deutschland, Willy Brandt, der Sowjetunion „die herzlichsten Glückwünsche" ausgesprochen hat. Und folgerichtig nach seinem Rücktritt als Bundeskanzler sich, fortan nur dieser, seiner Partei und der Bekämpfung des preußischen Militarismus widmen wollte, wie er aussprach. Wie Lenin von diesen westlichen „nützlichen Idioten" sprach, so ist es kein Wunder, wenn gerade diese dem Staat Preußen gegenüber auch die einfachsten Tatsachen in geographischer Hinsicht verschweigen, die doch waren: „Bei überall offenen Grenzen und einem Maximum an politischer Dynamik im Herzen Europas bestand von vornherein der Zwang zu militärischer Bereitschaft. Oberstes Gebot mußte für das zerstreut liegende Land mit eifersüchtigen, z. T. feindseligen Nachbarn die Erhaltung der Geschlossenheit des Staates sein" (Oswald Hauser, Zeitschrift der Berg. Gesch-V. Bd. 84 1968/1969). Nur durch ständig größte Anstrengungen zur Existenzsicherung, durch straffe Zusammenfassung aller von Haus nur geringen Kräfte, durch den starken Staat und den schnellen Entschluß des einzelnen an der Spitze, durch die Notwendigkeit militärischer Ordnung konnte Preußen werden und leben, wie Oswald Hauser weiter sagte. Friedrich der Große drückte aus: „Ich will nicht der Spielball zwischen Ost und West sein. Man muß uns das Recht zugestehen, Freiheit zur Entwicklung zu haben." Über den Vorwurf eines „Angriffskrieges", der ewig gegen Preußen und Deutschland erhoben wird, sagte der große König, „Ja, ich habe den Augenblick gewählt, in dem ich Aussicht auf Erfolg hatte, das war meine Pflicht, meinem Staat und meinem Volk gegenüber." Wenn trotzdem, wie O. Hauser schreibt: „die Humanitätsidee mit starker Betonung von Toleranz und Gleichberechtigung anderer Meinungen, Ideen und Religionen den reinen Machtstaatsgedanken überwölbte", so ist diese preußische Humanitätsidee ein Wunder und bei keinem anderen Staat zu finden, vor allem nicht bei der heutigen roten Weltmacht.

Es war gleichfalls ein Wunder, daß Deutschland von 1871 bis 1914 keinen einzigen Krieg geführt hat, während die übrige Welt fünfzehn Kriege in diesem Zeitraum erlebte, wie Joachim Fernau aufzählt. Beinahe ein halbes Jahrhundert hielt Preußen-Deutschland den Frieden, zog in zwei Menschenaltern nicht das Schwert gegen seine Nachbarn. Entgegen dieser historischen Wahrheit vergiften die Geschichtsfälscher die Jugend und die unwissende Masse mit der frechen Lüge, Deutschland führe seit 1870 ständig nach allen Seiten Krieg. Was die vorherigen Kriege anbelangt, die Preußen führte, wie 1864 gegen Dänemark, 1866 gegen Österreich und 1870 gegen Frankreich, so ist es allein Preußen zu verdanken, mit dem klugen Geschick Bismarcks, daß diese siegreichen Kriege nicht zu preußisch-deutschen Eroberungszügen benutzt wurden, wie es jeder siegreiche Staat mit nachfolgender großer Länderverteilung getan hätte und wie es die Sieger des Ersten und Zweiten Weltkrieges in beispielloser Brutalität durchgeführt haben.

Im übrigen und überhaupt ist es ein ganz großes Unrecht, dem Hohenzollerngeschlecht nicht die historische Wahrheit zuzubilligen, von den Burggrafen zu Nürnberg an, die 1415 die Brandenburger Kurwürde erhielten, über Friedrich dem Großen als höchste, geistige Spitze, eine nur ganz wenig unterbrochene Kette vernünftiger, energischer Herrscher hervorgebracht zu haben. Nicht nur waren diese größtenteils selbst gute Organisatoren, sondern auch klug in der Auswahl ihrer Ratgeber. Wo hätte es in der Welt den Aufruf eines Staatsoberhauptes, eines Monarchen, gegeben, der nicht nur ausgesprochen, sondern in weitestem Maße befolgt wurde? Wie den Aufruf König Wilhelm I. von Preußen, 1870, zu Beginn des deutsch-französischen Feldzuges: „Ich führe Krieg mit den französischen Soldaten und nicht mit den Bürgern Frankreichs. Diese werden demnach fortfahren, eine vollkommene Sicherheit ihrer Person und ihres Eigentums zu genießen, und zwar so lange, als sie sich nicht durch feindliche Unternehmungen gegen die deutschen Truppen des Rechtes berauben, ihnen Meinen versprochenen Schutz angedeihen zu lassen“ (Hans Ulrich Stamm-Schriftenreihe: Dokumente, Analysen, Kommentare, Bd. 6, „Schicksal in sieben Jahrhunderten“, Hamburg 1973). Gegenüber dem viel verleumdeten Preußen muß man aus der gleichen Zeit die beispiellosen Brutalitäten und Grausamkeiten gegen die Zivilbevölkerung der amerikanischen Bürgerkriege zwischen Nord und Süd betrachten, die zudem aus rein wirtschaftlichen Gründen, wenn auch unter der Tarnung „Sklavenbefreiung“ geführt wurden und gewissen Kreisen unermeßliche Kriegsgewinne brachten. Welche Lasten hat England auf dem Gewissen, das nicht nur das Volk der europäischen Buren in Südafrika, auch viele Kolonialvölker seiner altbekannten Ausrottungstaktik mit den ersten Konzentrationslagern der Welt, außer Rußland, unterwarf. Bestialitäten, wie sie z. B. im 30jährigen Krieg nicht schlimmer sein konnten, liegen also keinesfalls in der Tradition des preußisch-deutschen Volkes, wenn auch deutsche Machthaber im Zweiten Weltkrieg genau so verbrecherisch und erbarmungslos den Juden gegenüber handelten, wie es mindestens im gleichen Umfang durch Hunger im Ersten Weltkrieg sowie durch Bombentrerror im Zweiten Weltkrieg uns Deutschen angetan wurde. Was allerdings weder eine Entschuldigung für die eine Seite, aber absolut auch keine für die andere Seite bedeutet.

Die natürliche friedliche Entwicklung des preußisch-deutschen Staates nach der endlich zustande gekommenen Einigung von 1870/1871 mit dem nachfolgenden industriellen Aufschwung mit dem ebenso naturgemäßen Bestreben, die Grenzen mit Heer und Flotte gegen waffenstarrende und Rache ankündigende Nachbarn zu schützen, wurde den Deutschen damals schon als Imperialismus und Bedrohung des Weltfriedens offen und gemein vorgeworfen. Gleicherweise wurde das Streben nach Kolonien verurteilt, nachdem Preußen lange in kontinentaler Enge verharrt hatte, und nur deutsche Kaufleute ohne Rückendeckung durch ihre Heimat, sozusagen im Alleingang, hatten Weitblick und kühnes Unternehmertum auch im Ausland bewiesen. Zwar hatten Deutsche bereits während des 17. und 18. Jahrhunderts erfolgreiche Forschungen in Afrika durchgeführt. Der Große Kurfürst hatte seinen Blick in Besorgnis um die Wohlfahrt seines Volkes schon fernen Küsten zugewandt und 1682 die „Afrikanische Compagnie“ sowie einige koloniale Stützpunkte gegründet. Doch alles war wieder versandet im Kampf um die Existenz, in der Enge und mangelnder Einigkeit, so daß trotz der Unternehmenslust einer Anzahl von Kaufleuten die Welt längst inzwischen gewissermaßen aufgeteilt war. Für das Deutsche Reich und den erstarkenden deutschen Welthandel blieben nur kleine Fetzen im Vergleich zu dem riesigen Kolonialbesitz von England, den Niederlanden, Frankreich, Portugal und Spanien. Auch diese kleinen Reste wurden geneidet, wie schließlich alle Erfolge, welche die

Bismarck:

„Es kommt nicht darauf an, Kolonien, sondern die Völker zu gewinnen. Denn die Kolonien werden vielleicht verschwinden, die Völker aber werden bleiben in einer zukünftig weltumgestaltenden Wandlung der nationalen Epoche.“ (12. 12. 1895 Ges. W. Bd. 9)

So erfreute sich das Deutsche Reich bei den Völkern seiner damaligen Kolonien größter Achtung und Beliebtheit, die sich noch viele Jahrzehnte nach dem Raub der Kolonien fortsetzte.

Während andere Kolonialmächte fortfuhren, die Völker auszubeuten, zeigten das Deutsche Reich und Bismarck vor achtzig Jahren bereits den Weg zur Freundschaft in der Welt, zur heutigen „Entwicklungshilfe“. Trotzdem werden das Deutsche Reich und Bismarck von heutigen „Spitzen“-Politikern herabgesetzt.

Deutschen nunmehr daheim und draußen erzielten. Zudem wurde den Deutschen jeder Stolz auf das einige Vaterland, ja fast jede Liebe dazu, als verletzender Dünkel vorgeworfen. Gewiß, auch wir haben Untugenden und Eigenheiten, und deutsche Monarchen und Politiker legten leider ihre Worte nicht immer auf die Goldwaage. Dieser „Dünkel“ war aber rein nichts gegen das weltbeglückende Auserwähltsein, von dem England seit je besessen war und mit seinem altbekannten Wahlspruch „Recht oder Unrecht: zuerst kommt mein Land“ stets rücksichtslos durchgesetzt hatte. Die Vereinigten Staaten von Amerika hatten sich längst als das Land der unbegrenzten Möglichkeiten etabliert, was nach zwei Weltkriegen, die ungeheuerliche Kriegsprofite brachten, in die gotteslästerliche Bezeichnung „Gottes eigenes Land“ ausartete. Von dem gleicherzeit übersteigerten, kriegstreibenden und rachelüsternen Chauvinismus Frankreichs gar nicht zu reden.

Wenn Oswald Hauser weiter schreibt, daß „ein Historiker eine große geschichtliche Erscheinung wegen gewisser tagespolitischer Strömungen nicht einfach ignorieren oder unterdrücken kann, vielmehr in den Zusammenhang der deutschen Geschichte für ein abwägendes Urteil einzuordnen hat“, so ist das sehr richtig, aber allzu gelinde ausgedrückt, wenn man erlebt, wie wohl keine Historiker, doch höchste Politiker mit ihren Massenmedien gerade die Preußen bei jeder Gelegenheit verteufeln, immer vom „preußischen Militarismus“, vom preuß. Kommisstiefel und preußischen Kasernenhofdrill reden und schreiben. Nicht nur die preußischen, auch allgemein die deutschen Offiziere werden fast unterschiedslos als näselnde Trottel, als „Junker mit Monokel“ im Allgemeinbild vorgeführt und in die Jugend, in das Volk eingehämmert. Damit wurde und wird bedenkenlos und kriecherisch dem Betrug der Kreuzzügler, der Alliierten im letzten Krieg gefolgt, die für die Freiheit und das Selbstbestimmungsrecht aller Staaten in den Krieg zogen, aber 1945 nach dem Zusammenbruch nichts Eiligeres und Schlechteres zu tun hatten, als den Staat Preußen mit einem Federstrich von der politischen Landkarte Europas zu streichen, mit ihrer Erklärung, durch die Preußen 1945 aufgelöst wurde, in der es hieß „Preußen sei seit jeher Träger des Militarismus und der Reaktion in Deutschland gewesen“. Und alle diese Helfershelfer Lenins, die „nützlichen Idioten“ mit sämtlichen Schattierungen ihrer geistlichen und weltlichen Mitläufer werden es vor der Weltgeschichte zu verantworten haben, daß somit Preußen, der Kern Europas, an die asiatisch-bolschewistische Macht, den Atheismus ausgeliefert wurde; einen Kern, der die Verkörperung von Fleiß und Pflichttreue darstellte, mit enormer Kraft in Kultur und Wirtschaft, der eine gewichtige Rolle in der Entwicklung Europas gespielt hat, seit den Tagen, da der Große Kurfürst Preußen aus dem Chaos des 30jährigen Krieges schuf. Mit dem eigentlichen Volk der Preußen sind weite Teile Europas blutsmäßig verbunden. Im Mittelalter schon wurde es durch holländische Einwanderer verstärkt, französische Flüchtlinge, die Hugenotten, stellten berühmte Generale, Dichter und Schriftsteller, protestantische Flüchtlinge aus Salzburg nahm Preußen auf, sowie österreichische, schwedische und sächsische Offiziere und Bürger. Ohne diesen

Kern Preußen wären die Rheinlande, zumindest das linksrheinische Gebiet, ähnlich wie das Elsaß, längst in Frankreich eingegliedert, wie es das Bestreben des katholischen Klerus war. Oder die Rheinlande wären im Separatismus als „Rheinische Republik" ein Satellit von Frankreich geworden und somit 1933 der dortigen kommunistischen „Volksfront" verfallen. Ohne diesen harten Kern wäre ganz Europa schon seit 40 Jahren bolschewisiert, und die Sowjets ständen statt an der Elbe längst am Atlantik. So erlebten wir die satanische Freude der west-östlichen Kreuzfahrer an diesem brutalen Zerstören des preußischen Staates, an diesem Verbrechen gegen die Menschlichkeit. Aber nicht dieser Staat allein sollte zerstört werden, sondern, wie wir es laufend miterleben, der preußische Geist, die Tradition an Pflichterfüllung, Sparsamkeit und Staatsbewußtsein, diese hohen Werte, die in besonderem Maße Preußen und mit ihm ganz Deutschland befähigt haben, sich aus den größten Niederlagen wieder aufzurichten. Gerade das sollte endgültig verhindert und auch die allergeringsten Reste sollten in modernem Hexenwahn als angeblicher Nazi-Geist ausgerottet werden. Damit will man aus uns ein Volk ohne Geschichte machen, allenfalls nur mit schmählicher Vergangenheit, ohne Erinnerungen an Vaterlandsliebe und Leistungen, an große Männer und anspornende Beispiele, ohne Drang nach Erkenntnis und Wahrheit.

Auf solche Sieger und viele ihrer allzu unterwürfigen, opportunistischen Handlanger trifft genau das zu, was Friedrich von Gagern nicht in bezug auf Preußen, aber allgemein gesagt hat: „... Es ist weltkundigermaßen so, daß keine Regierung, argwöhnisch, wie das schlechte Gewissen zu sein pflegt, gerne bestehen läßt, was nicht sie selbst an ihren eigenen grünen Tischen erfunden und hochwohlweise konstruiert hat; eine fremde, sozusagen anorganische Entwicklung. Schon gar nicht Einrichtungen aus früherer Zeit, sie mögen noch so ehrwürdig, naturwüchsig, gesund und bewährt sein, sind immer hassenswert und verdächtig, darum schlecht, schädlich und lebensunfähig, ... und es gibt keine Duldung. Alles muß von Grund auf anders, jedes Gedächtnis zertreten und ausgelöscht werden; die schlotternde Angst vor Erinnerungen und Traditionen eines Volkes verfolgt alle Usurpatoren und Tyrannen und treibt sie zu den sinnlosesten Maßnahmen". Und wenn auch unsere bundesdeutsche Demokratie hier nicht mit einer Tyrannei verglichen werden soll, so treffen die obigen Aussprüche doch auf die Usurpatoren zu, welche gewaltsam und widerrechtlich, entgegen ihrer Versprechungen für eine Befreiung von einem Tyrannen, Preußen zerschlagen haben, und aus der Hälfte der Trümmer unseren westdeutschen Staat zusammenhauten, während der stattliche Rest einer Tyrannei und einem Gottlosen-Block zugeschoben wurde, der seinesgleichen in der Weltgeschichte nicht hatte.

Daß der harte Kern Preußen zudem fast ganz protestantisch war, kann einen weiteren Grund dafür abgeben, daß die römische Kirche m. W. zu der Zerschlagung Preußens weder Stellung nahm noch gar protestierte. Immerhin handelte es sich doch um ein christliches Bollwerk gegen den Atheismus. Nun, wer etwas die Geschichte der Bestrebungen des politischen Katholizismus kennt, erinnert sich auch an den Widerstand gegen Bismarck. Der z. B. in Jena nach der Reichsgründung sagte: „Ich bin eingeschworen auf die weltliche Leitung eines evangelischen Kaisertums." Demnach kann man um so mehr vermuten, daß die Zerschlagung Preußens mit Überlassung der Hälfte an den Gottlosen-Block als eine so enorme Schwächung des Protestantismus angesehen wurde, wie sie die Zeiten der grausamen Gegenreformation nicht schlimmer hätten bewerkstelligen können. Darüber wurde kein Wort verloren, während gerade vorher noch, wenn auch geheim, in Hirtenbriefen die Nazis verurteilt wurden, weil sie im Kriege gewisse Länder besetzt hatten.

Ein bezeichnendes, lebendiges Beispiel aus unseren jüngsten Tagen für den brutalen, tyrannischen Willen, die Erinnerung an die letzten 200 Jahre preußisch-deutscher Geschichte auszulöschen, liegt mit in der abgrundtief gemeinen Schändung eines traditionsreichen Friedhofes, wo Gelehrte, Politiker, Theologen, Soldaten, deren Angehörige und viele sonstige Preußen und Deutsche ihre letzte Ruhestätte fanden. Ihnen allen sollte kein Grabhügel mehr gestattet werden, kein Denkmal, Stein oder Zeichen die Stätte mehr erkennen lassen, wo ihre Leiber der Auferstehung entgegenharrten. Ohne die Angehörigen der dort Bestatteten zu unterrichten, wurde dieser Friedhof von Dezember 1972 bis Februar 1973 vollständig beseitigt, dem Erdboden gleichgemacht, die Grabdenkmäler an unbekannte Stellen abgefahren, der alte Baumbestand restlos vernichtet. Es war der berühmte, ehrwürdige Invalidenfriedhof, hart an der Grenze der „Todesmauer" auf Ost-Berliner bzw. sowjetischem Gebiet gelegen, der im Zeichen der „Entspannung", der „guten Nachbarschaft", der Ostverträge, welche die Teilung Deutschlands und das Auslöschen Preußens endgültig besiegeln sollten, mit beispielloser Roheit geschändet wurde. Friedrich von Gagern sagte, nicht in diesem, aber ähnlichem Zusammenhang: „Das Bild alles Edlen, Heldischen wird von feigem Massengeschmeiß übermächtigt ..." Mehrfach besuchte ich diesen Friedhof, las ehrfürchtig die großen Namen preußisch-deutscher Männer, wie Gneisenau, Winterfeldt, Richthofen, Seeckt, Scharnhorst, und erinnere mich noch des Spruches auf dessen Grab: „Ich will Euch wiedersehen, und Euer Herz soll sich freuen, und Eure Freude soll niemand von Euch nehmen" (Joh. 16. 22). Ich weiß noch den Spruch auf dem Grab eines anderen Soldaten, dessen Name mir entfallen ist: „Niemand hat größere Liebe denn die, daß er sein Leben läßt für seine Freunde" (Joh. 15. 13). Es gibt noch ein weiteres Beispiel für den Haß gegen alle Deutsche, denen man das ureinfache Menschenrecht eines Grabes bestreitet. Der deutsche Botschafter konnte in Moskau am Tage der 30. Wiederkehr des Sieges der östlichen Kreuzfahrer bei Stalingrad an den Gräbern der rund 200 000 gefallenen deutschen Soldaten keinen Kranz an deren Gräbern niederlegen, weil 146 000 Gefallene von den Sowjets verbrannt und der Rest der noch von den Deutschen angelegten Gräber eingeebnet worden war. Wenn auf irgendeinem jüdischen Friedhof von Flegeln oder Fanatikern in gleich schandbarer Weise Grabsteine umgeworfen oder beschmutzt werden, so empören sich weltliche und geistliche Politiker

und deren Massenmedien lautstark und nachhaltig. Über die rohe Schändung von Grabstätten deutscher Männer wird kein Wort verloren. Höchstens werden einige protestierende Leserbriefe in wenigen Zeitungen abgedruckt, aber unter dem feigen Vorbehalt, daß sich diese Ansicht „mit der Meinung der Redaktion nicht deckt". Allenfalls haben sich m. W. nur kleine und kleinste Nachrichtenblätter empört. So muß das Datum dieser in der Welt wohl einmalig dastehenden Friedhofsschändung festgehalten werden — Dezember 1972 bis Februar 1973 —, weil dazu m. W. alle Stellen von Staat und Kirche geschwiegen und erbärmlich Pietät, Religion und Selbstachtung verleugnet haben. So weit ist es schon gekommen in deren irrsinnigem Tanz um das rote Kalb, um ihren hohlen, tönernen Götzen.
In historischer Sachlichkeit und Gerechtigkeit zur „Ehre Preußens" befinde ich mich heute trotzdem wieder in guter Gesellschaft, wenn es mir auch fernliegt, mich etwa mit einem Wissenschaftler und Historiker zu vergleichen, mit Professor Dr. Hans Joachim Schoeps (Preußen, Geschichte eines Staates, u. a.). Ich fühle mich aber verbunden mit diesem bewußten Deutschen, mit dessen respektvollem Blick auf Preußen, mit seiner Bewunderung für die bedeutenden Gestalten und bemerkenswerten Persönlichkeiten der preußisch-deutschen Geschichte. Hierin haben Hans Joachim Schoeps auch „die Jahre des nationalsozialistischen Regimes nicht irremachen können", wie Georg Böse zum 65. Geburtstag von Prof. Schoeps schrieb. Ausgerechnet ein Religionswissenschaftler, ein Jude, der in mehreren Werken, u. a. „das Judenchristentum", das immer wieder aufgebrochene Unheil in der Begegnung beider Religionen beschwor, wie Böse sagte, mußte es sein, „den als weitblickenden Historiker und Europäer die Liebe zur preußischen Staatsidee beseelt, der daran erinnert, daß das Verbot eines Staates seiner Idee wegen in der Weltgeschichte einmalig sein dürfte, der unseren heutigen Staat mahnt, sich auf die preußischen Traditionen zu besinnen, aus ihnen Belehrung zu schöpfen und politische Weisheiten des geistig bedeutendsten Preußenkönigs, Friedrichs des Großen, für die Gegenwart zu verstehen, den es mit tiefer Sorge erfüllt, daß der im Jahre 1972 aus freien Wahlen hervorgegangene Bundestag der letzte oder vorletzte sein könnte, weil die seelisch-geistige Kapitulation vor dem Osten weit vorgeschritten sei" (Besprechung zu: Abschied von Deutschland). Wenn Hans Joachim Schoeps infolge seiner mutigen und objektiven Würdigung des vielbewunderten und daher auch vielgescholtenen Preußens vielen Angriffen, ja sogar Verunglimpfungen ausgesetzt ist, so bedeutet das kein Wunder angesichts des vielfachen Niederschreiens anderer Meinungen, welches zu solcher Niedrigkeit führte, daß derjenige ein „Sicherheitsrisiko" darstelle, welcher nicht der Moderichtung folge. In seinem neuesten Werk „Ja-Nein und Trotzdem" wehrt sich Schoeps dagegen in ehrlichem Bemühen und aus Liebe zu seinem Vaterland mit Warnungen vor einer roten Zukunft und mit historischen Feststellungen aus den Archiven. So stellt Schoeps u. a. fest, wie sehr sich Preußen der Schulbildung jüdisch-polnischer Minderheiten annahm: „... Das ist ein ganz eigenartiger Staat gewesen, der bis ins Detail darüber wachte, daß jüdische Kinder einen wissen-

schaftlichen einwandfreien Religionsunterricht erhielten und daß die Polenkinder ihre Muttersprache grammatisch exakt und akzentfrei sprechen lernten." Man vergleiche demgegenüber die Behandlung deutscher Minderheiten im heutigen Polen und in anderen Ländern der „Freiheit, Gleichheit und Brüderlichkeit" mit menschenunwürdiger Verschacherung einer gewissen Anzahl auswanderungswilliger Menschen deutscher Abstammung gegen Millionen und Abermillionen Deutscher Mark zur einstweiligen Verschleierung der sozialistischen Mißwirtschaft. Angesichts dieser herausfordernden Gegenwart sei ferner betont, daß noch jetzt, 25 Jahre nach der „befreienden" Annexion urdeutscher Gebiete, in diesen selbst sowie in ganz Polen jeder Gebrauch der deutschen Sprache nicht nur verboten ist, sondern verfolgt wird. Warschau lehnt es ab, über den Schutz deutscher Minderheiten auch nur zu verhandeln; das Lesen deutscher Schriften, Benutzung deutscher Gebetsbücher, deutsche Predigten im Gottesdienst, das Singen deutscher Lieder bleibt bei harter Strafe verboten. Kinder deutscher Eltern dürfen kein Wort ihrer Muttersprache erlernen; deutsche Vornamen sind verboten; deutsche Familiennamen werden polonisiert. Eine unauslöschliche Schande ist es, wenn deutsche Machthaber dazu schweigen und der erwähnte ehemalige Bundespräsident kein Wort dazu fand, im Gegenteil, nichts Schlechteres zu tun hatte, als Preußen zu verlästern.

„Ausländische Urteile über Deutschland und die Deutschen sind immer interessant und beachtenswert, wenn sie auf dem sicheren Fundament der Bildung, Belesenheit und Beobachtung stehen", schreibt Roland Schmidt (Rheinische Post) in seiner Besprechung über „Henri Brunschwig: Gesellschaft und Romantik in Preußen im 18. Jahrhundert" (Ullstein 1976), daß „hervorragend geeignet sei, der jungen deutschen Generation einen vorurteilslosen Einblick in die Zeit ihrer Großeltern zu geben. Ein kritisches Buch — reich illustriert —, worin die Feststellungen an Hand unzähliger Beispiele belegt sind". Wer zu dem so oft erwähnten Spruch neigt, daß „der Prophet im Vaterlande nichts gilt", der greife zu dem Buch von Henri Brunschwig, der „als Emigrant in London eine bewundernswerte Objektivität walten läßt, die sich nur in wenigen Einzelfällen in vorgefaßte Formeln verirrt".

Ich weiß nicht, ob Hans Joachim Schoeps dem Orden „Pour le merite" angehört, der im Sinne der Pflege bester preußischer Tradition und der Auszeichnung entsprechender Persönlichkeiten noch besteht, wenn auch wenig bekannt und von der Publizistik in den letzten dreißig Jahren m. W. kaum erwähnt. Der Orden wurde als Kriegsauszeichnung nach dem Ersten Weltkrieg abgeschafft, aber mit der Friedensklasse wurden und werden Wissenschaftler und Künstler hoch geehrt mit dem Erinnern an Friedrich den Großen! König Friedrich Wilhelm IV. stiftete die Friedensklasse im Jahre 1842 am 24. 1., dem Geburtstag Friedrichs des Großen, um „den unsterblichen Namen Friedrichs II. zu ehren". Die Zahl der Ordensritter legte der König auf dreißig Mitglieder fest, die aus zehn Künstlern, zehn Naturwissenschaftlern und zehn Geisteswissenschaftlern bestehen sollten. So blieb dieser Orden bis heute als Auslese preußischer Geistesprominenz bestehen. Wenn der erste Kanzler der Friedensklasse Alexander von Humboldt war, kann man sich vorstellen, was es war und heute noch heißt, diesem preußischen Orden einer geistigen Aristokratie anzugehören, der sich zudem durch Schlichtheit und Unauffälligkeit auszeichnet, im Gegensatz zu der vielleicht vergleichbaren Institution der „Académie Française". Der traditionsreiche „Pour le mérite" wäre es gerade heutzutage wert, als Ansporn herausgestellt zu werden, in Verehrung hoher Beispiele und zeitgemäßer Nachfolge höchster preußischer Friedensleistungen.

Zum Schluß möchte ich noch zwei Stimmen von evangelischer Seite bringen, die auch einen Silberschimmer am dunklen Horizont der Geschichtsverfälschung und Lästerung Preußens bedeuten. Zuerst von Pastor Alexander Evertz, gebürtigem Solinger, der als bergischer „Dickkopf" auch gegen den Strom schwimmt, im Dritten Reich der Bekennenden Kirche angehörte, und dessen heutige Stellungnahme als Patriot und aufrechter Mann somit um so mehr zu schätzen ist. Evertz schreibt: „Der moderne Nationalismus entstand übrigens nicht, wie unwissende Zeitgenossen behaupten, auf den preußischen Kasernenhöfen und Exerzierplätzen. Seine Geburtsstätte war vielmehr die französische Nationalversammlung von 1789. Dieser Nationalismus hat aus der Nation eine Gottheit gemacht und die christliche Gottesverehrung auf Volk und Vaterland übertragen" (swg-Reihe Heft 6 der Staats- und wirtschaftspolitischen Gesellschaft). Die bekannte Wochenzeitung „Christ und Welt" (No. nicht mehr zu belegen) schrieb: „Die Bundesrepublik wird nur bestehen, wenn sie das preußische Erbe pflegt, wenn die Selbstlosigkeit über Gewinnsucht, Leistungs- über Geltungssucht, Bescheidenheit über Schwatzsucht stellt, wenn sie ihr politisches Leben von konfessionellem Proporz und Interessendenken reinigt, wenn sie erkennt, daß der verstimmte preußische Staat ein Bindeglied war, ohne das Deutschland seine mittel- und osteuropäische Funktion nicht erfüllen kann."

So müssen wir mehr denn je, jeder an seinem kleinsten, kleinen oder größeren Teil, den aufrechten Kämpfern nacheifern, die sich zu ihrer Zeit schon erbittert zur Wehr setzen mußten gegen Machthaber und Verräter, die verfälschten, irreführten, auf allen Gebieten Verfall bewirkten, das Vaterland in fremde Hände bringen und damit zerstören wollten. Für Einsichtige galt damals schon die Losung, wie sie heute für alle Deutsche, ohne nationalen Überschwang doch mit gesunder Vaterlandsliebe, ja nunmehr für ganz Europa gelten sollte. Ein Leitwort, welches Preußen im Grunde immer hatte, das bezeichnenderweise schon die Beständigkeit, d. h. den Frieden in sich trägt, das wir Europäer mehr als je benötigen, und das sich auf der Fahne des Regiments Winterfeldt, des ältesten Regiments der preußischen Armee befand: „LEBE BESTAENDIG — KEIN UNGLUECK EWIGH."

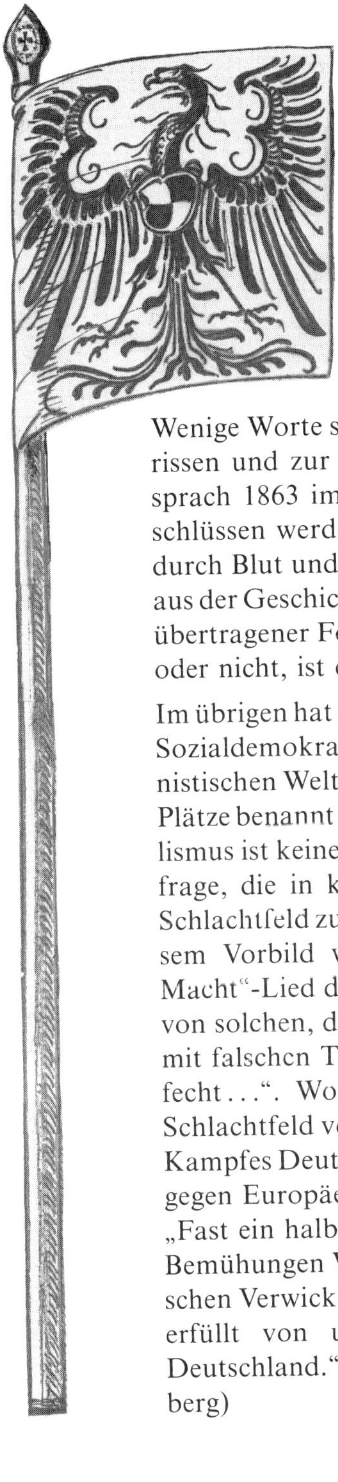

Blut und Eisen

Es gibt wohl keine Schlagworte, mit denen mehr Kriege, mehr „Blut und Eisen“ von langer Hand vorbereitet wurden, damit nach geistigem Trommelfeuer die Völker zermürbt, die Schuldigen vorherbestimmt waren, und die Kriege durchgeführt werden konnten.

Nur die Preußen, die Deutschen sollen nach derartiger Weltpropaganda stets ihre Nachbarn angegriffen, ja, die ganze Welt ins Unglück gestürzt haben.

Wenige Worte sind zudem so täuschend aus dem Zusammenhang gerissen und zur fortdauernden Lüge mißbraucht worden. Bismarck sprach 1863 im Parlament: „Nicht durch Reden und Majoritätsbeschlüssen werden die großen Fragen der Zeit entschieden, sondern durch Blut und Eisen.“ Es war also eine ganz allgemeine Erkenntnis aus der Geschichte der Menschheit, zumal aus dem Alten Testament in übertragener Form. Ob diese Worte bei jener Gelegenheit klug waren oder nicht, ist eine andere Frage.

Im übrigen hat einer der Halbgötter der Sozialisten, ein szt. führender Sozialdemokrat, Wilhelm Liebknecht, nach welchem in der kommunistischen Welt und solcher, die es werden soll, unzählige Straßen und Plätze benannt sind, den bezeichnenden Ausspruch getan: „Der Sozialismus ist keine Frage der Theorie mehr, sondern einfach eine Machtfrage, die in keinem Parlament, die nur auf der Straße, auf dem Schlachtfeld zu lösen ist, gleich jeder anderen Machtfrage.“ Nach diesem Vorbild wird seit über hundert Jahren das „Schlacht- und Macht“-Lied der sozialistischen Internationale gesungen. Inbrünstig von solchen, die darin ehrlich eine Friedenssehnsucht erblicken, wie mit falschen Tönen von den Verführern, also „Auf zum letzten Gefecht...“. Womit doch ohne jeden Zweifel ein weit schlimmeres Schlachtfeld voll Blut und Eisen propagiert wurde und wird, das des Kampfes Deutsche gegen Deutsche, oder auch heute erneut Europäer gegen Europäer.

„Fast ein halbes Jahrhundert war es der Kunst Bismarcks und den Bemühungen Wilhelms II. gelungen, Deutschland aus jeder kriegerischen Verwicklung herauszuhalten. Das gleiche Säkulum ist dennoch erfüllt von unaufhörlichen Vorwürfen gegen das kriegerische Deutschland.“ (Peter Kleist — Auch DU warst dabei — 1953 Heidelberg)

Dieser Historiker setzt fort: „Befragen wir einmal die nüchternen Zahlen, aber lassen wir auch sie aus fremden, gegnerischen oder neutralen Federn fließen: Nach seiner Untersuchung von zwölf Jahrhunderten bis 1925 gibt Professor P. Sorokin in seinem amerikanischen Geschichtswerk „Social and cultural dynamics" die zeitliche Beteiligung an Kriegen für die führenden Nationen in folgender Aufstellung wieder: Polen verbrachte 58 %, England 56 %, Frankreich 50 %, Rußland 46 %, Holland 44 %, Italien 36 %, Deutschland, einschließlich Preußen 28 % seiner Zeit mit kriegerischen Verwicklungen.

Professor Quincey Wright kommt in seiner „Study of War" für die Periode von 1680—1940 zu einer Gesamtzahl von 287 Kriegen mit folgender Beteiligung: England 28 %, Frankreich 26 %, Spanien 23 %, Rußland 22 %, Österreich 19 %, Türkei 15 %, Polen 11 %, Italien 9 %, Holland 8 %, Deutschland einschließlich Preußen 8 %, Dänemark 7 %.

Robert Ingrim (Anm. aus Österreich stammend, dann US-Bürger, der im Abschn. „Mehr durch den Pflug" ... schon öfter zitiert wurde) zählt in seinem Buch ‚After Hitler Stalin?' seit 1864 weit über dreißig Kriege auf, an denen Deutschland nicht beteiligt war.

Diese Zahlen und Daten sprechen eine ebenso knappe wie markante Sprache." Ende der Zitate von Kleist.

„Das Werk Friedrichs des Großen, das Werk Bismarcks. . ."

Immer wieder gibt es unter einem Wust von Geschichtsverfälschung Blitze der Wahrheit, von Eingeständnis. So schreibt am 1. September 1939 „The Nineteenth Century", London: „Es ist nicht das Werk Hitlers, das vernichtet werden muß; das mag den Deutschen gelassen werden. Sondern es ist das Werk Bismarcks, das Werk Friedrichs des Großen" (Friedrich Lenz — Nie wieder München — Band 1, Heidelberg 1975)

„Die Männer des Widerstandes" aber, die u. a. in einem Bombenattentat gegen Hitler im letzten Augenblick das Schicksal der Deutschen wenden wollen, „suchen den Weg nach draußen. Irgendwo in der westlichen Welt muß es doch noch Oasen der Einsicht und Vernunft geben. Mitten im Rasen blindwütiger Kräfte der Zerstörung muß es doch noch kühle Köpfe geben, die an morgen denken und sich dem Haß des Augenblicks verweigern."

„Die Kundschafter", der Widerständler also, „kommen ohne Ergebnis heim von ihren Reisen." Einem von ihnen hat man draußen gesagt: „Sie müssen sich klar darüber sein, daß dieser Krieg nicht gegen Hitler oder den Nationalsozialismus geht, sondern gegen die Kraft des deutschen Volkes, die man für immer zerschlagen will, gleichgültig, ob sie in den Händen Hitlers oder eines Jesuitenpaters liegt." (Peter Kleist s. o.)

Genau im Sinne dieses eigentlichen Kriegszieles, das Millionen von Deutschen in Vorbereitung und Ausführung längst bekannt war, haben die „Kreuzfahrer, die Soldaten Christi", dann den Staat Preußen 1945 von der Landkarte getilgt. In der Erklärung hieß es: „Preußen sei seit jeher Träger des Militarismus und der Reaktion in Deutschland gewesen."

Dieses schandbare Aushängeschild zur ewigen Schande für die damaligen Schausteller als Waffenbrüder, dazu noch in trautem Verein ihrer drei Religionen. Denn auch der Atheismus wurde ja längst zum Anbeten gezwungen. Das Schild soll nun nach 36 Jahren von Haß, Rache und Aberrache, von eigenen übergroßen Verbrechen erneut gereinigt und aufpoliert werden. Damit weiter verborgen bleibe, daß dieses besudelte Schild der Ausdruck der Gewalt unter Vorspiegelung von Gott und Gottähnlichem war, aber nicht des Völker- und einfachsten Menschenrechtes.

Nun, Gewalt kann wohl Erfolge erzielen, aber wird sie nimmermehr behaupten, und wenn es Jahrhunderte dauert. Welcher Art solche Erfolge bisher waren, erleben wir täglich und empfinden ferner, daß hinter dem schmutzigen Schild immer noch die gleichen Kräfte verderblich wirken.

„Preußen im Zerrspiegel"

Wie kann man das Vorstehende anders auffassen, wenn man unter diesem Titel ... „Bilanz eines mißglückten Versuches" liest. (Friedrich Benninghoven, Ostpreußenblatt 5. 9. 1981.) Nur Weniges läßt sich hier zitieren. Jedweder kann ja im Gesamten nachlesen: „... erklärte Absicht, ausbeutender Gutspatron hier, geknechteter Bauer dort ... Städte und Geistlichkeit fehlen fast ganz, sie paßten nicht recht ins plumpe Schema von Herrschern und Beherrschten ... eine einst lebensvolle Ära wird zur stummen Versteinerung gebracht ... So wurden die Kinderchen gezwungen, den Götzen Militarismus anzubeten ... Noch nicht der Gipfel der Geschmacklosigkeit ... Preußen wird verunziert und isoliert ... Für die Offiziere waren Soldaten nur menschliche ‚Lauf- und Schießmaschinen' ... Unverständlich auch, wie der König mit solchermaßen Versklavten zahlreiche Schlachten gegen einen an Zahl mehrfach überlegenen Gegner gewinnen konnte ... Was ist da eigentlich größer, die Arroganz, mit der hier das Publikum für dumm verkauft wird, oder die Unwissenheit der Schausteller? ... Die Außenpolitik fehlt fast völlig, die Karikaturen, wie könnte es anders sein, überwuchern und werden unerträglich ... Friedrich (Anm. d. Gr.) als Wegbereiter für Heinrich Himmler und die Folgen ... (Anm. da kommt also der Pferdefuß unter dem satanischen Mantel hervor.) Es dröhnen proletarische Kampflieder aus dem Kinoraum. Ein Besucher kommt heraus und berichtet, der Film sei so aufrührend gemacht, daß man auch als Nichtmarxist den Drang verspüre, aufzustehen und mitzusingen ... (Anm. wie vor) Am infamsten ist der weite düstere Legendenraum ... Diese schlechte Ausführung hatte die alte Hauptstadt mit ihrer im Kern tüchtigen Bevölkerung nicht verdient. (Anm. Eben dieser muß noch mehr zerschlagen werden.) ... Die Frage bleibt im Raum, wie dies Ergebnis unter zweckvoller Aufwendung von 10 Millionen DM möglich war." Ende der Zitate.

Nichts auch von der Toleranz, welche schon sehr früh den drei Konfessionen, den Katholiken, Lutheranern und Kalvinisten hohe Achtung bezeigte, während in jedem anderen Staat die Bevölkerung gezwungen war, die jeweilige Konfession ihres Landesherrn anzunehmen. Schon Johann Sigismund, Kurfürst von Brandenburg 1608—1619, bewies solche Toleranz gegen den Zeitgeist mit ethisch-religiös begründeter Einstellung zur Arbeit, Pflicht und Leistung, so daß Preußen mit ohnehin vielen Völkergruppen eine Zuflucht für Verfolgte wurde, wie für Salzburger, Hugenotten und Rheinländer. Das wird weitgehend verschwiegen, oder gar die Bürger und Neubürger Preußens als Sklaven bezeichnet. (s. auch Prof. Gerd Heinrich, Geschichte Preußens, Staat und Dynastie, Frankfurt 1981)

Diese Mächte wühlen nicht nur im Untergrund, vielmehr in aller, der wirksamsten Öffentlichkeit. Dazu ein Beispiel aus der Fernseh-Darbietung vom 7. Dezember 1981 in dem Film „Freunde in Preußen" über Gotthold Ephraim Lessing (1729—1781), der als in Sachsen geborener deutscher Dichter nicht nur Bühnenwerke schuf („Minna von Barnhelm", „Nathan der Weise" u. a.), sondern auch als Kritiker im Streben nach Wahrheit gegen die Überschätzung der französischen Dichtkunst auftrat. Unabhängig davon, ob es geschichtlich wahr ist, daß in dem Film beides seinem Freund Moses Mendelssohn in den Mund gelegt wird, so stellt dieser Film doch ein Paradestück dar, um das Bild Preußens gröblichst zu verzerren, und zwar genau im Sinne des Vorstehenden: „Friedrich den Großen als Wegbereiter für den Judenverfolger Heinrich Himmler und alle Folgen" vorzuspiegeln.

Wenn Moses Mendelssohn mit seiner scharfen Kritik an dem preußischen König wegen dessen Vorliebe für Frankreichs Sprache und Dichtungen Nachteile erleidet, so muß man fragen, in welchem Staat zu jener und noch viel späterer Zeit es sich ein Kritiker hätte herausnehmen dürfen, öffentlich den König wegen persönlicher Allüren herabzusetzen, die zudem im 18. Jahrhundert in Bevorzugung französischer Art gang und gäbe waren? Nein, nur der König von Preußen hatte diese Untugend und Modetorheit. Das wäre belanglos, wenn nicht der Film ganz und gar dahin ausgeartet ist, daß in Preußen die übelste Judenverfolgung, ein schierer Antisemitismus geherrscht habe. Obwohl doch die Geschichte — wiederum aus jenen und noch viel späteren Zeiten — erweist, daß die Juden, natürlich fast nur die kleinen armen Leute, sich noch nicht der vollen Bürgerrechte erfreuen konnten. Diese bewußte agitatorische Einseitigkeit ist also wiederum der Beweis für „Täuschung und Betäubung", für Geschichtsverfälschung, wie man nicht anders empfinden kann, und welche die Mächte immer noch nötig haben, die solche Filme finanzieren und darbieten. Das Prügeln der preußischen Soldaten fehlt natürlich auch nicht.

Die geschichtliche Wahrheit ist doch: „Auch die meisten herumgestoßenen Menschen ihrer Zeit, die Juden (Anm. vor zweihundert Jahren), fanden in den beiden deutschen Großstaaten (Anm. Preußen und Österreich) verhältnismäßig früh Anerkennung und Gleichberechtigung. Nicht von ungefähr lebten in ihren Grenzen so nachmalig prominente Familien wie die Silbermanns, Kohns oder Epsteins. Es war der preußische Staatsrat Christian Wilhelm Dohm, ein Freund des Philosophen Moses Mendelssohn, der vor zweihundert Jahren das Werk „Über die bürgerliche Verbesserung der Juden“ herausgab. Darin tritt er für die Umwandlung der Juden zu Bürgern, zu gleichberechtigten Gliedern einer bürgerlichen Gesellschaft ein.

Christian Wilhelm Dohms Anregungen ist es zu danken, daß seit 1786 eine königliche Regierungskommission ein Emanzipationsgesetz für die Juden beriet. Es trat schließlich 1812 in Kraft... Wie ein führender Judenforscher unserer Tage feststellte, waren Preußen und Österreich die ersten Staaten Mitteleuropas, die den Juden Freiheit und Gleichberechtigung gewährten. Daß aus beiden Ländern später die radikalsten Antisemiten hervorgehen sollten, ist zwar auch historisches Erbe, aber eben nicht die ganze Geschichte.“ (Dr. Alfred Schickel „Preußen und Österreich“ ... Bleibende Lehren aus der Geschichte — Deutschland Journal November 1981.)

Aus welchen Gründen sich dieser Antisemitismus entwickeln mußte, kann hier nicht erörtert, aber allgemein betont werden, daß uns nichts zu einem Pauschalurteil verleiten soll.

Da im erwähnten Ostpreußenblatt von der „Degeneration des Geschichtsbewußtseins“ gesprochen wird, so muß es um so mehr ein Anliegen dieser Schrift sein, den Versuch zu machen, vielleicht einen Teil der um Wahrheit und Gerechtigkeit Betrogenen zum Mitdenken und Mitsprechen zu bewegen, auf Grund von den weiter folgenden Tatsachen aus preußischer und deutscher Geschichte. Nur wenn unser Volk nicht fortgesetzt für dumm verkauft wird, können Friede und Versöhnung gedeihen.

„Von der Natur unverkennbar bestimmt“

Allein die einzigartig ungünstige geographische Lage von Preußen machte es von Anbeginn zur Notwendigkeit, die Verteidigung nicht zu vernachlässigen. Eine Binsenweisheit, die ein Chronist aus der Mitte des vorigen Jahrhunderts mit den klaren Worten ausdrückt:

„Auch ist das Land nicht umsonst bestimmter Grenzen beraubt, gegen Morgen, wie gegen Abend und selbst gegen Mitternacht. Die Bewohner können sich gegen den Neid, die Habsucht und den Übermut fremder Völker auf nichts verlassen, als auf die eigene Kraft. Es gibt für sie keine Sicherheit, als in ihrem festen Zusammenhalten, in ihrer Einigkeit und sittlichen Macht.

Ein solches Land, mit so reichen Gaben, Eigenschaften und Kräften ausgestattet, ist von der Natur unverkennbar bestimmt, ein großes und starkes Volk zu ernähren in Einfalt und Tugend, und eine hohe Bildung des Geistes in diesem Volke durch Übung und Anstrengung zu erzeugen, zu erhalten und zu fördern." (Fr. Hobirke — Wanderungen auf dem Gebiete der Länder- und Völkerkunde als Mittel zu wahrer Volks- und Jugendbildung)

Für „Neid, Habsucht und Übermut fremder Völker" können hier nur wenige Beispiele aufgezeigt werden:

„Um eine Einfallspforte nach Deutschland zu erwerben"

Schon Kardinal Richelieu (1585—1642) bereitete 1629 die Raubkriege Frankreichs durch Wegnahme elsässischer Gebiete mit der Verkündigung vor: „Um eine Einfallspforte nach Deutschland zu erwerben." Nur geringste französische Minderheiten waren im Elsaß ansässig, das seit Urzeiten vom deutschen Stamm der Alemannen bewohnt war, zum Herzogtum Schwaben u. a. gehörte, dann teilweise den Habsburgern. Ludwig XIV., der „Sonnenkönig und Erste Sohn der Kirche" (1643—1715) raubte nicht nur belgische Grenzgebiete und Burgund, riß auch das Elsaß mit Straßburg 1679—1681 an sich und überfiel mitten im Frieden

---

▷

Der Große Kurfürst, Friedrich Wilhelm I. (1620—1688) erteilt Befehle an seine Generale vor der Schlacht bei Fehrbellin am 28. 6. 1675 in Abwehr der schwedischen Einfälle. (Ausschnitt aus einem Gemälde von Wilhelm Camphausen)

Dieser Hohenzoller übernahm eine übergewaltige, nahezu unerträgliche Last nach dem Elend und der Barberei des 30jährigen Krieges. Seine Worte in einem Flugblatt des Jahres 1658 könnten 1945 geschrieben sein:

„Ehrlicher Teutscher! Dein edles Vaterland war leider bey den letzten Kriegen/ unter dem Vorwandt der Religion und Freyheit gar zu jämmerlich zugerichtet/ und an Marck und Bein deromassen außgesogen/ daß von einem so herrlichen corpore schier nichts übrig geblieben/ als das bloße Sceleton./ Wem noch einig teutsch Blut und sein Hertze warm ist/ muß darüber weinen und seufzen! Weme sein Vaterland lieb ist/ muß die unglückliche Zeiten beklagen ... Was sind Rhein/ Weser/ Elbe und Oderstrom nunmehr anders als fremder Nation Gefangene? Was ist deine Freyheit und Religion mehr/ als daß andere damit spielen?"

„Wenn man auf das Werk zurückblickt, das Friedrich Wilhelm in den 46 Jahren seiner Regierung geschaffen hat, so steht man staunend vor der gewaltigen Arbeitsleistung dieses seltenen Mannes." (Ludwig Keller — Friedrich Wilhelm der Große Kurfürst — Deutsche Gedenkhalle)

„Das Begräbnis des Kurfürsten besaß alle Merkmale eines Staatsaktes von internationalem Rang. Ein Zeichen für das gewaltige Prestige, das sowohl der Herrscher als auch Preußen errungen hatten." (Diwald — Geschichte der Deutschen)

im Jahre 1689 die deutsche Pfalz mit selbst für die damalige Zeit unerhörten Grausamkeiten und nie erlebten Bestialitäten und Massenmorden an gänzlich unschuldigen deutschen Zivilisten, ließ die Gräber der alten deutschen Kaiser im Dom zu Speyer leichenfleddern, sowie Kunstschätze in gewaltigem Ausmaße zerstören und plündern. Kein Wunder, daß Frankreich in 12 Jahrhunderten 50 % und Polen 58 % dieser Zeit mit Kriegen verbrachte, gegenüber Deutschland/ Preußen 28 %, um erneut herauszustellen. Auf diese „ruhmreiche" Zeit ist Frankreich heute noch stolz, wie Polen von ähnlichen Kriegsläuften und seiner „Helden" vom „goldenen Zeitalter" spricht, wie im vorigen Abschnitt belegt.

„Frieden" nur zu Lasten Deutschlands

Vom sogenannten westfälischen Frieden 1648/1649, der den 30jährigen Krieg beenden sollte, bekommt man im „Friedenssaal" zu Münster beim Anblick der Bilder von den Gesandten ein Grausen. Denn unser verheertes, entvölkertes, total ausgeplündertes Deutschland wurde noch mehr zerstückelt. Wahrlich, ein Vorläufer des Friedensdiktates von Versailles 1919 und der schieren Gewalt von 1945. Es wurden weite, urdeutsche Gebiete an fremde Völker verschachert und vermauschelt, damit ganz Deutschland auf Jahrhunderte hinaus der blutige Schauplatz für fremde Kriege bliebe und der Kriegsprofit der finanzierenden Kräfte kein Ende nehme. Ohne jede Rücksicht sowohl auf Menschenrechte wie auf wirtschaftliche Vernunft, die zumal in unserem Jahrhundert glasklar war und bleibt: „Wenn Deutschland in Ketten, dann Europa in Lumpen."

Über den Frieden im Jahre 1649 sagt der französische Historiker Rothan: „Der Westfälische Friede, der Frankreich geschaffen und Deutschland besiegt hat." (Hugo Wellems — Von Versailles bis Potsdam — 1871/1945 — Teilvorabdruck Ostpreußenblatt September 1981)

Die Meinung über Preußen wird dagegen dahin manipuliert, daß „es seinen ganzen Aufstieg und die gesamte Entwicklung nur unaufhörlichen Kriegen und Überfällen zu verdanken habe".

Das erste stehende Heer

So hatte Friedrich Wilhelm, Kurfürst von Brandenburg (1620—1688), seine Not mit „Blut und Eisen" gegen Habgier und Übermut fremder Völker mit staatsbedrohenden Situationen nach der unsäglichen Not des 30jährigen Krieges, besonders bei seinen so weit auseinanderliegenden Landesteilen. Daher schuf der Große Kurfürst als erster ein stehendes Heer, womit der „preußische Militarismus fortgesetzt, bestärkt und gerade die Bauern der Mark Brandenburg noch mehr geknechtet wurden", wie die Anwürfe gegen Preußen lauten. Doch über die Landeskinder berichtet Martin Lezius, der in seinem Werk historisch getreu über die Fahnen und Standarten der alten preußischen Armee schreibt: (München 1979) „Von der Fahne der altmärkischen Bauern, die beim Schwedeneinfall von 1675 sich als Landsturm zusammentaten. Ihr Kurfürst konnte nicht helfen, er stand im fernen Elsaß beim Einbruch der Franzosen gegen den Marschall Turenne im Feld. In ihrer Herzenseinfalt wußten die Bauern nichts anderes auf ihre Fahnen zu schreiben, als das, was ihr Herz bewegte: ‚Wir bauern von geringem Guth, dienen unserem Gnädigsten Churfürsten und Herrn mit unserem Bluth.'"

Der Große Kurfürst zog einen Stab von fähigen Beratern heran, auch bürgerlicher Herkunft, sorgte für Erstarkung des Wirtschaftslebens, Gleichheit der Rechtsprechung, genaue Kontrolle der Steuerverwaltung mit Eifer und Erfolg. Wogegen das Volk des „Sonnenkönigs" und seiner Nachfolger durch Willkür und maßlose Verschwendungssucht des Hofes, des Adels, der Geistlichkeit unsäglich geknechtet und in der viel späteren Revolution zu scheußlichen Greueltaten getrieben wurde. Beides aber verursachte Schulden zu Wucherzinsen, worin die Saat für das Gift neuer Raubzüge verborgen war.

Nur eine Stimme gegen Frankreich

Der Große Kurfürst, wie viel zu wenig bekannt ist, leistete dem „Sonnenkönig", in dessen Schacher mit der Deutschen Kaiserkrone harten Widerstand. Nach dem Tod Kaiser Ferdinands III. versuchte der „Erste Sohn der Kirche", welchen Erbtitel alle französischen Könige bezeichnenderweise führten, die deutschen Kurfürsten mit enormen Bestechungsgeldern zu seiner Wahl als Deutscher Kaiser zu gewinnen. Der Kurfürst von Brandenburg aber, dieser bedeutende Hohenzoller, lehnte einen derart üblen Handel ab und entschied mit seiner — der einzigen — Stimme, daß Leopold aus dem Hause Habsburg die Kaiserkrone erhielt. Der Dank des Kaisers für diese mutige, weitsichtige Tat blieb aus, doch die Feindschaft seitens Frankreich wurde verstärkt.

„Soldatenkönig" — personifiziertes „Blut und Eisen"

Friedrich Wilhelm I., bekanntlich mit Zunamen „Soldatenkönig", hatte immer eine schlechte Presse, wie man heute sagen würde. Die Hintergründe seiner öfter harten, unerbittlichen Art bleiben weithin unerwähnt. Wenn auch sein Vater, König Friedrich I., als erster Hohenzoller in dem Symbol der Königskrone seinen Ländern einen nationalen Mittelpunkt geben wollte, wie es alle Nachbarstaaten hatten, so war er doch mit durch seine Prachtliebe sehr in die Krallen solcher Kreise geraten, die seit je oft als heimliche Regierung schwächere Herrscher mit Krediten zu horrenden Zinsen oder gegen besondere Privilegien zudeckten. Soweit das bekannt wurde, wofür die mahlende Steuerschraube schon sorgte, mußte ja Haß beim zahlenden Volk nicht ausbleiben. Namen sollen hier nicht genannt werden. Das kann sich aber der klassische Biograph Friedrichs des Großen, Pierre Gaxottes (Académie française), leisten. (Propyläen, 1938, 1972/1973)

Der erste König in Preußen Friedrich I. (1657—1713), vormals als Kurfürst von Brandenburg, seit 1688, Friedrich III. — Krönung in Königsberg am 18. 1. 1701

„Alle verschiedenen Länder waren damit in dem Namen Preußen zu einer Einheit zusammengefaßt. Für das Hauptziel aber, nämlich für die Zentralisation und die Zusammenfassung aller Kräfte des Staates in einer Hand hatte Friedrich in der Königskrone eins der wirksamsten Mittel erschlossen...“ (Ernst Berner — Deutsche Gedenkhalle)

„Er zeigte für alle ein gütiges Herz. Historiker von Rang billigten dem König zu, daß er in seiner Zeit zum Wachstum des Staates nachhaltig und umsichtig beigetragen habe. Er erwarb sich ein Anrecht auf das dankbare Andenken seiner Nachkommen.“ (Berthold Maack)

Sofort nach der Thronbesteigung schlug Friedrich Wilhelm I. den Kopf dieser Clique zwar nicht ab, verfügte aber die Haft und machte sich allmählich durch Verkauf von Luxusgütern seines Vaters unabhängig. Wobei ihm zustatten kam, daß dieser doch nicht der blinde Verschwender gewesen war, womit er oft bezeichnet wird. Denn er hatte vorausschauend ohne Wissen seiner Geldgeber doch eine Geheimkasse voll kostbarem Schmuck und Bargeld angelegt. Zusammen mit diesem sozusagen humorvollen Zug des Vaters und wahrhaft eiserner, auch persönlicher Sparsamkeit machte sich der „Soldatenkönig" unabhängig und baute vorsorglich eine Armee auf, die sich sehen lassen konnte. Denn er wußte genau, daß gerade dort bittere Feindschaft entsteht, wo das Geld nicht Tür und Tor zu öffnen vermag.

„In einer Zeit, in der der kleinste Fürst Größe mit Verschwendung verwechselte und Kargheit als Armutszeugnis galt, in der barocken Welt des scheinbaren Überflusses war Friedrich Wilhelm eine perverse Erscheinung, einer, den man zum lächerlichen Geizhalz stempeln mußte, wollte man mit ihm innerlich fertig werden. Man übersah bewußt, daß der Geizige die Gehälter seiner Beamten pünktlich zahlte, was sonst nie die Regel gewesen, und auch die Gläubiger befriedigte, die an seines Vaters Tür meist vergeblich gepocht hatten." (S. Fischer-Fabian Preußens Gloria — Der Aufstieg eines Staates — Locarno 1979)

Wo Unbestechlichkeit herrscht, und der Kernsatz des Soldatenkönigs eisern befolgt wird „... gebet nicht mehr aus als Ihr einzunehmen habet, alsdann werdet Ihr sehen, wie florissant daß Eure Finanzen sich befinden werden".

„Die Ebbe in der Staatskasse ist oft die peinliche Voraussetzung staatlicher Ohnmacht und dadurch wiederum die Ursache der folgenden noch weit größeren Verarmung und Verschuldung." (x)

Ja, das waren noch Zeiten, so könnte man sagen, wenn auch mit Galgenhumor und bewußt des hinkenden Vergleiches. Als ein nationaler Mittelpunkt, eine Krone gar, ein wohlgefüllter Geheimtresor hinterlassen und nicht nach fernen Plänen zerstört wurden. Der Teufel würde sich um Wählerstimmen gekümmert, die in späteren Zeiten nur mit Streusand zu betören waren. Mit Unsummen, weniger noch um Linderung von Not als Leistungswillen und -Fähigkeit zu schwächen. Ein Sand, den hohnlachende Dritte gerade richtig zur Verkleisterung von Augen und Ohren halten und überdies Kind und Kindeskind mit Zins- und Zinseszins knechten. Wie Goethe sagte, in Frankfurt mußte er es ja wissen, also von dem Zustand der Unordnung, der Verführung zur Verschuldung, des Lebens über die Verhältnisse: „Denn dieses schlaue Volk sieht einen Weg nur offen/solang die Ordnung steht, hat's nichts zu hoffen."

Der Soldatenkönig muß das alles erkannt haben. Jedenfalls legte er den preußischen Beamten eiserne Pflichterfüllung und Redlichkeit auf. Die Majestät lebte vor, was er in einer Dienstanweisung vom Jahre 1713 an seine oberste Staatsbehörde verfügte:

Friedrich Wilhelm I. (1688—1740), König von Preußen

Der „Soldatenkönig", welcher seinem Großvater, dem Großen Kurfürsten, mit Kraft und Leidenschaft nacheiferte, um inmitten drohender Nachbarn eine schlagkräftige, stehende Armee zu behalten und zu verstärken, doch keinen einzigen Krieg führte! Er hatte den „Mut zur kleinsten Sache", wie ein Historiker schrieb, sein „Vorher-Denken mit tatkräftigem Handeln, genauen Vorbereitungen in allen Einzelheiten, mit Pünktlichkeit und Präzision in Ausführung des Dienstes" lebte Friedrich Wilhelm I. vor. „Es war die bittere Erkenntnis von den Unzulänglichkeiten und Schwächen der Regierungsweise seines Vaters."

In Einfachheit und Sparsamkeit für sich selbst, seine Familie, den Hof und die Beamtenschaft war dieser König Vorbild mit seinen in die Wirklichkeit umgesetzten Wahlsprüchen:

„... gebet nicht mehr aus als ihr einzunehmen habet..."

„... Lieber mit Honneur-Ehre — nichts haben als mit Deshonneur-Unehre — in gutem Stande sein."

Kein Wunder, daß solches Preußentum durch nunmehr über zwei Jahrhunderte als „preußischer Militarismus" von jenen Mächten und ihnen nahestehenden Parteien bekämpft wird, deren Weizen nur durch übermäßige Staatsverschuldung gedeiht.

„Des Sommers soll sich das General-Direktorium des Morgens um sieben Uhr, des Winters um acht versammeln. Sie sollen nicht eher auseinandergehen, bis alle und jede Sache abgetan worden, damit nicht ein Zettel übrig bleibe.“ (Dietrich W. Thielenhaus — Zeitschrift „Romerike Berge“ 1980/3)

Thielenhaus schreibt dazu: „Für heutige Bürokraten scheint die Effektivität dieser Einrichtungen einer vergangenen Epoche hinsichtlich einer zügigen Bearbeitung, einer sachgerechten Entscheidung und einer reibungslosen Abwicklung unerreichbar zu sein. An dem Eingeständnis werden auch jene kaum vorbeikommen, die ansonsten die für die ehemalige Leistungsfähigkeit ursächlichen wie charakteristischen Prinzipien preußischer Herkunft verabscheuen wie der Teufel das Weihwasser. Von der unvergleichlichen zeitlosen Einstellung gegenüber dem Gemeinwesen zeugt auch die Selbsteinschätzung einer Monarchie, die den Regenten als erster Diener des Staates verstand.“

Zwei französische Historiker geben der Wahrheit die Ehre: Pierre Gaxotte betont „eine Reihe von Tugenden, die Achtung erzwingen: Offenheit, Rechtschaffenheit, Abscheu vor Hinterlist und Angeberei, treue Pflichterfüllung seiner hausväterlichen Pflichten, vor allem Liebe zu seinem Vaterland und die Aufopferung für das Gemeinwohl.“

Für den französischen Historiker Ernest Lavisse war der König von Preußen ein ideales Wesen, dem er, Friedrich Wilhelm, als erster Diener untertan war.“
So war es auch eine fortschrittliche, ja, im Vergleich zu damaliger Zeit unerhörte Haltung von Friedrich Wilhelm I., daß er — wie schon der Große Kurfürst — das Prinzip des feudalen Zeitalters durchbrach, wonach der Adel steuerfrei und zum Offizier allein der Adlige geboren sei.

Und wenn der Soldatenkönig von einer gewissen Geschichtsschreibung auch als Vater ausschließlich als brutaler Tyrann dargestellt wird, so wird kaum erwähnt, daß sein Sohn und Nachfolger, Friedrich der Große, in vielen Jugendjahren absolut kein Unschuldslamm war und den Vater oft bis zur Weißglut reizte. Wie wenig

---

▷

Wappen des Preußischen Staates seit 1744

„Die Besiedelung der Ostmark erfolgte einst durch Deutsche aller Stämme, das Gesetz, nach dem sie angetreten, war der Ordensgeist. Der preußische Staat, spät entstanden, hatte offene kontinentale Grenzen, und diese Grenzen waren immer bedroht. Für die Existenz dieses Staates war darum Bereitschaft nötig; der Bereitschaftszustand kennt nur Befehl und Gehorsam. Dauert er lange an, so bildet er einen Menschenschlag aus, der in seinen besten Vertretern pflicht- und verantwortungstreu, schlicht, streng, zuchtvoll und verhalten ist.“ (Carl Jakob Burckhardt, geb. 1891, schweiz. Historiker und Diplomat)

„Wohltat des Staates (Preußen), die darin besteht, daß er der Hort des Rechtes ist.“ (Jakob Burckhard, 1818—1897 — Weltgeschichtliche Betrachtungen — schweiz. Kultur- und Kunsthistoriker)

„Preußen mit seiner nüchternen realen Politik war der geborene Feind der verrotteten Zustände im alten Reiche“ (Gustav Dickhuth — Deutsche Gedenkhalle)

Königl. Preussisches und Churfürstl.
Brandenb. Wappen.

aber wird von dem guten Ende zwischen Vater und Sohn berichtet. Kronprinz Friedrich sagte: „Mein Vater ist groß", und der alte Soldatenkönig sprach aus: „Thuet mir Gott viel Gnade, daß er mir einen so würdigen Sohn gegeben."

Ferner werden überhaupt die Hohenzollern, die preußischen Herrscher, nicht oder kaum in Vergleich zu den Fürsten ihrer Zeit gesetzt. Etwa in dem Nachbarstaat Frankreich, in England und Rußland. Wo so viele Verhältnisse an den Höfen verrottet, ja selbst nach damaligen Maßstäben verbrecherisch waren.

So mußte der Soldatenkönig für mich förmlich zu einer der Lieblingsgestalten der preußischen Geschichte werden, obwohl oder gerade weil er saugrob werden konnte, wo es nötig oder auch einmal unnötig war. Keinen einzigen Krieg führte der Soldatenkönig, und mit seinem Namen ist kein „Blut und Eisen" verbunden.

„Er ist unermüdlich... arbeitet ohne Unterlaß..."

König Friedrich II. eiferte seinem Vater nach: „Keine Mogeleien! Keine Durchstechereien mit den Kaufleuten! Ich mache darauf aufmerksam, daß ich das nicht durchgehen lassen werde!" Die Zahl der Feindschaften, die sich allein dadurch ergaben, liegen auf jeder offenen bzw. versteckt geschlossenen Hand.

„Die Größe und Vielfältigkeit der ihm obliegenden Aufgaben beglückt ihn ... Er ist unermüdlich, steht beim Morgengrauen auf, arbeitet ohne Unterlaß, empfängt, schreibt Hunderte von Briefen, hält Musterungen ab, ruft eine Zeitung ins Leben, ernennt Botschafter, gründet den Orden „Pour le Mérite", ernennt einen Feldmarschall ... und beklagt sich noch, daß die Tage um 24 Stunden zu kurz sind.

Schlag auf Schlag erscheinen die Kabinettsordres, geeignet, einen Philosophen in den siebenten Himmel zu versetzen: Abschaffung der Tortur, Abschaffung des geistlichen Dispenses bei Heiraten zwischen entfernten Verwandten, Aufhebung des Bauzwanges, der so viele Berliner ruinierte, Verbot der Rekruten-Plackereien, Strafmilderung für Kindesmörderinnen, Errichtung eines Departements für Handel und Manufakturen im Generaldirektorium, Erlaubnis für Landbewohner, ihr Bier zum Familiengebrauch selbst zu brauen, eine feierliche Erklärung, daß in den Ländern des Königs von Preußen jeder nach seiner Fasson selig werden kann. Wolff wird aus der Verbannung zurückgerufen und nimmt triumphierend wieder auf seinem Lehrstuhl Platz.
Die Akademie wird erneuert ... Eine Operntruppe wird zusammengestellt ... in Paris eine Schauspieltruppe angeworben ... Das Regiment der Riesen (Anm. Die langen Kerls seines Vaters) defiliert bei der Beisetzung des verstorbenen Königs ein letztes Mal und wird dann auf ein Bataillon herabgesetzt ... Pressefreiheit wird angeordnet ... Es ist an der Zeit, gibt er Voltaire zu verstehen, daß an die Stelle der Abbés und Kardinäle, die so lange Frankreich und Spanien unter ihrer

Friedrich II. — der Große — als junger König. (Nach einem Gemälde von Antoine Pesne, aus Zdenko von Krafft „Maria Theresia" Berlin 1918)
„Er ist unermüdlich, steht beim Morgengrauen auf, arbeitet ohne Unterlaß ... Schlag auf Schlag erscheinen die Kabinettsordres, geeignet, einen Philosophen in den siebenten Himmel zu versetzen: Abschaffung der Tortur, ... Verbot der Rekruten-Plackereien ... Errichtung eines Departements für Handel und Manufakturen ... eine feierliche Erklärung, daß in den Ländern des Königs von Preußen jender nach seiner Fasson selig werden kann ..." Die Akademie wird erneuert ... Er verbat sich alle die unnützen und eitlen Zeremonien ..."

Fuchtel hielten, neue Lenker der Gewissen treten, die sich zu freiem Denken bekennen und die Herrschaft der Aufklärung errichten...

Im Juli machte sich Friedrich nach Ostpreußen auf, um die Huldigung entgegenzunehmen... Über die Straßen, auf denen sein Großvater mit zweihundert Karossen und Frachtwagen einhergezogen war, fuhr Friedrich in drei Kutschen... Er verbat sich alle die unnützen und eitlen Zeremonien..." (Pierre Gaxotte)

Das Werk von Gaxotte wird im übrigen als ein Höhepunkt französischer Historiographie bezeichnet. Für ihn ist „Friedrich der Große einer jener Männer der Weltgeschichte, deren Wirken nicht nur dem Land ihrer Geburt, sondern auch den Nachbarländern und sogar mehr als einem Kontinent tiefe Spuren der Veränderung eingeprägt hat. Mit beispielloser Energie führte der König sein kleines Land unter die einflußreichsten Europas".

Gaxotte hebt hervor, „daß die Erfolge Friedrichs des Großen nur mittelbar auf seinen Schlachtensiegen beruhen; die Größe seines Staates stützt sich vor allem auf eine wohlorganisierte Verwaltung sowie geregelte wirtschaftliche und soziale Verhältnisse. Denn der Absolutismus des Königs war der am wenigsten willkürliche und der aufgeklärteste in ganz Europa. Kaum ein Herrscher wie er hat es verstanden, die unumschränkte Gewalt des Souveräns als Garantie für das Recht von Staat und Untertanen zu betrachten".

„... Zum Angriff reizen..."

Schon der Soldatenkönig hatte seine Not mit den österreichischen Machtansprüchen und wurde vom Wiener Hof entgegen der Verträge im Stich gelassen, trotzdem er mit Wien gegen England gehalten hatte. So saß er dann zwischen zwei Stühlen, was bereits für den Kronprinzen eine gute Erfahrung bedeutet hatte.

„Das Gewicht der englischen Guinee war nicht so stark wie der Haß der Kaiserin und ihres Ministers gegen Friedrich, und wie die Bestechungen, die von österreichischer Seite angewandt wurden... Der Seekrieg zwischen England und Frankreich war inzwischen ausgebrochen. Gleichzeitig wurden große Rüstungen in der Nähe der preußischen Grenzen vorgenommen. In Böhmen wurden ungewöhnlich große Massen von Truppen zusammengezogen, Magazine angelegt und andere Einrichtungen getroffen, die nur bei kriegerischen Unternehmungen stattfinden. In Livland sammelte sich ein bedeutendes russisches Heer. Friedrich wußte durch jene geheime Kanäle, daß diese Rüstungen nur ihm gelten sollten, daß sie zwar noch nicht so weit gediehen waren, um einen Angriff noch in diesem Jahre stattfinden zu lassen, daß sie aber bedeutend, namentlich durch ein großes Heer in dem noch ungerüsteten Sachsen, vermehrt werden sollten, und daß die Feinde nichts weiter wünschten, als ihn zum Angriffe zu reizen, damit sie den Schein des Rechts auf ihrer Seite hätten."

„Seine eigenen Anstalten waren so, daß er jeden Augenblick zum Kriege fertig sein konnte; es stand bei ihm, seinen Gegnern unverzüglich zuvorzukommen, aber er wollte wenigstens das letzte Mittel zur Erhaltung des Friedens anwenden.“

Friedrich erbat drei Mal eine offene Erklärung über den Zweck der Rüstungen, deren letzte „auf eine ungestüme, schnöde und stolze Art ganz abgeschlagen wurde. Friedrich betrachtete diese dreimalige Weigerung als eine Kriegserklärung und beschloß, die Frist des Jahres noch schnell zu benutzen, damit die Gegner ihn nicht mit überlegener Kraft überfallen möchten“. (Kugler/Menzel — Geschichte Friedrichs des Großen — Köln)

In einem Brief an seinen Freund, Marquis d'Argens, schrieb Friedrich der Große (wie vor):

„Jetzt, um zu enden meine Pein, Gleich jenen Armen, die im Kerker schmachten, Die ihrem grausen Schicksal, ihren Henkern Trotz bietend, kühnen Muts die Ketten brechen; Zerreiß' auch ich — nicht sorg ich ob des Mittels! — Das unglücksvolle, feingewebte Band, Das allzulange schon an diesem Leib, Den gramzernagten, meinen Geist gefesselt.“

An seinen früheren Freund, den französischen Philosophen Voltaire, der sich der Darstellung der Gegner angeschlossen hatte, schrieb Friedrich:

„Doch ich, umdräuet von Verderben, Muß kühn dem Sturm entgegenziehn, Als König denken, leben, sterben!“

„Ich will nicht der Spielball zwischen Ost und West sein ...“

„Man muß uns das Recht zugestehen, Freiheit zur Entwicklung zu haben.“ Diese Worte von Friedrich dem Großen sind zeitlos, wie gleichfalls die Handlungen der Gegner „für sich selbst den Schein des Rechts zu wahren!“ Über den Vorwurf eines Angriffskrieges durch den Einmarsch in Schlesien sagte der König ganz offen:

„Ja, ich habe den Augenblick gewählt, in dem ich Aussicht auf Erfolg hatte, das war meine Pflicht, meinem Staat und meinem Volk gegenüber ... Wenn sich unsere Interessen ändern, müssen sich unsere Allianzen mit ihnen ändern. Unser Amt ist, über dem Glück unserer Völker zu wachen, sobald wir für sie in einer Allianz eine Gefahr sehen, müssen wir dieselbe brechen. Hierin opfert sich der Fürst für das Wohl seiner Untertanen. Diejenigen, welche diese Handlungsweise so hart verdammen, betrachten das gegebene Wort als etwas Heiliges. Sie haben recht, und ich denke wie sie, soweit es sich um den Einzelnen handelt. Der Fürst dagegen setzt durch sein Wort das Glück aller auf das Spiel; es ist also besser, daß er seinen Vertrag breche, als daß ein Volk zugrunde gehe.“ (wie vor)

Neben der Tatsache, daß Österreich im Begriff war, selbst loszuschlagen, konnte

Friderizianisches Kanonen-Emblem (ehem. Zeughaus in Berlin), bedeutete den Grundsatz, daß der Krieg nur als letztes, äußerstes Mittel galt, wenn für Wahrung der Lebensrechte des Volkes allein noch die Kanonen, die Waffen sprechen mußten.

sich Preußen auf gewisse Erbansprüche für einige schlesische Fürstentümer stützen.

Fast die ganze Welt hatte im Verlauf der Auseinandersetzungen Preußen den Krieg erklärt, Frankreich, Rußland, Österreich, Polen, das Reich, Schweden. Bis zum letzten Augenblick galt Preußen als Verlierer; es wurde also gute Beute erwartet. Somit ist klar, warum Preußen längst wieder ein Kritikum ersten Ranges für diejenigen Mächte ist, die für sich selbstverständlich in Anspruch nehmen, „Freiheit zur Entwicklung" zu haben, aber andere Völker ob gleicher Lebens- und Rechtsansprüche in die tiefste Hölle verdammen.

Gerade auch in der Politik wird zu oft Wasser gepredigt, doch selbst Wein getrunken. Die Geschichte Frankreichs, Englands, Rußlands, Spaniens, der USA besteht fast nur aus Angriffskriegen, wie ganz ungeniert sogar deren Schulbücher aussagen.

Die Völker selbst hatten damals wie später bekanntlich weder etwas zu sagen, noch Beurteilungsvermögen oder gar die geringste Macht, einen Widerstand zu leisten, der im übrigen sich zugunsten der jeweiligen Feinde ausgewirkt hätte.

Diese an sich so einleuchtenden Tatsachen können nicht oft genug für unsere jüngeren Generationen wiederholt werden, die förmlich darauf gedrillt wird, nur durch das Schlüsselloch der eisern verschlossenen Tür der Geschichte ihres Volkes auf die kaiserliche Krone und den braunen Punkt zu glotzen. Damit nur der „Slogan" der Tugendwächter erhalten bleibe: „Preußen hat immer schon die Welt angezündet und Deutschland in diesem, dem 20. Jahrhundert, zweimal."

„... systematisch den ewigen Krieg aufrechterhalten ..."

England tat damals schon das, was es so oft vor- und nachher in seiner blutigen Geschichte getan hatte. „Aus nackter Gier", schreibt Joachim Fernau in seinem Deutschland-Buch, „unter dem Deckmantel des europäischen Gleichgewichts hatten sie sich bald auf diese, bald auf jene Seite geschlagen und systematisch den ewigen Krieg auf dem europäischen Festland aufrechterhalten."

Das wohl lebendigste und in den Gründungs- und Staatsakten der heutigen Weltmacht USA auf ewige Zeit verankerte Beispiel bietet die Unabhängigkeitserklärung der Vereinigten Staaten von Nordamerika vom 4. Juli 1776, also zehn Jahre vor dem Tod von Friedrich dem Großen, der bereits an die dreißig Jahre reine Friedensarbeit hinter sich hatte. Die in der Erklärung genannten Tatsachen liefern mit den Beweis dafür, daß es nichts, aber auch gar nichts an derartigen Verbrechen je gegeben hat, wie sie Großbritannien verübte, aber Preußen, Deutschland angelastet werden. In jeder wissenschaftlichen Bibliothek kann man die Unabhängigkeitserklärung in vollem Wortlaut nachlesen. — hier einige Auszüge:

„... Die Regierungszeit des gegenwärtigen Königs von Großbritannien ist von unentwegtem Unrecht und ständigen Übergriffen gekennzeichnet, die alle auf die Errichtung einer absoluten Tyrannei über die Staaten abzielen...

Er hat Gesetzen seine Zustimmung verweigert, die für das Wohl der Allgemeinheit äußerst nützlich und notwendig sind. ... Er hat unsere Meere geplündert, unsere Küsten verheert, unsere Städte niedergebrannt und unsere Mitbürger getötet...

Er schafft gerade jetzt große Heere fremder Söldner heran, um das Werk des Todes, der Verheerung und der Tyrannei zu vollenden, das er bereits mit Grausamkeit und Treuebrüchen begonnen hat, die ihresgleichen kaum in den barbarischsten zu finden und des Oberhaupts einer zivilisierten Nation völlig unwürdig sind.

Er hat unsere auf hoher See gefangengenommenen Mitbürger gezwungen, die Waffen gegen ihr Land zu erheben, um zu Henkern an ihren Freunden und Brüdern zu werden oder selbst in deren Hände zu fallen.

Er hat im Innern Aufstände in unserer Mitte angezettelt und versucht, unseren Grenzbewohnern die erbarmungslosen indianischen Wilden aufzuhetzen..."

Dieser König, der „Er" war Georg III. (1738—1820), König von Großbritannien und Kurfürst von Hannover (1760—1820), gilt heute noch in der britischen Geschichte als „Hochachtbarer Monarch", allenfalls als „headstrong", als starrsinnig.

Eine Tatsache in der USA-Unabhängigkeitserklärung von 1776 aber muß man als Vorläufer solcher Methoden ansehen, mit denen in unseren Zeiten ganze Völker schamlos ausgenutzt werden, zumal solche, denen die Beseitigung eines Ausbeutertums am lautesten verkündet wird:

„Er hat eine Unzahl neuer Behörden geschaffen und Schwärme von Beamten hierher gesandt, um unser Volk zu drangsalieren und seine Substanz aufzuzehren."

Auch seitens der katholischen Macht in Wien war schon im Jahre 1741 das geschehen, was heute noch erbittert an Angriffs- und Raubkriegen Preußen vorgeworfen wird. Österreichische Truppen waren weit in Bayern eingerückt, hatten München erobert und drangen nach der Eroberung ganz Bayerns bis an den Rhein vor. Noch mehr, denn nach dem 7jährigen Krieg überfiel mitten im Frieden, 1778, der Sohn und Mitregent von Kaiserin Maria Theresia, Joseph II., Bayern, um einen Teil zu erobern.

Dies forderte Friedrich den Großen erneut zu Gegenmaßnahmen heraus. Obwohl Joseph nach dem Tod des kinderlosen bayrischen Kurfürsten Erbansprüche geltend machte, so beschwor doch die Kaiserin ihren Sohn, „das Recht sei doch nicht auf ihrer Seite. Kein Opfer ist zu groß, um dieses Unheil rechtzeitig zu verhüten. Ich werde mich gern zu allem hergeben, selbst um den Preis meines Namens, man mag mich für verrückt halten, für schwächlich und feige". Die große Kaiserin tat noch mehr. Sie überwand ihren Stolz, schickte ohne Wissen ihres Sohnes einen eigenhändig geschriebenen Brief an Friedrich dem Großen mit der Bitte um Frieden: „Zum Heile aller Menschen, zum Segen unserer beider Familien." (S. Fischer-Fabian) So wurde auch durch das Einlenken des preußischen Königs neues Unheil vermieden.

Überhaupt war es damals noch möglich, daß ein Gegner gewürdigt wurde, was Friedrich der Große gegenüber der Kaiserin Maria Theresia u. a. mit den Worten tat: „Sie hat dem Thron Ehre gemacht und ihrem Geschlecht. Ich habe mit ihr Krieg geführt, aber ich war nie ihr Feind."

Preußische Armee: „ein zusammengewürfelter Haufen Gesindel"

Selbst namhafte und in mancher Hinsicht sonst sachliche Historiker beurteilen das Heer Friedrich des Großen fast nur einseitig und negativ. Der Engländer Christopher Duffy schreibt in seinem Buch „Friedrich der Große und seine Armee" von einem Zusammenhalt nur durch Furcht und Zwang, nicht durch innere Führung. Das ist noch gelinde ausgedrückt. Wie schon erwähnt, wird das allgemeine Bild Preußens weder aus den jeweiligen Zeitumständen beurteilt, noch gerade die friderizianische Armee in Vergleich zu sonstigen europäischen Heeren gesetzt.

So wird der unbefangene, jüngere, heute oft geschichtsunkundige Leser zu dem Glauben gebracht, die preußischen Soldaten seien nur „Sauhaufen" gewesen. Einen Ausdruck, den wir Älteren und Alten aus den fast zur Selbstverständlichkeit gewordenen Beschimpfungen seit Ende des Zweiten Weltkrieges allzu gut kennen. Immerhin brauchte doch die gesamte Welt an die fünf Jahre, um uns „Sauhaufen" zu besiegen. Noch nicht einmal nur mit militärischen Mitteln oder mit einer maßlosen Propaganda, sondern auch mit allerbrutalstem Bombenterror gegen die Zivilbevölkerung. Bei der in den letzten Kriegstagen noch in Dresden mehr Menschen umkamen, als durch die Atombombe bei Hiroshima und mehr, als in England während des ganzen Luftkrieges.

Daher möchte nach der Art dieser Schrift kurz die Einblendung in das Ende des Zweiten Weltkrieges fortgesetzt werden, und zwar mit einem Zitat vom 9. Mai 1945. Diese unvergänglichen Feststellungen gingen allen Deutschen zu Herzen und werden zeitlos bleiben. Eben jener Deutschen oder den sogenannten, die nicht ihren Mantel flugs in den neuen Wind hängten.

„Die einmalige Leistung von Front und Heimat wird in einem späteren gerechten Urteil der Geschichte ihre endgültige Würdigung finden. Den Leistungen und Opfern der deutschen Soldaten zu Lande, zu Wasser und in der Luft wird auch der Gegner die Achtung nicht versagen. Jeder Soldat kann deshalb die Waffe aufrecht und stolz aus der Hand legen und in den schwersten Stunden unserer Geschichte tapfer und zuversichtlich an die Arbeit gehen für das ewige Leben unseres Volkes.“ (Letzter Wehrmachtsbericht vom 9. Mai 1945)

Die römischen Geschichtsschreiber lobten noch die besiegten Gegner, wie den Heldenmut Hannibals und seines Söldnerheeres. Sie hielten es für ehren- und würdevoller, einen tapferen Gegner vor den römischen Legionen gesehen zu haben und hielten sogar ihrem Volk im unterlegenen Feind Beispiele von Manneszucht und Tatkraft vor. Von den germanischen Völkern, auch von den Indianern Nordamerikas u. a. gar nicht zu reden, denen überhaupt ein Sieg nur etwas galt, wenn dieser weder mit Übermacht noch gegen einen schimpflichen Gegner erzielt wurde.

Im übrigen weiß jedermann um die Binsenwahrheit, daß eben für Soldaten aller Nationen seit je der eiserne Befehl gegolten hat: „Soldaten! Für euch gibt es nur eine Pflicht: Gehorsam. Nur ein Verbrechen: Ungehorsam.“ Jeder Befehlshaber, der sich nicht selbst aufgeben wollte, mußte auf diesem Grundsatz bestehen.

Was wäre, um beim Zweiten Weltkrieg noch an dieser Stelle kurz zu bleiben, in der US-Armee z. B. geschehen, wenn ein Soldat desertiert, den Eid gebrochen, Verrat verübt, Befehle verweigert hätte? Etwa mit der tatsächlich stichhaltigen Begründung, weil an die 84 % des amerikanischen Volkes nachweisbar gegen die Beteiligung der USA am Krieg in Europa gewesen war. Doch nur: Kriegsgericht-Standgericht. Oder gleicherart mit amerikanischen Bürgern, Zivilisten, welche der Propaganda des Feindes Folge geleistet oder sich daran beteiligt hätten?

Zurück zu Preußen: preußische „Fuchtel“

Dieser Begriff, die Fuchtel, der Stock wurde und wird sozusagen zu einem Sprichwort manipuliert. Wobei man verschweigt, daß noch bald ein Jahrhundert nach der friderizianischen Zeit der Stock in sonstigen europäischen Armeen eine ganz harte Rolle spielte. Das belehrendste Beispiel bietet die britische Kriegsmarine. Die Mannschaften wurden gepreßt, d. h. wahllos in Kneipen, auf Straßen und Arbeitsplätzen aufgegriffen, sogar von eigenen Handelsschiffen, und mit Gewalt an Bord der Kriegsschiffe verschleppt. Bei kärglichstem Proviant, größter Gefahr für Leib und Leben, ohne Rücksicht auf etwa vorhandene Familien, ohne Unterstützung bei eintretender Invilidität wurden mit härtesten Strafen Disziplin und Kampfkraft erzwungen. Auch mit derartigen „Blut und Eisen“ hat Großbritannien seine Weltmacht aufgebaut.

Dagegen war der preußische Korporalstock sozusagen von pastoraler Sanftheit, um etwas zu übertreiben. Wie überall, so kamen auch bei den Preußen Übergriffe vor, auch da und dort rüde Methoden bei der Rekrutenwerbung, wie aus unserem westfälischen Stammland, der Grafschaft Mark, noch erinnerlich. Doch von den typisch friderizianischen Offizieren und Unterführern wird allermeist verschwie-

Friedrich der Große in der Schlacht bei Zorndorf gegen die Russen am 25. 8. 1758

Der König ergriff die Fahne des Regiments Bülow mit den Worten: „Auf, Kinder, folget mir, nicht aus Liebe zu mir, aber für Gott und Vaterland!" (Ausschnitt aus einem Gemälde von Karl Röchling) gen, daß sie ihre Rekruten, das „Gesindel“, doch weitgehendst zu richtigen preußischen Soldaten erzogen und gedrillt haben, wenn auch mit zeitüblicher Strenge. Der Brite Christopher Duffy spricht zwar von einem „grausamen, bedrückenden Alltag“, ist aber doch so ehrlich hinzuzufügen, „daß dieser in anderen Ländern nicht besser, manchmal sogar schlechter war“.

Wie das „Zerrbild von Preußen ... mit einer Arroganz, mit der das Publikum für dumm verkauft wird“, von langer Hand vorbereitet wurde, zeigte u. a. der den Deutschen, auch jenseits der Mauer, vorgegaukelte Film am 1. 6. 1980 zum 200. Geburtstag des preußischen Generals, Gelehrten und Philosophen Carl von Clausewitz. Neben wenigen positiven Aspekten wurde das Verprügeln preußischer Rekruten herausgestellt und verkündet, daß das preußische Offizierkorps nur aus Junkern bestanden habe, deren Soldaten ihre eigenen Leibeigenen und landfremde Söldner waren. Verschwiegen wurde u. a., daß zuerst Preußen die Leibeigenschaft abgeschafft hat, daß es überhaupt in vielen Ländern Preußens keine eigentliche Leibeigenschaft gegeben hat. Die jeweiligen Zeitverhältnisse wurden und werden wie immer unterschlagen, also die allgemein übliche Autorität der Erziehenden. Der Vater prügelte die Kinder, die Meister die Lehrlinge und nicht zuletzt die Seelenhirten die jungen Schäflein.

Ferner wurde in diesem Flimmerbild erneut von der „Annexion“ von Elsaß-Lothringen gesprochen, obwohl es sich nach geschichtlicher Wahrheit jeweils immer um die Wiedergewinnung zum Reich gehörender Länder handelte. Jeder Staat blieb bemüht, sein ursprüngliches Eigentum zurück zu erhalten.

Wo gerade vom Stock gesprochen wird, so ist hinzuzufügen, daß man sich die Zeiten eines Erziehens durch den Stock, die allzu starke Autorität sicherlich nicht zurückwünschen kann, obwohl mehr und vorbildliche Autorität teilweise dringendst nötig wären, wie wir alle erleben. Ehm Welk, der so meisterhaft seinen Lebensweg durch preußische Zeiten als Bauer und Handwerker schildert, drückte es treffend und sinnbildhaft aus:

„Das meiste Wissen von der wirklichen Erdkunde (Anm. Lebenskunde) erfahren die Menschen jedenfalls noch immer durch den Stock. Das fängt mit dem Rohrstock an und hört mit dem Krückstock auf. Zwischendurch liegen dann die Knüppel, die einem das Leben oder die Menschen zwischen die Beine schmeißen. Wohl dem, der sie aufnimmt und als Wanderstock verbraucht.“

Also diese Knüppel müssen wir Westdeutsche uns bestimmt in gewissem Maße zurückwünschen. Längst schon angesichts einer häufig angewendeten, übersozialen staatlichen Haltung, welche den Jungen angeblich fast alle Knüppel aus dem Weg räumen will. Doch nur, um Wählerstimmen zu gewinnen und zu erhalten. Ohne die naturgesetzlichen Folgen wahrhaben zu wollen, daß erfahrungsgemäß nur Knüppel, nur Schwierigkeiten die Menschen stählen und fähig machen, Belastungen zu ertragen.

Gerade das aber, die Menschen für den allgemeinen Lebenskampf zu ertüchtigen, nicht nur für das hin und wieder notwendige „Blut und Eisen", brachten seit je die preußischen Offiziere in einer Weise fertig, die ihnen bis heute die Verleumdung durch alle Gegner bescherte. Der erwähnte britische Historiker Christopher Duffy beurteilt den preußischen Offizier „als weit sympathischer und komplizierter, als er heute allgemein gesehen wird". Natürlich gab es wie überall auch rohe Naturen. Doch allermeist waren es redliche Patrioten mit gutem Soldatengeist, wie die Geschichte belegt. Denen es gerade zur Zeit Friedrichs des Großen in vielen Kriegsjahren immer wieder gelungen ist, Landeskinder und Landesfremde „auf Vordermann" zu bringen, ihnen aber gleichwohl den Geist des Königs, des Todesmutes und der ungebrochenen Kampfmoral einzuimpfen.
„Der große unsterbliche König Friedrich II. siegte in den beiden ersten Schlesischen Kriegen weniger durch die Talente eines großen Generals als durch seinen Unternehmungsgeist und die Stärke des Charakters. Nur den einzigen Sieg bei Hohenfriedberg hatte er dem Genie zu verdanken. Selbst im Siebenjährigen Krieg hat das Glück und sein fester Entschluß zu siegen oder zu sterben (das Gift in seiner Tasche), einen größeren Anteil an dem glücklichen Ausgang gehabt als die Talente eines großen Generals. Jene Eigenschaften machten ihm nicht weniger Ehre als diese. Sein Geist ging auf die Armee über und setzte sie in jene hohe Stimmung, in der sie nun zu großen Taten keiner fremden Einwirkung bedurften." (Reformdenkschrift Gerhard von Scharnhorsts vom April 1806; aus Diwald, Geschichte der Deutschen.)
„Jeder Prinz des preußischen Hauses mußte dienen und Offizier werden, wie der Sohn des armen Edelmannes ... In der Schlacht bei Mollwitz waren zehn Prinzen des königlichen Hauses beim Heere gewesen. Das war noch nirgend und zu keiner Zeit gewesen, daß die Könige sich als Offiziere und den Offizier als einen Fürsten und als ihresgleichen betrachteten. Durch diese kameradschaftliche Zucht wurde ein Offizierstand geschaffen, wie ihn bis dahin kein Volk gehabt hatte." (Gustav Freytag [1816—1895] Bilder aus der deutschen Vergangenheit.)
Diese Tradition hat sich bis in unsere Zeiten erhalten. Im Ersten Weltkrieg standen sechs Söhne und ein Schwiegersohn von Kaiser Wilhelm II. im Feld und zum Teil an der Front.
Auf Grund umfangreichen Quellenmaterials hat Friedrich Karl Tharau die Kulturgeschichte und das hohe geistige Bildungsniveau des preußischen Offizierstandes herausgearbeitet, ohne den Preußen seine Form nicht hätte gewinnen können. („Die geistige Kultur der Preußischen Offiziere" — von Hase und Köhler). „Heute, wo der Soldat um neues Verständnis für seinen Beruf ringt und bei der Einordnung in die moderne Gesellschaft vor Schwierigkeiten steht, ist das Buch von besonderer Aktualität. Es gehört in die Hand eines jeden geschichtlich und politisch Interessierten." (Wehrwissenschaftliche Rundschau) Auch auf Kurt Hesse sei hingewiesen, der als Offizier und Universitätsprofessor mit Weitblick und Abgeklärtheit über das Preußentum im 20. Jahrhundert berichtet und erneut zum Nachdenken über Preußen und Preußentum anregt. (Verlag wie vor)

Friedrich der Große nach der verlorenen Schlacht bei Kolin am 18. 6. 1757 (nach einem Gemälde von Julius Ant. Schrader)

„Ein alter verwundeter Kavallerist trat zu dem Könige und reichte ihm in seinem Hute einen kühlen Trank, den er aus dem Pferdeeimer geschöpft hatte, mit den Worten: ‚Trink Ew. Majestät doch und laß Bataille Bataille sein! Es ist nur gut, daß Sie leben; unser Herrgott lebt gewiß, der kann uns schon wieder den Sieg geben!'" (Kugler-Menzel Geschichte Friedrich der Große)

„Die Weltgeschichte wird ihr unbarmherziges Urteil nicht verschweigen."

Friedrich der Große: „Festigkeit besteht im Widerstand gegen das Unglück."

„Man muß ihr — der Kaiserin Maria Theresia — um das Schicksal des Reiches und Europas willen eine Lektion erteilen."

Der Gatte von Maria Theresia, Großherzog von Toscana, der spätere Kaiser Franz I., mahnt seine Gattin zum Frieden mit Preußen:

„Du mußt im Reich einen starken Verbündeten haben, der dir die anderen vom Halse hält, der mit dir zusammen so stark ist, daß ihr gemeinsam den Franzosen auf alle Zeiten fernhalten könnt ... Mit einem solchen Frieden erhältst du das Reich, was du durch seine Verweigerung zerreißt und zerstörst."

Der Sohn und Thronfolger von Maria Theresia, der spätere Kaiser Joseph II., genannt „der Deutsche", zu seiner Mutter:

„Sie haben eine große Schuld auf sich genommen, Mama, die Sie unmöglich tragen können. Sie haben den Russen Ostpreußen, den Franzosen den Rhein, den Schweden Pommern versprochen. Sie haben die deutschen Fürsten im Süden und im Westen in die Abhängigkeit der Franzsoen gebracht.

Sie liefern das Deutsche Reich dem schon zusammenbrechenden System eines gierigen und gewissenlosen Absolutismus im Westen aus und der Barbarei im Osten, und Sie vernichten den Stern eines neu heraufsteigenden deutschen Bewußtseins im Norden ...

Man kann Provinzen und Kriege gewinnen ... aber man kann die Zukunft darüber verlieren ... und die Weltgeschichte wird ihr unbarmherziges Urteil nicht verschweigen!"

(Werner Beumelburg in einem seiner vielen, aufschlußreichen, historischen Werke „Der König und die Kaiserin", Oldenburg/Berlin)

Gleichwohl wurde und wird der Siebenjährige Krieg als Kreuzzug Europas gegen das Preußentum hingestellt. Diese gotteslästerliche Propaganda ist also nicht neu. Sie wurde bekanntlich vor, in und nach zwei Weltkriegen in enger Blutsbrüderschaft des Geistes und der Waffen mit der Barbarei im Osten wieder zum Leben erweckt und wird mit Millionen-Aufwand am Leben erhalten. Ausgerechnet von jenen, denen das Symbol des Kreuzes nichts bedeutet, von dem größeren Teil sogar als „Opium für das Volk" mit unaufhörlichen Greueln verfolgt wurde und wird.

Wir vor Hunger wahnsinnig gewordene Wölfe zerfleischten gierige und gewissenlose Mächte das Deutsche Reich, das deutsche Volk, verschlangen die Hälfte mit weiteren großen Teilen von Europa, warfen das Abendland um tausend Jahre zurück, verursachten neue Kriege und bedrohen die ganze Welt.

„Der Krieg ernährte sich durch den Krieg“

Vom 30jährigen Krieg und seiner Nutznießer gar nicht zu reden, so hatte diesen Grundsatz zumal Napoleon auf fremden Boden durchgeführt. In welchem Land indes hätte es strengste Anordnungen gegeben und wären sie durchgeführt worden, wie sie Friedrich II. beim Ausrücken in den 1. Schlesischen Krieg ausgab: „Rigourenfeste Ordnung während des Marsches und in den Einlagerungsorten. Besonderes Augenmerk auf die Packknechte und die Weiber! Plündern, Rauben, Stehlen ist schwer und empfindlich zu bestrafen. Weiber, Husaren und Packknechte sollen sofort gehängt werden, wenn man sie beim Plündern trifft.“

Die preußischen Truppen erwarben sich Ansehen, ohnehin in Schlesien, wo die Preußen weithin vom Volk freundlich begrüßt wurden, weil die meist protestantische Bevölkerung der von Wien gesteuerten römischen Einflüsse gründlich leid war.

Schließlich war es jedoch ein Naturgesetz, daß in vielen Kriegsjahren sich da und dort die Mannszucht lockerte. Sei es zuzeiten aus bitterer Notwendigkeit, aus in allen Kriegen sich bildender Verrohung, aus Hoffnungslosigkeit, ob sich der blutige Nebel je zu einem besseren Morgen lichten könne.

Dergleichen mildernde Umstände, wenn man so sagen soll, wurden und werden natürlich nie und nimmer den Preußen, den Deutschen zugebilligt. Die, wie gesagt, „samt und sonders den Strang verdient hätten“. Wie in ähnlichem Vokabular heute, nach über 30 Jahren noch Unregelmäßigkeiten und Untaten hochgespielt, nachgestellt, erfunden und vorgeflimmert werden, die bei einem Millionenheer, wie bei der Deutschen Wehrmacht, in vielen turbulenten Kriegsjahren gelegentlich auch nicht ausbleiben konnten, aber streng geahndet wurden.

Nun, mit Plünderern, Räubern und Dieben haben so unendlich viele von uns Alten und Älteren noch nach Beendigung der eigentlichen Kriegshandlungen auch im Westen bittere Erfahrungen gemacht, wie später noch belegt. Vom Osten mit weit schlimmeren Verbrechen gar nicht zu reden.

Eine der scheußlichsten Taten aber, die Leichenfledderei an den sterblichen Resten Friedrichs des Großen darf bei diesem Thema nicht unerwähnt bleiben. „Soldaten“ aus „Gottes eigenem Land“ — ich weiß nicht, ob es die „Morgenthau-Boys“ waren — die uns wieder „Kultur“ bringen sollten, öffneten die Särge Friedrich des Großen und seines Vaters Friedrich Wilhelm I., die 1945 aus Potsdam in ein thüringisches Salzbergwerk evakuiert worden waren. Sie raubten den Stern des Schwarzen-Adler-Ordens von des Großen Königs Rock! (Charlotte Pangels — Friedrich der Große — Bruder, Freund und König — München 1979)

Wer weiß, in welcher Barockvitrine aus der Zeit des französischen „Sonnenkönigs“, Ludwig XIV., oder Empireschrank aus der Zeit Napoleons I., die ja auch große Plünderer deutschen Kulturgutes waren, etwa ein amerikanischer Multi-

Friedrich der Große (1712—1786)

„Die Religionen müssen alle toleriert werden, und der Staat muß nur das Auge darauf haben, daß keiner dem anderen Abbruch tue, denn hier muß ein Jeder nach seiner Fasson selig werden.“

Befehl vor Beginn des Siebenjährigen Krieges: „Sollte ich getötet werden oder in die Hände des Feindes fallen, so verbiete ich, daß man darauf die geringste Rücksicht nehme. Man soll meinem Bruder gehorchen. Ganz als ob ich niemals auf der Welt existiert hätte.“

„Man muß sich im Geist erneuern und sich die Heiterkeit der Seele bis ans Ende bewahren; nur so vermögen wir die letzte Wegstrecke unseres Erdenlaufes mit Blumen zu bestreuen.“

„Er hat die klassischen Tugenden Preußens vorgelebt: Gehorsam und Disziplin, Genügsamkeit, Ehre, Treue, Tapferkeit.“ (Berthold Maack)

Milliardär den preußischen Ordensstern heute noch als Beweisstück für eine Heldentat aus dem Kreuzzug gegen das deutsche Volk bewundern läßt?

Napoleon selbst war offenbar zu einer solch abscheulichen Leichenschändung nicht fähig. Als er in der Garnisonkirche zu Potsdam sinnend vor dem geöffneten Sarkophag Friedrichs des Großen stand, sagte er zu seinen Generalen: „Wenn der noch lebte, stünden wir nicht hier."

„Oft geben vierzig arbeitsvolle Jahre... den Haß..."

„Wenn es mir gelingt, die Wunden, die uns der Krieg geschlagen hat, wieder zu heilen, so werde ich zu etwas gut gewesen sein." So sprach Friedrich der Große und auch: „Ihr habt nicht nötig, Euch bei mir zu bedanken. Es ist meine Schuldigkeit, meinen verunglückten Untertanen wieder aufzuhelfen. Dafür bin ich da."

„Und als der Krieg am Krieg erstorben war, hob sich aus dieser Wirrnis langsam, aber willensstark ein Volk, das seinen Staat auf einen neuen Felsen baute, der hieß Pflicht. Friedrich der Große vergeistigte den Gedanken der Pflicht und steigerte ihn zugleich bis in seine letzten Folgerungen. Denn das war das Gewaltige an diesem gewaltigen Preußenkönig, daß er, der unbeugsam einzelne, nie nachgab im Bewußtsein seiner Königspflicht, daß er nie in halbe Maßnahmen sich fand, daß er, auch als geschlagener Flüchtling, ganz allein, das Schicksal niederrang und in sein Wollen zwang." (Bogislav von Selchow — „Unsere geistigen Ahnen" — Berlin/Leipzig 1927)

Der vorbildliche Beamten- und Soldatentyp Preußens wurde von Johannes Haller („Die Epochen der deutschen Geschichte", Stuttgart 1950) charakterisiert: „Der wirklich preußische Militarismus bestand darin, daß jeder einzelne, ob hoch und gering, reich oder arm, mit Leib und Seele, mit Hab und Gut dem Staate gehörte, ihm diente, mit ihm lebte und für ihn starb. Das war nur in Preußen möglich, wo der König selbst das Beispiel gab, wo zwei Herrscher nacheinander sich förmlich und buchstäblich, um ihren Staat groß zu machen, ihrem Volk hingaben, wo der größte König sich für den ersten Bedienten des Staates erklärte."

Wie schon sein Vater, Friedrich Wilhelm I., sich selbst durch sparsame Hofhaltung alles Entbehrliche versagte, so tat es auch weitgehendst sein Sohn Friedrich der Große, der sogar den in Nachbarländern üblichen, übergroßen Pomp bei der staatlichen Repräsentation verschmähen konnte. Es ist nicht nur eine Anekdote, sondern eine Tatsache, daß Friedrich der Große das Ersuchen seines Botschafters in London um mehr Mittel ablehnte „nicht zu Fuß gehen zu müssen, wo andere vierspännig fahren". Und zwar mit der selbstbewußten Begründung: „Sage er, wenn er zu Fuß geht, daß hunderttausend Mann hinter ihm gehen!"

Die Wirtschaft florierte annehmbar, die Untertanen lebten gut, der Staatshaushalt verdiente sogar das Prädikat außerordentlich gut. Vom Zustand der preußischen Armee... ließ sich dasselbe sagen." (Helmuth Diwald)

„Die Heilung der Kriegswunden ergab die Verwendung von über 40 Millionen Taler auf die Förderung des Wohlstandes der preußischen Provinzen. Er (Friedrich der Große) hinterließ am Ende seiner Laufbahn auch noch einen Schatz von beinahe 60 Millionen Talern! ... Das Bürgertum in den Städten aber wurde wohlhabender, es wuchs ein reicher Kaufmannsstand empor, und schon zeichneten sich, namentlich in Berlin, auch jüdische Familien durch Reichtum und Bildung aus." (Theodor Ebler — Illstr. Geschichte Deutschland — Berlin 1906) Gerade das fordert zur erneuten Erwähnung der infamen Lüge auf, „Friedrich sei der Wegbereiter von Heinrich Himmler und den Folgen gewesen".

Achtzehn Stunden täglich arbeitete der König, fast ohne Ruhe, ohne Privatleben, um „seine Schuldigkeit zu tun!" Den Tod fürchtete er nicht. „Er möchte ihn nur mit der Faust wegschlagen", hat der König gesagt. „Denn", so beurteilte er seinen Nachfolger, Friedrich Wilhelm II., „wenn mein Herr Neffe nach meinem Tode in Schlaffheit einschläft, wenn er, verschwenderisch, wie er ist, die Gelder des Staates vergeudet, und nicht alle seine Seelenkräfte anfacht, so sehe ich daraus, daß ... heute in dreißig Jahren weder von Preußen noch von dem Hause Brandenburg die Rede sein wird." Nun, es gibt auch faule Äste an jedem kräftigen Baum, leider auch an dem der Hohenzollern; nur allzu tragisch, daß dieser Ast, wohl der einzige solcher Art, zu der Zeit sich als morsch erwies als aus dem Blutsumpf der französischen Revolution das ungeheuerliche „Blut und Eisen" emporkam, mit dem Napoleon die Welt überfiel.

In Schlesien bei der letzten Truppen-Besichtigung, sechs Stunden im Regen ohne Mantel, holte der König sich die letzte Krankheit zum Tode. Nur noch einmal ließ er den „Condé" satteln, sein treues Pferd, das auch bei allerstärkstem Geschützfeuer die Ruhe selbst geblieben und dem König ans Herz gewachsen war.

Am 17. 8. 1786 starb Friedrich der Große einsam und verlassen. „Alles ist düster, niemand traurig, alles ist geschäftig, niemand betrübt. Kein Gesicht, das nicht Aufatmen und Hoffnung verrät; nicht ein Bedauern, nicht ein Seufzer, nicht ein Wort des Lobes. Damit enden also so viele gewonnene Schlachten, so viel Ruhm, eine Regierung von fast einem halben Jahrhundert, erfüllt von so vielen Großtaten." So schrieb Graf Mirabeau, der französische Staatsmann. (1749—1791)

Der Große König selbst hat es früher ähnlich in prophetischen Worten empfunden, die er an den Marquis d'Argens richtete:

„Lebt wohl, ihr trügerischen Lorbeerkränze!
s'ist allzuteurer Kauf, wer leben will
In der Geschichte Büchern.
Oft geben vierzig arbeitsvolle Jahre
Nicht mehr als einen Augenblick des Ruhms
Und Haß von hundert Mitbewerbern!"

Friedrich der Große am Schreibtisch

„Nach dem Kriege exerzierte Friedrich der Große 23 Jahre lang der Welt ein ‚Friedensprogramm' vor, mit einer Staatsauffassung, die in Europa jahrhundertelang verlorengegangen war. Das Land erholte sich und erblühte zusehends. Sein berühmtes Wort ‚Ich bin der erste Diener des Staates', ein Wort, das wir seitdem bis zum Erbrechen oft und verlogen gehört haben, war damals derart revolutionär, wie wir es uns heute überhaupt nicht mehr vorstellen können. Sprachlos schaute das Abendland auf den kleinen Staat Preußen." (Joachim Fernau)

In den für die damalige Zeit und für alle Zukunft gültigen Worten „Haß von hundert Mitbewerbern“ muß man die ganze Tragik der Preußen, der Deutschen erblicken.
Adolph von Menzel (geb. in Schlesien 1815, gest. in Berlin 1905), das Maler- und Zeichnergenie des 19. Jahrhunderts, der eine Wirklichkeitskunst von knapper, ausdrucksvoller Form entwickelte (Tafelrunde in Sanssoucl, Flötenkonzert u. v. a.), hat schon als 18jähriger zum Tode Friedrichs des Großen die Worte geschrieben: „Der Baum ist zwar gefallen, aber erst da er am Boden liegt, übersieht man die Herrlichkeit seiner Fruchtpracht; und über ihm steigt leuchtend das Gestirn des Tages auf!“
Die Charakterstärke und menschliche Größe, welche Friedrich der Große seiner Gegnerin Maria Theresia entgegenbrachte, wie auch das Treffen zwischen Friedrich und Joseph II., dem Sohn und Mitregenten der Kaiserin, in einer Sternstunde der Versöhnung, kleidete der Dichter als „Symbol der Sehnsucht der Deutschen“ in die Verse:

„Du bist die unsre, ungeschmält und ganz.
Vergessen ist der Streit, ist Krieg und Haß.
Du bist die Mutter unsres Vaterlands,
Da Mozart einst auf ihrem Schoße saß.

Der Glanz, den ich in Friedrichs Augen las,
Lebt auch in dir. O später Sommertag,
Da Joseph stumm in Friedrichs Armen lag!

Symbol der Sehnsucht: Nord und Süd vereint
Für einer Stunde kurzen Schicksalsschlag, —
Das deutsche Herz fühlt trauernd nach und weint.“ M. M.

„Die Mitlebenden hassen stets das Große, das die Zeiten nach ihnen bewundern“, sagte Walter von Molo in „Fridericus“. Erst als er tot war, als andere Kräfte jenseits der Grenzen Schlaffheit und Verschwendung in Preußen begrüßten, wenn nicht gar dabei mitwirkten, da wußten es alle. „Es wirkt geradezu wie ein Hohn“, schreibt Joachim Fernau, „wenn wir heute wissen, daß Friedrich der Große damals in ganz Deutschland mit leuchtenden Augen verfolgt und seine Siege über die Franzosen, Russen und Österreicher heimlich bejubelt wurden. Ein Ideal war aufgestanden, ein Held! Die Söhne derer, die so fühlten, ja vielleicht sogar sie selbst aber marschierten auf den Befehl ihres Landesfürsten, der stärker war als sie — das Volk — gegen den Preußenkönig.“ Tragik deutscher Zerrissenheit, deren Förderung von jenseits der Grenzen wahrhaft zeitlos ist.
In der preußischen Grafschaft Mark aber, in Westfalen, in der am besten angebauten Provinz, blieben bei den darob über den Alltag blickenden Bauern, den alten Freibauern-Geschlechtern mit über 1000jähriger Geschichte, aus denen unsere Familie stammt, die Worte des Großen Königs unvergessen: „Wer bewirkt, daß dort, wo bislang ein Halm wuchs, nunmehr zwei Halme wachsen, hat mehr für sein Volk getan, als ein Feldherr, der eine Schlacht geschlagen hat!“

„Das französische Übergewicht ließ sich nur durch ununterbrochene Kriege erhalten"

Für Frankreich gab es keine vorteilhaftere Gelegenheit, die Reißkraft seiner Zähne zu erproben als an den deutschen Grenzen links des Rheins." (Diwald)

Schon Frankreichs „Sonnenkönig und Erster Sohn der Kirche", Ludwig XIV., erreichte „seine kräftigste Strahlung auf den Schlachtfeldern". Napoleon setzte das Verwüsten, Ausrauben von Reichtümern und Kunstschätzen sowie das Erpressen von Kontributionen, von Kriegssteuern fort.

Es war eine Tragik für Preußen und die Deutschen, daß die Armee auf den Lorbeeren Friedrichs des Großen weitgehend eingeschlafen war und keine Anpassung an neue Strategie und Taktik gefunden hatte.

„Ohne Geld, mit veralteten Gewehren und mit Waffenfabriken, die nicht den zehnten Teil vom Bedarf leisten. Das Heer mit allen seinen Vorzügen besteht zum größten Teil aus Veteranen ... Es wird von Greisen geführt, die bei aller Rüstigkeit doch nicht über die Erfordernisse des Paradeplatzes hinaus etwas verstehen. Wie wir damit den kriegsgewohnten Truppen Frankreichs standhalten sollen, ist unerfindlich."
So wandte sich u. a. noch Blücher an König Friedrich Wilhelm III., der wohl nicht die Beurteilung seines Vorgängers verdient, aber starr, zaudernd und zunächst ohne Einsicht verharrte. Vielleicht auch aus falsch verstandener Friedensliebe unter Verkennung der welthistorischen Tatsache, daß Unterlegenheit, gar Schwäche nur Über- und Angriffe der Nachbarn schon immer herausgefordert hat. Auch konnten Regierende mangels Verbundenheit mit dem praktischen Leben ihrer Völker und deren Geschichte oft nicht klar und weit sehen und waren oft von Beratern umgeben, die ihre Segel von verschiedensten Winden aufblähen ließen.

Erst nach der vollkommenen Niederlage Preußens durch Napoleon fand König Friedrich Wilhelm III. im Jahre 1807 die Erkenntnis.

„Alles ist verloren! Woher soll Hilfe kommen? Von denen, die man bis jetzt meine Freunde und die Stützen des Thrones genannt hat, erwarte ich enttäuscht nichts mehr. Nur durch das ehrenfeste Volk. Nur durch den biederen Bürger, den schlichten Landmann."

Das ehrenfeste Volk war es dann auch, das sich zähe, mit einer durch nichts zu besiegenden Widerstandskraft wohl beugen, aber nicht brechen ließ, und zwar unter der Führung von Persönlichkeiten aus vielen Schichten, wie schon dargelegt.

„Der Geringsten einer, aus ärmlichen Verhältnissen, vom Volke geboren, wurde dem Volke Befreier ... und schuf in stiller, emsiger Arbeit die Waffe der Befreiung, lehrte sie gebrauchen, war Freund, Organisator und Mitstreiter, ohne zu er-

Fahne des Grenadier-Regiments König Friedrich der Große (3. Ostpr.) No. 4

müden, ohne sich Ruhe zu gönnen — auch nicht als er, zu Tode verwundet, Erholung und Pflege haben mußte! Sei getreu bis in den Tod ... dies hehre Gebot erfüllte er ohne Zagen, als erste und selbstverständliche Pflicht." (Adolf Paul)

Es war der niedersächsische Bauernsohn Gerhard von Scharnhorst (1755—1813), der eigentliche Schöpfer des preußischen Volksheeres und der allgemeinen Wehrpflicht, der beim Ausbruch der Freiheitskriege Generalstabschef Blüchers wurde. Ein wirklicher Mann, ein schlichter Landmann aus dem ehrenfesten Volk, hat sozusagen die Nachfolge des Großen Königs angetreten, viele Mitstreiter gefunden, stärkste Seelenkräfte entfacht, so daß mit der einzigen guten Waffe des felsenfesten Vertrauens Napoleon endgültig besiegt werden konnte.

An anderer Stelle war schon die Rede von vielen vaterlandsbewußten, kämpferischen Gestalten, wie u. a. vom Reichsfreiherrn vom und zum Stein, deren erbitterter Kampf gegen Napoleon als den Zerstörer des Reichs und Erniedriger Preußens nicht nur preußische nationale Motive hatte. Es waren auch ethische Beweggründe gegen den sittlichen und moralischen Verfall, der längst in Frankreich eingetreten und durch die französische Revolution und Napoleon fortgesetzt worden war. (Franz Herre „Freiherr vom Stein" — Köln 1973) Wer muß nicht an die gleiche Waffe denken, welche die innere Kraft der Deutschen schon lange bedroht und bereits großes Unheil angerichtet hat. Eine Waffe, die Lenin schmiedete: „Wenn wir eine Nation vernichten wollen, so müssen wir zuerst ihre Moral vernichten. Dann wird uns die Nation als reife Frucht in den Schoß fallen."

Zu dieser Waffe gehört auch die Verleumdung, daß selbst die Freiheitskriege gegen Napoleon ein schlagendes Beispiel des die Welt bedrohenden preußischen Militarismus sei, der förmlichen Sucht der Deutschen nach „Blut und Eisen". Doch es gab auch andere Stimmen:

Den „fleischgewordenen Antichrist", das „Ungeheuer in Menschengestalt", so nannte der Zeitgenosse, auch der Franzose, den gestürzten Heros. Preußen aber, das unter dem Schock der Invasionen zur äußersten Sammlung seiner Kräfte geführt wurde, erhielt von der Umwelt manch hohes Lob, nicht nur von englischer, sondern auch von französischer Seite. So schrieb Benjamin Constant 1813: „Einige Jahre sind verflossen, und Preußen hat sich von seinem Sturz erhoben, es hat sich in die erste Reihe der Nationen gestellt; es hat ein Anrecht auf den Dank der kommenden Geschlechter erworben, auf die Achtung und Begeisterung aller Freunde der Menschheit." (Peter Kleist)

Doch man soll und muß ja auch vom Feinde lernen, u. a. davon, wie der Gewaltmensch Napoleon eiskalt und klar die Deutschen beurteilt hat:

„Gegen Deutschland habe ich vor allem den Blick gewendet, Zwietracht brauchte ich nicht zu stiften unter ihnen, denn die Einigkeit war aus ihrer Mitte längst gewichen. Nur meine Netze brauchte ich zu stellen, und sie liefen wie scheues Wild selbst hinein. Untereinander haben sie sich erwürgt und glaubten, damit ihre Pflicht zu tun. Leichtgläubiger ist kein Volk gewesen und törichter kein anderes auf Erden. Keine Lüge ist zu grob ersonnen worden, der sie nicht in unbegreiflicher Albernheit Glauben beigemessen hätten. Die törichte Mißgunst, womit sie sich untereinander angefeindet, habe ich zu meinen Gewinsten wohl gehegt. Immer hatten sie mehr Erbitterungen gegeneinander, als gegen den wahren Feind." (Literatur: Las Cases „Memorial von St. Helena")

Die Erfahrung lehrt, daß diese von Napoleon so klar erkannten deutschen Schwächen in allen Kriegs- und Nachkriegszeiten in Planung und Ausführung gegen Deutschland als Waffe ausgenutzt wurden und werden.

Jedem deutschen Politiker, der nicht unter fremden Einfluß steht, müßte die Beurteilung Napoleons ein Menetekel bedeuten. Jeder Deutsche sollte diese Warnung täglich sich einprägen.

Dazu die Worte Napoleons, die ich nur sinngemäß hier wiedergeben kann, daß die beständige Drohung durch ein gewaltiges, unüberwindliches Heer den Frieden brächte; eben den der Alleinherrschaft über Europa! Die Drohung wirke länger, ermüdender, nervenzerstörender als die Tat. Zudem gebe sie Überläufern, Verrätern, Agenten, Verwirrten genugsam Gelegenheit, die Friedensliebe einer Drohung auszubreiten, um den der Drohung folgenden Angriff nicht vorzeitig erkennen zu lassen.

Nach dem ersten Niederwerfen Napoleons und dem Einmarsch der Verbündeten, Preußen, Österreich, Rußland in Paris erwartete Marschall Blücher, daß sein König hundert Millionen Kontribution verlange, „um die Armee einzukleiden und die schon länger rückständige Besoldung auszuzahlen". Das war noch blutwenig, wo doch in den paar Jahren der französischen Besetzung Preußens anderthalb Milliarden erpreßt worden waren. Doch König Friedrich Wilhelm III. lehnte das Ersuchen Blüchers ab, er wolle „nicht inhuman" sein!

Der Sieger, der preußische König, verzichtete aus Großmut und Humanität hier auf die Wiedergutmachung. Dieser Sieger konnte sich das offenbar leisten, hatte Charakter, ein reines Gewissen und jedenfalls keinen Händlergeist. Dieser Geist schäumt immer dort über, wo die erstgenannten Eigenschaften fehlen.

Freiwillige begrüßen Friedrich Wilhelm III. zu Breslau im Frühling 1813.

„Millionen erpreßt der hochmütige Sieger (Napoleon) aus den verarmten Städten, und von den Bauern holt er das Vieh. Selbst von verlassenen Pflügen schlägt der Bedrücker die Eisenschare, und Ställe und Scheunen plündert er aus. Genug der Demütigung ...“

„Der Deutsche erkennt in jenen Kämpfen (unter Friedrich dem Großen) ebenso wie in der Erhebung Preußens gegen Napoleon I. Marksteine nicht nur preußischer, sondern deutscher Entwicklung auf dem langen und schwierigen Wege von nationaler Zerrissenheit und Schwäche zur Einheit und Größe.“ (Georg Evert — Deutsche Gedenkhalle)

Rheinübergang der Preußischen Armee bei Kaub am 1. 1. 1814 unter Marschall Blücher

„Man muß Preußen erniedrigen und dann zerstören“

Wie es wörtlich hieß: „Il faut avilir la Prusse et après la démoulir.“ Kaum waren die Befreiungskriege zunächst beendet, Napoleon verbannt auf der Insel Elba, wurden schon wieder auf dem „Friedens“-Kongreß zu Wien die Dolche gezückt. Fürst Metternich, österreichischer Außenminister und späterer Staatskanzler (1773—1859), intrigierte weiter mit seinem Komplizen, dem französischen Staatsmann Herzog Talleyrand (1754—1838), der eine in allen Farben schillernde Figur darstellt. Denn trotz seines Amtes als Bischof hatte er sich der französischen Revolution mit ihrer so überaus blutigen Schreckensherrschaft angeschlossen mit deren Schlagworten „Gott ist abgesetzt — Die Nation ist unser Gott“. Danach hat er seinen Talar nach dem jeweiligen Wind gedreht.

Derartige Figuren sind uns Heutigen ja nicht unbekannt, wie etwa Pfarrer Martin Niemöller (evgl.), der im Oktober 1933 „dem Führer für die mannhafte Tat und das klare Wort dankte, die Deutschlands Ehre wahren, und im Namen von 2500 Pfarrern treue Gefolgschaft und fürbittendes Gedenken geloben ...“ (Wilhelm Niemöller — Texte zur Geschichte des Pfarrernotbundes — Berlin 1958) Später aber als Kirchenpräsident Hessens, Präsident des Weltkirchenrates und der „Deutschen Friedensgesellschaft“ (der KPD nahestehend) u. a. den „Lenin-Orden“ entgegennahm. Die höchste Auszeichnung, welche Christen- und Judenverfolger zu vergeben haben, deren „Gott“, eben Lenin, sagte: „Der Kommunismus kann niemals siegen, bevor nicht der letzte Gedanke an Gott ausgetilgt ist.“

Im Banne von Metternich und Talleyrand trat wieder einmal in Preußen das nationale Unglück ein, daß mehr auf fremde Vorspiegelungen gegeben wurde als auf die Belange des Volkes. Die nationale Einheitsbewegung und liberale Bestrebungen wurden abgelehnt und nicht oder kaum erkannt.

Im Jahre 1813 hatte Wilhelm von Humboldt, (1767—1835) der Freund von Schiller und Goethe, Leiter des preußischen Unterrichtswesens von 1809—1810 und Schöpfer der neuen Universität in Berlin ausgesprochen, was wörtlich und dem Sinn nach tief in das Volk eingedrungen war:

„Deutschland muß frei und stark sein, nicht bloß, damit es sich gegen diesen oder jenen Nachbarn verteidigen könne, sondern deswegen, weil nur eine nach außen hin starke Nation den Geist bewahrt, aus dem auch alle Segnungen im Inneren fließen.“

Eben das aber störte damals schon das „europäische Gleichgewicht“ zu Nutzen derjenigen Mächte und ihrer Finanzleute, die ihre Vorherrschaft nur durch „ununterbrochene Kriege“ aufrechterhalten konnten. Längst aber sehen wir Heutigen, daß es Politphilosophen gibt, die in einer Stärke nach außen nur Militarismus sehen, die übermächtige Drohung der anderen Seite indes nicht wahr haben wollen.

König Friedrich Wilhelm III. von Preußen (1770—1840) sprach im Jahre 1807 nach der Niederlage gegen Napoleon: „Alles ist verloren! Woher soll Hilfe kommen? Von denen, die man bis jetzt meine Freunde und die Stützen des Thrones genannt haben, erwarte ich enttäuscht nichts mehr. Nur durch das ehrenfeste Volk. Nur durch den biederen Bürger, den schlichten Landmann."

Dieses Königs Wahlspruch war: „Meine Zeit in Unruhe, meine Hoffnung in Gott!", den er einst in Königsberg auf dem Grabmal der preußischen Herzoge vom alten Ordenslande gelesen hatte.

„Was Preußen erworben hat, es ist Deutschland gewonnen."

Nicht die rote, sondern die schwarz-rot-goldene Fahne: 1848

Inzwischen hatte sich längst eine unheimliche Wetterwolke über Europa zusammengebraut, die von Frankreich ausging, wo die herrschenden Kreise eine Verarmung des Volkes bewirkt und jedes Vertrauen zerstört hatten. So leicht fand sich kein Napoleon mehr, der als Ablenkung seinem Volk den „Ruhm der großen Nation" bieten konnte. Die Funken aus Frankreich sprangen auf deutsche Staaten über, entfachten aber weniger einen glühroten sozial-revolutionären Brand der Empörung, als ein Feuer der Begeisterung für ein einiges und freiheitlicheres Vaterland.

Die Nationalversammlung in Frankfurt bot dem preußischen König Friedrich Wilhelm IV. die deutsche Kaiserkrone an. Dieser hatte zwar in seiner „Proklamation an die deutsche Nation" sich „zur Rettung Deutschlands" zur Verfügung gestellt und wollte Preußen in Deutschland aufgehen lassen, die Kaiserkrone jedoch ausgeschlagen. Die Zeit war noch nicht reif dazu und diejenigen Kräfte, welche damals wie heute jede deutsche Einheit als „kriegstreibenden und machtlüsternen Imperialismus" verleumdeten, drohten mit „Blut und Eisen". Joachim Fernau, der „sehr gute Anwalt unseres Volkes" (NWDR, Köln) schrieb dazu: „England lächelte messerwetzend, Frankreich drohte mit Krieg, Österreich schickte einen warnenden Kurier nach Berlin, Rußland stellte Wien Truppen zur Verfügung!"

Von den international sozialistischen Kräften wird die 1848er deutsche Nationalbewegung verschwiegen, als ihre eigene Bewegung dargestellt, Preußen verleumdet, weil wie behauptet wird, die Deutschen sich „nicht von diesem Obrigkeits- und Militärstaat führen lassen wollten".

Nicht genug damit. Die in den Völkern lebenden Kräfte zu einer deutschen Einigung wurden und werden als brutale Gewalt verfälscht. Obwohl bei den freiheitlichen demokratischen Volksmassen die Forderung galt: „Ein Volk, ein Reich, von der Nordsee bis zu den Kärtner Alpen." Im deutschen Parlament zu Frankfurt im Jahr 1848 waren einhundertzwanzig Abgeordnete aus Deutsch-Österreich und Deutsch-Böhmen vertreten. Und auch der Kaiser, Ferdinand V., bekannte sich zu „Schwarz-Rot-Gold", mußte aber auf Druck der Gegner Franz Joseph (1830—1916) Platz machen, der am 2. 12. 1848 den Thron bestieg. Friedrich Schäfer (Die dreizehn Bücher der deutschen Seele — Stuttgart 1951) schrieb: „Der Kaiser aber fuhr durch die brausenden Straßen von Wien und nickte gnädig der siegreichen Bürgerschaft zu; er schwenkte sein Fähnchen schwarz-rot und golden: die Farben, gestern noch Hochverrat, hielt der Habsburger nun selber in Händen."

Barrikadenkampf in Wien 1848

Nicht unter der roten, sondern unter der schwarz-rot-goldenen Fahne der Einheit des Reiches.

„Die schwarz-rot-goldene Fahne wehte vom Stephansdom.
Es war wie ein Traum, das Zeichen deutscher Einheit.
Dann die deutsche Fahne auf der Kaiserburg zu Wien.
Nur ein Gefühl, ein Gedanke: Deutschland, Deutschland!

„Österreich, eine Pulsader im Herzen Deutschlands,
muß mit uns im Deutschen Bunde sein und bleiben“.

Ehre der Arbeit

Wer den wucht'gen Hammer schwingt,
wer im Felde mäht die Ähren,
wer ins Mark der Erde dringt,
Weib und Kinder zu ernähren,
wer stroman den Nachen zieht,
wer bei Woll' und Werg und Flachse
hinterm Webestuhl sich müht,
daß sein blonder Junge wachse: —
jedem Ehre, jedem Preis!

Ehre jeder Hand voll Schwielen!
Ehre jedem Tropfen Schweiß,
der in Hütten fällt und Mühlen!
Ehre jeder nassen Stirn
hinterm Pfluge! — Doch auch dessen,
der mit Schädel und mit Hirn
hungernd pflügt, sei nicht vergessen!

Ferdinand Freiligrath (1810—1876). Einer der besten „48er", ein leidenschaftlicher Sänger demokratischer Gesinnung.

Der gleiche Kaiser entsprach den in den Völkern lebenden Kräften und ehrte seinen Großonkel, Erzherzog Karl, (1771—1847), der ein begabter, aufgeklärter Habsburgersproß und Generalissimus Österreichs war, sowie zeitweise Kriegsminister und — wie Prinz Eugen — Präsident des Hofkriegsrates. Erzherzog Karl war Mitverfasser der berühmten Proklamation „An die deutsche Nation", und Kaiser Franz Joseph ließ an seinem Denkmal ein Bronzeschild anbringen „... dem beharrlichen Kämpfer für Deutschlands Ehre".

In der Proklamation wurde nicht nur zum Kampfe gegen Napoleon I. aufgerufen, sondern es hieß auch darin: „Wir kämpfen, um Deutschland die Unabhängigkeit und Nationalehre wieder zu verschaffen ... unsere Sache ist die Sache Deutschlands. Nur der Deutsche, der sich selbst vergißt, ist unser Feind." (Dr. W. von Wolmar „Der Kämpfer um Deutschlands Ehre". Deutschland Journal Mai 1982)

Kaiserin Maria Theresia (1717—1780) sah im „Heiligen Römischen Reich Deutscher Nation" das Gesamtdeutsche. Auch in engster Familie, denn immer wieder schärfte sie ihren Töchtern ein, die Gattinnen auswärtiger Fürsten geworden waren, auch im Ausland gute Deutsche zu bleiben, mit Treue zur angestammten Heimat und damit zu einer Vaterlandsliebe, die zu jedem Opfer bereit ist. Nahezu preußische Tugenden dieser Großen Kaiserin waren es ferner, nicht nur soziale Unterschiede zwischen Adeligen und Bürgerlichen in der Armee auszugleichen, auch einem Parasitentum des jungen Adels entgegenzutreten, der aus Mangel an nutzbringender Beschäftigung nur der Jagd und dem Fischfang oblag. In einem Kadettenkorps sollten derartige Junker zu Pflichtgefühl und dem Vaterland dienender Arbeit erzogen werden. Nach ihrem Befehl an Graf Daun, den Direktor der Kadettenanstalt: „Mache er mir tüchtige Offiziere und rechtschaffene Männer daraus."

Von dem bei allen Deutschen unvergessenen Prinz Eugen (1663—1736) gar nicht zu sprechen, der als Feldherr, vor allem als Charakter und Vorkämpfer des Deutschen Reichs, ja, des Europagedankens, eine Heldengestalt des deutschen Volkes bleibt. Obwohl nicht in Deutschland geboren, gewann Prinz Eugen in allen deutschen Ländern durch ein in jeder Beziehung ruhmreiches Leben höchstes Ansehen. Insbesondere, weil seine Tatkraft und sein Feldherrngenie dem ganzen deutschen Volke Schutz gegen barbarische Einfälle von Osten wie von Westen gewährte. Wohl das erste umfassende Werk nach Quellen der kaiserlichen Archive ist „Prinz Eugen von Savoyen", Alfred Arneth, Wien 1858. Die Ordnung Europas mit dem Festland als Kern, verbündet mit dem blutsverwandten England, das uralte Recht der Mitte, erstrebte Prinz Eugen in unablässiger Arbeit mit weit vorausschauender staatsmännischer Klugheit. Doch die bis zum Verrat gesteigerte Eigensucht Englands in Fortsetzung gerade der Schwächung des Kerns machte vor über zweihundert Jahren schon eine neue Weltordnung zunichte. Prinz Eugen sprach von der Gefahr „mit einer solchen Conduite sich selbst und ganz Europa verlieren zu machen." Ein Verlieren, was wir Heutige miterlebt haben!

Prinz Eugen von Savoyen (1663—1736) Reichsfeldmarschall
(Aus Alfred Arneth „Prinz Eugen von Savoyen“ I. Bd. Wien 1858)

Mit Gottfried Wilhelm Leibnitz (1646—1716), dem vielseitigsten deutschen Philosophen, Geschichtsforscher und Staatsmann, seit 1700 Präsident der Akademie der Wissenschaften in Berlin, stand Prinz Eugen in achtungsvoller und planender Verbindung. „Was Gesittung und Bildung boten, war in dem Staatsmann und Feldherrn Eugen ein lebendiges Besitzen und schönes Ausüben. Friedrich der Große schrieb von ihm ‚... er regierte nicht nur die österreichischen Erblande, sondern auch das Reich. Eigentlich war er Kaiser'."

Zeitlose Worte: „Auf das des Reiches Macht und die Größe des deutschen Volkes gesichert werde wider die Scheelsucht von außen die Selbstsucht von innen."

„Der große Plan einer Neuordnung Europas unter den siegverbundenen Deutschen und Engländern hatte die von Eugen erstrebte Grundlage gewonnen. Blieb England diesem Werke treu, dann wurde die europäische Neuordnung eine Neuordnung der westlichen Welt...

Als Dank für seine Siege, für seine immer wieder bewährte Treue erfuhr Eugen den Verrat auf dem Schlachtfeld. Sein Ekel und seine Empörung waren groß, denn Englands Verrat — die bis zum Verrat gesteigerte Eigensucht Englands — traf seine lautere Person und traf sein Werk...

Der Friede zu Utrecht sicherte den Engländern auch das Monopol des Negerhandels, die Ausbeutung der Sklaverei. Kaiser und Reich aber blieben diesem Frieden fern." (Walter Elze)

„Wie ein Sinnbild mutet es an", schreibt der Historiker Walter Elze, „daß der Betende Knabe auf der Terrasse von Sanssouci dem Nachlaß des Prinzen Eugen entstammt."

Doch noch ein Rückblick auf einen Habsburger, der sich der gesamtdeutschen Verantwortung in höchstem Maße bewußt war, an die Bestrebungen des Nationalhelden aller Deutschen, Prinz Eugen, anknüpfte, und schon als Mitregent seiner Mutter Maria Theresia, wie wohl kein Habsburger vor und nach ihm, zuerst einmal durch unablässige Reisen auch in die entferntesten Länder der Monarchie sich eingehende Kenntnisse von Menschen und Lebensverhältnissen verschaffte. Kaiser Joseph II., der Deutsche genannt, erkannte mit Weitsicht die Zeichen der Zeit, wollte als Volkskaiser ein demokratisches Kaisertum schaffen, seinen vielen Völkern zuliebe unter weitgehendster Ausschaltung der diese noch nach fast mittelalterlichen Vorstellungen ausnutzenden Kreisen des Adels, der Geistlichkeit und der sich zumal in Kriegen breitmachenden Wucherer. Über letztere verhängte er weniger die Todesstrafe, sondern die härteste Strafe über die Seelen, wie der Kaiser sich ausdrückte. In Ketten ließ er sie die Straßen Wiens fegen. Nach Aufhebung des Jesuiten-Ordens und einer Unzahl von Klöstern, sofern deren Insassen sich nicht durch Unterricht und Krankenpflege nützlich machten, wurde Joseph der Deutsche natürlich als Antichrist verleumdet, obwohl er streng katholisch war und ihm nichts ferner lag als die Religion zu schwächen oder gar zu bekämpfen. In Anlehnung an die Toleranz Friedrichs des Großen, mit dem er zweimal zusammen getroffen war, räumte er auch Protestanten Rechte ein, wie auch den Juden, soweit sie sich dem Gemeinwohl der Völker fügten.

Joseph der Deutsche war seiner Zeit um ein Jahrhundert voraus, setzte mit ungemeiner Arbeitskraft seine Gesundheit ein, zerbrach seelisch und körperlich im gigantischen Kampf gegen Weltmächte. Unter dem Eindruck des Todes Friedrichs des Großen sprach Kaiser Joseph II. zu seinem Neffen, Erzherzog Franz, der nach seinem Bruder Leopold, Großherzog von Toskana, als Thronfolger vorgesehen war: „Ich habe dem König vieles zu verzeihen, ich will nur daran denken, daß ein Mann aus der Welt gegangen ist, den sie nie vergessen wird. Nur eine Verständigung mit Preußen über die Neueinteilung des deutschen Reiches kann uns stark und groß erhalten als deutsche Macht."

Trotz aller Wirrnisse und Auseinandersetzungen, die wohl mit in erster Linie auf die Rom so nahestehenden Kreise am Hof zu Wien zurückzuführen waren, blieb der gesamtdeutsche Gedanke in den Deutschen als gutes Recht erhalten. Wie schon Prinz Eugen sagte „um nicht sich selbst und ganz Europa zu verlieren".

Die Vertragstreue zu dem Bündnis zwischen dem Deutschen Reich und Österreich-Ungarn, die im Jahre 1914 ihre Probe bestand, wurde natürlich als falsche Nibelungentreue herabgesetzt. Von den Feinden einer deutschen Einheit wäre lieber ein schmählicher Vertragsbruch gesehen worden.

Selbst nach der Niederlage von 1918 ging das Streben nach einem Gesamtdeutschland noch so weit, daß am 2. 3. 1919 die Nationalversammlung in Wien mit überwältigender Mehrheit sowohl für den Namen Deutsch-Österreich, wie dafür stimmte, als Teil des Deutschen Reiches angesehen zu werden. Der sozialdemokratische Bundeskanzler Karl Renner erklärte dazu am 6. 9. 1919: „Deutsch-Österreich wird niemals darauf verzichten, die Wiedervereinigung mit dem Deutschen Reich als das Ziel seiner friedlichen Politik zu betrachten." Der österreichische Bundeskanzler Seipel beurteilte bei seiner Anwesenheit in Berlin im Jahre 1930 die Volksstimmung einhellig für einen Anschluß.

„Die österreichischen Sozialdemokraten rissen in der Anschlußbewegung die Führung an sich und begannen laut nach einer Vereinigung mit Deutschland zu rufen, ohne sich durch die Unterzeichnung des Vertrages von Saint Germain davon abhalten zu lassen." Die Vereinigung Österreichs mit Deutschland", sagte der damalige Staatssekretär für Äußeres, Dr. Otto Bauer, zum Verfasser (Anm. Dr. I. Zingarelli, „Das Erbe von Versailles" s. u.), „ist das Hauptziel der österreichischen Politik und wird es bleiben. Bei den Wahlen in die Nationalversamm lung hat sich die große Mehrheit des Volkes dafür ausgesprochen und das Gleiche taten die Abgeordneten aller Parteien, ausgenommen die Tschechen und Juden." Damit ist vieles Spätere erklärt.

Daß der Wille der Deutschen Österreichs später in eine brutale Gewalttat umgelogen wurde, erkennt sogar ein Organ an, wie der „Spiegel": (47/62 S. 12) „Die jubelnden Menschenmassen beim Einzug Hitlers in Wien werden in allen Lehrplänen Österreichs nicht erwähnt. Der Anschluß, den damals fast alle Kräfte des abgewirtschafteten Staates, vom Sozialisten Renner bis zum Kardinal Innitzer, bejahten, gilt heute schlicht als militärische Okkupation." (Hugo Wellems „Geschichte ohne Brille" — Ostpreußenblatt 1978 aus H. W. — „Keine Nacht dauert ewig" — Düsseldorf 1978)

Der Dichter drückte die Gefühle von Abermillionen Deutschen aus „An das deutsche Österreich":

„O Schwester, glaube, du entgehst ihm nicht:
Dem deutschen Schicksal, das uns allen wird.
Das Glück des Bruders war dein eignes Licht.
Sein Fall hat dich in gleiche Nacht geführt.

Nichts ist entschieden. Alles ist verwirrt.
Du schweigst und lächelst wie in guten Tagen.
Du lerntest „du" zu sein jetzt im Entsagen.

Trotzdem: in Treue wind ich dir den Kranz.
Ich, schweren Blutes, darf dich in mir tragen.
Du bist die meine, ungeschmält und ganz." M. M.

„Was Preußen erworben hat, es ist Deutschland gewonnen"

Nahezu ein halbes Jahrhundert hat Preußen sich nicht in einen Krieg verwickeln lassen. Selbst im Krimkrieg, 1854, blieb Preußen neutral, als Rußland gegen England und Frankreich zu Felde zog. Bis im Jahre 1864 es um zwei absolut deutsche Länder ging, Schleswig und Holstein, die nach Aussterben des regierenden Hauses rechtens an Preußen hätten zurückgehen müssen. Doch König Christian VII. wollte Dänemark um diese deutschen Gebiete mit nur geringen dänischen Min-

König Wilhelm von Preußen: am 1. August 1870: „Ganz Deutschland steht einmütig in Waffen gegen den Nachbarstaat, der uns ohne Grund den Krieg erklärt hat. Es gilt die Verteidigung des bedrohten Vaterlandes, unserer Ehre, unseres eigenen Herdes."

„Ich führe Krieg mit den französischen Soldaten und nicht mit den Bürgern Frankreichs. Diese werden demnach fortfahren eine vollkommene Sicherheit ihrer Person und ihres Eigentums zu genießen, und zwar so lange, als sie sich nicht durch feindliche Unternehmungen gegen die deutschen Truppen des Rechts berauben, ihnen Meinen versprochenen Schutz angedeihen zu lassen."

Wilhelm I., Deutscher Kaiser, König von Preußen: „Uns und unsere Nachfolgern an der Kaiserkrone wolle Gott verleihen, allezeit Mehrer des deutschen Reiches zu sein, nicht an kriegerischen Eroberungen, sondern an den Gütern und Gaben des Friedens auf dem Gebiete nationaler Wohlfahrt, Freiheit und Gesittung."

„... Diejenigen, welche durch Alter oder Invalidität erwerbsunfähig werden, haben der Gesamtheit gegenüber einen begründeten Anspruch auf ein höheres Maß staatlicher Fürsorge, als ihnen bisher hat zuteil werden können."

1883 kam das „Arbeiter-Krankenversicherungsgesetz" und 1884 das Arbeiter-Unfallversicherungsgesetz zustande.

Wilhelm I., Deutscher Kaiser, König von Preußen (1797—1888)

derheiten vergrößern. So mußte Dänemark der Krieg erklärt werden, trotz aller Widerstände, welche die deutsche Politik Preußens immer wieder zu überwinden hatte. Bis schließlich die Bedeutung der Worte Friedrich Wilhelm III. eingesehen wurde: „Was Preußen erworben hat, es ist Deutschland gewonnen."

Wieder einmal fand dies den erbitterten Widerstand von Hofkreisen in Wien, zumal konfessioneller Art, wie auch deutscher Bundesfürsten, so daß am 14. 6. 1866 Österreich an Preußen den Krieg erklärte und mit ihm sechs von neun deutschen Fürsten.

König Wilhelm I. sagte in seiner Proklamation an sein Volk: „Das Vaterland ist in Gefahr! Österreich und ein großer Theil Deutschlands steht gegen dasselbe in Waffen ... Die alte, unselige Eifersucht ist in hellen Flammen wieder aufgelodert: Preußen soll geschwächt, vernichtet, entehrt werden. Ihm gegenüber gelten keine Verträge mehr, gegen Preußen werden deutsche Bundesfürsten nicht bloß aufgerufen, sondern zum Bundesbruch verleitet. Wohin wir in Deutschland schauen, sind wir von Feinden umgeben, deren Kampfgeschrei ist: Erniedrigung Preußens! ...

Verleiht uns Gott den Sieg, dann werden wir auch stark genug sein, das lose Band, welches die deutschen Länder mehr dem Namen als der Tat nach zusammenhielt, und welches jetzt durch diejenigen zerrissen ist, die das Recht und die Macht des nationalen Geistes fürchten, in anderer Gestalt fester und heilvoller erneuern."

Nach dem kurzen siegreichen Feldzug, mit der Schlacht von Königgrätz am 3. Juli 1866, kam dann die Größe und politische Klugheit von Bismarck zum Zuge, als er die Besiegten mit vollendeter Humanität behandelte, was wohl vor und nach Preußen bis heute noch keine gegnerische Macht fertig gebracht hat! Mit Takt und Schonung kam er den Verlierern entgegen und entsprach damit auch der Sehnsucht der Deutschen in beiden Staaten, daß auch „Wien, Innsbruck und Graz zum deutschen Vaterland gehören!"

Um so mehr ist diese Tat Bismarcks von zeitloser, beispielhafter Bedeutung, als er auch damit seine vor kaum drei Jahren im Parlament ausgesprochenen, vorerwähnten Worte von „Blut und Eisen" deutlich machte und der Welt vorexerzierte, was zum Wohle der Völker danach geschehen mußte, also keinesfalls Rache und Demütigung.

„Unbelehrbare Raubsucht"

Diese ging wieder einmal von Frankreich aus. Kaiser Napoleon III. verlangte nun für „wohlwollendes Stillhalten in aller Unschuld die deutsche Pfalz, Hessen, Belgien und Luxemburg ... Deutschland war eine einzige Flamme der Empörung über diese unbelehrbare Raubsucht der Franzosen." (Joachim Fernau)

Selbstverständlich konnte es nicht anders sein als Frankreich gerade diese Empörung herbeiführen wollte, um mit einer deutschen Einheit, dem „Imperialismus, der Weltbedrohung“ nicht nur einen Kriegsgrund zu haben, sondern auch von vornherein Deutschland die Schuld zuzuschieben. Ein Schachzug, den wir ja in diesem Jahrhundert zweimal erlebt haben!

Frankreich erklärte an Preußen am 19. 7. 1870 den Krieg; ganz Deutschland setzte sich zur Wehr. Unvergessen, sozusagen an der Spitze eilte der bayerische König, Ludwig II., zu den Fahnen des sich schon abzeichnenden Deutschen Reiches.

„ultima ratio regis“

Dieser Spruch war schon in friderizianische Kanonen eingegossen und sollte bedeuten, daß ein Krieg nur als letztes Mittel galt, falls die Lebensrechte des Staates nicht anders mehr gewahrt werden können. „Um Freiheit zur Entwicklung“ zu haben, wie es Friedrich der Große ausdrückte, wie es jedem Volk innerhalb seiner politischen und kulturellen Grenzen zusteht. „Es war das grausame Schwert der Notwendigkeit, das in kulturell gebundenen Zeiten durch die Regeln ritterlichen Geistes gebändigt wurde.“ (Peter Kleist)

In christlichem, abendländischen Geist erließ König Wilhelm I. von Preußen nicht nur nach der Kriegserklärung seitens Frankreich den schon erwähnten Aufruf, sondern sorgte auch für dessen Befolgung: „Ich führe Krieg mit den französischen Soldaten und nicht mit den Bürgern Frankreichs ...“

Das war zur gleichen Zeit, als sich im amerikanischen Bürgerkrieg, Nord gegen Süd 1864, unvorstellbare Bestialität und Barbarei gegen Soldaten und wehrlose Zivilisten enthüllten. Ein Bürgerkrieg, der angeblich um Sklavenbefreiung ging, in Wirklichkeit um den Rohstoff Baumwolle.

Schlimme Entartungen der Völkerverhetzung

Folgende Hetztiraden offenbaren eine Denk- und Handlungsart, die in unserem Jahrhundert bisher allein zweimal Auferstehung feierte und die Welt zerrüttete:

„1. Wilhelm und seine beiden Genossen Bismarck und Moltke, Geißeln der Menschheit und durch ihren unersättlichen Ehrgeiz Ursache so vieler Mordtaten, Brandstiftungen und Plünderungen, stehen außerhalb des Gesetzes wie drei tolle Hunde.

2. Allen unseren Brüdern in Deutschland und in der Welt ist die Vollstreckung gegenwärtigen Urteils aufgetragen.

3. Für jedes der verurteilten reißenden Tiere ist eine Million Franken bewilligt, zahlbar an die Vollstrecker oder ihre Erben durch ...“

Man wird sich das weitere schon denken können oder kann es nachlesen, woher diese Morddrohungen mit Belohnung von Millionen herrühren. („Courrier de Lyon“ 9. 12. 1870 aus Moritz Busch — „Bismarcks große Tage“ — Leoni 1970)

„... werden zur Anstrengung, uns zu wehren, gezwungen ...“

Wieder einmal mußte ein Preuße die Wahrheit herausstellen. Bismarck tat es klar und nüchtern in seiner Rede vor dem Reichstag am 6. Februar 1888:

„Wir liegen mitten in Europa. Wir haben mindestens drei Angriffsfronten. Frankreich hat nur seine östliche Grenze, Rußland nur seine westliche Grenze, auf der es angegriffen werden kann ... Gott hat uns in eine Situation gesetzt, in welcher wir durch unsere Nachbarn daran verhindert werden, irgendwie in Trägheit und Versumpfung zu geraten. Er hat uns die kriegerischste und unruhigste Nation, die Franzosen, an die Seite gesetzt, und er hat in Rußland kriegerische Neigungen groß werden lassen, die in früheren Jahrhunderten nicht in dem Maße vorhanden waren. So bekommen wir gewissermaßen von beiden Seiten die Sporen und werden zu einer Anstrengung gezwungen, die wir vielleicht sonst nicht machen würden ... sie zwingen uns zu einer Anstrengung, die wir freiwillig vielleicht nicht leisten würden; sie zwingen uns auch zu einem Zusammenhalt unter uns Deutschen, das unserer innersten Natur widerstrebt; sonst streben wir lieber auseinander ...“ (Tim Klein — „Der Kanzler Otto von Bismarck“ — München 1919)

„In tragischer Blindheit gehen die Menschen einher ... Die Jungen nehmen alles so selbstverständlich hin ... sie kennen keine Vergleiche, für sie war es immer schon so.“ (J. Fernau)

So sehr diese tragische Blindheit in weitesten Kreisen heute besteht, denen Einseitigkeit, Beschränktheit mit linker Einäugigkeit anerzogen und zum großen Teil vorgelebt wurden seit über drei Jahrzehnten, so wenig kann man wohl das Gleiche allgemein in der wilhelmischen Zeit finden. Das Kommando „Augen rechts“ war zwar häufig auf dem Exerzierplatz zu hören, weniger aber im praktischen, wirtschaftlichen Leben. Darin ergab sich auch der Zwang „die Augen links“ zu wenden, doch die sozialen Nöte waren zeitbedingt, überhaupt in Preußen, in ganz Deutschland bei weitem nicht so groß wie in anderen Ländern, die sich nicht genug darin tun können, soziale Mißstände bei den Deutschen anzuprangern, ohne vor der eigenen Tür zu kehren. Was heute noch, nach bald über einem Jahrhundert dringendst nötig wäre.

Wie oft sind persönliche und politische Fehler Kaiser Wilhelms II. und jüngerer wie älterer Mitarbeiter unter die Lupe gelegt worden. Zu häufig zu dem Zweck, den Kaiser und damit Preußen, das Deutsche Reich herabzusetzen. Obgleich doch wiederum fast ein halbes Jahrhundert, 44 Jahre, Deutschland den Frieden hielt, während in der übrigen Welt fünfzehn Kriege tobten. Vom späteren Standpunkt ist es leicht und billig, Kritik auszuüben, alles besser gewußt und gekonnt zu haben, fast nur Schuldige und Mißstände auf deutscher Seite an den Haaren herbeizuziehen.

Welch nachhaltige Vorwürfe wurden Wilhelm II. wegen der von ihm unterstützten Flottenpolitik gemacht, die meist in „Angriffsvorbereitungen auf Großbritannien“ sowie in „unverantwortlichem persönlichen Machtstreben“ gipfeln. Obgleich doch im wesentlichen ganz einfach galt: Ohne Flotte kein Welthandel, ohne diesen keine Industrie und keine Ernährung des ohnehin aus den Nähten platzenden Volkes. Genau umgekehrt ist es gewesen, wie die spätere, sogar heutige wissenschaftliche Geschichtsschreibung bestätigt: „... die deutsche Flottenpolitik habe zwar die Briten in ihrer Abneigung gegen das Reich bestärkt, letztlich sei die englische Aggressivität gegenüber dem Deutschen Reich aber bereits auf ihrem Höhepunkt gewesen, bevor die deutsche Flotte überhaupt eine Gefahr für die Engländer sein konnte!“ (Herbert Schottelius und Wilhelm Deist [Militärgeschichtliches Forschungsamt] „Marine und Marinepolitik im kaiserlichen Deutschland von 1871—1914“, Düsseldorf 1973)

„Wie kann ich ein Volk gegen seinen Willen überzeugen, wenn die Presse ihm täglich Mißtrauen und Argwohn suggeriert und Taten der Freundschaft und des Friedens falsch beurteilt?“ (Kaiser Wilhelm II. „Dokumente der Deutschen Politik und Geschichte“ Bd. II aus Udo Walendy)

Gleicherart war auch das Verhältnis zu Frankreich mit dessen überspitztem Nationalismus, seinem Rachegelüst seit 1870/1871 mit Kriegszielen aus rein nationalen Interessen heraus, ohne Rücksicht auf höhere Ordnungen für die Völker Europas. Nicht zuletzt waren wirtschaftliche Gründe mit bestimmend, wie die Ergebnisse heutiger Geschichtsforschung aussagen: „... daß Preußen für Frankreich nunmehr eine tatsächliche Konkurrenz darstelle.“ (u. v. a. Klaus Rudolf Wenger —„Preußen in der öffentlichen Meinung Frankreichs“ — Göttingen 1979, G. Steinmeyer — „Die Grundlagen der französischen Deutschlandpolitik“ — Stuttgart 1979, M. Butenschön — „Zarenhymne und Marseillaise“ — Stuttgart 1978)

Die Wahrheit ist, wie Joachim Fernau schreibt: „In friedlicher, ehrsamer, neidloser und gerechter Arbeit geschafft, und wir werden noch weiter voran kommen, noch weiter zum Segen Europas, in Freiheit und Frieden.“ Geschafft nämlich u. a.: „Vor 40 Jahren förderten wir nur den fünften Teil der Steinkohle, die England hervorbrachte, heute ist es bereits über die Hälfte. Vor 20 Jahren produzierte England dreimal soviel Stahl wie wir. Heute anderthalb soviel wie England. Und genauso ist es mit Maschinen, mit Bewaffnung, mit Schiffstonnage ... Wir bauten das schnellste und beste Schiff der Welt, errangen das „Blaue Band“. Wir haben afrikanische und überseeische Kolonien, statt, wie die anderen blutig zu erobern, friedlich gekauft, deutsche Qualitätsarbeit liegt heute bereits auf dem Weltmarkt an der Spitze.“

Vornehmlich in den Kreisen des wirtschaftlichen, des praktischen Lebens „hatte sich doch ein festes und bestimmtes Empfinden für die Gefahr herausgebildet, in der wir von der englischen Seite her schweben“, schreibt aus jener Zeit Paul Rohrbach in seinen „Blauen Büchern“. Daraus kann man den zeitlosen Satz noch zitieren, der für uns Deutsche, auch von 1945 bis heute im Westen wie im Osten höchste Geltung erlangte:

„In der Auffassung der Völker- und Menschheitsgeschichte streiten Idealismus und Materialismus gegeneinander. Formell können sie sich auf den Satz einigen, daß alles Geschehen die Auslese der Tüchtigsten zur Folge hat."

„Englands Gedeihen kann nur gesichert werden, wenn Deutschland vernichtet wird"

„Wenn Deutschland morgen aus der Welt vertilgt würde, so gäbe es übermorgen keinen Engländer in der Welt, der nicht umso reicher sein würde.

Wenn unser Werk getan wäre, könnten wir ... zu Frankreich und Rußland sagen: ‚Sucht euch Kompensationen! Nehmt innerhalb Deutschlands, was ihr wollt, ihr könnt es haben! Nieder mit Deutschland!'

Völker haben jahrelang um eine Stadt oder um ein Erbfolgerecht gekämpft, müssen sie nicht um einen jährlichen Handel von 250 Millionen Pfund Sterling (5 Milliarden Mark) Krieg führen?" (Quelle: der berühmt-berüchtigte Leitartikel der Saturday-Revieuw September 1897 aus Paul Rohrbach „Der deutsche Gedanke" 1912)

Rohrbach schreibt dazu: „So schließt diese Auslassung, von der wir wohl wissen, daß sie nicht die Gefühle des gesamten England wiedergibt, aber doch eines großen Teils der englischen Nation."

„Die englische Flotte müsse den ersten Schlag führen, bevor...

bevor also „die andere Partei Zeit finden würde, in den Zeitungen zu lesen, daß der Krieg erklärt ist." (Arthur Lee, Zivillord der Admiralität, aktives Mitglied der englischen Regierung, Kollege von Winston Churchill, in einer öffentlichen Rede am 3. Februar 1905 nach Paul Rohrbach)

Wer vielleicht meint, diese wenigen Beispiele der tatsächlichen Kriegshintergründe mit der Absicht eines Angriffskrieges seien nur aus damaliger etwa deutsch-nationaler Sicht herausgegriffen im Sinne von „weißer gehts nicht", der sei hier nur auf das blitzhelle Schlagwort aus sozialistischen Kreisen hingewiesen. Deren unfehlbarer „Papst", dessen Worte und Kernsätze seit je bis heute eine Art göttlicher Offenbarung darstellen, also Lenin sagte:

„Wir wissen, daß Jahrzehnte drei Räuber — England, Frankreich, Rußland — sich zur Plünderung Deutschlands rüsteten."

Wenn trotz und alledem die Sozialdemokraten im Deutschen Reichstag, weit vor 1914, in das Horn Englands stießen und, wie erwähnt, den weiteren Auf- und Abbau einer starken Flotte als Kriegstreiberei Kaiser Wilhelm II. hinstellten, so erkennt man wieder einmal mehr, wie Blindheit, Unwissenheit, Beschränktheit nur auf ihre Partei den „drei Räubern“ in die Hände arbeiteten.

Frankreich aber fieberte der Stunde entgegen, in der es Revanche für 1870/1871 üben könne und hätte am liebsten nach alter Tradition die Rheinlande besetzt, bevor der Krieg erklärt war. Belgien war längst als Englands Einfalltor und Frankreichs Marschroute zum Herzen der deutschen Großindustrie im Ruhrgebiet vorgesehen, wie auch später historisch erwiesen. Rußland war vorbereitet, sich auf Preußen zu werfen, um u. a. Rußlands Meeresküste nach altem Traum bis weit in die Ostsee vorzutreiben.

Einkreisung?

Als 1910 der englische König Eduard VII. starb, war die Einkreisung des Deutschen Reiches vollendet, er der sein Lebenswerk darin gesehen hatte, kein Deutschland bestehen zu lassen, das mit seiner enorm leistungsfähigen Bevölkerung im Welthandel und Weltverkehr überhaupt eine Rolle spielen konnte.

„. . . Und das ganze dicht gesponnene Gewirr von Drähten schlingt sich um die Mittelmächte (Deutsches Reich und Österreich-Ungarn) zu dem Automatismus einer Kriegsmaschine, die nur des Anstoßes bedarf, der sie ins Rollen bringt. Einkreisung? Ein hysterisches Geschrei, mit dem das kaiserliche Deutschland den Lärm seiner Waffenfabriken zu übertönen versucht? Hören wir die andere Seite! Gabriel Hanotaux, französischer Diplomat und zeitweiliger Außenminister, schreibt im Jahre 1908: ‚Alle um das deutsche Kaiserreich gelagerten Mächte fassen sich gegenseitig an die Hand, sie führen im Reigen einen ganz und gar neuartigen Tanz auf, eine bisher noch nicht erlebte Tanzfigur, die Einkreisung.‘“ (Peter Kleist)

Wie oft ist behauptet worden, eine Einkreisung der Mittelmächte hätte nie und nimmer bestanden. Doch die historischen Beweise wurden unter v. a. ausgerechnet von Lenin, von den Bolschewisten aus den Archiven des kaiserlichen Rußland zutage gefördert und veröffentlicht. Das hat eine schwere Kompromittierung von England und Frankreich bedeutet, auch in den Augen von außereuropäischen und farbigen Völkern. Dies lag in der vollen Absicht der Sowjets, die ihre rote Saat schon früh legten und längst fleißig ernten.

„Als letzter Schock in dieser Reihe traf die Allierten das sowjetische Dekret über die Annullierung der ehemaligen Staatsschulden der Zarenregierung vom 28. Januar (10. Februar) 1918. Damit wurden die Millionen-Anleihen mit einem Federstrich ausgelöscht, die, besonders von französischer Seite, schon seit dem Ende des vorigen Jahrhunderts die damalige Aufrüstung und Kriegsvorbereitung Rußlands ermöglicht hatten.“ (Georg von Rauch — „Geschichte des bolschewistischen Rußland“ — Wiesbaden 1955)

„Frankreich arbeitet mit allen Gewaltmitteln für einen Krieg, der ausgefochten werden muß, um ekelhafte Begierden zu befriedigen, und weil die Pariser und Londoner Börsen in Petersburg spekuliert haben." So erklärte der französische Sozialistenführer Jaurès. „Berner Tagwacht" 30. 7. 1914. Nur einen Tag später, am 31. 7. 1914 wurde denn auch Jaurès ermordet. (Karl Heise — „Die Entente" — Basel 1919)

„... zwingt Europa gegen Rußland auf der Hut zu sein ..."

Zeitlose Worte von Bismarck: „Der Friede Europas ist seit dem Falle Napoleons von niemand als ausschließlich von dem slawophilen Rußland bedroht. Es ist, als ob Rußland unter der Leitung der slawischen Propaganda die Erbschaft des napoleonischen Caesarismus und damit die Mission übernommen hätten, die schwarzen Punkte am Horizonte des europäischen Friedens zu bilden.

Die anspruchsvolle Selbstüberschätzung der Russen hat sich gesteigert und zwingt Europa gegen die Gefahren auf der Hut zu sein, die der Chauvinismus des slawischen Caesarentums für unseren Frieden heraufbeschwören kann. Die Gefahren werden täglich größer durch die tägliche Steigerung der an sich schon ungeheuerlichen Ziffern des russischen Heeres, obschon Rußland von keiner Seite bedroht ist. Seine aggressiven Absichten werden hier durch die Aufstellung eines Heeres außer Zweifel gesetzt.

Den einzig sicheren Schutz gegen diese Gefahren sehe ich nicht im Vertrauen auf die unsichere Freundschaft Rußlands, sondern nur in unserer Entschlossenheit uns zu wehren und in dem Zusammenschließen der bedrohten Nachbarn Rußlands zu gegenseitiger Verteidigung." (7. September 1879 „Die große Politik der europäischen Kabinette", a. a. O., Band III S. 67 aus Hans Joachim Schoeps — „Bismarck" ... — Frankfurt 1972)

Wahrlich diese Worte treffen haargenau die Lage, in der sich Europa, ja die Welt, nicht erst seit 2 oder 30 Jahren, sondern seit über einem halben Jahrhundert befindet!

Seit über einem Jahrhundert aber befinden sich die „Götter" des Bolschewismus — Kommunismus — internationalen Sozialismus Karl Marx und Friedrich Engels in Gemeinschaft mit der Prophetie von Bismarck:

Marx schrieb: „Panslavismus ist eine Bewegung nicht für nationale Unabhängigkeit. Es ist eine Bewegung, die ungeschehen zu machen strebt, was eine Geschichte von tausend Jahren geschaffen hat, eine Bewegung, die sich nicht verwirklichen kann, ohne die Türkei, Ungarn und eine Hälfte Deutschlands von der Karte wegzufegen, ... die, sollte sie dies Resultat erreichen, seine Dauer nicht sichern kann außer durch Unterjochung Europas." („Neue Oderzeitung", Frankfurt a. d. Oder 24. 4. 1855 aus Bolko von Richthofen — „Kriegsschuld" — Vaterstetten 1968)

Marx schrieb weiter: „Die Politik Rußlands ist unwandelbar. Seine Methoden, seine Taktik, seine Manöver mögen sich ändern, aber der Leitstern seiner Politik, die Weltherrschaft ist ein Fixstern."

Ferner: 1856: „Die tatarische Methode russischer Politik besteht darin, durch Verwirrung und Angst zu siegen. Dem alten asiatischen System der betrügerischen kleinen Tricks getreu, spielt Rußland mit der Leichtgläubigkeit der westlichen Welt. Es gibt nur einen Weg, mit Rußland fertig zu werden: Furchtlosigkeit!"

Während des Krimkrieges 1853 schrieb Marx in der New York Herald Tribune, daß es einen russischen Eroberungswillen gebe und der Panslawismus die kommende Weltgefahr sei. „Rußlands Vergrößerung" vom 14. Juni 1853: „Die ganze Habsburger Monarchie werde durch Rußlands Streben, Weltreich zu werden, verschlungen werden, wenn man seiner Laufbahn nicht Einhalt gebiete. Sonst würde sich herausstellen, daß die natürlichen Grenzen Rußlands von Danzig oder Stettin bis Triest gehen."

Auf dem Internationalen Sozialistischen Kongreß in Stuttgart 1907 sprach August Bebel, einer der sozialistischen Halbgötter: „Falls es zu einem Krieg mit Rußland kommt, werde ich auf meine alten Tage noch die Flinte auf den Buckel nehmen." (Wolfgang Horlacher — „Die Große Utopie, Sozialismus in Deutschland" — München 1976)

Friedrich Engels ging so weit zu erklären, daß Europa nach seiner Auffassung nur noch eine Alternative habe: „Unterjochung durch die Slawen oder Zerstörung für immer des Zentrums ihrer Offensivkraft: Rußland." In die Moskauer Marx-Engels Gesamtausgabe sind diese Passagen natürlich nicht aufgenommen worden. (Prof. Dr. Hans Joachim Schoeps — „Abschied von Deutschland" — Mainz 1973)

Bismarck hat im Jahre 1887 klar vorausgesagt: „Der nächste Krieg würde viel weniger den Charakter eines Kriegs von Regierung zu Regierung haben, als den eines Krieges der Roten Fahne gegen die Elemente der Ordnung."

Sicherlich kannte der „Eiserne Kanzler" die unverrückbaren Ziele der roten Götter, ihrer Komplizen mit deren Finanzkräften: „Der nächste Weltkrieg wird nicht nur reaktionäre Klassen und Dynastien, er wird auch ganze reaktionäre Völker vom Erdboden verschwinden machen. Und das ist auch Fortschritt." (Prof. Dr. Klaus Motschmann — „Sozialismus — Das Geschäft mit der Lüge" — München 1977)

Wenn gleichwohl Bismarck mit Rußland den sogenannten Rückversicherungsvertrag einging: „Befindet sich eine der Parteien im Krieg mit einer dritten Großmacht, so wahrt die andere wohlwollende Neutralität ...", dann bedeutet dieses Abkommen im Jahre 1887 wohl ein Verhandlungsergebnis, aber gleichzeitig „den Zwang für Europa, gegen die Gefahren für unseren Frieden auf der Hut zu sein, also sich wehren zu können und zusammenzuschließen!" Sozusagen ein „Nato-Doppelbeschluß" vor etwas über hundert Jahren! „Tragische Blindheit" bei weiten Kreisen müssen wir heute angesichts gleicher „ungeheuerlicher Ziffern" empfinden, wo eine leichtgläubige, teils gar verräterische Entspannung Friedensengel im Talar, die Schafe im bloßen Hemd paradieren läßt.

An deutschen Bemühungen hat es nicht gefehlt, mit England zusammen zu arbeiten. Wie Paul Rohrbach es ausdrückte: „Gute Beziehungen zwischen Deutschland und England sind, trotz vorhandenen Gegensätzen, keine Utopie. Sie sind möglich und darum durchaus erstrebenswert; für uns und die Engländer erstrebenswerter als jedes andere Ziel der auswärtigen Politik. Sie sind aber nur denkbar auf der Grundlage einer formell wie materiell absolut anerkannten Gleichberechtigung, und diese Gleichberechtigung soll besagen, daß Lebensinteressen des einen Volkes vom anderen respektiert werden müssen." Wie Friedrich der Große vor damals 170 Jahren ja schon sagte: „Man muß uns das Recht zugestehen, Freiheit zur Entwicklung zu haben."

Wie oft ist der Politik Kaiser Wilhelms II. das Bündnis mit Österreich-Ungarn vorgeworfen, und das absolut ehrenhafte Festhalten an dem Bündnisvertrag als eine Art romantischer, blauäugiger Nibelungentreue ausgelegt worden. Abgesehen von einem schmählichen Vertragsbruch hat noch keiner der Prediger einer solchen Moral die Tatsache bedacht, daß sich doch überhaupt kein anderer Bündnispartner bot, daß ohnehin mit oder ohne Österreich-Ungarn die „drei Räuber" über die Mittelmächte hergefallen wären, aus welchem äußerlichen Kriegsgrund auch immer.

Weder Bismarck, noch etwa gleichwertige Nachfolger hätten die Lawine von „Blut und Eisen" infolge Neid, Konkurrenzfurcht, Rache und Aberrache, Profit- und Habgier, nicht zuletzt von Panslawismus auf Jahre oder gar Jahrzehnte hinaus aufhalten können. Es sei denn um den Preis „hebt euch hinweg von den Märkten der Welt", also um Zurückdrehen des Rades aller wirtschaftlichen Entwicklung, zumal der industriellen, mit radikaler Abschaffung aller, die anderen Länder überragender sozialer Fortschritte, die doch nur mit ganz großen wirtschaftlichen Leistungen zu finanzieren waren. Mit dem Preis von allgemeiner Volksverelendung und drastischer Reduzierung der Geburtenrate, damit einem Kampf gegen die christliche Lehre, alles verbunden mit dem Zwang der Auswanderung von Abermillionen zu einem Dasein als Söldner und Knechte!

Da nichts in der Politik ohne weitreichende Pläne bekanntlich geschieht, so wollten vielleicht schon damals insgeheim verbündete Kräfte das Chaos, um desto leichter verelendete, willenlose Massen beherrschen zu können? Wie die Geschichte es aus der französischen Revolution von 1789 erwiesen hat, in der mit Millionen das ungeheuerliche Blutbad finanziert wurde.

Jedenfalls wieder einmal mehr wurden die Menschenrechte mit Füßen getreten, wie es Rudolf Herzog, ein zeitgenössischer Schriftsteller auszudrücken wußte: „England las in der Bibel, der gleichen Bibel, aus der es den Völkern Asiens vorzulesen pflegte, bevor es sie mit dem Knüppel niederschlug. Aus diesem englischen

Hauptbuch der Wucherer und Erpresser, das ‚Mit Gott' begann und mit dem Satan endigte. Es sprach: ‚Demütigt euch, Deutsche, vor Gott und hebt euch hinweg von den Meeren und Märkten der Welt, auf denen ihr uns längst zum Ärgernis wurdet.'"

Der Geldhändler-Ring mit diesem Hauptbuch trank den Wahnsinn aus dem Brunnen, den er selbst vergiftet hatte und verschacherte den heiligen Geist des Friedens, der auch in ihren Völkern lebte, mit „Blut und Eisen" um kriegsgewinnende, schmutzige Münze. Diese Mafia jagte auch die schwarzen und gelben Rassen Afrikas und Asiens gegen das Deutschland des zähen, unermüdlichen Fleißes zur Schande der weißen Rasse als Beginn des späteren Ruins von Großbritannien und der heute mehr als je drohenden Gefahr für Europa, in einen Abgrund zu stürzen.

Wie Christian Morgenstern (1871—1914) schrieb: „Des Krieges Eltern heißen Schwachsinn und Trägheit, den Raubtierstandpunkt beizubehalten, sich selbst im Schacher zu entehren, anstatt die Verteilung der Erde im Sinne überlegener Geistigkeit durchzuführen."

Es bedurfte nur des Anzündens der Lunte, um den Weltbrand zu entfesseln, was mit dem Mord an dem österreichischen Thronfolger, Erzherzog Franz Ferdinand von Habsburg-Este und seiner Gemahlin, Herzogin von Hohenberg, am 28. Juni 1914 in Sarajewo geschah.

„Auch das ist Fortschritt" prophezeiten die roten Götter, und somit wurde der fanatische, gedungene Mörder fortschrittlich zum Volkshelden und Befreier feierlich erhoben. Ich besuchte die Mordstätte mit dem „Museum des Volkshelden" mit dem bezeichnenden Namen Gavrilo Princip, stand auf der Mordbrücke „Prinzipov Most", sah die trüben Wasser des Flusses Miljacka zur Bosna treiben, dachte an meinen Vater, den weltoffenen Kaufmann, an meine vielen Gespräche mit ihm, daß Unmoral, Unvernunft, rücksichtslosester Eigennutz, Verbrechertum, zusammen mit den Zutreibern der Zersetzung und Verhetzung die Weltkriege verursacht und ausgelöst haben. Ich dachte an unsere Zeit, in der diese Geißel der Menschheit in einem Maße die Welt bedrücken, wie kaum je zuvor. Was hätte der Vater dazu gesagt? „Nicht verzweifeln! Keine Feigheit vor dem Feinde. Nie den Mut zur Pflicht verlieren, das Beste zu tun!"

„Eine Lüge ist bereits dreimal um die Welt gelaufen, ...

bevor sich die Wahrheit die Schuhe anzieht," sagte Mark Twain. (1835—1910) Nun, in USA mußte er es ja wissen, wo „die Gewalten, denen das gedruckte Wort gehorcht, zu Hause sind, wo ein Verfallensein an die Presse" herrscht, wie Oswald Spengler (1880—1936) sagte. (Untergang des Abendlandes)

„Die höchste Form der Kriegführung ist die Zerstörung des Willens seines Feindes, um so allen Angriffen vorzubeugen", schrieb vor zweieinhalb Jahrtausenden der Chinese Sun-Tsu. „Lügen brauchen nur oft genug wiederholt zu werden, um zur Wahrheit aufzusteigen“, lautet die schon erwähnte Binsenwahrheit.

So gehört zu dem kurzen Leitfaden durch das Lügendickicht von „Blut und Eisen“, der in dieser Schrift angestrebt wird, nicht zuletzt und erneut „Blut durch Druckerschwärze“. Wobei man alle Mühe aufwenden muß, um die Ausweitung zu einem Endlospapier zu vermeiden. Man kann sich vorstellen, wie neuzeitliche Methoden und Techniken diesen „Papierkrieg“ zum tödlichen Instrument von Haß und Verleumdung gemacht haben, und es in unseren Zeiten des Glotzens in die Flimmerscheibe zur nie geahnten Meisterschaft bringen.

„Die Presse schwillt zu einer riesengroßen Macht an“! „Ein Pfuhl von Gift und Kot wurde gebildet“, schrieb schon Gustave Aubry. („Die französische Revolution“, Erlenbach-Zürich 1948) „Und wer schrieb für soviel Geld?“ fragte Gustave Aubry und setzte fort: „Es gibt ihrer eine Unzahl: Verbitterte Federfuchser, der Abhub des Advokatenstandes und der Literatenwelt, giftgeschwollene Schmierer aller Schattierungen, wimmeln sie wie jene blauen Schmeißfliegen, die im Sommer um das Fleisch schwirren und es mit Würmern spicken.“

Schon eine Halb- und Unterwelt gab es also auch längst vor den heutigen Zeiten. Königin Viktoria von England (1819—1901) hat einen der maßgeblichsten Vertreter derartiger Presse bezeichnenderweise zum „Baronet geadelt“. Dieser sprach gerade das offen aus, was der Masse dumpfgläubiger Leser verborgen bleiben soll:

„Was faselt ihr! Solange wir nicht die Presse der ganzen Welt in Händen haben, ist alles, was ihr tut vergeblich; wir müssen die Zeitungen der ganzen Welt beeinflussen, um die Völker zu täuschen und zu betäuben.“ (Karl Heise — „Die Entente...“ — Basel 1919) Ich möchte den Namen dieses „Bekenners“ und der „ihr“, denen diese Direktive gegeben wurde, nicht nennen. Man kann ja nachlesen.

Genau zu diesem Zweck dirigierte Lord Northcliffe als Chef der preußen- und deutschfeindlichen Hetze in England, das „Täuschen und Betäuben“ u. a. als Mitbesitzer der Zeitungen „Times“, „Daily Mail“, „Evening News“, „Daily Mirror“, „Daily Express“, „Observer“ und ... der offiziösen russischen Zeitung „Nowoje Wremja“. Die Katholische Tageszeitung und das Zentralorgan der szt. eine große Rolle spielenden Zentrumspartei berichtete von der Erklärung besagten Lords Northcliffe, daß „52 englische, russische, französische und italienische Zeitungen den Krieg gemacht hätten“. (Gerhard Müller — „Überstaatliche Machtpolitik im XX. Jahrhundert“ — Pähl 1972) Man sieht also, daß in all den vorerwähnten Berichten, Kommentaren und Andeutungen kein Wort zu viel gesagt wurde.

„Um zu siegen, muß man vor allem hassen...
und um zu hassen, muß man dem Feind alles Hassenswerte zumuten ... wer von uns hat während des Krieges nicht in diesem Sinne von den Deutschen gesprochen? Nicht nur die Franzosen, auch Asquith (englischer Premier bis 1916), Lloyd George (dessen Nachfolger), ich selbst zum Teil, kurz wir alle sprachen so. Der Krieg verschlang all unser Denken." (Francesco Nitti, italienischer Staatsmann — „Die Tragödie Europas und Amerikas" — Frankfurt 1924)

Aus dem genannten Pfuhl brandeten also unaufhörlich widerlichste Wogen von Haß, Lüge, Verleumdung, von Greuelmärchen über die eigenen, die feindlichen und neutralen Völker, wurden in steter Wiederholung für die Volksmassen zur Wahrheit und somit u. a. in Frankreich sogar in Schulbücher aufgenommen. Wahrlich, ein weit vorausberechnetes Training für gleichartigen „Haß, um zu siegen", der sich immer dann verstärkte, sobald das Deutsche Reich Spuren von wirtschaftlicher Erholung, Selbstbehauptung und Einheit erkennen ließ.

Nur wenige, doch historisch getreue Beispiele aus dem Wust des „Täuschens und Betäubens" lassen sich hier anführen:

Ewig kriegslüsterne Verbrecher-Monarchie der Hohenzollern! — Preußen-Deutschland moralisch und kulturell tiefstehendst in Europa. (Schon 1907 „Daily Mail") Hängt den Kaiser! — Deutschland will Europa unterjochen und tyrannisieren! — Das Kaiserreich bewirkt allgemeine Rechtlosigkeit! — Abendländische Kulturwerte müssen verteidigt werden! — Zügellose Pläne der bluttriefenden Hunnen für Weltherrschaft! — Der Feind der Menschheit, der preußische Militarismus muß niedergeworfen werden! Dann ewiger Friede! — Deutsche Flieger werfen mit Pestbazillen gefüllte Zuckerwaren und explosible Bleistifte ab! — Eine Flotte von Piraten, die nur den Galgen verdienen! — Belgien brutal überfallen: „Das arme kleine Land", so daß England in den Krieg getrieben wurde. „Obwohl es doch von Frankreich wie von England längst als Operationsbasis bestimmt und vorbereitet worden war." (u. a. Sven Hedin) Die belgische Presse wurde seit vielen Jahren mit einer halben Million Franken bestochen, um planmäßig gegen Deutschland zu hetzen. (Karl Heise) Das zog dann den zivilen Widerstand von Heckenschützen mit Attentaten und Überfällen nach sich. Gegenmaßnahmen, die für jede Armee im besetzten Land unerläßlich waren, ergaben die Lügen: — Rohe, unmenschliche Behandlung der Bürger Belgiens!

— Kindern die Hände abgehackt! Die Kriegshetzer von 1914 brauchten so eine ihrer gemeinsten Lügen gegen die deutschen Soldaten erst gar nicht mehr zu erfinden. Man legte einfach das, was die Belgier taten (1895 im Kongo) nunmehr den Deutschen zur Last. Eine bekannte Zeichnung aus den Flugschriften zeigt Kaiser Wilhelm II. in Uniform und Pickelhaube, wie er auf einem Hackstock einem belgischen Kind die Hand abhackt. (x)

— Greise, Frauen, Kinder massakriert: Aus französischen Standard-Lehrbüchern: Für die Kleinen „... Im Jahre 1914 haben zwei mächtige Reiche, Deutschland und Österreich-Ungarn, die Rolle des reißenden, grausamen Wolfes gespielt. Ganz plötzlich haben sie beide die kleinen Königreiche Serbien und Belgien angegriffen.“ Für die Größeren: Die Deutschen haben manchmal die Grausamkeit gehabt, kleinen Kindern die Hände abzuschneiden, um sie zu verhindern, später Soldaten zu werden. Überall wurden Zivilisten, Greise, Frauen und Kinder massakriert.

— Ein Volk von Verbrechern im Herzen Europas: Die deutsche Barbarenkultur, Hunnen, Mordbrenner, Einbrecher, Bestien. Kriegsgefangene werden grausam, unmenschlich behandelt. Die Deutschen als Abschaum der Menschheit.

— Plünderer, Verwüster, Zerstörer von Kirchen und historischen Gebäuden, die mit Petroleum vollgepumpt und angezündet wurden.

— Aus unseren und eigenen Gefallenen stellen die Deutschen Glyzerin und Seife her! Diesen einzigen Punkt aus dem Generalstabsplan der Greuelhetze voll Gift und Kot hat indes der britische Außenminister Chamberlain im Unterhaus am 2. 12. 1925 zurückgenommen, aus welchem Grund auch immer. Doch erst, nachdem die makabre Lüge über ein Jahrzehnt die beabsichtigte Wirkung getan hatte. Ähnlich, wie 20 Jahre später es hieß: Bei „den Deutschen“ gibt es Lampenschirme aus Menschenhaut!

„Die gesamte deutsche Nation hat den Krieg mit dem Schrei nach Weltherrschaft begonnen“ (US-Milliadär J. R. Morgan) „... Das Ziel der Propaganda war die Befestigung des Glaubens, daß die Mittelmächte und besonders Deutschland den Krieg mit voller Absicht herbeigeführt haben, um zur Weltherrschaft zu gelangen.“ (US-Professor Peterson) Aus Giselher Wirsing — „Der Maßlose Kontinent“ — Jena)

„In der Welt von 1914—1918 muß es mehr bewußtes Lügen gegeben haben als in jeder anderen Periode der Weltgeschichte.“ (Arthur Ponsonby, Mitglied des britischen Parlaments — „Falsehood in War Time“ — New York 1928 aus Gary Allen — „Die Insider“ — Wiesbaden 1974)

„Was ist nach 1918 von diesem ganzen, wahrhaft imposanten Wust der Völkerverhetzung übrig geblieben? Übergehen wir das pathologische Kapitel der Greuelhetze, die sich selbst richtet. Nur ein kleines Vorkommnis zwanzig Jahre später (also 1938!). Der deutsche Botschafter in Brüssel wandte sich damals an die belgische Regierung mit dem Anerbieten, jetzt, nachdem so viele Jahre über die Wunden des Krieges dahingegangen, eine großzügige Geste der Verständigung zu machen. Er wolle eines der Asyle, in denen die unglücklichen Opfer der deutschen Invasion von 1914 ihr Leben als Blinde und Verstümmelte zubrächten, aufsuchen und eine namhafte Spende für sie auswerfen. Sein belgischer Gesprächspartner wurde unruhig, begann zu stottern und vertröstete den Botschafter auf eine spätere Antwort. Sie ist nie erfolgt. Es fand sich nie ein blindes oder verstümmeltes Kind von 1914!“ (Peter Kleist)

Wilhelm II., Deutscher Kaiser, König von Preußen (1859—1941)

„In der gerechten Fürsorge für den Arbeiter liegt die wirksamste Stärkung der Kräfte..."

Am Anfang seiner Regierung schon, am 1. Januar 1891, traten zu den Gesetzen von Kaiser Wilhelm I. Invaliditäts- und Alters-Versicherungsgesetze hinzu.

Sven Hedin: „Kaiser Wilhelm tat im Laufe eines Vierteljahrhunderts sein Möglichstes, um die Unwetter des Krieges von Deutschlands Grenzen und von Europa fernzuhalten... Aber alles, was Verleumdung, Feigheit, Klatsch ausdenken kann, ergießt sich über sein Haupt. Seine Absichten werden verdreht, seine Worte mißdeutet, seine Handlungen zu Verbrechen gestempelt."

Inzwischen hatte Kaiser Wilhelm II. sein sozialpolitisches Programm hinausgegeben in Gestalt zweier Erlasse, die ohne ministerielle Gegenzeichnung unter dem 4. Februar 1899 bekannt gemacht worden waren.

Der eine war gerichtet an den Reichkanzler Fürsten von Bismarck und bezweckte die Befragung der Regierungen von Frankreich, England und Schweiz wegen einer internationalen Verständigung über die Möglichkeit, denjenigen Bedürfnissen und Wünschen der Arbeiter entgegenzukommen, welche in den Ausständen der letzten Jahre und anderweit zutage getreten waren. Der andere war gerichtet an den Arbeitsminister von Maybach und den Handelsminister von Berlepsch und bezeichnete unumwunden als eine Aufgabe der Staatsgewalt, „die Zeit, die Dauer und die Art der Arbeit so zu regeln, daß die Erhaltung der Gesundheit, die Gebote der Sittlichkeit, die wirtschaftlichen Bedürfnisse der Arbeiter und ihr Anspruch auf gesetzliche Gleichberechtigung gewahrt bleiben“. In der hochbedeutsamen Rede, mit welcher der Kaiser am 14. Februar die dem Arbeiterwohl gewidmete Tagung des Staatsrates eröffnete, fügte er die erklärenden Worte hinzu: „Der den Arbeitern zu gewährende Schutz gegen eine willkürliche und schrankenlose Ausbeutung der Arbeitskraft, der Umfang der mit Rücksicht auf die Gebote der Menschlichkeit und der natürlichen Entwicklungsgesetze einzuschränkenden Kinderarbeit, die Berücksichtigung der für das Familienleben in sittlicher und wirtschaftlicher Einsicht wichtigen Stellung der Frauen im Haushalte der Arbeiter — sind einer verbesserten Regelung fähig.“

„Arbeiterschutz“ also war die Losung Kaiser Wilhelms II. Wie stand dazu Fürst Bismarck, der Gesetzgeber der „Arbeiterversicherung?“

In seiner Depesche an den Grafen Leyden in London vom 8. Februar 1890 sagte der Fürst: „Der Wettbewerb der Nationen im Welthandel und die Gemeinsamkeit der daraus entspringenden Interessen machen die Schaffung erfolgreicher Einrichtungen zum Wohl der Arbeiter eines Landes unmöglich, ohne dieses Landes Wettbewerbskraft zu beeinträchtigen. Solche Einrichtungen können nur auf gemeinsamer Grundlage aller interessierten Länder geschaffen werden.“

Die Thronrede, mit welcher der Kaiser am 6. Mai 1890 den aus den Wahlen des 20. Februar hervorgegangenen Reichstag eröffnete, ergab sogleich, wie sehr ihm die Frage des Arbeiterschutzes Herzens- und Gewissenssache war. Das Studium der Arbeiterausstände des verflossenen Jahres hatte ihn veranlaßt, die Frage prüfen zu lassen, „ob unsere Gesetzgebung den innerhalb der staatlichen Ordnung berechtigten und erfüllbaren Wünschen der arbeitenden Bevölkerung in ausreichendem Maße Rechnung trägt“. Das Ergebnis war ein ganzes Programm von Reformvorlagen über Sonntagsruhe, Beschränkung der Frauen- und Kinderarbeit, Erlaß von Arbeitsordnungen, Vorschriften über Arbeitsbücher, bessere Regelung gewerblicher Schiedsgerichte und ihre Gestaltung zu Einigungsämtern. „In der gerechten Fürsorge für den Arbeiter liegt die wirksamste Stärkung der Kräfte, welche wie Ich und Meine Hohen Verbündeten berufen und willens sind, jedem Versuche, an der Rechtsordnung gewaltsam zu rütteln, mit unbeugsamer Entschlossenheit entgegenzutreten.“

Ein Wunder... und erneuter Beweis...

Genau an dieser Stelle unter dem direkten Eindruck der vorstehenden Beispiele aus einer unaussprechlich abscheulichen Greuelhetze, von „bewußten Lügen, wie noch in keiner anderen Periode der Weltgeschichte“, muß die Tatsache betont werden, daß es ein förmliches Wunder, ein erneuter Beweis dafür ist, wie Charakter, Kultur, Toleranz, Denken und Handeln der Deutschen beschaffen war. Was alles sie in ihrer weit überragenden Mehrheit nicht dazu brachte, Gleiches mit Gleichem zu vergelten, pauschal Rache und Aberrache zu propagieren und auszuüben! Obgleich sich mit und nach dem „Friedens“-Diktat von Versailles, bar jeder Menschlichkeit von ritterlichem abendländischen Geist, die maßlosen Lügen wiederholten! Und die kaum 20 Jahre später in der ersten Kriegserklärung vom 24. 3. 1933 fortgesetzt wurden, von der später noch berichtet wird.

Selbst von Hans Habe, dem jüdischen Publizisten und Schriftsteller, wurde eingeräumt und später noch in dieser Schrift belegt: „... daß die Behauptung, es gäbe im Deutschen Reich viel Antisemiten so originell sei, wie das Vorhandensein von viel Rothaarigen. Weder das eine noch das andere sei der Fall gewesen.“

„Überzeugung von der Unschuld des Kaisers...“

Die Deutschen waren sich bewußt, daß es Sturzfluten an Lügen waren, die sie ersticken sollten. Das zeigt nicht nur allgemein ihr Durchhalten vier Jahre lang gegen Hungersnot, Kälte und über fünfzigfache militärische Übermacht. Das wird u. v. a. auch von einem Hans Habe gleichartigen Autor vieler historischer Werke zugegeben, von Emil Ludwig, der naturgemäß nicht glimpflich mit Deutschland umgeht. In seinem Buch „Wilhelm der Zweite“ Berlin 1925 wird von „der Überzeugung des deutschen Volkes an der Unschuld des Kaisers am Kriege“ gesprochen, „den er nicht als Raubzug vom Zaune gebrochen, nie gewünscht, mehrmals verhindert und nur durch das jahrzehntelange Wirken seiner Natur den kriegerischen Führern in allen Ländern Europas erleichtert hatte“.

„Die Erde mit den Augen des Kulturmenschen zu sehen“

Doch den wirklichen Trost, einen Labe- und Lebenstrunk in der Wüste, spendet eine neutrale Persönlichkeit von weltweitem Ansehen:

„Das Gerede von dem deutschen Militarismus erinnert an die alte Geschichte vom Splitter und Balken! Ist denn Englands Weltmeerherrschaft kein militaristisches System? Läßt sich ein ausgedehnterer Militarismus denken als der, der seine Werbungen über fünf Kontinente ausdehnt?“

„Keinen Augenblick habe ich daran geglaubt ... ich wollte die Verleumdung ausrotten und die Wahrheit zur Kenntnis der Allgemeinheit bringen ... Von Völkern, die auf der Höhe der Kultur stehen wollen, kann man doch mindestens das eine verlangen, daß es seinen Gegnern nicht Verbrechen vorwirft, die sie nicht begangen haben. Deutsche Proteste gegen die Beschuldigungen der feindlichen Zeitungen nützten natürlich nichts. Vielleicht glaubt man mir, wenn ich vor Gott beteure, daß ich keine Zeile niederschreibe, die nicht Wahrheit ist, und nichts anderes schildere, als was ich mit eigenen Augen gesehen habe."

So schreibt der große Neutrale, der schwedische Forscher, Weltreisende, Asienkenner und Schriftsteller Sven Hedin in seinem Werk „Ein Volk in Waffen". (Leipzig 1915) Als Zivilist, als neutraler Kriegsberichterstatter aus eigenem Antrieb, unabhängig von irgendeiner Regierung oder Geldmacht, widerlegt Sven Hedin sämtliche Lügen und Verleumdungen. Ein Mann, von dem Chronisten u. a. schon vor dem Ersten Weltkrieg schrieben: „Sven Hedin ist ein Programm ... voll Wagemut und Unerschrockenheit ... er lehrt uns, die Erde mit den Augen des Kulturmenschen zu sehen ... es gibt keinen anderen, der sich so unbefangen, so vielseitig zeigt ... von einer zwingenden Objektivität ... sieht und schildert mit den liebevollen Augen des edlen Menschen ... ist in reiner Menschlichkeit eine interessante und fesselnde Persönlichkeit ..."

Sven Hedin setzt fort: „Über den Deutschen Kaiser verbreitet man die schändlichsten Verleumdungen! Die Deutschen sind Barbaren, die zerschmettert werden müssen ... England führt den Krieg durch konsequente Fälschung der Wahrheit, die in der englischen Presse so selten ist wie in der deutschen die Lüge."

„... ein unerschütterliches Faktum in der Geschichte ..."

Über Kaiser Wilhelm II. schreibt Sven Hedin weiter: „Aber alles, was Verleumdung, Feigheit, Klatsch ausdenken kann, ergießt sich über sein Haupt. Seine Absichten werden verdreht, seine Worte mißdeutet, seine Handlungen zu Verbrechen gestempelt."

„England hatte — getrieben von Besorgnis für seine Weltherrschaft auf dem Meer und neidisch auf den raschen Fortgang der Deutschen in kommerzieller und ökonomischer Beziehung — am Krieg teilnehmen wollen und deshalb Deutschland den Krieg erklärt. Wenn je, so bot sich jetzt die Gelegenheit, einem verhaßten Rivalen beizukommen, ohne selbst allzuviel opfern zu müssen."

„Es wird wohl auch für alle Zeiten in der Geschichte als unerschütterliches Faktum bestehen bleiben, daß Kaiser Wilhelm im Lauf eines Vierteljahrhunderts sein Möglichstes tat, um die Unwetter des Krieges von Deutschlands Grenzen und von Europa fernzuhalten. Mehr als einmal hat der Ausbruch des Krieges an einem Haar gehangen, und alle sind darin einig, daß des Kaisers persönliches Eingreifen eine Katastrophe abgewendet hat. Noch nicht vor langer Zeit war der Weltkrieg näher als die Mitwelt ahnte, auch damals gab die Friedensliebe des Kaisers den Ausschlag. ... Das Urteil der Geschichte wird zu seinen Gunsten ausfallen. Währenddessen rüstete sich Deutschland für die blutigen Ereignisse, an deren bevorstehendem Ausbruch kein klar sehender Mensch zweifeln konnte."

„Ein Verbrechen gegen Zivilisation und Christentum“

„Ist es ein des 20. Jahrhunderts würdiger Fortschritt in Kultur und Zivilisation, daß man u. a. die ahnungslosen Inder Tausende von Meilen über Meer und Land schleppt, um sie auf den Schlachtfeldern Europas gegen die ersten Soldaten der Welt, die deutsche Armee, ins Feuer zu treiben? ... Eine solche Handlungsweise ist der Gipfel der Grausamkeit! ... Farbige Heiden gegen christliche Europäer zu verwenden ist ein Verbrechen an Kultur, Zivilisation und Christentum. Und wenn die englischen Missionare es billigen, dann sind sie Heuchler und schlechte Verkünder des Evangeliums.“

„Wenn England ruhig geblieben wäre ... der Krieg wäre dann auch nicht zu einem Weltkrieg angewachsen wie jetzt, zu der größten und tragischsten Katastrophe, die je das Menschengeschlecht heimgesucht hat. Keine Nation hat je eine größere, weltumfassendere Verantwortung getroffen als England!“

„Für England ist dieser Weltkrieg, wie er auch enden mag, eine nationale Katastrophe.“ We have forty million reasons for failure, but not a single excuse. (Wir haben 40 Millionen Gründe für Mißerfolg, für Versagen, aber nicht eine einzige Entschuldigung) Dies war eine weit verbreitete Meinung in England die aber unterdrückt wurde. Zur Ehre „der Engländer“ sei dies zitiert; wieder ein Beweis dafür, daß es nie die Völker selbst sind, die „Blut und Eisen“ herbeiführen, doch darunter leiden müssen.

„Ein Machtübergewicht Rußlands viel gefährlicher ...“

Sven Hedin zitiert die prophetischen Worte von G. Bernard Shaw, (1856—1950) Mitglied der Fabian Society, Vereinigung englischer Sozialisten, Grundlage für die Labour-Partei. „Die Situation muß beurteilt werden im Hinblick auf G. B. Shaws sehr vernünftige Worte:

‚Und was wir uns alle vor Augen halten müssen, ist das: Wenn unsere Seite siegt, wird die Folge ein Machtübergewicht Rußlands, was für alle anderen kämpfenden Parteien gefährlicher ist, als eine für Deutschland günstige Machtverschiebung, die wir jetzt durch den Krieg unmöglich zu machen suchen.‘“

Sven Hedin sagt zu dieser Prophetie, die auch im und nach dem Zweiten Weltkrieg in blindwütigem Haß einer Minderheit mißachtet, längst Wirklichkeit wurde:

„Das heißt mit anderen Worten: Ein russischer Sieg ist für alle kriegführenden Staaten viel gefährlicher als ein deutscher! Denn ein übermächtiges Rußland wird ganz Europa, einschließlich England mit seinem indischen Reich bedrohen, ein siegreiches Deutschland aber niemals eine Bedrohung Europas bedeuten.“

Auch zur Ehre des amerikanischen Volkes...

Wenn auch dieses Volk wie wohl kaum ein anderes „der Presse verfallen ist“, so spricht es umsomehr zu seiner Ehre, daß die hintergründigen Mächte, die „Wir“, größte Anstrengungen machen mußten, um den Kriegseintritt der USA populär zu machen. Robert Bacon, Teilhaber des Bankhauses Morgan, erklärte einem französischen Journalisten: „In Amerika gibt es 50 000 Leute, denen die Notwendigkeit unseres sofortigen Kriegseintritts an Eurer Seite klar ist. Aber es gibt 100 Millionen Amerikaner, die daran noch nicht einmal gedacht haben. Unsere Aufgabe ist es, dieses Zahlenverhältnis umzukehren und die 50 000 zu den 100 Millionen zu machen. Wir werden es fertigbringen.“ (Ludwig Leher — „England Weltbeglücker“ — München 1965)

An dieser Aufgabe arbeitete auch US-Präsident Wilson, der wohl im Jahre 1916 während seiner Wahlkampagne dem amerikanischen Volk das Versprechen gab, „daß amerikanische Soldaten nicht in einen fremden Krieg gesandt würden“, doch gleichzeitig dabei war, das Gegenteil vorzubereiten und hinter den Kulissen England gegenüber die Verpflichtung einging, in den Krieg einzutreten! (Gary Allen) Eine Verschwörung, bestätigt Gary Allen, hatte seit mehr als zwei Jahrzehnten den Krieg geplant, der beinahe mit einer Schlichtung geendet hätte, wenn nicht die USA Deutschland den Krieg erklärt hätten!

Doch die Entzündung zum ungehemmten Haßausbruch mußte noch fertiggebracht werden. Und zwar durch den Betrug mit der Torpedierung des Luxusdampfers „Lusitania“ durch ein deutsches U-Boot, die als eine „Barbarei der Hunnen“ von der alles beherrschenden Presse hinausgeschrien wurde. Obwohl die Torpedierung nach geltendem Kriegsrecht erfolgt war, weil es sich in Wirklichkeit um einen schwer bewaffneten Hilfskreuzer mit zusätzlicher Ladung an Munition handelte und den sofortigen Untergang durch Explosion bewirkte. Erst fünfzig Jahre später wurde dieser Betrug durch den britischen Historiker Colin Simpson enthüllt und nachgewiesen. („Die Lusitania“ — S. Fischer-Verlag) S. auch „Impressionen aus der neuen Welt“, Deutschland Journal März 1978.

„Wir“ = Erbhöfe des Kriegsgewinns...“

Immer wieder wird die blutige Szene des „Täuschens und Betäubens“ durch Blitze der Wahrheit enttarnt. Der US-Präsident Woodrow Wilson erklärte 1919: „Gibt es denn jemanden, Mann oder Frau, ja, gibt es ein Kind, das nicht wüßte, daß der Keim des Krieges in der modernen Welt industrielle und kommerzielle Rivalität ist? Dieser Krieg war ein Industrie- und Handelskrieg.“ (Russell Grenfell — „Bedingungsloser Haß?“ — Tübingen 1954)

Allein in USA und in einem einzigen Jahr ergaben sich damit „18 000 neue Millionäre und bei fast 70 USA-Konzernen eine Gewinnerhöhung um 300 Prozent!“ (Sven Hedin — „Amerika im Kampf der Kontinente“)

„Die eigentlichen Gewinner auf den Schlachtfeldern Europas sind die amerikanischen Riesenkonzerne und Trusts; die nutznießenden Kreise der Hochfinanz, Erbhöfe des Kriegsgewinns mit dem Beispiel, daß allein die United Steel Corporation, beherrscht vom Bankhaus Morgan, von 1915—1919 an Dividende 355 Millionen Dollar gezahlt hatten. (Giselher Wirsing — „Der maßlose Kontinent" — Jena) Zusammen mit der Weltmacht Öl wurden die USA zum reichsten Lande der Welt in beiden Weltkriegen mit „Blut und Eisen" und hatten die Gotteslästerungen somit nötig: „Gottes eigenes Land" und „God, our silent partner" (Unser stiller Teilhaber, Gott) (Anton Zischka — „Ölkrieg..." — Leipzig)

„Vor denen, die im Puppentheater der Weltpolitik Drähte ziehen", also die „Wir", die es fertig brachten, hatte schon 1912 US-Präsident Theodore Roosevelt gewarnt: „Hinter der sichtbaren Regierung sitzt auf dem Throne eine unsichtbare Regierung, die dem Volke keine Treue schuldet und keine Verantwortlichkeit anerkennt. Diese unsichtbare Regierung zu vernichten, den gottlosen Bund zwischen korruptem Geschäft und korrupter Politik zu lösen, ist heute die erste Aufgabe des Staatsmannes." (x)

Dazu paßt das Bekenntnis von Thomas Mann: „Die Geschichsforschung wird lehren, welche Rolle das internationale Illuminatentum ... unter Ausschluß der ahnungslosen Deutschen natürlich, bei der geistigen Vorbereitung und wirklichen Entfesselung des Weltkrieges gegen Deutschland gespielt hat." Nicht nur des Ersten, auch des Zweiten Weltkrieges, wie längst erwiesen.

Der Abgeordnete George W. Norris rief im April 1917 dem US-Senat zu: „Wir gehen in den Krieg, weil das Gold es befiehlt ... Ich möchte diesem Kriesgott zurufen: Du sollst nicht das Blut meiner Brüder in Gold ummünzen ... Ich fühle, daß wir das Zeichen des Dollars auf die amerikanische Flagge setzen." (x)

„Als er noch Professor war, hatte Woodrow Wilson die Vorzüge des preußisch-deutschen Staatswesens lebhaft gerühmt ... Er hätte sein Land gar nicht erst in den Kreuzzug gegen dieses Staatswesen führen dürfen ... Doch man weiß, welche eigentlichen Mächte in USA alles und jedes beherrschen ... Amerikas Eingreifen schuf ein balkanisiertes und mit Zündstoffen gefülltes Europa; das friedlose Europa." (Dr. F. W. Bitter/Dr. A. Zelle — „Die Krankheit Europas" — Kampen 1932)

„Blut und Eisen" der „drei Räuber" und der 50 000 „Wir" aus USA bewirkten im Ersten Weltkrieg allein 8 Millionen Tote, über 21 Millionen Verwundete und Verkrüppelte. Hinzu kamen die Millionen von Hunger-Toten und -Kranken aus der deutschen Zivilbevölkerung. Das sind nur nüchterne Zahlen, von dem furchtbaren Leid aller Völker, den schlimmen Folgen für das Abendland, das Christentum ganz abgesehen.

Hinterhältigste Täuscher locken in die Falle

„C'est la dernière des guerres", dies ist der letzte Krieg! „The war to end the war", dieser Krieg soll allem Krieg ein Ende machen. „Mit diesen idealen Parolen feuerten die Alliierten ihre gepeinigten Völker an, im Weltkriege durchzuhalten. Wenn erst einmal der Feind der Menschheit, der preußische Militarismus, niedergeworfen sei, werde das goldene Zeitalter des ewigen Friedens anbrechen." (Bitter/Zelle)

Diese Spruchbänder führen offenbar ein unsterbliches Leben. Denn 60 Jahre später sprach ein „Friedenskanzler", Friedensnobelpreisträger Willy Brandt, aus: „Er wolle sein ferneres Leben der Bekämpfung des preußischen Militarismus widmen." Womit doch, wie man nicht anders empfinden kann, sämtliche Anwürfe und Greuelmärchen gegen die Deutschen, unter welcher Regierung auch immer, bestätigt und erhärtet sind. In dem Augenblick sprach der Ex-Kanzler dies aus, als er seinen Posten verlor, weil ein enger Vertrauter, Familien- und Urlaubsgenosse, der nur mit einem noch ganz jungen Parteibuch ausgerüstet war, sich als Spion der „DDR" entpuppte. Nun, die Genossen ließen sich nicht lumpen und wählten den Friedenshelden zum Präsidenten der sozialistischen Internationale. An die Seite einer jeder Vorstellung sprengenden herkömmlichen und nuklearen Rüstung stellt sich mit dieser Auffassung der Friedenskanzler und -Präsident, mit welcher nahe oder ferne Genossen die noch freie Welt bedrohen. Mit einem Militarismus, von dem kein Preuße, kein Deutscher auch nur je geträumt hat, der aber dann doch und endlich der eingeschläferten, noch freien Welt so langsam das Schnarchen zu vertreiben scheint.

„Gewalt, Gewalt bis aufs äußerste...

grenzenlose Gewalt", das hat schon US-Präsident Wilson am 6. 3. 1918 den Deutschen angedroht, nachdem er kaum vier Wochen vorher, am 11. 2. 1918, gleiche Friedens-Schalmeien ertönen ließ: „Es soll keine Annexion, keine Kriegssteuer, keine Strafen geben." (Emrys Hughes, britischer Historiker — „Churchill in seinem Widerspruch" — Tübingen 1959)

„Menschenwerk schlimmster Art... auf Betrug aufgebaut..."

ist der Versailler Gewaltfriede, die Hauptursache der Krankheit Europas. Er beruht sogar auf Vertragsbruch, auf dem Bruch eines einzigartigen weltgeschichtlichen Vertrages, den man schon eher als heilig bezeichnen könnte, zielte doch das Wilson-Programm auf eine dauerhafte, den Frieden sichernde Neuordnung der Welt. (Gary Allen) Dieses Programm entwarf Präsident Wilson in seinen berühmt-berüchtigten „14 Punkten" für den kommenden Frieden, das mit ergän-

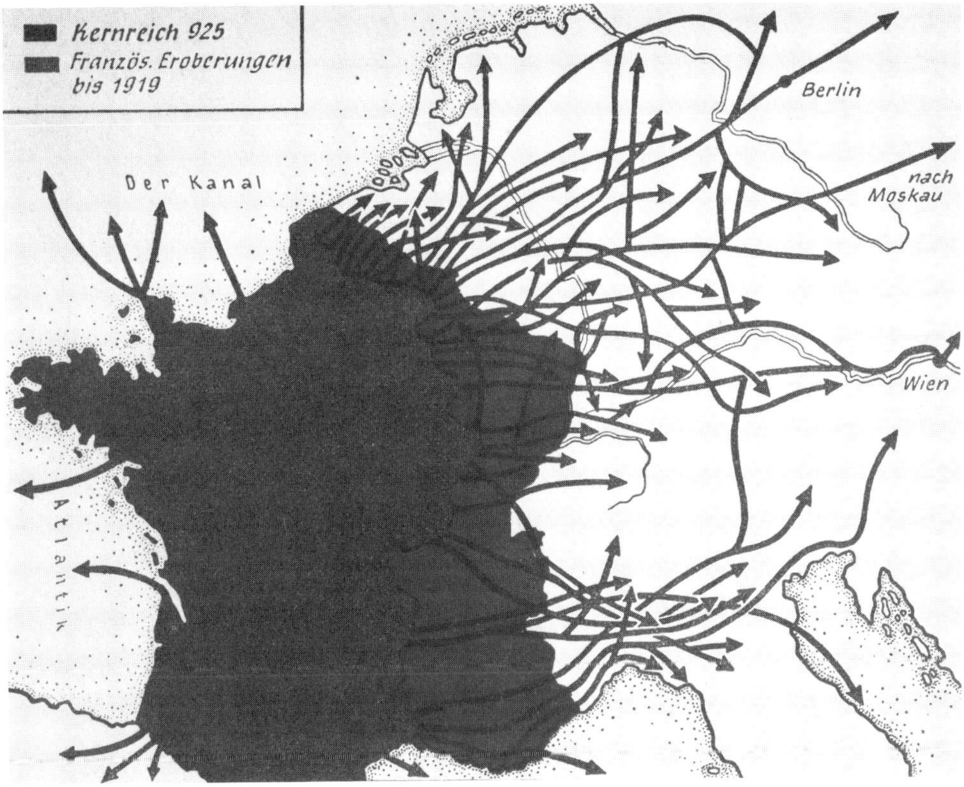

Die Grenze des französischen Kernreiches Deutschland gegenüber blieb fast 800 Jahre, von 843 bis 1648, unverändert. Erst in den letzten 300 Jahren hat Frankreich sich mit Eroberungszügen, die durch Pfeile angedeutet sind, den rot angezeichneten Raum einverleibt.

Geschichte ist eine Einheit, aus der man die Verantwortlichkeit eines Teils nicht willkürlich herausbrechen kann.

Trotzdem soll die obige Karte nicht den — uns fremden — Ruf nach „Revanche" erheben. Aber sie gibt Antwort auf die Frage: „Wer ist der Angreifer?"

Aus: Dr. Peter Kleist „Auch DU warst dabei", Heidelberg 1953 zenden Grundsätzen seiner späteren Kundgebungen von beiden Parteien als Friedensgrundlage angenommen wurde. Damit war ein rechtsgültiger Vertrag zustande gekommen ... mit der Methode der Verständigung, nicht der des Diktats. Dann aber haben uns die Gegner durch die Drohung mit Gewalt und Hunger einen Diktatfrieden aufgezwungen, dessen Inhalt in krassem Gegensatz zu Wilsons Grundsätzen stand. ... Unter Privatleuten macht Betrug oder Zwang jeden Vertrag anfechtbar und nichtig. Unter Staaten ergibt sich aus einer solchen Entstehungsgeschichte der Anspruch auf Revision." (Bitter/Zelle)

„Irgendeine Nation, so böse und abscheulich sie auch sein mag, auf der Grundlage bestimmter Bedingungen zur Waffenniederlegung zu veranlassen und dann, wenn sie wehrlos ist, ihr andere Bedingungen aufzuerlegen, ist ein Akt der Ehrlosigkeit, der niemals ausgetilgt werden kann." (Lord Buckmaster aus R. Grenfell — „Bedingungsloser Haß")

Wer genau informiert sein möchte, bei welchen „großen Bossen", der „Wir", die Ehrlosigkeit nicht ausgetilgt werden kann, der beachte die Forschungsergebnisse des US-Historikers Gary Allen.

„... mehr als der Goldbestand der gesamten Erde ..."

Um nur einen kleinen Begriff hier von den „Friedens"-Bedingungen unter Betrug und Zwang zu geben, um ferner jenen entgegenzutreten, die behaupten, daß „doch schon 10 Jahre nach dem Versailler-Frieden eine Revision erfolgt sei, und zwar mit dem Young-Plan vom 7. Juni 1929, dem sei bedeutet, daß mit dieser Teil-Revision die Schuldenlast „auf ein beinahe irdisches Maß festgesetzt wurde, auf 39,29 Milliarden Goldmark, also immer noch ein gut Stück mehr als der Goldbestand der gesamten Erde."

„In ausgesprochenem Vernichtungswillen wurde Deutschland einer Last unterworfen, die auch die ungeborenen Kinder und Kindeskinder der lebenden Generation nicht abtragen konnten und sollten. Was das bedeutete, eröffnete ... Poincaré (1860—1934 schroff deutschfeindlicher französischer Staatsmann, Ministerpräsident, Staatspräsident, ließ das Ruhrgebiet besetzen und versuchte mit Unterstützung der deutschen Separatisten das Rheinland vom Reich loszureißen.) „Mir würde es wehe tun, wenn Deutschland zahlte. Ich ziehe die Besetzung und die Eroberung dem Geldeinstreichen und den Reparationen vor." (Presseinterview vom 27. 7. 1922)

„Lloyd George benutzte die Reparationsfrage innerpolitisch zum Zweck seiner persönlichen Wahlagitation und versprach seinen Wählern, Deutschland werde nicht weniger als 480 Milliarden Goldmark zahlen. Der Franzose Loucheur übertrumpfte ihn mit der Forderung von 800 Milliarden und alle überbot der französische Finanzminister Klotz, den Poincaré „das erstaunlichste Exemplar eines Juden ohne jeden Sinn für Geldfragen" nannte, mit seinem berüchtigten Wort:

„Le boche payera tout". (Peter Kleist) Boche war das bekannte französische Schimpfwort für den Deutschen, sozusagen „Das Schwein wird alles bezahlen".

„Überzeugung sämtlicher Politiker ... sieht man von den Kommunisten ab"

„Friedensdiktate sind für die Sieger etwas Schönes ... Aber sie haben die unangenehme Eigenschaft: Sie decken auf, für welche Ziele der Krieg geführt wurde." (Joachim Fernau)

Auch wird aufgedeckt, welche Kreise hinter den Kriegen gestanden haben, deren eigentliche Nutznießer sind, es also blutnötig haben, das Denken, die Geschichtskenntnisse der Jüngeren erst ab 1933 beginnen zu lassen, und alle ihrer Propaganda entgegenstehenden Tatsachen einem Rechtsextremismus zuzuordnen. Ohne jede Rücksicht auf das Naturgesetz, daß schlechte Beispiele, Unrecht, Gewalt, Lüge und Verleumdung wieder das gleiche Böse nach sich ziehen, wie wir erlebt haben und es noch tun.

Zuerst eine maßgebliche Stimme aus unseren Tagen: „Der Ausdruck ‚Gewaltfriede' oder ‚Diktatfriede' ist keine Erfindung späterer Rechtsfanatiker; er entsprach vielmehr der Überzeugung sämtlicher Politiker der jungen Republik, sieht man von den Kommunisten ab."

„Nahezu keine einzige Bestimmung des Vertrages-Entwurfes (Anm. und auch des nachherigen Vertrages!) entspricht den vereinbarten Bedingungen, und der Entwurf fordert in territorialer Hinsicht die Annexion rein deutscher Gebiete und die Unterdrückung deutschen Volkstums. Er bringt die völlige Vernichtung des deutschen Wirtschaftslebens. Er führt das deutsche Volk in eine in der Weltgeschichte bisher nicht gekannte finanzielle Sklaverei. Die Verwirklichung dieses Vertragsentwurfs würde für die ganze Welt ein neues Unglück bedeuten." (Prof. Hellmut Diwald — „Geschichte der Deutschen")

„Der übermächtigen Gewalt weichend und ohne damit ihre Auffassung über die unerhörte Ungerechtigkeit der Friedensbedingungen aufzugeben, erklärt die Regierung der deutschen Republik, daß sie bereit ist, die von den alliierten und assoziierten Regierungen auferlegten Friedensbedingungen anzunehmen und zu unterzeichnen." (Aus Note der sozialdemokratischen Regierung, des Reichsaußenministeriums, an Frankreich vom 23. 6. 1919)

Reichskanzler Philipp Scheidemann (SPD) sagte im Mai 1919: „... Dieser schauerlichste und mörderischste Hexenhammer, dem einem großen Volk das Bekenntnis der eigenen Unwürdigkeit, die Zustimmung zur erbarmungslosen Zerstückelung, das Einverständnis mit Versklavung und Helotentum abgepreßt werden soll, dies Buch darf nicht zum Gesetzbuch der Zukunft werden.

Welche Hand müßte nicht verdorren, die sich und uns in diese Fesseln legt. Und dabei sollen wir die Hände regen, sollen arbeiten, Frondienste für die ganze Welt leisten ... Ich vermag heute noch nicht zu glauben, die Erde könne solch ein Buch ertragen, ohne daß aus Millionen und Abermillionen Kehlen, aus allen Ländern, ohne Unterschied der Partei, der Ruf erschallt: ‚Weg mit diesem Mordplan!'" („Tägliche Rundschau" aus Udo Walendy.)

Herbert Hoover, Mitglied der amerikanischen Friedens-Delegation von 1919 und später Präsident der USA, urteilte: „Dies aber führt zu einem Abwürgen jeglichen Fortschritts und zu seiner Rechtfertigung jeglichen Unrechts." (Herbert Hoover — „Memoiren II" — Mainz 1951) Nun, auch Hoover konnte sich offenbar gegen seine eigentliche Regierung nicht durchsetzen!

Lord Curzon, Lordpräsident des britischen Geheimen Rates und Führer des Oberhauses, erklärte über Versailles: „Es ist kein Friedensvertrag, sondern lediglich eine Unterbrechung der Feindseligkeiten." (Gary Allen)

Der niederländische Gesandte van Swinderen sprach gegenüber dem britischen Diplomaten E. Howard aus: „Die Friedensbedingungen von Versailles enthalten alle Keime eines gerechten und dauerhaften Krieges." (E. Howard of Penrith „Theatre of Life" aus Udo Walendy)

Churchill: „Ich betrachte diesen Krieg (Anm. 1939—1945) gegen deutschen Angriff samt und sonders als einen 30jährigen Krieg von 1914 an." (Brief Churchills an Stalin aus Udo Walendy)

Der ehemalige US-Außenminister Robert Lansing: „Die Sieger wollen ihre verschiedenartigen Begierden auf Kosten der Besiegten befriedigen und ordnen ihrem eigenen Interesse das Interesse der Menschheit unter ... aus Intrige geboren und von der Habgier entwickelt und deshalb eher bestimmt, Kriege hervorzurufen, als zu verhüten." (Francesco Nitti, ehemaliger ital. Ministerpräsident — „Die Tragödie Europas und Amerika" — Frankfurt/Main 1924 aus Udo Walendy)

Der 4-Sterne-General der USA Wedemeyer: „Doch ich erkannte, daß Hitler an die Macht gekommen war als Resultat der Behandlung Deutschlands nach dem Ersten Weltkrieg und daß sein Einfluß auf die Deutschen auf ihre verzweifelte Suche nach einem Ausweg aus dem wirtschaftlichen Chaos und Elend zurückzuführen war."

Lloyd George, der 1919 die Verantwortung trug, erklärte im September 1932: „Können wir uns denn wundern, daß die Deutschen zuguterletzt zu einer Revolte gegen diese chronische Betrügerei der großen Mächte getrieben werden?" (Heinrich Härtle — „Die Kriegsschuld der Sieger" — Göttingen 1966)

Sven Hedin: „Auch bei den beiden Weltkriegen ... reichen die Ereignisse weit zurück ... Der Zweite Weltkrieg ist aus dem Ersten Weltkrieg geboren, zum mindesten in der Stunde, da die Vertreter von 32 Nationen im Spiegelsaal von Versailles ihre Unterschrift unter ein Dokument setzten, das als Friedensvertrag bezeichnet wurde, ohne es zu sein."

„... erlogen und erschwindelt... Wort wieder und wieder gebrochen..."

„Der Glaube, daß eine Nation oder ein Staatsmann erzverbrecherisch war, wird von ernsten Geschichtsforschern nicht mehr geteilt." (G. P. Gooch in „Diplomacy and Statecarft" 1942 aus Dr. Robert Ingrim — „Von Talleyrand bis Molotow" — Zürich 1947)

„Und die Regierungen dieser Völker haben das der Welt und Deutschland gegebene Wort wieder und wieder gebrochen... zu einer Zeit, da ihnen noch keine deutsche Regierung einen berechtigten Anlaß hierzu hätte geben können und Hitler erst in das politische Leben eintrat." (Udo Walendy)

„Die gesamte Dokumentation, die uns gewisse unserer Alliierten vorgelegt haben, war erlogen und geschwindelt. Wir haben auf Grund von Fälschungen entschieden.." (K. Rable „Das Selbstbestimmungsrecht der Völker", wie vor)

Der Nestor der deutschen Nationalökonomen, L. Brentano, stellte in seinen zeitgeschichtlichen Büchern „Die Urheber des Weltkrieges" und „Der Weltkrieg und E. D. Morel" fest, daß die Alleinschuld Deutschlands eine ungeheure Lüge ist.

Brentano würdigte warmherzig den großen britischen Pazifistenführer E. D. Morel, der mit überragendem Mut seit 1914 gegen das englische Kriegskabinett Stellung genommen hatte, der einer der wenigen war, welcher den britischen Kriegstreibern die Wahrheit gesagt und die Deutschen verteidigt hat, wo sie im Recht waren. Der dafür trotz dem so gerühmten Muster einer britischen Demokratie zunächst ein Jahr in einem britischen Gefängnis eingekerkert und für die Zukunft zum Schweigen gezwungen wurde. Die Briten lieferten also auch in diesem Punkt den Bolschewisten und dem noch viel späteren totalitären deutschen Regime ein bezeichnendes Vorbild."

„Deutschland den Krieg nicht geplant, doch... daran festhalten"

„Diese Behauptung, die wir alle während des Krieges aufstellten, war eine Waffe, die zu der Zeit gebraucht werden mußte; nun, da der Krieg vorüber ist, kann sie nicht als ernsthaftes Argument angewandt werden." (Francesco Nitti, ital. Premierminister)

„Rußland war wie ein großes Schiff ohne Steuer. Es gab keine Kontrolle... Es war ein sehr schwerer Fehler, im Vertrag von Versailles die ganze Kriegsschuld den Mittelmächten, dem Deutschen Reich und Österreich-Ungarn, zuzuschreiben." (Lord Grey, im Jahre 1914 britischer Außenminister)

„Ich darf wohl behaupten, daß selbst Poincaré (Anm. als großer Deutschenhasser) unmöglich an die alleinige Schuld Deutschlands glauben kann. Aber wenn es gelingt, eine Politik zu führen, die sich auf die Theorie von Deutschlands alleiniger Schuld gründet, dann ist es klar, daß man an dieser Theorie eisern festhalten oder sich wenigstens den Anschein der Überzeugung geben sollte." (General Suchomlinow, russischer Kriegsminister nach Rob. Ingrim)

„Anschlag auf das ganze Gewebe der Zivilisation"

„Was aber blieb übrig von der Kriegsschuldthese ... nun, nicht weniger als der große und drohende, von Rachsucht errichtete Festungsbau von Versailles, dessen Mauern Geborene und Ungeborene zu Hunger- und Sklavendiensten umschlossen, dieses Haus des Völkerfriedens mit wohlgefüllten Pulverkammern, diese Brücke in die Zukunft mit eingebautem Zeitzünder." (Peter Kleist)

Der britische Abgeordnete der Arbeiter-Partei, J. W. Kneeshaw, auf dem Labour-Parteitag in Scarborough 1920: „Wären wir das besiegte Volk und hätten solche Bedingungen auferlegt bekommen, so würden wir, statt uns ruhig auf sie zu verpflichten, in unseren Schulen und Heimen begonnen haben, unsere Kinder auf einen Vergeltungskrieg vorzubereiten, der das unerträgliche Joch der Eroberer abschüttelt. Diese Bedingungen waren nicht nur ein Anschlag auf Deutschland, auf Österreich und andere besiegte Nationen, sie waren auch ein Anschlag auf das ganze Gewebe der Zivilisation." (W. Jaksch — „Europas Weg nach Potsdam" — Stuttgart 1958)

An weiteren Dokumentationen bzw. Zitaten daraus, auch aus der internationalen Geschichtsforschung, besteht nicht der geringste Mangel.

Prof. Theodor Heuss, der erste Präsident der Bundesrepublik Deutschland

„Versailles ist zur Geburtsstätte des Nationalsozialismus geworden"

„Jene Staatsmänner, die den großen Kampf gegen das kaiserliche Deutschland geführt hatten, um die ‚Tyrannei und internationale Rechtlosigkeit' zu beseitigen, haben nach der Besiegung Deutschlands nichts unternommen, um einer würdigen demokratischen Staatsführung in Deutschland eine ehrliche Chance zu geben. Gewalt und internationale Rechtlosigkeit wiesen den Weg in die Zukunft — zu einer Zeit, da noch niemand von Hitler sprach. Und so ist Versailles zur Geburtsstätte des Nationalsozialismus geworden." (Theodor Heuss — „Hitlers Weg" — Berlin, Leipzig, Stuttgart 1932)

„Auf diese Weise waren die Deutschen, denen man so ungefähr die Pistole auf die Brust hielt, gezwungen, den Friedensvertrag, an dessen Zustandekommen sie keinen Anteil hatten, am 28. Juni 1919 im Spiegelsaal des Schlosses von Versailles zu unterzeichnen. Die Ergebnisse sind nun bereits Geschichte, und die unheilvollsten dieser Ergebnisse waren der Aufstieg Hitlers, der Zweite Weltkrieg und die verderbendrohenden Nachwirkungen dieses zweiten Weltkonfliktes." (Emrys Hughes, britischer Historiker, in seinem Werk „Churchill..." s. weiter unten)

„Rußland verkündet seine Lehre des Hasses und des Todes..."

Dr. Italo Zingarelli „Das Erbe von Versailles" Zürich, Leipzig, Wien, 1930: Dr. H. Studer, der Inhaber des Almalthea-Verlages schreibt im Vorwort von diesem Autor als dem Vertreter großer italienischer Blätter seit vielen Jahren in Mitteleuropa, der über die wirtschaftlichen und politischen Verhältnisse vorurteilsfrei und ohne Parteilichkeit schreibt, daß sein Schaffen und Wirken vornehmlich dem Vermittlungsgedanken gilt. Studer zitiert im Vorwort aus dem Werk „Die Weltkrisis" von Winston Churchill, dem ehem. englischen Marineminister und Schatzkanzler dessen Worte:

„Die Kriegsgefahr ist keineswegs aus der Welt geschwunden. Alte Feindschaften schlummern und der Trommelschlag neuer Gegnerschaften ist bereits zu hören. Die Befürchtungen Frankreichs und der Groll Deutschlands sind nur zum Teil beseitigt. Über den weiten Ebenen Ost- und Zentraleuropas mit ihren zahlreichen neuen und hochnationalistischen Staaten, (Anm. Polen) drohen die gekränkten Schatten Peters und Friedrichs des Großen und die Erinnerungen an die von ihnen geführten Kriege. Rußland, ein Selbstverstoßener, wetzt seine Bajonette in der arktischen Nacht und verkündet mit trotzig-hungrigem Munde seine Lehre des Hasses und des Todes."

Wer hat sich mit diesen Bajonetten und dieser Lehre der Weltrevolution auf Gedeih und Verderb, noch dazu im Namen des Christentums, verbündet? Die bereits seit damals schon dreizehn Jahren viele Völker teils vernichtet, teils blutig unterdrückt hatten. Und Gleichartiges zwangsläufig kommen mußte, weil in blindwütigem Haß das Deutsche Reich zerschlagen und in Fesseln gelegt worden war. Wie auch Colin Roß, der bekannte Weltreisende und Asienkenner schon 1923 („Der Weg nach Osten" Leipzig 1923) schrieb, das Deutschland durch Krieg, Blockade und Valutaelend zu einem großen Teil arme Ab- und Eingesperrte geworden sind, zu dem „Tier auf dürrer Heide". „Noch mag es Jahrzehnte dauern, bis sie (Rußland in der Richtung auf asiatische Vor- und Weltmacht) Geschehnisse auslöst, die für europäische Kolonialmächte bedrohlich sind, aber die Bewegung ist im Fluß."

Revanche-Gedanken, welche den Deutschen so oft vorgeworfen wurden? Dazu schrieb Zingarelli: „Auch daran glaube ich nicht, daß Elsaß-Lothringen das geheime Ideal eines jeden guten Deutschen ist; aber wenn Frankreich das Rheinland räumt, so ist die deutsch-französische Freundschaft in den Bereich ernsthafter Möglichkeiten gerückt. Andererseits bin ich überzeugt davon, daß kein Deutscher sich damit abfinden wird, die heutige Ostgrenze als endgültig anzusehen."

„Die Ungerechtigkeit ist also zur völkerrechtlichen Stütze

von heute geworden." So schrieb Prof. Hans Joachim Schoeps, der in dieser Schrift schon oft erwähnte Historiker, der sich als Jude und Religionswissenschaftler bereits kurze Zeit nach dem Zusammenbruch von 1945 für Preußen, für Deutschland einsetzte. In seinem Werk „Abschied von Deutschland":

„Und wenn wir an die letzten Jahrzehnte nach 1919 denken, da empfand es wohl die überwältigende Mehrheit der Deutschen in der Weimarer Republik als eine unannehmbare Ungerechtigkeit, wie der sogenannte Diktatfrieden von Versailles das Deutsche Reich insbesondere im Osten dezimiert hatte, und dieser Wunsch und Drang nach Revision der Grenzen von 1919 war die schwerste Hypothek, die auf der ersten deutschen Republik gelastet hat. Und heute?

Heute stützt sich die bis 1969 offizielle, inzwischen freilich aufgegebene Forderung auf die Wiederherstellung der deutschen Einheit auf die Grenzen von 1937, d. h. die Grenzen von 1919 plus Saargebiet, das bekanntlich 1935 an Deutschland zurückkam. Die Ungerechtigkeit von 1919 ist also zur völkerrechtlichen Stütze von heute geworden."

Nun, der verehrte Professor Schoeps drückt den ganzen Greuel noch äußerst schonsam aus. In Wirklichkeit war und bleibt die „Ungerechtigkeit von 1919" eine „erbarmungslose Zerstückelung Deutschlands", „ein schauerlicher, mörderischer Hexenhammer", „ein Keim zu weiteren Kriegen", „ein Menschenwerk schlimmster Art, auf Betrug aufgebaut", „die Hauptursache der Krankheit Europas", „eine Ehrlosigkeit, die nicht ausgetilgt werden kann", usw.

Doch wieder einmal mehr sollte sie ausgetilgt werden, es langte indes nur zu wiederholter, knüppeldicker Übertünchung. Wie nicht anders zu erwarten, zu erneuter Betonierung der gleichartigen These einer Alleinschuld Deutschlands auch am Zweiten Weltkrieg, die mit einer noch erbarmungsloseren Zerstückelung Deutschlands das „Gewebe der Zivilisation" zerstört hat, soweit bei den Siegern etwas davon übrig geblieben war. Das sind die völkerrechtlichen Stützen von heute, also die Ostverträge. Ohne Volksbefragen wurde alle Gerechtigkeit gegen ein Linsengericht eingetäuschelt.

Wie soll man diese Empfindungen beurteilen? Als Produkt der Umerziehung, als eine der Geheimwaffen Moskaus mit langen Armen und offenen Händen? Bestimmt aber als konsequente Fortsetzung der Taktik eigentlicher Sieger, die Deutschen nur durch das erwähnte Schlüsselloch in die Geschichte ihres Volkes blicken zu lassen.

„Für die tiefe Erbitterung ... haben wir volles Verständnis“

Ja, das waren dann doch andere Genossen, damals vor 62 Jahren! Aus dem Aufruf der Reichsregierung vom 25. Juni 1919:

„An das deutsche Volk! Die Reichsregierung hat mit der Zustimmung der Nationalversammlung erklärt, den Friedensvertrag zu unterschreiben. Schwersten Herzens, unter dem Druck der rücksichtslosesten Gewalt, nur in dem einen Gedanken: unserem wehrlosen Volk neue Kriegsopfer und Hungerqualen zu ersparen...

Nimmer werden wir derer vergessen, denen die Abtretung droht, sie sind Fleisch von unserem Fleisch. Wir werden für sie eintreten, wo wir können, wie für uns selbst. Aus dem Staatsverband können sie gerissen werden, aber nicht aus unseren Herzen...

Jeder muß um des Ganzen willen seiner Pflicht treu bleiben, auch in diesen bösesten aller bösen Tage. Man zwingt uns, Deutsche an fremde Gerichte auszuliefern. Wir haben uns bis zum äußersten dagegen gewehrt. Für die tiefe Erbitterung unserer braven Truppen haben wir volles Verständnis. Aber wenn nicht Offizier und Mann jetzt noch fester für die innere Ordnung eintreten helfen, so liefern wir nicht nur ein paar Hundert, sondern Millionen unserer Landsleute aus, und zwar der Okkupation, der Annexion, dem Terror...“

Der Reichspräsident Friedrich Ebert (SPD), Die Reichsregierung.

„Wir wollen nicht verzagen“

Wenn die folgenden Worte aus der Rede des führenden Sozialdemokraten, des Reichspräsidenten Friedrich Ebert, vom 11. August 1922 heute von einem führenden Politiker der Bundesrepublik Deutschland, ja auch nur von einem einfachen Bürger gesprochen und Millionen Deutschen zur Kenntnis gebracht würden, so wäre die Folge ein entsetzter Aufschrei nicht nur der Sieger, deren ein Teil glücklicherweise sozusagen unsere Verbündeten sind, nein, sämtliche Deutsche würden als Neonazis, Revanchisten, Kriegstreiber usw. von solchen Siegern verleumdet, die ihrerseits sich in Revanche, Kriegen und Kriegsdrohungen nicht genug tun können.

„Einigkeit und Recht und Freiheit! Dieser Dreiklang aus der Liebe des Dichters gab in Zeiten innerer Zersplitterung und Unterdrückung der Sehnsucht aller Deutschen Ausdruck; er soll auch jetzt unseren harten Weg zu einer besseren Zukunft begleiten. Sein Lied, gesungen gegen Zwietracht und Willkür, soll nicht Mißbrauch finden im Parteikampf, es soll nicht der Kampfgesang derer werden, gegen die es gerichtet war; es soll auch nicht dienen als Ausdruck nationalistischer Überhebung. Aber so, wie einst der Dichter, so lieben wir heute ‚Deutschland über alles‘. In Erfüllung seiner Sehnsucht soll unter den schwarz-rot-goldenen

Fahnen der Sang von Einigkeit und Recht und Freiheit der festliche Ausdruck unserer vaterländischen Gefühle sein.

Schwere Stürme sind über die junge deutsche Republik in den letzten Wochen dahingegangen. Unsere Einigkeit, unser Recht, unsere Freiheit wurden bedroht. Sie werden noch weiter bedroht sein. Wir wollen nicht verzagen. In der Not des Tages wollen wir uns freudig der Ideale erinnern, für die wir leben und wirken. Der feste Glaube an Deutschlands Rettung und die Rettung der Welt soll uns nicht verlassen." (Aus Friedrich Ebert, Schriften usw. Band II. Dresden 1926)

„... vaterländische Gefühle ..."

Ja, das waren noch Zeiten, könnte man sagen, als das Deutschlandlied noch von einem Reichspräsidenten, der alter Kämpfer der SPD war, in ursprünglichem Sinne belassen und zur Nationalhymne erhoben wurde. Daß also die Deutschen ihr „Deutschland über alles" lieben, nicht aber in Worten oder gar Taten sich über die ganze Welt erheben wollen. Wie letzteres uns in Geschichtsfälschung und Diffamierung unaufhörlich unterschoben wird. Wo kaum um die fünfzig Jahre später Partei-Nachfahren in Hörigkeit zu fernen Genossen kaum eine Strophe des Deutschland-Liedes mitzusingen wagen, die erste schon gar nicht. Dafür bei möglichst vielen Gelegenheiten die „Internationale" ehrfürchtiges Anhören, gar Mitsingen genießt. Mehr aus Furcht als zur Ehre, was zu Ehren der Sänger einmal angenommen werden soll.

Die Internationale, das Lied der schon öfter erwähnten Friedenshelden, in welcher deren „letztes Gefecht" verherrlicht wird, also doch zweifelsohne „Blut und Eisen"! In der es u. a. heißt: „Es rettet uns kein höheres Wesen, kein Gott, kein Kaiser noch Tribun. Uns aus dem Elend zu erlösen, können wir nur selber tun." Unter dieser Hymne wurden schon Millionen Menschen „vom Elend erlöst", d. h. ermordet und werden es noch. Unter dem Kampflied ihrer Partei, die sie heiligsprechend und alleinseligmachend „über alles", über jede Religion, auch die der Juden, zur Diktatur zu erheben trachten.

„Die Ablehnung des Bekenntnisses zum Atheismus schließt jegliche Chancen der Gleichheit der Bürger aus. Die Kirchenzugehörigkeit ist gleichzeitig Berufsverbot für Erziehungs- und Bildungsberufe und Anstellungen der mittleren und höheren Verwaltung." Demgegenüber versicherte die Evangelische Kirchenführung in der „DDR", „das kommunistische Regime respektiere die Kirche in der ‚DDR'"! („Stimme der Märtyrer", Nachricht der Hilfsaktion Märtyrerkirche November 1981) In den Herrschaftsgebieten der „Internationale" handelt es sich um einen „Todesfrieden" für alle Andersdenkenden, fast schlimmer noch als „Blut und Eisen". Wie u. a. die Gefangenenhilfsaktion Amnesty international erneut berichtete „Die hungernden Gefangenen essen Gras", um nur ein Beispiel von ungeheuerlichen Greueln an Gewissensgefangenen herauszugreifen. (Rheinische Post 30. 4. 1980)

Zurück zum Krieg nach dem Krieg

Das Vorstehende und vieles andere mehr gehört ohnehin dazu. Doch im Jahre 1919 trat wohl nach dem Waffenstillstand 1918 bzw. nach dem „Frieden" von Versailles zunächst ein Stillstand von „Blut und Eisen" ein, es blieben Hunger und Kälte. Die Hungerblockade gegen die deutsche Zivilbevölkerung wurde noch nicht aufgehoben, die so viel Elend bewirkt hatte und von mir selbst mit sehr geschwächter Mutter und drei Geschwistern miterlebt wurde. Wie immer traf solch hundertausendfaches Ermorden von Zivilisten zuerst die Schwächsten, Mütter, Frauen, Kinder, alte und kranke Leute. Es waren damals schon pauschal „nur Deutsche, also Hunnen und bluttriefende Barbaren."

In dem Diktat-Frieden wurde die Ablieferung von Zucht-Nutz- und Schlachtvieh erzwungen, sowie jährlich vierzig Millionen Tonnen Kohle für zehn Jahre an Frankreich, Belgien, Italien und Luxemburg. Diese Brutalität erforderte im Jahre 1919 allein achthunderttausend Menschenleben! Diese Zahl ist historisch nachgewiesen, war also kein damaliger oder späterer Betrug!

„Unsere braven Truppen ... für innere Ordnung ... gegen Terror"

Reichspräsident Friedrich Ebert hatte es richtig erkannt und sprach das aus, was heute bzw. seit 30 Jahren schon als deutsches „Blut und Eisen" begeifert würde.

„Als am 9. November 1918 die Revolution in Deutschland ausbrach, handelten die Führer der Revolten von Kiel, Hamburg und Berlin nicht nur aus eigener Kraft, nicht nur mit dem Ziel einer inneren nationalbegrenzten Umwälzung. Sie handelten im Rahmen einer größeren revolutionären Bewegung, deren Endziel die ganze Welt umfaßte. Die Doktrin, mit der Liebknecht, Rosa Luxemburg, die Eisner und Thälmann jetzt die Massen auf die Barrikaden riefen, setzte an Stelle des nationalen Kampfes und des nationalen Hasses den Klassenkampf und den Klassenhaß." (Peter Kleist)

„Dolchstoßlegende"

Wenn sich auch die SPD 1914 bei Kriegsbeginn hinter die Kaiserliche Regierung stellte, so wurde ihr doch 1918 und später von weiten Kreisen angelastet, in Verbindung mit der KPD, ja gar mit den Feindmächten, durch untergründige Zermürbung von Armee und Heimat die Revolution von 1918 und den Zusammenbruch vorbereitet, mitbewirkt, also das Deutsche Reich sozusagen hinterrücks erdolcht zu haben. Was alles natürlich von der SPD als Legende jahrzehntelang erbittert bekämpft wurde. Pro und Contra kann hier nicht erörtert, es soll nur auf August Winnig, einen der angesehendsten Sozialdemokraten seiner Zeit hingewiesen werden (1878—1956).

Als gelernter Maurer trat dieser schon 1913 der Gewerkschaftsbewegung bei und gewann viel Vertrauen. „Charakteristisch für seine Wesensart war seine Haltung während des Krieges: er trat innerhalb der SPD gegen die Bestrebungen auf, den Widerstandswillen in der Armee und im deutschen Volk zu zermürben." (Silke Steinberg — „Über die Zeit hinaus" — Hamburg 1976) Trotz Ernennung 1919 zum Oberpräsidenten von Ostpreußen wurde August Winnig bald seines Amtes enthoben und aus der SPD ausgeschlossen. Vielgelesene Bücher von Winnig waren u. a. „Vom Proletariat zum Arbeitertum" und „Europagedanken eines Deutschen".

„Ich kenne kein Vaterland, das Deutschland heißt"

Hatte im Frühjahr 1918 der sozialdemokratische „Vorwärts" geschrieben: „Es wurde unser fester Wille, daß Deutschland diesmal seine Kriegsflagge einzieht, ohne sie siegreich heimzubringen", so war es nur noch ein Schritt weiter zu dem Bekenntnis: „Ich kenne kein Vaterland, daß Deutschland heißt", ein Wort, das nur noch übertroffen wurde von jenem Ausruf eines Heidelberger Professors: „Auf dem Felde der Unehre gefallen."

Mit dieser Schändung des Andenkens an Millionen Tote des Ersten Weltkrieges verschloß sich die deutsche Sozialdemokratie jeden Weg zur Erfassung des deutschen Volkes. Sie beschränkte sich selbst auf ihre marxistische klassenkämpferische Ideologie, eines der trojanischen Pferde zur endgültigen Zerstörung des Deutschen Reiches mit bolschewistischer Unterdrückung des deutschen Volkes. Ein hervorstechender Marxist, Mitglied des SPD-Parteivorstandes, Artur Crispien, schrieb im „Vorwarts" vom 11. Januar 1922: „Unser Ruf geht an die Proletarier der ganzen Welt... Wir kennen kein Vaterland, das Deutschland heißt. Unser Vaterland ist die Erde, das Proletariat!"

„Man verschloß sich in diesem Lager der Erkenntnis, daß zwischen Demokratie und Klassenkampf ein unüberbrückbarer Abgrund klafft. Die Demokratie, die auf die Zusammenarbeit des Volksganzen gegründet ist, kann nicht sich selbst verleugnen, indem sie antinational wird." (Peter Kleist)

Welche offenen und hintergründigen Krafte sich solcher Zusammenarbeit verschließen, zeigt heute z. B. der Ausspruch des Fraktionsvorsitzenden im Kölner Stadtrat, Günter Herterich. Als man der SPD im Hauptausschuß sozialistische Tendenzen vorhielt, verkündete Herterich: „Wenn wir an die Macht kommen, wird das Eigentum abgeschafft, die freie Liebe eingeführt, und die Unternehmer kommen an den Galgen." (Kölnische Rundschau, 2. August 1980)

„Hängt den Kaiser“

So tobte viele Jahre die Presse der „Wir“ mit schändlichsten Verleumdungen, aus deren Pfuhl oben Beispiele gegeben wurden. Auf der Liste der „Kriegsverbrecher“, die an die Sieger ausgeliefert werden sollten, standen 859 Persönlichkeiten, an der Spitze Kaiser Wilhelm II. und Generalfeldmarschall von Hindenburg. (22. 7. 1919 britische Kabinettsakten 1916—1922) Allesamt hatten sie nichts anderes getan, als sich an hervorragender Stelle in gutem Glauben an ihr Vaterland eingesetzt zu haben. Doch das deutsche Volk war noch so stand- und ehrenhaft, war auch nicht ganz vom Feinde besetzt, wohl durch Hunger, doch nicht vom Bombenterror so zermürbt, nicht so von Verrat und Propaganda-Wirrnis unterwandert und verstört, als daß es dem Auslieferungsverlangen Folge geleistet hätte. Wahrscheinlich damals schon in der Erkenntnis, daß es sich bei einem Gericht von Siegern logischerweise darum handeln müsse, daß Ankläger, Richter und Henker nicht nur in gleicher Funktion agieren würden, sondern die Nämlichen waren, welche die schändlichsten Lügen über alle Deutsche weltweit verbreitet hatten.

Die neue sozialdemokratische Regierung entsprach jedenfalls, aus welchen Gründen auch immer, der Mehrheit des Volkes und widersetzte sich erfolgreich in dieser Hinsicht den Siegern, also dem Mob der ganzen Welt. Und damit dem Hintergrund eines „Weltgewissens“, die Alleinschuld der Deutschen zu zelebrieren, dagegen das Übermaß an eigener Schuld auf ewig hinter Talaren aller nur denkbaren Art verborgen zu halten.

Der Kaiser im Exil

Wie oft wurde und wird dem Kaiser aus Haß, Unkenntnis der wahren Umstände, aus Opportunismus „Feigheit vor dem Feinde“ vorgeworfen, ohne auch nur ein einziges Wort von ihm zu hören und hören zu wollen. Wenn der Kaiser und seine Berater das Exil in den Niederlanden wählten, konnten sie nicht wissen, daß eine sozialdemokratische Regierung entgegen dem Willen der Kommunisten das Auslieferungs-Gebot nicht erfüllen würde.

So schreibt Sigurd von Ilsemann („Der Kaiser in Holland“, Aufzeichnungen aus den Jahren 1918—1941, München 1971):

„11. Dezember 1918 — Immer dunkler wird für uns hier die Zukunft! Der Kaiser will sich unter keinen Umständen der Entente ausliefern.“ „Ich will mich nicht wie der gemeinste Verbrecher durch die Straßen von Paris oder London schleifen lassen, daß ich angespien werde und diese Schufte mir dann den Kopf abschlagen. Denn darüber ist kein Zweifel, bin ich erst einmal in ihren Händen, so bringen sie mich um. Die Schmach und Schande darf ich mir, meinem Hause und Deutschland nicht antun; diesen Triumph sollen die Feinde nicht haben.“ So der Kaiser. Obwohl nicht direkt zum vorliegenden Thema gehörend, so möchte ich doch etwas über einen Besuch von Generalfeldmarschall von Mackensen beim Kaiser in Haus Doorn aus genanntem Buch bringen. Um so lieber tue ich das, weil ich als junger Mann Feldmarschall Mackensen noch mehrfach gesehen und gehört habe. Und zwar bei seinen Vorträgen in der Stadthalle zu Elberfeld und in benachbarten Großstädten, wohin ich fuhr, um Mackensen erneut zu erleben. Diese Veranstaltungen hatten nicht den Zweck, die so großen Leistungen des Feldmarschalls und seiner Armee herauszustellen. Wie etwa deren Eroberung von Belgrad und Nisch mit der Ende November 1916 erfolgenden vernichtenden Niederlage bei Pristina, die sie der serbischen Hauptarmee zufügten.

Es handelte sich bei dieser Arbeit in breiter Öffentlichkeit, die damals bezeichnenderweise noch möglich war, nur darum, das deutsche Volk, besonders die jüngeren Deutschen, für die notwendige vaterlandsbewußte Haltung einzunehmen, zu Mut und Vertrauen in einen Wiederaufstieg aus tiefster Not, in Ehren, Frieden, ohne neues „Blut und Eisen" zu einem Platz in einer europäischen Völkergemeinschaft.

Auch möge der Bericht den Jüngeren noch einen Hauch der kaiserlichen Zeit vermitteln, viel mehr aber noch das, was Mackensen über das Deutsche Heer sagte und mit dem übereinstimmt, was ich oben aus dem letzten Bericht der Deutschen Wehrmacht zitierte.

„Die Tür tat sich auf und mit rüstigen Schritten trat der greise Feldmarschall von Mackensen (77) in seiner Leibhusaren-Uniform ein. Der Vertreter der ehemaligen deutschen Armee kam zu dem verbannten ehemaligen Obersten Kriegsherrn in die Fremde. Besonders sympathische Züge in diesem greisen Antlitz. Aus den Augen spricht Güte, Menschenfreundlichkeit und Energie. Drei Schritte vor dem Kaiser blieb er stehen und überbrachte die Grüße und das Gedenken der Offiziere der alten Armee. Es war ein malerisches Bild. Der große schlanke Mann in der schönsten aller früheren Uniformen mit schwerem Kavalleriesäbel und Pelzmütze in der Linken, den Marschallstab in der Rechten, in den hohen Reiterstiefeln, der silberbestickten Attila, mit allen Orden, Ordensbändern und den goldenen Schnüren. In warmen Worten sprach er von dem Eintritt des Kaisers in die Armee vor fünfzig Jahren, von der schweren Aufgabe, die der Kaiser mit dem Regierungsantritt übernommen, von den großen Verdiensten um die Armee und Marine im Frieden und besonders im Kriege, wie Seine Majestät uns vor dem Einfall der Feinde in die Heimat bewahrt, wie das deutsche Heer unter seiner Führung sich fast fünf Jahre siegreich gegen eine Welt von Feinden gehalten, daß ein Entente-Heerführer gesagt habe: Das deutsche Heer, das 1914 in den Krieg gezogen ist, sei das beste und schlagfertigste gewesen, das je die Welt gesehen habe, und schließlich zitierte er:

‚Wenn tausend einen niederschlagen,
so ist das wenig Ruhm und Ehr',
nach hundert Jahren wird man sagen,
Gesiegt hat doch das deutsche Heer!'

Als er geendet, führte er den Marschallstab an seine Stirn und verbeugte sich tief vor seinem König."

Man mag über Kaiser Wilhelm II. denken, wie man will, und wenn den Späteren und gar den Heutigen auch vieles unverständlich ist, was der Kaiser gesagt hat, so müssen doch fairerweise Herkunft, Erziehung, Umgebung, Einflüsse von innen und außen u. a. m., ja, ferner, das zunehmende Alter sowie die Verhältnisse in der Emigration vollauf berücksichtigt werden.

Es drängt mich ferner, noch einen Teil des guten Geistes jener Zeit wiederzugeben. Nach dem etwas abgegriffenen Satz „Aus dem Volk und für das Volk". Einer Persönlichkeit auch hier zu gedenken, die in der wirren Nachkriegszeit eine große Wirkung, vor allem auf einen großen Teil der deutschen Jugend ausübte. Es waren tiefe Einflüsse, teils direkt persönlich, als durch seine Bücher, die Jahrzehnte hindurch standhielten und unvergänglich sind. Hier Felix Graf Luckner.

Etwas Kraftvolles, Abenteuerliches, Ritterliches umgab ihn, man merkte ihm den Hauch der weiten Welt, der großen Horizonte an, spürte, daß er irgendwie von unten angefangen hatte, daß er Not und das einfache Leben kannte. Er sprach ungezwungen, frei und fesselnd von seiner selbstgewollten harten Jugend, von seinem schweren Aufstieg zum Offizier der Kaiserlichen Marine, von Gefahren und Kameradschaft, von dem Durchbruch mit dem Hilfskreuzer, als Segelschiff getarnt, dem „Seeadler" durch die britische Blockade 1917, von Erlebnissen in der Gefangenschaft.

Mehr noch aber begeisterte sein Beispiel, in den traurigsten Nachkriegsverhältnissen nicht den Kopf hängen zu lassen, oder gar dem Feinde nach dem Mund zu reden, nie vor noch so drückenden Problemen davonzulaufen, nicht nur einen gewissen Kreis, sondern das ganze deutsche Volk wieder zum Glauben an Deutschland zu gewinnen. Wozu in erster Linie die Überzeugung gemäß der historischen Wahrheit gehöre, daß nie und nimmer Deutschland die alleinige Schuld am Kriege trüge und Kaiser Wilhelm II. als Besiegter ein Verbrecher sei. Und wenn schon, so pflegte Luckner oft zu sagen, es gelte, das Gebot zu halten „Ehre Vater und Mutter", so müsse man im gleichen Sinne und Geist dieses Gebot auch darin befolgen „Ehre Volk und Muttersprache". Ohne jeden nationalen Überschwang, aber mit Idealismus, Mut und einem Berge versetzenden Glauben kämpfte Graf Luckner in zahllosen Vorträgen im ganzen Reich, in persönlichen und engeren Kreisen und Büchern gegen Landesverrat, Überfremdung und gegen die weithin propagierte Sucht, daß sich jeder Deutsche minderwertig und gehemmt fühlen müsse, weil wir nun die Unterlegenen und damit als die Alleinschuldigen in der Weltöffentlichkeit hingestellt würden. Die Geschichte fände sicher einst für das deutsche Volk ein gerechtes Urteil.

Das selbstverständliche Recht der Vaterlandsliebe dürfe uns niemand streitig machen oder als verbrecherischen Nationalismus hinstellen, wobei man noch nicht einmal an den englischen Wahlspruch zu erinnern brauche: „Recht oder Unrecht, zuerst kommt mein Vaterland.“ Jeder Mensch müsse und dürfe etwas haben, an dem er mit Treue hänge. Und wer dem Vaterland, der Heimat nicht treu sei, wäre keinem treu.

Noch einen Hauch aus dem Ersten Weltkrieg und der Nachkriegszeit meine ich nicht auslassen zu dürfen. Da überdies noch mehr ein Mann aus dem einfachen Volk, stellvertretend für alle Leistungen der deutschen Armee. Es war ein Veteran der Deutschen Schutztruppe, die unter General von Lettow-Vorbeck den ganzen Weltkrieg hindurch Deutsch-Ostafrika gegen die Engländer und Südafrikaner verteidigt hatte. Herr Stein, früh gealtert infolge so vieler Kampfjahre in den Tropen, oft verwundet, mit nur einem Auge, wandte mir seine Freundschaft infolge meines hohen Interesses an seinen Erlebnissen und Erfahrungen zu, obwohl ich als Lehrling im Exportgeschäft sozusagen sein Untergebener war.

Dieser Veteran war kein Berufssoldat, sondern bei seinem Aufenthalt in der deutschen Kolonie Ostafrika mit allen waffenfähigen Weißen und Farbigen zur Schutztruppe gestoßen. Es gab dort nur eine verstärkte Polizeitruppe, was einen leichten Sieg verhieß und den britischen Kampfgeist reizte. Die Schutztruppe zählte dann nur 3000 Soldaten und 11 000 Askaris, wogegen England und Südafrika ein so gut ausgerüstetes Heer von 300 000 Mann stellten, daß deren Zahl der Kraftwagen fast größer war als die der Angehörigen der Schutztruppe. Unter allerschwersten tropisch-klimatischen und feldmäßigen Bedingungen, ohne Etappe, Reserve und Nachschub, ohne Marsch- und Kampfpausen im wegelosen afrikanischen Busch, nur mit erbeuteten Waffen, Munition, Autos und Sanitätsmaterial, trieb die deutsche Schutztruppe den übermächtigen Gegner viele Male zur Erschöpfung.

Über vier Jahre beschäftigten die Deutschen so den Feind, banden große Kräfte mit nur einer Handvoll eigener Soldaten, welche die Engländer in einem kurzen Handstreich zu besiegen gedacht hatten. Die Waffen wurden erst niedergelegt, als 1918 in Europa der Waffenstillstand beschlossen wurde.

Freund Stein konnte packend erzählen, wie die englischen und südafrikanischen Offiziere, wohlgenährt, in Maßuniformen, mit dreifachen Reihen bunter Ordensbänder mit Lettow-Vorbeck und seinen Offizieren, wozu auch Stein gehörte, über den Waffenstillstand in Deutsch-Ostafrika verhandelten. Die Deutschen in zerrissenen, ausgebleichten Khakis, teils vom Fieber geschüttelt, mit zerfurchter, sonnenverbrannter Haut, viele mit kaum ausgeheilten Verwundungen, doch nach einem Kampf von fünfzig Monaten unbesiegt! Dieser moralische Sieg von höchster, beispielhafter Bedeutung erhob sich über allem in ganz Afrika, was mit Tapferkeit, Kameradschaft, Intelligenz und Aushaltevermögen bezeichnet werden konnte. Über allem aber die faire Kampfesweise!

Zur Ehre der englischen und südafrikanischen Gegner kann gesagt werden, daß sie dann doch in einem gewissen sportlichen Geist in das Lob der deutschen Schutztruppe und ihres in der ganzen Welt berühmt gewordenen Generals mit einstimmten. Freund Stein verstarb früh an den Folgen der Kriegsjahre. Ich möchte auch hiermit auf sein Grab, stellvertretend für die Gräber von allen gleichartigen deutschen Soldaten einen grünen, unverwelklichen Bruch niederlegen.

„Sie traten wieder an, die braven Truppen . . .“

aufgerufen von Reichspräsident Friedrich Ebert, von der sozialdemokratischen Regierung „für die innere Ordnung, gegen den Terror!“ In einer Zeit der Not und Verzweiflung, der düsteren Zukunft, gerade aus einem fast 5jährigen Krieg gegen gewaltigste Übermacht in die Heimat zurückgekehrt, die von Hunger, Kälte, Krankheit und Leid zermürbt war.

Der blutige Terror war die „Rote Armee“, die nackte kommunistische Gewalt, die Spartakisten, damals schon ferngelenkt von Moskau, die Deutschland und damit auf kurze Dauer ganz Europa nach der Lehre von Marx, Lenin, Trotzki u. a. „vereinigen“ wollten. Nach dem Vorbild der französischen Revolution von 1789, der Pariser Kommune von 1871. Wie ein französischer Revolutionsführer gesagt hatte: „Lieber machen wir aus ganz Frankreich einen Friedhof, als daß wir es nicht auf unsere Weise erneuerten.“ Revolutionen, die sich nie auf Arbeiter und Bauern gestützt hatten, immer nur auf entartete, sogenannte Intellektuelle, auf verkrachte Advokaten, sogenannte Literaten ganz bestimmter Art, auf die rohesten, verdorbensten, radikalsten, verwirrtesten Elemente voller Neid und Habgier. Die in Rußland im Jahre 1918 im ersten Anlauf sieben Millionen ermordet hatten, meist auf entsetzlichste Weise.
Von denen Churchill am 11. 1. 1919 in seiner Rede im Aldwych-Club, London, sagte: „Von allen Tyranneien der Geschichte ist die der Bolschewisten die schlimmste, die vernichtendste, die erniedrigendste. Es ist reiner Humbug vorzugeben, sie sei nicht schlimmer als der deutsche Militarismus.“

Churchill schrieb dazu im „Daily Herald“ am 25. 7. 1919: „Sehen Sie sich die Bolschewisten an. Sie haben die wundervollsten utopischen Ideale gepredigt, aber sie haben sie mit dem grausamsten und niederträchtigsten Auftreten verbunden, das es jemals unter Menschen gegeben hat, und mit Taten, die der Steinzeit und den Hottentotten Zentralafrikas zur Schande gereichen würden.“ Über ähnliche zeitgenössische Urteile und Greuel könnte man Bücher schreiben, auch über solche Staatsmänner, gleich Churchill, die sich nur knapp 20 Jahre später mit den nämlichen „grausamen und niederträchtigen“ Elementen gegen das Deutsche Reich, damit gegen das Abendland, blutsbrüderlich verbanden.

Die braven deutschen Truppen mit den Freikorps kämpften gegen diese vernichtendste, erniedrigendste Gewalt. Ob es im Baltikum war, in Sachsen, Thüringen, Berlin, Hamburg, im Rheinland und Ruhrgebiet, in Oberschlesien, wo die Polen in Eroberungsgier schrecklichste Greueltaten gegen die deutsche Zivilbevölkerung unter Korfanty verübten. Damals schon gegen Deutsche, die nichts getan hatten, als Deutsche zu sein. Wobei die Besatzungstruppen, ja, der Völkerbund, sozusagen „amüsiert“ zuschauten. Das Zurückschlagen der Polen durch deutsche Freikorps, also Freiwillige, in der Schlacht am Annaberg in Oberschlesien bleibt unvergeßlich. In Bayern hatte die Rote Armee schon die Überhand unter Levien, Leviné, Eisner und Toller gewonnen und eine „Räte“- also Sowjetrepublik ausgerufen.

In der Großstadt, wo unsere Familie damals wohnte, erlebten unser ältester Bruder, einige Schulfreunde und ich blutige Straßenkämpfe mit. Ich sehe noch die Feldgrauen in Stahlhelmen, die an Straßenkreuzungen aufgebauten Maschinengewehre, höre noch die scharfen, warnenden Kommandos an Zivilisten „Straße frei“, die Detonationen von Handgranaten, das Pfeifen von Splittern und Geschossen. Durch Wunder entgingen wir dem Tod oder der Verwundung und in einem Fall durch flinke Flucht den Prügeln eines ob unserem leichtsinnigen Dabeisein besonders wutentbrannten Offiziers. Wir Flegel nannten das dann später auch noch „Feuertaufe“. Natürlich nur unter uns, denn der vom Kriegsdienst zurückgekehrte Vater hätte wegen diesem Ausdruck die wohlverdiente Strafe nachgeholt.

Im übrigen hat der Vater uns jungen Menschen beigebracht, wie es Millionen aufrechter Deutscher der nachfolgenden Generation gegenüber getan hatten, daß nicht nur alle Opfer des Krieges, auch die in den Freiheitskämpfen nach dem Krieg Gefallenen, im ehrenden Gedenken des deutschen Volkes bleiben. Wie es später Luis Trenker in Worten ausdrückte, die er einem seiner Bücher über die Verteidigung der Heimat voranstellte:

> „Heilig sei der Glaube an unser Vaterland,
> denn die Liebe zu Heimat und Volk ist
> wie das Gottvertrauen unserer Seele!
> Das Andenken an die Männer, welche für
> Scholle und Vaterland starben und kämpften,
> sei unantastbar und gesegnet!
> Ihr Geist lebt unter uns und verleiht uns
> Kraft und Hoffnung.“

„Haltlose, blutgierige, beutelüsterne Landsknechte“,

die aus preußisch-deutschem Militarismus nie und nimmer herausfinden konnten. Mit wüsten Beschimpfungen und Greuelmärchen wurden nach einiger Zeit schon die aufgerufenen „braven Truppen“ herabgesetzt und werden es heute noch, wie kürzlich nach angeblichen Ereignissen im Ruhrgebiet vorgeflimmert. Die Presse der ganzen „zivilisierten“ Welt schob wieder einmal „Blut und Eisen“ den Deutschen zu, die sich „nicht in ein friedliches Nachkriegsdasein einfügen wollten und erneut den Weltfrieden bedrohten“.

Selbst die sozialdemokratische Reichsregierung bekam Angst vor ihrer eigenen

Courage, sperrte die Grenze zur deutschen Provinz Schlesien, welche die Polen im Frieden überfallen hatten; sie wollte „Friedenswillen“ zeigen, im übrigen aber „die vaterländischen Gefühle“ dann doch nicht zu stark werden lassen. Plötzlich waren es keine braven Truppen mehr, sondern zwielichtige Landsknechte.

Heute nach 60 Jahren haben es bestimmte Kreise immer noch nötig, diese Verleumdung fortzusetzen. In dem Film „Sladek“ im Juli 1980, dessen Grundmotiv ein politischer Mord ist, heißt es: „Ehemalige Soldaten, Feinde der Weimarer Republik, die den Frieden von Versailles nicht wahrhaben wollten, schließen sich zu einer schwarzen Armee zusammen.“ Das geht dann gegen die Freikorps, während die deutschen Rotarmisten mit ihrem Terror als Friedenshelden gelten. Als junger Mann, als Lehrling — heute sagt man ja „Azubi“ — habe in in Fabrik und Betrieb manches Gespräch mit ehemaligen Rotarmisten, Spartakisten geführt. Meist waren es, wie man so sagt, gute Kerle, von ihrem Standpunkt aus war manches verständlich, nie und nimmer aber ein internationaler Sozialismus. Wenn die braven deutschen Truppen nicht gewesen wären, lebte ganz Deutschland schon seit 1918/1919 unter einem Himmel von Spruchbändern mit wundervollen, utopischen Idealen, aber in einer Hölle von grausamen und niederträchtigem Auftreten.

Für wie gottverboten dumm halten die „Wir“ die jüngeren und jungen Deutschen eigentlich, denen Wasser gerade von solchen gepredigt wird, die selbst in rauhen Mengen Wodka trinken.

Alles deutsche Eigentum im Ausland geraubt

Zu diesem Terror, dem Vor-Exerzieren der ersten Stufe einer deutschen Sowjet-Republik seitens der Marxisten, die nach ihrer Doktrin jedes Privateigentum der eigentlichen Arbeiter und Bauern scharf ablehnen, gehörte auch der Raub des Privateigentums von Deutschen im Ausland, allüberall in der Welt der kapitalistischen Sieger. In dieser Hinsicht schlossen sich diese bereits ab 1918/1919 bedenkenlos der radikalen Verachtung von Moral, Menschenrechten, von rein privat erarbeitetem Eigentum an, wie es das bolschewistische Rußland im eigenen Land und in den annektierten Gebieten getan hatte. Da und dort wurde also die Unantastbarkeit, ja, Heiligkeit des Eigentums gleicherweise mißachtet und die europäische Grundlage der freien Entfaltung der Persönlichkeit und Leistung vernichtet. Zu noch Schlimmerem, zu einem totalen Anschluß an den Bolschewismus kam es kaum 25 Jahre später mit Vernichtung der Basis des abendländischen Zusammenlebens von Menschen und ganzen Völkern.

Alles und jedes, was Deutsche im Ausland, also fast in der ganzen Welt, privat erarbeitet, erspart, investiert hatten, wurde geraubt. Nicht nur Patente, Technologien, größte Werte deutschen Erfindergeistes, auch alle Spargroschen sogenannter kleiner Leute!

Das Rückgrat der Nation

Der Mittelstand, das Bürgertum war in einem noch nie dagewesenen Enteignungsverfahren, der Inflation, verelendet, aller Wurzeln beraubt und in seiner enormen Leistungsfähigkeit wirtschaftlich gänzlich zerbrochen.

So und so schien das Kriegsziel der Vertreibung der Deutschen vom Weltmarkt erreicht, das in der Weltwirtschaft so nötige freie Spiel der Kräfte war zerstört, der Kreislauf stockte. Die Weltwirtschaft war ruiniert. Nicht nur in Deutschland waren Millionen Arbeitslose ohne jede Hoffnung. Der Mittelstand verzweifelte, und die Zahl der Selbstmorde wurde höher als zuvor zur Zeit der Inflation. Auch der bäuerliche Besitz verfiel zusehends, es war die „grandiose" Zeit von zwielichtigen Geldhändlern, Spekulanten, Schiebern, also Betrügern aller Art, die für „einen Appel und ein Ei" wertvollen Grundbesitz an sich rafften.

„Die Zeitungen waren voll von Meldungen über Selbstmorde. Eine Zusammenstellung hätte ausgesehen, wie eine Verlustliste aus dem Weltkrieg." (Joachim Fernau)

Jeder Mensch im praktischen Leben, ja fast jeder „Stift", d. h. kaufmännischer Lehrling, wie ich einer war in einem der angesehendsten Exporthäuser des Bergischen Landes, hätte voraussagen können, daß es nicht nur dem Verlierer, auch den Siegern ganz übel bekommen würde, wenn Verbraucher in einer Zahl von über 60 Millionen arm wie Hiob gemacht werden. Wer nichts herstellen und verkaufen kann, muß eben verhungern. Gerade das wollten die Sieger nach einem vorgezogenen Morgenthau-Plan erreichen, der unter diesem Namen 20 Jahre später gefaßt wurde. Doch besser noch, es würde sich irgendwie und bald wohl mindestens die Hälfte der „vom Militarismus besessenen" Deutschen aus Hunger, Not und Verzweiflung erheben, und schon wäre der Weltfrieden bedroht, d. h. die Moral für einen neuen, profitablen Krieg vom Himmel gefallen. Zudem kämen die eigenen Millionenheere von verelendeten Arbeitslosen wieder in Lohn und Brot. Denn der diesen gespendete Trost war allzu mager, daß die Kuh endlich geschlachtet sei, deren Milch den Weltmarkt nicht mehr verunsichern könne, daß aber immerhin die Haut gewonnen wäre.

Warnung von deutscher Seite: „... Politische Folgen weit schwerer"

Reichskanzler Cuno: (1923 anläßlich des Einfalls der Franzosen ins Ruhrgebiet) „Es handelt sich nicht um Reparationen, es handelt sich um jenes alte Ziel, das seit mehr als vierhundert Jahren der französischen Politik eigen ist." Eine Fülle von Verhaftungen setzte die Bevölkerung in Schrecken, schwarze Truppen machten sich zum Herrn der Straße, französische Offiziere wiesen deutsche Zivilisten mit der Reitpeitsche von den Bürgersteigen. (Vorübergehend kam die hutlose Mode auf, denn vor französischen Offizieren mußte der Hut gezogen werden.) „Katastrophale wirtschaftliche Folgen ... politische Folgen weit schwerer ... Der Hitler-Putsch vom November 1923 war ein Ausdruck dieser Entwicklung.“ (Peter Kleist)

Gustav Stresemann (Reichskanzler und Reichsaußenminister) 1925 in einer Note vor der Konferenz von Locarno an Sir Austen Chamberlain: „Die Forderung des deutschen Volkes, der Last dieser falschen Anschuldigung entledigt zu werden, ist völlig berechtigt. Solange dies nicht getan, solange ein Mitglied der Völkergemeinschaft als Verbrecher an der Menschheit gebrandmarkt ist, kann es keine wahre Verständigung und Aussöhnung der Völker geben.“ (Peter Kleist)

Friedrich Ebert, der erste Präsident der deutschen Republik, hatte es, wie gesagt, schon Jahre vorher ausgesprochen: „Unsere Einigkeit, Freiheit und unser Recht sind weiterhin bedroht.“

Aus weiteren deutschen, auch neutralen Verlautbarungen könnten solche und ähnliche Warnungen vor neuem „Blut und Eisen“ in großer Zahl fortgesetzt werden. Diese verhallten ungehört, weil die Sieger ihren Diktatfrieden selbst als einen kalten Krieg betrachteten, den sie zu neuer Glut aufflammen lassen wollten. Winston Churchill, der spätere britische Premier, hat es im Zweiten Weltkrieg entsprechend ausgedrückt, daß es sich tatsächlich von 1914—1945 um einen 30jährigen Krieg handele.

In unseren Tagen hat es kurz und klassisch u. a. Hans Habe, der bekannte jüdische Publizist und Schriftsteller, geschrieben: ... „Der Zweite Weltkrieg war die letzte Schlacht des Ersten Weltkrieges. Der Frieden von 1945 war der Beginn des Dritten Weltkrieges.“ („Erfahrungen“ — Olten/Freiburg/Br. 1973)

„Auf gefährliche Wege der Radikalisierung drängen“

In diesem Sinne brauchte es aber offenbar noch weiterer Vorbereitungen. Wenn man schon den Deutschen kaum Luft zum Atmen gelassen hatte, so konnte den Siegern ferner kaum etwas gelegener sein, als eine Partei an der Spitze der deutschen Republik zu sehen, deren damals weitgehend noch rein marxistische Lehre das Rückgrat der deutschen Nation noch weiter schwächen und eine Radikalisierung herbeiführen mußte, die ein gefundenes Fressen bedeutete.

Genau das wurde in einem zeitgenössischen, wissenschaftlichen Werk klar ausgedrückt, aus dem ich schon öfter zitierte: „Die Krankheit Europas“, Dr. F. W. Bitter/Dr. A. Zelle, unter spezieller Mitarbeit von Dr. v. Wegerer und Dr. v. Loesch, Kampen 1932 — 2. Auflage. Aus einer Rezension: „mit Heranziehung einer gewaltigen Fülle von Literatur ... ein Buch unbeeinflußt von Interessenten und amtlichen Stellen ... um die Wahrheit über die Krankheit Europas in immer weitere Schichten zu tragen ...

Dazu kommen beim Staat parteipolitische Einflüsse, . . . Protektionsunwesen anderer Art, um den Aufstieg der Tüchtigen zu hemmen . . . Mit unsäglicher Mühe wird ein Höchstmaß von Kenntnissen bei den geistigen Arbeitern gezüchtet, mit dem Erfolg, daß viele überhaupt nicht in eine entsprechende Stellung kommen, andere dagegen in jungen Jahren als verbraucht und überzählig in die Dauerarbeitslosigkeit absinken.

Es ist kein Wunder, daß unter diesen Umständen viele den Glauben an das herrschende wirtschaftliche und politische System verloren haben. Das gilt besonders für das ständig wachsende akademische Proletariat. Die Zahl der Studierenden an den wirtschaftlichen Hochschulen, schon vor dem Kriege zu hoch, hat sich seitdem fast verdoppelt. — 1913 im größeren Vorkriegsdeutschland 77 000, im Sommersemester 1930 132 000, für 1934 schätzt man 134 000 stellungslose Akademiker. — Viele leben weit schlechter als junge Arbeiter. Dabei wird für das Studium so fieberhaft gearbeitet wie noch nie. Symptome für die verzweifelte Lage sind erregte politische Demonstrationen und Krawalle, die von Zeit zu Zeit die Öffentlichkeit beschäftigen.

Junge Generationen, in Not und Unsicherheit aufgewachsen, an den Türen überfüllter Berufe wartend, ein unzufriedener, entwurzelter Mittelstand im harten Existenzkampf, eine praktisch ihrer Freiheit beraubte Arbeiterschaft, deren frühere Machtstellung schwindet, mehrere Millionen, die nicht arbeiten dürfen, das alles auf dem Hintergrund eines verlorenen Weltkrieges in einem betrogenen, verstümmelten, unterdrückten, ausgebeuteten Lande. Unter einem Wirtschaftssystem, das gegenwärtig nicht richtig funktioniert und dessen Widersprüche darum doppelt aufreizend sind, ohne klar erkennbare Wege, die aus der Not führen. Das alles muß auch bei dem geduldigsten, diszipliniertesten Volke schwere Erschütterungen hervorrufen, zwar kaum eine Explosion, denn gerade in der Not hängt der Deutsche an Ruhe und Ordnung; aber sie können die deutsche Politik ohne genügende geistige Vorbereitung auf neue Wege drängen, die bei der nur mühselig ausbalancierten Weltlage gefährlich sind."

Die Religion, die Moral, die Seele müssen zerstört werden

Alles das, was die inneren Kräfte der Wirtschaft und Lebensgrundlagen, der Ehre der Nation ausmachen, sollte Stück für Stück vom deutschen Leibe losgerissen werden. Längst war den Siegern bekannt, daß trotz Versinken der seit altersher religiös gebundenen Monarchie den Deutschen im weitesten Umfange das Kaisertum mit seinen ideellen und kulturellen Werten noch etwas galt. Doch nicht nur das. Der Kern des deutschen Volkes mit Ordnungsliebe, Freude und Mut zur Arbeit, alle Werte des Gemüts mußten ausgesplittert werden. Darauf waren die Geschütze längst in Stellung gebracht und gerichtet, die Kanoniere gekauft worden. An letzteren fehlte es nicht, die vielen „Wir" hatten den bewirkten Zuzug ihrer Art aus dem Osten erhalten; ein „Pfuhl von Gift und Kot“ lieferte überreichlich Munition.

Aus meinem Miterleben, als Chronist, schrieb ich schon im Rahmen meiner Familienforschungs-Arbeit: „Man will häufig mit planvoller Berechnung Traditionen vernichten, man entstellt und raubt geistige Grundlagen, will alle Ordnungen in Elternhaus und Schule zerstören, will versumpfen und verrotten und bewirkt Jahrzehnt auf Jahrzehnt sozusagen „Innenwelt-Verschmutzung“. Alles nur zu dem Zweck, den noch verbliebenen guten Kern unseres Volkes zu zerschlagen, um die Masse desto leichter beeinflussen zu können.“

Friedrich von Gagern, der österreichische Historiker und Schriftsteller, dessen Werke unvergänglich sind, („Schwerter und Spindeln“ u. v. a.) schrieb von der Jugend dazu: „Dem von hundert Sumpfgiften umschauerten, in verpesteter Atmosphäre heranwachsenden Geschlechte der Zukunft.“

Wohlverstanden, das war in den Zeiten nach dem Ersten Weltkrieg! Nicht erst aus den Jahrzehnten nach dem Zweiten Weltkrieg, wie mancher glauben möchte. Das giftige Schlangengezücht wurde also damals bereits auf uns Deutsche losgelassen, wie Peter Kleist schreibt:

„Die Heiligkeit der Familie, die Ehrfurcht vor der Frau ... sollen wir die Flut der Literatur, die damals modern wurde, das Theaterrepertoire oder die Schlager, die damals mit ihrem aufpeitschenden Rhythmus den Sinn für das Volkslied zertrümmerten, noch einmal uns vor Augen führen, oder genügt ein Zitat aus dem den Müttern gewidmeten Gedicht eines der erfolgreichsten Literaten der zwanziger Jahre, das mit den Zeilen schloß: ‚... schiebt eure feisten Bäuche über Gräber hin und kalbt!’“

Kleist nennt nicht den Namen dieses erfolgreichsten Literaten, er schrieb das ja auch 1953, aber ein derart über alle Maßen lästerhaftes Denken ist wohl kaum in einem abendländischen Volk vorzustellen. Kleist weiter:

„Genügt eine Erinnerung daran, daß das Nachtleben der deutschen Großstädte damals Paris in seinem schlechtesten Rufe zu übertreffen suchte, und daß man in Berlin spezielle Vergnügungsstätten für alle Zweige menschlicher Degeneration antraf? ...

Müßig nach anderen Grundgütern der bisherigen Lebensordnung zu fragen: deutsche Treue, preußisches Pflichtbewußtsein, Nationalstolz, Heldentum, Opfermut — alles wurde auf den Kehrichthaufen romantischer Sentimentalität geworfen. Eine kleine, aber sehr lautstarke Gruppe von Literaten goß Ströme beißender Ironie über alles, was großen Teilen des Volkes noch irgendwie heilig war.“

In jenen Jahren also, wie in unseren Jahrzehnten heute, wurde die Lehre von Lenin befolgt, die ich schon erwähnte: „Wollen wir eine Nation vernichten, müssen wir zuerst die Moral vernichten; dann fällt sie uns wie eine reife Frucht in den Schoß.“ Wie weit diese Moral schon zerstört ist, sehen wir u. a. an dem Beispiel eines evangelischen Pfarrers, Niemöller, welcher den „Leninorden“ mit einer Dotierung von 90 000 DM entgegennahm! Alles das und mehr ist längst der Dritte Weltkrieg, von dem Hans Habe sprach.

Verleumdung von grotesker Scheußlichkeit: „Liebe in Deutschland“

„In freier Erfindung fließen aus den alten Federn die alten vergiftenden Märchen. Eine französische Schützengraben-Zeitschrift ‚Le Crapouillot‘, geschrieben von Soldaten für Soldaten, die doch das Grauen des Krieges erlebt hatten, brachte eine bebilderte Sondernummer ‚Deutschland‘ heraus. Sie entsandte einen Beauftragten, der nach Berlin reiste und dort von einem Experten für sexuelle Verirrungen, Professor Magnus Hirschfeld, sachkundig geführt wurde in die Kaschemmen der Unterwelt und in die Bars der Perversen. Einige Photos von Travestiten und Zwittern sind das Ergebnis dieser Studien und ein Artikel von grotesker Scheußlichkeit, der überschrieben ist: ‚Liebe in Deutschland!‘“ (Peter Kleist)

„Schon vor dem Anwachsen der nationalsozialistischen Bewegung“

Von dem ernsteren, solideren Gewichte der Bücher, spricht ferner Peter Kleist, im Vergleich zu Deutschland und Frankreich. Letztere „verraten“ — schon vor dem Anwachsen der nationalsozialistischen Bewegung — außer zwei oder drei „weder die Großmut des Siegers, noch die nüchterne Strenge des Richters, sondern alle sind in einem hochfahrenden Tone der Verachtung und des Hasses geschrieben ... Ersparen wir uns die peinliche Lektüre dieser hundert Bücher, deren Autoren sich darin gefallen, irgendeinen kleinen stinkenden Unrat zu finden oder zu erfinden, den sie breit auswalzen und mit ‚Deutschland‘ überschreiben. Auf der anderen Seite eine erdrückende Fülle von Werken, neben wenigen kritischen oder politisch feindlichen Frankreich-Büchern, die den architektonischen Schönheiten von Paris, dem Wunder der Dome in Reims und Chartres oder der Saint Capelle gewidmet waren, eine Flut von Übersetzungen der besten französischen Romane und Dramen, eine Anzahl Reisebücher.“

Udo Walendy schreibt: „... Diffamierte man einst die kaiserliche Regierung und Heerführung, die preußischen Traditionen, das deutsche Volk, um den Ersten Weltkrieg zu gewinnen, so diffamierte man nach dem Sieg fleißig weiter, um das Kriegsziel — Zerschlagung und Schwächung Deutschlands — auch im zukünftigen Frieden wirksam zu sichern ... Es ging nicht um Weltanschauungen, Bekenntnisse und Führungsprinzipien, nicht um Parteien, sondern um Deutschlands Stellung in der Welt.“

Daß sich auch Menschen deutscher Zunge „darin gefielen, irgendeinen stinkenden Unrat . . . zu erfinden“, konnte selbstverständlich sein und bleibt es, wenn die enge Verbundenheit derartiger Figuren mit dem Bolschewismus betrachtet wird. Eins von vielen Beispielen ist Kurt Tucholsky, welcher den von einem seiner Leut’, dem Genossen Georg Grosz, gezeichneten feisten Hintern eines deutschen Feldwebels mit der Bezeichnung versah: „Das deutsche Gesicht!“ Da der erstere seit Jahrzehnten wieder als Kulturapostel hohes Ansehen genießt, so drängt sich erneut die Überzeugung auf, daß alle solche Leute ganz Deutschland an Moskau überantworten wollten, dies fortsetzen und es zudem fertigbrachten, jedes Gefühl von Antikommunismus als Sünde gegen den heiligen Geist der Menschlichkeit, als ant . . . gegen ihre Gesamtheit sozusagen unter höchste Strafe stellen zu lassen.

Von derartigen Beispielen antideutscher Hetze aus den Kreisen der Kulturapostel abgesehen, waren sie es, die bar jeden Gefühls für Harmonie, edle Form und Würde den Verfall von Kunst und künstlerischen Nachwuchs steuerten. Wie wir es so lange schon wieder ansehen müssen in einem „Kult der Häßlichkeit . . . eines Miserablismus, dem alles gelten darf, nur nicht das Maß, der Sinn und die Schönheit.“ (Prof. Richard W. Eichler „Die schlechteste Kunst bringt heute das üppigste Brot“ — Deutschland-Magazin April 1980)

So wirkten sie mit, die „Künstler und Literaten“ aus diesen Kreisen seit 1918 schon an dem Aufzwingen einer „Kultur“ im Sinne des Zerstörungswillens der Sieger, die selbst in ihren Schulbüchern unter Vorspiegelung von Friedensliebe und Demokratie nicht aufhörten, nicht nur alte Vorurteile, sondern blanken Haß für neues „Blut und Eisen“ als giftiges Unkraut in die europäischen Äcker zu säen.

„Sie schufen dadurch die Atmosphäre, den Lebensdruck des Gefangenendaseins, des Unfreien und Ausgestoßenen, des Geschlagenen und Beleidigten, unter dem eine neue Generation heranwuchs und zum Träger des Nationalsozialismus wurde.“ (Peter Kleist)

Was wollten sie damit, die Deutschen?

Die Unfreien, aus der Völkergemeinschaft Herausgeworfenen, die Bedrängten und von satanischen Mächten auf Wege der Radikalisierung Gedrängten? Die nach fast 5jähriger tapferer Gegenwehr gegen weltweite Übermacht durch schieren Betrug Unterlegenen? Die von Hunger, Kälte, Krankheiten, Leid, Hoffnungslosigkeit Zermürbten, denen Elend und Grauen des Krieges noch in den Knochen und im Geiste lagen? Die Auseinandergerissenen, Bestohlenen und Beraubten? Denen nicht das allergeringste ritterliche, abendländische Gefühl entgegengebracht wurde, auch nicht ein Quentchen christlicher Liebe von all den Völkern, die ihr Christentum so laut im Munde führten und von ihren Kanzeln Vergebung predigten. Abgesehen von wenigen amerikanischen, privaten Organisationen, wie der Quäker u. a., an deren Speisung für verhungernde deutsche Kinder meine viel jüngeren Brüder noch Anteil hatten.

Die Deutschen, deren überwiegende demokratische Mehrheit angewidert war vom Klassenhaß und -kampf, von einem marxistischen, internationalen Sozialismus, der rücksichtslose, gewalttätige Unterwerfung unter sein System betrieb mit Verachtung und Entwürdigung der christlichen Religion, der abendländischen Kultur, aller Werte von Gemüt und Seele.

Ein Volk, daß sich in seiner Mehrheit voll Empörung von dem Wirken der kommunistischen und sozialdemokratischen Freidenker-Verbände abwandte. Ich selbst erlebte mehrfach im „roten Hamburg" mit, wie ein riesiges Balkenkreuz, das heilige Symbol der Christen, im Schlepptau eines mit johlenden „Aktivisten" bestückten Lastwagens polternd durch die Straßen gezogen wurde. Auch das war „Rot-Front", wird aber seit über drei Jahrzehnten von denen verschwiegen, die so tränenreich die spätere Einbuße ihres Wirkens beklagen, das zudem meist nur politisch gewesen war.

Die Deutschen, welche mit vollem Recht das uferlose Geschwätz von über zwei Dutzend Parteien gründlich leid waren, die das „Bla-Bla" der teilweise von fernher gesteuerten, in Cliquen und eigensüchtige Interessen längst zerfallenen Parteiwirtschaft ablehnen mußten, um zu überleben.!

Welche endlich wieder zu sich selbst finden wollten, Gedanken und Werte vorzogen, die nicht von einer neuen Parteiherrschaft stammten, vielmehr von alten, besten Kräften ihres eigenen Volkes, wie von Nachbarvölkern, mit denen sie gerade noch in einem heißen Kriege gelegen hatten und in einem kalten bis aufs Blut gereizt wurden. Wie Peter Kleist schrieb:

„Schon um die Jahrhundertwende war die deutsche Jugendbewegung aufgestanden, um überalterte bürgerliche Vorurteile zu überwinden und um eine echte allumfassende Gemeinschaft zu bilden. Reinheit der Rasse, Adel des Volkstums waren von Gobineau und Houston Stewart Chamberlain schon Jahrzehnte zuvor verkündet worden. Fichte, Clausewitz, Darwin, Wagner, die kulturkritische Besinnung von Nietzsche bis Spengler und der Gedanke der konservativen Revolution bei Möller van den Bruck, das alles sind die legitimen und illegitimen Väter der Sehnsüchte, Wünsche und Hoffnungen ... die überall sonst verweigert wurden! ..."

„Geistig so hochstehende Menschen wie Cosima, Siegfried und Winifried Wagner, Hanfstaengl, Chamberlain oder der Nobelpreisträger Lenard ... hervorragende Köpfe des Auslandes, wie Knut Hamsun, Lloyd George und Winston Churchill blickten lange Zeit mit Bewunderung auf das neue Deutschland."

Was den letzteren anbelangt, so war seine Bewunderung sicherlich nicht ehrlich gemeint, gehörte vielmehr zum Generalstabplan der „Wir", um Deutschland in eine neue Katastrophe zu treiben. War die Bewunderung aber in der Tat aufrichtig, so wären er und seine Anhänger an erster Stelle mitschuldig am sämtlichen späteren Unheil einschließlich des den Deutschen allein unterschobenen Antisemitismus mit Antikommunismus, die ja auf gleicher moralischer wie politischer

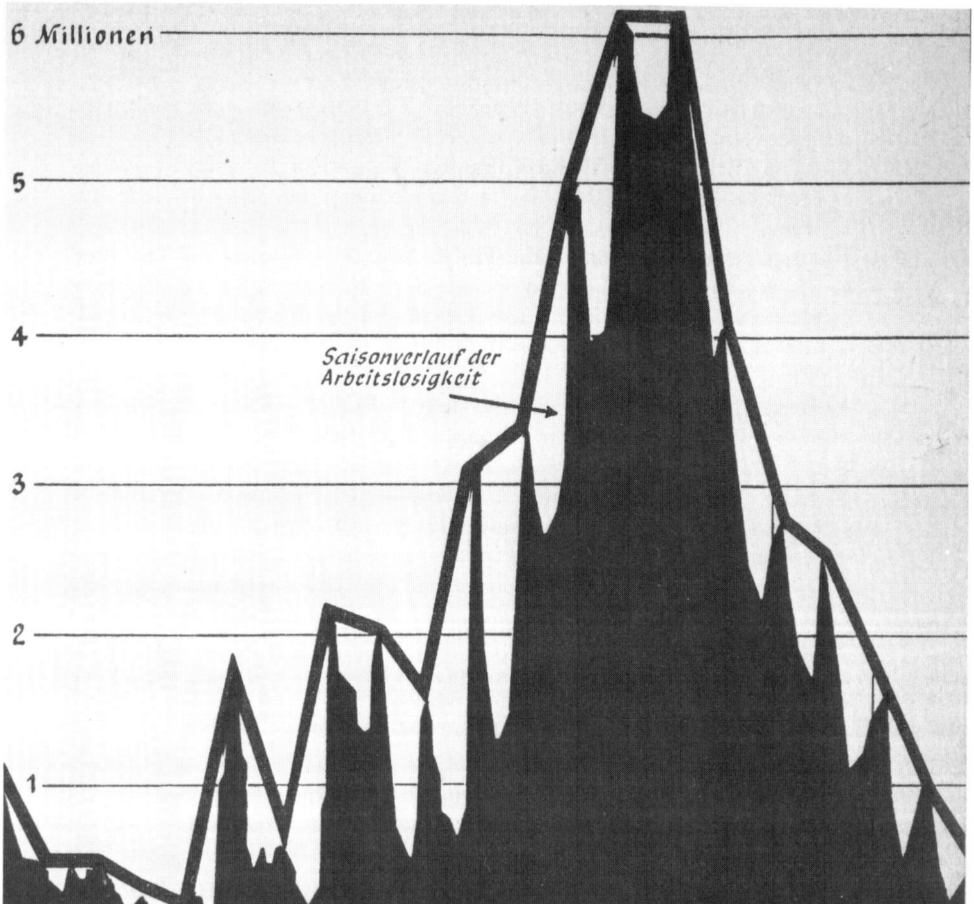

Aufbau und Abbau der roten Bürgerkriegs-Reserve

Aus: Dr. Peter Kleist „Auch DU warst dabei", Heidelberg 1953

Linie lagen. Thomas Mann sagte: „Der Antikommunismus ist eine Dummheit unseres Jahrhunderts."

Während dagegen der Herzog von Windsor offenbar Gewissen, Moral und Weitblick hatte, der ein Zusammengehen von England mit dem Deutschen Reich befürwortete, um einer Weltkatastrophe auszuweichen, einer Zerstörung von Europa zugunsten des roten Gottlosenblocks. Der darob die britische Königskrone ablegte und vielleicht erst ganz zuletzt wegen einer unglücklichen Liebe, wie letzteres der Tarnung wegen uns in einem kitschigen, sentimentalen Film kürzlich vorgeflimmert wurde!

Stefan Zweig... „der nationale Ausweg..."

Es bedeutet wohl einen Treppenwitz der Weltgeschichte, daß es ausgerechnet ein Jude war, welcher den Deutschen als einzig übrig bleibendes den nationalen Ausweg mit der Verkündigung gewiesen hatte, daß vom Osten her die Welle der Gleichmacherei heranbrandet, vom Westen, aus USA, eine Einförmigkeit, die jedem Menschen das gleiche Buch, das gleiche Auto statt der Füße unterschiebe, so daß nur ein nationaler Ausweg, die nationalen Gefühle übrig bleiben. Wobei natürlich, im nachhinein gesehen, die Frage keine Antwort fand, ob es Stefan Zweig damit ehrlich meinte oder auf ihn das über Churchill oben Gesagte mit allen Folgerungen zutreffen muß?

Walther Rathenau... der politische Ausweg

Gleicherart, ausgerechnet ein Jude, mußte es sein, der drei Hauptforderungen der nationalsozialistischen Bewegung vertreten hat, weit vor deren Erstarkung! Als Großindustrieller, demokratischer Politiker, Minister des Deutschen Reiches unter Reichskanzler Wirth, vor dem Ersten Weltkrieg Freund von Kaiser Wilhelm II., setzte sich Walther Rathenau dafür ein, was das deutsche Volk wollte! Prof. Hellmut Diwald („Geschichte der Deutschen") schreibt zu I.: „Mit Beginn des Jahres 1922 trat Walther Rathenau als herausragender Minister des Kabinetts Wirth hervor. Seine Außenpolitik gegenüber dem Westen orientierte sich zwar ebenfalls an der Erfüllung, (des Versailler Vertrages) doch mit der erklärten Absicht, handgreiflich zu zeigen, wie undurchführbar sie war und wie sehr die ganze Versailler Friedensregelung auf illusionären Vorstellungen gründete."

Zu II. warnte Rathenau wahrhaft prophetisch vor dem Bolschewismus und damit eines möglichen Weltunglücks. Die Nutznießer des Krieges, die wohl weitgehend hinter den Kulissen wirkten, aber die eigentlichen Herrscher wären, möchten sich hüten, so Rathenau, den Deutschen, die wohl das gehorsamste und rechtliebendste Volk, aber zu leichtgläubig und fügsam seien, an Leiden zu viel zuzumuten; man müsse bedenken, daß durch und aus Osteuropa seit 2000 Jahren schon asiatische, barbarische Massen gegen das eigentliche, zivilisierte Europa, d. h. Westeuropa immer wieder geworfen wurden, und daß es sich mit dem bolschewistischen Kommunismus, auch wenn dieser sich wie jetzt tarnend nach rechts wende, absolut nicht anders verhalte. Die westliche Welt müsse unbedingt, so hat Rathenau immer wieder gefordert und gebeten, dem deutschen Volk nicht nur das Leben lassen, es vielmehr unter Verzicht auf Rache stärken. Denn nur mit diesem Volk könne Europa gerettet und verhindert werden, daß die rote Grenzlinie Asiens nicht eines Tages von der Weichsel an die Elbe oder gar an den Rhein verschoben würde, womit 300 Millionen Menschen von Westeuropa abgetrennt würden, die Freiheit Polens, des Balkans und mehrerer Länder der alten Donaumonarchie gänzlich verloren sei, also mit dem roten Radikalismus, dessen gefährliche Saat heute überall in Deutschland zu finden wäre, eine Katastrophe eintreten würde, furchtbar für die westliche Zivilisation, wie niemals vorher in der Geschichte!

Zu III. sagte damit Walther Rathenau seinen jüdischen Rassegenossen bittere Wahrheiten. Was aber das bedeutete, konnte und kann nur der ermessen, welcher sich an die Tatsache erinnert, daß sich diese Wahrheiten im Grunde doch gegen die geistigen Väter richteten, die mit ihrer gefährlichen Saat nicht nur Deutschland, sondern ganz Europa bedrohten. Ob es nun Karl Marx, Liebknecht, Lasalle, Trotzki, Lenin, Bernstein u. a. waren und Frauen wie Rosa Luxemburg, Clara Zetkin u. a. Womit wieder einmal mehr klar wurde, in welch mehrfach verhängnisvoller Weise solche Warnungen in den Wind geschlagen wurden, was nach nunmehr fast sechs Jahrzehnten eine Saat aufgehen läßt, welche die ganze Welt zu ersticken droht.

Was wollte das deutsche Volk?

Wollte es etwa solche Totalitätsforderungen erheben, von denen bereits unter den panslawistischen Weltherrschaftsplänen des Zarismus der szt. berühmte russische Schriftsteller Dostojewski verkündigt hatte: „Alle Menschen müssen russisch werden, als erste und vor allen Dingen russisch werden! Ist die Allmenschheit die russische Nationalidee, so muß vor allem erst jeder Russe werden!"

Wollten die Deutschen etwa abgleiten in den „phantastischen Rausch nationalen Hochmutes, jener lärmenden Pariser Kreise, welche von jeher die willenlose Provinz beherrschten, mit dem alten Wahn, daß Frankreichs Größe auf der Schwäche seiner Nachbarn beruhe?" (Heinrich von Treitschke) Wollten sie einen „jede Persönlichkeit niederdrückenden Napoleon", der ganz Europa mit einer Furie von „Blut und Eisen" überzogen hatte?

Wollten wir Deutsche uns etwa dem bekannten amerikanischen Moralismus anschließen? „Jene naive Selbstgerechtigkeit ... dieser Hang zur Aburteilung der Einrichtungen und Traditionen anderer Völker, dieser spezifische amerikanische Moralismus wurde zum gefährlichsten Element, das den Abschluß eines wahren

Friedens verhinderte ... Unvermögen des Amerikaners, fremde Welten zu erfassen ..." (Giselher Wirsing)

Wollten die Deutschen etwa dem britischen Vorbild nacheifern, also einer weltweiten Verherrlichung des eigenen Volkes, der höchsteigenen Rassen-Mischung? Wie es u. a. so typisch der englische Staatsmann Cecil Rhodes, (1835—1902) der rücksichtslose Ausbeuter südafrikanischer Diamantenfelder und Initiator der brutalen Unterdrückung der dort lebenden, dazu noch stammverwandten Buren ausdrückte: „Wir Briten sind die erste Rasse der Welt; je mehr wir von ihr bewohnen, um so besser für die Menschheit."

Wie ferner Oliver Cromwell in der zweiten Hälfte des 17. Jahrhunderts eine These verkündete, vorlebte und mit Gewalt durchsetzte, die jedem Engländer in Fleisch und Blut übergegangen ist. Cromwell als glühender Nationalist und eigentlicher Begründer der Weltmacht Englands um jeden Preis, auch um den von vielen Angriffskriegen, verfehlte nie, von seinem Volk zu sprechen „als dem besten Volk der Erde ... einem Volk, das Gott gehört wie sein Augapfel ... einem Volk, das Gott segnet, das unter seinem Schutz und Schirm steht." (Heinrich Bauer — „Oliver Cromwell" — Berlin 1932)

Colin Roß, der bekannte Weltreisende, der über dreizehn Bücher schrieb „unmittelbar und wirklichkeitsstark", wie Rezensionen aussagten, brachte zu dem britischen Standpunkt eine Erklärung: „Dazu kommt, daß die angelsächsische Überzeugung, ein auserwähltes Volk zu sein, auf jüdische Überlieferung zurückgeht, ja, die Engländer haben sich zeitweise sogar in der Idee gefallen, die verlorengegangenen Stämme Israels zu sein. Dieser Gedanke wurde von den nach der Neuen Welt ausgewanderten Puritanern noch stärker ausgebaut." („Die westliche Hemisphäre" — Brockhaus-Leipzig)

Wollten wir Deutsche etwa „auserwählt" sein? Wer hat auch nur davon geträumt, außer vielleicht wenigen Spinnern. Überhaupt, was heißt „auserwählt"? Doch bis zum Überdruß ein aus dem Zusammenhang von Bibelworten mißbrauchtes Klischee, was auch nach neueren Erfahrungen nur dazu dient, pauschal alles zu rechtfertigen, was „Ausgewählte" je getan hatten und ferner tun. Wenn der Begriff aber die alleinige und besondere Gnade Gottes bedeuten soll, so müßte man diesen als Rassismus, ja als Gotteslästerung empfinden. Denn weder ein einzelner Mensch noch gar ein Volk oder eine Rasse vermögen einen solchen Vorzug zu verdienen, würden sie auch noch so sehr Liebe, Güte, Nachsicht walten lassen.

Hatten wir Deutsche die Absicht, wie seit vielen Jahrzehnten gelogen und geglaubt wird, das Porzellan der Welt zu zertrümmern? Zuerst die geheiligten Teeschalen der Briten, die amourösen Moccatäßchen der Franzosen? Gar die bunt gemischten der Amerikaner, die seit je auf Kulturgut erpicht waren und es auch nötig hatten? Das chinesische Porzellan der ermordeten Zarenfamilie, dessen Plünderung schon Napoleon vergeblich versucht hatte, war ohnehin längst zerschlagen und durch Wodkagläser ersetzt worden. Oder wollten wir unseren armseligen Plunder, der nach aller Plünderung noch geblieben war, aus dem Pfandhaus holen? Sofern dieser von solch ehrenwerten Instituten überhaupt angenommen worden und noch nicht verfallen war? Man sieht, ich habe Erfahrung auch mit den Pfandhäusern in jenen schrecklichen Jahren nach dem Ersten Weltkrieg.

Nun, was wollten wir eigentlich?

Wir Ausgebluteten, Verhöhnten, Verachteten, Verkrüppelten? Nichts, aber rein gar nichts wollte die größte Mehrheit unseres Volkes als zu allererst und endlich wieder in die Lage zu kommen, durch ehrliche Arbeit den ärgsten Hunger zu stillen! Wieder ein menschenwürdiges Dasein zu führen! Als ein Volk von Arbeitern, Bauern, Handwerkern, Gewerbetreibenden, Kaufleuten, Wissenschaftlern friedlich der europäischen Völkergemeinschaft angehören zu können! Endlich nicht mehr als Auswurf der Menschheit gelten zu müssen! Den Krebsschaden von sechseinhalb Millionen Arbeitslosen d. h. über 24 Millionen verelendeter, hoffnungsloser Menschen einzudämmen oder gar zu beseitigen!

In Ruhe wollten wir gelassen und verschont werden von fremden Einmischungen, Unterminierungen von einem volksfremden, miserablen System, das im eigenen Land und nahe der Grenzen schon so viel Blut und Greuel bewirkt hatte!

KONNTE überhaupt neues „Blut und Eisen" gewollt werden?

Angesichts einer übermächtigen, in Waffen starrenden sprungbereiten Umwelt? Die nur zwei Finger einer Hand zu rühren brauchte, um uns erneut brutal zusammenzuschlagen, unseren Frauen, Kindern, Kranken und Alten noch die letzte Brotrinde zu nehmen, was uns fortgesetzt offen wie hintergründig angedroht worden war! Könnte man allen Ernstes, historisch wahrheitsgetreu, nicht aus Hetze und Selbstbestätigung also nachweisen, daß unser Volk neues „Blut und Eisen", einen zweiten Weltkrieg gewünscht hat? Nein, die Geschichte spricht für uns!

Genau in diesem Sinne brauchte doch Reichspräsident von Hindenburg sich nicht dagegen zu wehren, nach demokratischem Brauch der Mehrheit des deutschen Volkes zu entsprechen, die nationale Erhebung anzuerkennen und den ehemaligen Obergefreiten zum Reichskanzler zu machen. So und nicht anders mußten es doch die Deutschen im In- und Ausland auffassen, wenn sie allein die aufrichtige, hochverehrte, ehrwürdige Persönlichkeit des Generalfeldmarschalls und Reichspräsidenten bedachten, der bestimmt keine Ambitionen für weitere Karriere, schon gar nicht in einem neuen Krieg haben konnte.

Hugo Vogel
von Hindenburg
10. 4. 1915.

„In Wirklichkeit hätte Präsident von Hindenburg ihn nie zum Kanzler ernannt, wenn nicht Millionen Arbeiter ihm den Rang des Führers der größten Partei im Reichstag verschafft hätten. Die Ernennung war ganz demokratisch." (US-Bürger Dr. Robert Ingrim, s. o.)

Die erste Bestätigung lieferte prompt der Vatikan, als dieser das Reichskonkordat mit dem Dritten Reich abschloß. Dem Vatikan kann man bestimmt nicht die Absicht unterstellen, damit sein Scherflein zu einem neuen Krieg und der dann einsetzenden Judenverfolgung beigetragen zu haben. Was aber ohne jeden Zweifel bei den schon oft genannten Weltmächten feststeht, die sehr schnell das Dritte Reich anerkannt und die diplomatischen Beziehungen eröffnet haben!

An das deutsche Volk!

Vaterländisch gesinnte Deutsche aus allen deutschen Gauen und Stämmen haben mir das höchste Amt im Reiche angetragen; ich folge diesem Rufe nach ernster Prüfung in Treue zum Vaterlande.

Mein Leben liegt klar vor aller Welt. Ich glaube, auch in schweren Zeiten meine Pflicht getan zu haben. Wenn diese Pflicht mir nun gebietet, auf dem Boden der Verfassung ohne Ansehen der Partei, der Person, der Herkunft und des Berufsstandes als Reichspräsident zu wirken, so soll es an mir nicht fehlen. Als Soldat habe ich immer nur die ganze Nation im Auge gehabt, nicht die Parteien. Sie sind in einem parlamentarisch regierten Staate notwendig, aber das Staatsoberhaupt muß über ihnen stehen, unabhängig von ihnen für jeden Deutschen walten.

Den Glauben an das deutsche Volk und an den Beistand Gottes habe ich nie verloren. Ich bin aber nicht mehr jung genug, um an einen plötzlichen Umschwung der Dinge zu glauben, kein Krieg, kein Aufstand im Innern kann unsere gefesselte, leider durch Zwietracht zerspaltene Nation befreien. Es bedarf langer, ruhiger, friedlicher Arbeit. Es bedarf vor allem der Säuberung unseres Staatswesens von denen, die aus der Politik ein Geschäft gemacht haben. Ohne Reinlichkeit des öffentlichen Lebens und Ordnung kann kein Staatswesen gedeihen. Der Reichspräsident ist besonders dazu berufen, die Heiligkeit des Rechtes hochzuhalten.

Wie der erste Präsident auch als Hüter der Verfassung seine Herkunft aus der sozialistischen Arbeiterschaft nie verleugnet hat, so wird auch mir niemand zumuten können, daß ich jemals meine politische Überzeugung aufgebe. Gleich dem von mir hochgeschätzten Herrn Dr. Jarres erachte auch ich in jetziger Zeit nicht die Staatsform, sondern den Geist für entscheidend, der die Staatsform beseelt.

Ich reiche jedem Deutschen die Hand, der national denkt, die Würde des deutschen Namens nach innen und außen wahrt, und den konfessionellen und sozialen Frieden will, und bitte ihn:

„Hilf auch Du mit zur Auferstehung unseres Vaterlandes." v. Hindenburg

Später wurde natürlich die „ganz demokratische Ernennung“ und Erhebung der nationalen Bewegung zur Regierungsmacht im Januar 1933 zu frommen und unfrommen Lügen benutzt „... ihr habt Gottes Wege verlassen...“ u. a. m., diese wurde und wird als „Putsch“, als ungesetzliche, gewalttätige Machtergreifung falschgemünzt und gleicherart behauptet, Reichspräsident von Hindenburg sei gröblichst „überfahren“ worden. Verschwiegen wird u. a. die Ansprache von Oskar von Hindenburg, des Sohnes des Nationalhelden, der nach dem Tod seines Vaters am 2. 8. 1934 über alle Sender dem deutschen Volke sagte:

„Mein nunmehr verewigter Vater hat in Adolf Hitler seinen unmittelbaren Nachfolger als Oberhaupt des deutschen Reiches gesehen. Ich handele daher im Sinne meines Vaters, wenn ich alle deutschen Frauen und Männer auffordere, bei der Volksabstimmung am 19. August der durch Gesetz ausgesprochenen Übertragung des bisher von meinem Vater innegehabten Amtes auf den Führer und Reichskanzler zuzustimmen.“

„... Wir geloben treue Gefolgschaft und fürbittendes Gedenken“

Doch auch maßgebliche und weite Kreise der Evangelischen Kirche bejahten uneingeschränkt die nationale Erhebung, sowie „unseren politischen Führer und seine ehrlichen Mitarbeiter!“ Pfarrer Niemöller war Vorsitzender des Bruderrates und Pfarrer Scharf Mitglied des „Pfarrernotbundes“, aus dessen Rundschreiben zehn Monate nach der Machtübernahme durch die Nationalsozialisten zitiert werden muß:

„In dieser für Volk und Vaterland entscheidenden Stunde grüßen wir unseren Führer. Wir danken für die mannhafte Tat und das klare Wort, die Deutschlands Ehre wahren. Im Namen von mehr als 2500 evangelischen Pfarrern, die der Glau bensbewegung Deutsche Christen nicht angehören, geloben wir treue Gefolgschaft und fürbittendes Gedenken.“

Aus dem 1. Rundschreiben der Vertrauensleute des „Pfarrernotbundes“ (Bekennende Kirche) im Telegramm an Reichskanzler Adolf Hitler anläßlich des Austritts des Deutschen Reiches aus dem Völkerbund:

„Im Namen des Bruderrats“, 2. November 1933, Niemöller: „Wir wissen auch von der schweren Not unseres Volkes, in die es seit dem Kriege durch Verrat und Lüge von drinnen und draußen geraten ist, denn wir haben alles am eigenen Leibe miterlebt; wir fühlen uns unserer deutschen Schicksalsgemeinschaft auf Gedeih und Verderb verbunden und stehen aller Ungerechtigkeit gegenüber auch für die äußere Freiheit unseres Volkes ein.

Wir sind bis ins Innerste ergriffen von dem treuen, mannhaften Einsatz unseres politischen Führers und seiner ehrlichen Mitarbeiter. Aber wir wissen auch, daß mit unserer menschlichen Macht allein es nicht getan ist, daß all unser Friedenswille — mag er noch so aufrichtig sein und eindringlich verkündet werden — nicht genügt, um uns mit unseren Feinden zu verständigen." Im Namen bekennender Gemeinden. (Quelle: eigene Erinnerung. Wortlaut: Geschichte des Pfarrernotbundes, Berlin 1958, Seite 30 und Abschnitt Seite 34: „So sehen deutsche evangelische Christen den Kampf der Notbundpfarrer, und so wollen sie ihn mitkämpfen um die evangelische Kirche und für das deutsche Volk.")

Doch der Schwur der oben genannten Eidesbrüder geht noch weiter: „Wir tragen mit an der Gesamtverantwortung der Kirche gegenüber ihrem Herrn, d. h. dafür, daß die Kirche den Missionsbefehl Christi in unserem eigenen Volk und in aller Welt ausrichtet. Die Glieder der Bekennenden Kirche sind durch das Evangelium aufgerufen. Sie wissen sich zu entschlossenem Kampf wider jede Verfälschung des Evangeliums und wider jede Anwendung von Gewalt und Gewissenszwang in der Kirche verpflichtet. Ich verpflichte mich, gegen alle Verletzung solchen Bekenntnisstandes mit rückhaltlosem Einsatz zu protestieren. Ich weiß mich nach bestem Vermögen mit verantwortlich für die, die um solchen Bekenntnisstandes willen verfolgt werden. Wir werden also nicht aufhören, all das zu bekämpfen, was die Kirche in ihrem Wesen zerstört." (Quelle wie vor: „Texte zur Geschichte des Pfarrernotbundes", der übrigens, wie darin gesagt wird, trotz offener Sympathie für das Judentum im 3. Reich niemals verboten wurde!)

Genau wie es sich das deutsche Regime offenbar leisten konnte, jüdischen Blättern Freiheiten einzuräumen, die aller Unterdrückung von Meinungen widersprechen. Winfried Martini (s. unten) schreibt:

„Während die deutsche Presse sofort gleichgeschaltet wurde, durften jüdische Blätter in ziemlich unverblümter Weise Dinge berichten und kommentieren, was einem ‚arischen' Journalisten oder Verleger sofort ein Berufsverbot eingetragen haben würde. Das galt zumal von der ‚Jüdischen Rundschau', dem Zentralorgan der deutschen Zionisten, unter ihrem hochgebildeten Chefredakteur Dr. Robert Weltsch, deren Auflage seit der Machtergreifung sprunghaft stieg, weil plötzlich Tausende von ‚Ariern' das Blatt abonnierten, um sich über Deutschland und die Welt zu orientieren; erst nach einiger Zeit verfügte Goebbels, daß nur Juden das Blatt abonnieren durften. Ein vergleichbarer Freiraum war nur noch in einigen Kirchenblättern vorhanden, von denen freilich keines das Niveau der ‚Jüdischen Rundschau' hatte."

Sind die Eide der Theologen gehalten worden?

„In unserem eigenen Volk nämlich und in aller Welt?" Gehört die „DDR" nicht zu unserem eigenen Volk und die östlichen Länder nicht „zu aller Welt"? Und wo bleibt der Kampf der Eidesbrüder für die Juden? „Nicht nur Christen sind vom atheistischen Terror betroffen. Neben anderen Religionszugehörigen sind vor allem Juden Opfer der kommunistischen Tyrannei! Wann nehmen Christen in

Freiheit endlich auch Stellung für Mitchristen und für Gläubige, die zum gleichen Gott beten, die unter kommunistischer Unterdrückung leben müssen? Wann fordern sie den Rücktritt derjenigen Kirchenführer, die den Skandal der Christen- und Judenverfolgung einfach ignorieren, beschönigen oder gar erklären möchten?" (Hilfsaktion Märtyrerkirche, Rundbrief 15. 4. 1971 — Hans Braun: „Laß mein Volk ziehen.")

Statt dessen erheben sie Lenin zu ihrem Gott, den Gottesleugner und grausamsten Christenverfolger, an dessen gläsernem Sarg in Moskau Millionen Menschen vorbeipilgern müssen, in religiöser Verehrung. „Lenin lebt, Lenin lebt, Lenin wird leben." Dessen Name als höchste Auszeichnung für Atheisten göttliche Verehrung genießt, im Lenin-Orden, den der Kirchenpräsident Martin Niemöller trägt, eben jener „Pfarrer" und Dr. h. c. von kommunistischen Universitäten, der vormals „dem Führer dankte und treue Gefolgschaft und fürbittendes Gedenken gelobte und sich zum Kampf gegen jede Anwendung von Gewalt und Gewissenszwang in der Kirche verpflichtete". Gleicherart sein Amts- und Eidesbruder Pfarrer Scharf, später Bischof von Berlin, der „Rote Bischof" genannt, von dem u. v. a. hier nur erwähnt werden kann, daß er im Jahre 1974 die Ordination von fünfzehn marxistischen Pfarramtskandidaten vorgenommen hat. Doch auch im Sinne von Lenin, der im Jahre 1913 an den im ganzen marxistisch-sozialistischen Bereich gleichfalls hochverehrten Genossen Maxim Gorki geschrieben hatte: „daß der leiseste Gedanke an Gott, die feinste geistliche Gottesidee, weitaus gefährlicher sei als Millionen körperlicher Krankheiten, Gewalttaten und Gemeinheiten." Wie im oben erwähnten Rundbrief betont und fortgesetzt wird: „Für wen ist der leiseste Gedanke an Gott weitaus gefährlicher? Doch nicht für das Licht, die Wahrheit und Gerechtigkeit, sondern für die Lüge, Ungerechtigkeit und Finsternis."

So trifft für alle derartigen Amts- und Eidesbrüder und ihre gelehrigen Schüler genau der Bibelspruch zu:

„Wenn jemand anders lehrt und bleibt nicht bei den heilsamen Worten unseres Herrn Jesus Christus und bei der Lehre, die gemäß ist der Gottesfurcht, der ist aufgeblasen und weiß nichts, sondern hat die Seuche der Fragen und Wortkriege, aus welchen entspringt Neid, Hader, Lästerung und böser Argwohn." (1. Tim. 6, 3—4)

„Symbolfigur und Ärgernis"

So überschreibt die Rheinische Post (14. 1. 1982) einen Artikel anläßlich des 90. Geburtstages von Pfarrer und ehemaligem hessischen Kirchenpräsidenten Martin Niemöller. Wer es immer noch nicht glauben will, kann sozusagen druckfrisch nachlesen, daß die „Speerspitze des Protestantismus", wie er genannt wurde, mit „der sowjetischen Lenin-Medaille in Gold, (Anm. Dotierung mit

DM 90 000) mit der goldenen Friedensmedaille der ‚DDR' (Anm. Dotierung?) dekoriert worden war. Doch er hat auch das Großkreuz des Bundesverdienstordens entgegengenommen ..." „Ich bin fest überzeugt, daß es mit den Parteien überhaupt jetzt Schluß sein muß."

Der Kölner Stadtanzeiger vom gleichen Datum zum gleichen Anlaß: „... auf einer Festveranstaltung in der Frankfurter Paulskirche sollen neben Egon Bahr und Eugen Kogon Gäste aus der Sowjetunion und USA reden ... Es mangelte ihm ja auch nicht an griffigen Formulierungen, die Anstoß erregen mußten. Etwa: ‚Die Deutschen würden lieber in einem geeinten Deutschland unter kommunistischer Herrschaft als in einem zerspaltenen Land leben.' Noch aus Rheinische Post: „1959 hat Niemöller in Kassel ‚die Ausbildung zum Soldaten und zu Führungspositionen in militärischen Kommandostellen als einzige hohe Schule für Berufsverbrecher' bezeichnet." ... der „friedliebende kommunistische Osten stände ihm näher als die in Rom gezeugte, in Washington geborene Bundesrepublik Deutschland".

Zu den schon oben belegten, im Jahre 1933, drei Monate nach dem Ermächtigungsgesetz, Verkündigungen: „Wir danken unserem Führer ... im Namen von mehr als 2500 evangelischen Pfarrern ... geloben wir treue Gefolgschaft ..." ist lt. Kölner Stadtanzeiger noch nachzutragen: ... er gründete einen „Nationalverband deutscher Offiziere", wählte auch schon mal die NSDAP und scheute 1931, als im Deutschen Reich der Ruf nach einem starken Mann, der Ordnung schaffte, immer lauter wurde, in einer Rundfunkansprache nicht vor den Sätzen zurück: „Wo ist der Führer? ... Unser Ruf nach dem Führer ist ein Schrei nach Barmherzigkeit."

„Er — Niemöller — hatte dem deutschen Volk ‚das relative Recht' zuerkannt, ‚sich gegen einen übergroßen und schädlichen Einfluß des Judentums nachdrücklich zu wehren'" ...

Es wäre unwürdig, sich überhaupt mit einer solchen „Symbolfigur" zu befassen, oder ihn gar als Kronzeuge für so vieles in dieser Schrift Gesagte heranzuziehen. Auch könnte man allenfalls über die Verhöhnung, Verachtung der Bundesrepublik Deutschland, überhaupt der Demokratie, der Bundeswehr u. a. hinwegsehen, wenn nicht all dies Schreckliche als „Speerspitze des Protestantismus", unwidersprochen von der offiziellen evangelischen Kirche, verkündet worden wäre und jetzt hoch gefeiert würde!

Wenn man wollte, könnte man zu einer solchen „Symbolfigur", die übrigens eng mit dem ehemaligen Bundespräsidenten Heinemann befreundet war, ein ganzes Buch darüber schreiben, was ein solcher evangelischer Pfarrer nicht nur seiner Kirche, vielmehr dem Ansehen des ganzen Christentums antut. Darob eigentlich alle Mitglieder aus dieser Kirche austreten sollten, um allein dem erneuten Vorwurf zu entgegen: „Ihr habt nicht widerstanden!" Gegen das, was nur eine einzige Überschrift in der größten christlichen Wochenschrift Europas, „Neue Bildpost" vom 10. 1. 1982 aussagt: „Nur weil sie ihren Glauben bekennen: ‚ALLE SCHRECKEN SIBIRISCHER LAGER.'"

Nochmals: Babylonischer Turm der Moralverwirrung unserer Zeit

Zum Verständnis evangelischer Christen halte ich es für nötig, noch etwas bei dieser „Symbolfigur" zu bleiben, nicht etwa, um dieser ganz besonderen Wert beizumessen, denn schon Bundespräsident Prof. Dr. Theodor Heuss schrieb über Niemöller: „Dieser Demagoge im geistlichen Gewand ist für mich keinen Augenblick Kirchenpräsident." (DVA-Kirche auf Abwegen — 29. 1. 1982)

Dagegen lobt Brandt, Präsident der sozialistischen Internationale: „Niemöller ist die Partnerschaft von Protestantismus und Sozialdemokratie zu verdanken. Auf diesem Versöhnungsweg konnten Gustav Heinemann und andere weitergehen." (w. v.)

Dieser Partner hatte nicht nur die schon erwähnte Glorifizierung des „Führers" vorgenommen, auch diese dann noch fortgesetzt, als Genossen von Brandt zeitweise ausgeschaltet waren und sich im KZ befanden. Niemöller bot Hitler kirchliche Hilfsdienste an und schrieb an ihn im Januar 1934: „Wir brauchen Ihnen nicht zu versichern, wie dankbar wir Ihnen sind, daß Sie unser äußerlich und innerlich zersetztes Volk vom Abgrund weggerissen und zu neuer Entfaltung seiner Kräfte freigemacht haben. Wir tragen Ihr Werk mit dem Besten, was wir geben können, mit dem Gebet der Kirche." Niemöller schwor sogar vor Gericht, „dem Führer die ehrliche Treue bis zum letzten Atemzug zu halten" und biederte sich auch antisemitisch an: „Die Juden seien ihm unsympathisch und fremd."

Die Symbolfigur Niemöller, den Willy Brandt hoch feiert, bewarb sich um den Eintritt als „Christenpflicht" in die Deutsche Wehrmacht und das als nahezu 50jähriger Pfarrer! Doch die Bundeswehr wird angesichts der übermächtigen Drohung mit „Blut und Eisen" seitens des Lenin-Ordens-Trägers als „Hohe Schule für Berufsverbrecher" verleumdet.

Wie bereits sogenannte Seelsorger in den 30er Jahren ihr Kirchenvolk zu Hitler führten und die Juden herabsetzten, also erhebliche Mitschuld an allem Unheil tragen, so verraten sie später nicht nur ihre Kirche, auch allgemein das Christentum. Blasen immerfort Wind in die Segel des Weltkommunismus, des Atheismus, so daß selbst viele höhere Bundeswehroffiziere aus der evangelischen Kirche austraten, um nicht zu denen gezählt werden zu müssen, die „nicht widerstanden haben".

Dazu einige Worte von Paul Kleinewefers aus seinem Buch „Jahrgang 1905 — Ein Bericht", Stuttgart 1977:

„Die Feindseite suchte die moralische Rechtfertigung für die Repressalien gegen das ganze deutsche Volk und für die ‚Hungerkur' in der These von der Kollektivschuld. Im Oktober 1945 erhielten unsere Gegner Sukkurs von den Deutschen selbst. Anläßlich einer Tagung des Rates der EKD in Stuttgart gab die Evangelische Kirche offiziell ein Schuldbekenntnis für das ganze deutsche Volk ab. Ich, und mit mir viele andere, empfanden diese Erklärung als ungeheuerlich. Sie hatte politisch weitreichende Folgen." Die doch nur, wie wir seit über 35 Jahren miterleben, in aller Welt zu ungehemmtem „Blut und Eisen" führten!

Ob man nun sozusagen in christlicher Verzeihung die Worte heranzieht: „Herr, vergib ihnen, denn sie wissen nicht, was sie tun", so hat aber längst die Geschichte über sie geurteilt und wird es in alle Zukunft tun, daß sie „das Land ausspeiet, da sie es verunreinigen." (nach 3. Mose 28)

Ein längst zu sogenannten hohen Ehren emporgekommener Politiker hat einmal „den erschreckenden Satz ausgesprochen, es sei immerhin gelungen, die ganze — deutsche — Geschichte in ein Verbrecheralbum umzuwandeln." (Herz auf der Waage, s. o.) Mit die schlimmsten Verbrecher sitzen aber, wenn auch zeitweise in Dachauer Prominentenhaft ausgeschaltet, wohlversorgt auf Kosten der Steuerzahler an warmen bundesdeutschen Kaminen.

Was alles, wie wir erleben, doch nur zu neuem „Blut und Eisen" geführt hat, und im Bestreben zu Frieden nichts anderes übrig bleibt, als der Lüge zu widerstehen, jenen Chamäleons, die zur Gattung der Kriechtiere gehören, ihre Farbe von schwarz über braun nach rot wechselten, sich auf dem gelben Spielbrett der Politik fernlenken, verschieben und verschaukeln lassen und vielleicht eines Tages auch einmal nach grün changieren. Gewiß dann, sobald die Fahne des Propheten große Macht gewinnen, also hohe Posten verheißen würde, sie flugs aus Gewissensdrang ihren Gott abermals austauschten, um von hoher Moschee gebieterisch ihren Ruf erschallen zu lassen: „Kein Gott außer unserem Gott."

„Ihr hättet den Anfängen wehren müssen!"

Genau diese waren und bleiben es dann, die in Gemeinschaft mit den eigentlichen Siegern eine Sturmflut nicht abebben lassen, sondern unter Mißbrauch ihrer Talare Millionen Deutscher für die Anfänge begeisterten.

Noch kein einziger der Prediger, Pharisäer, Besserwisser und Lügner, ja, auch Irregeführten, die das Posaunen, Predigen, Schwätzen, Reden, Schreiben, Flimmern bewirken, konnte auch nur eine Andeutung geben, welchen sonstigen „Anfang" wir Deutsche finden, und es hätten bewerkstelligen können, Hochmeister im Hellsehen zu werden. Ich muß wiederholen, wir wissen es alle, es ist längst von neutralen, auch ausländischen Historikern wissenschaftlich erwiesen, wie es um Deutschland, damit um Europa, bestellt wäre, wenn sich das Deutsche Reich bereits seit 1933 in den Pranken des roten, nimmersatten Bären befände.

Wenn ich oben von den politischen und geistlichen, religiösen Kräften sprach, welche die Deutschen zu den Anfängen und Fortsetzungen hindrängten und

-zwangen, so waren es nicht nur indirekt die Juden selbst, sondern auch ganz gezielt solche maßgeblichsten Kreise aus ihrem Volk, ihrer Rasse, auf welche die Deutschen mit hoher Achtung blickten:

„Wir Mitglieder des im Jahre 1921 gegründeten Verbandes nationaldeutscher Juden haben stets im Krieg und im Frieden das Wohl des deutschen Volkes und Vaterlandes, dem wir uns unauflöslich verbunden fühlen, über unser eigenes Wohl gestellt. Deshalb haben wir die nationale Erhebung vom Januar 1933 begrüßt, trotzdem sie gegen uns selbst Härten brachte, denn wir sahen in ihr das einzige Mittel, den in vierzehn Unglücksjahren von undeutschen Elementen angerichteten Schaden zu beseitigen." (Peter Kleist)

Über den Führer des Verbandes nationaldeutscher Juden, Max Naumann, schreibt Winfried Martini in „Holocaust" oder die Wahrheit täuscht. Historische und psychologische Lehren (Monatsschrift „Epoche" 2/1979) „den ich in endlosen Gesprächen vergeblich gewarnt hatte und der dann später ermordet wurde". Man kann sich denken, von welcher Seite dieser Mord ausging.

Je lautstärker die Forderung erhoben wurde und mit allen Mitteln der modernen Massenmedien fortgesetzt wird, die Deutschen und ihre Sympathisanten hätten allesamt die Pflicht und Schuldigkeit eines Vorherwissens haben müssen, je mehr wird der Mangel an Logik, ja an Moral, erkennbar, der in dieser Forderung liegt. Der allein für unsere Seite das Naturgesetz nicht gelten lassen will, das Eugen Roth mit den treffenden Versen ausdrückt:

„Ja, wenn es klar in uns erschölle,
Hier spricht der Himmel, dort die Hölle!
Doch leider können wir vom Bösen,
Das Gute gar nicht trennscharf lösen!"

Für wen sollten wir uns aufopfern und sterben?

Als es ganz allmählich da und dort zu knistern begann, als der Hunger der Masse des deutschen Volkes erst einmal gestillt war und es ihr da und dort bewußt wurde, daß der Weg, den uns die Versailler Gewaltigen gelassen hatten, blutig und eisern werden konnte, als deren Rüstung ins Unermeßliche wuchs, die eigene langsam nachzog, als Angst vor einem neuen Krieg aufkam, wer konnte aussteigen? Aus einem Zug, in dem das Mitfahren vielleicht aus sonstigen Gründen noch gefährlich schien. Für wen sollten wir das Genick brechen? Etwa für die Kommunisten-Bolschewisten, bei denen für einen großen Teil von uns ohnehin der Genickschuß sicher gewesen wäre.

Oder für die Juden? Über die „Härten gegen sie selbst", wie vorstehend erwähnt, herrschte wohl Erstaunen und Bekümmerung, da es diese in Deutschland wohl an die zweihundert Jahre kaum gegeben hatte. Es war noch unvergessen, wie Hellmut Diwald schrieb: „Die jüdischen Freunde des Kaisers, von Albert Ballin bis zu

Walther Rathenau, sind kaum zu zählen — eine Unvoreingenommenheit, die um so nachdrücklicher vermerkt werden muß, als sie in die Zeit einer anschwellenden Agitation gegen den jüdischen Einfluß in ganz Europa fiel." Trotzdem haben es diese zahllosen jüdischen Freunde nicht fertig gebracht, oder es nicht gewollt, den Kaiser und sein Volk weit vor und im Ersten Weltkrieg vor allerübelsten Verleumdungen einer gewissen Weltpresse wenigstens einigermaßen zu bewahren.

Sollten und konnten die Deutschen etwa im vorhinein die Juden beweinen und Asche aufs eigene Haupt streuen, da auch nicht im entferntesten spätere Ereignisse vorausgewußt werden konnten, die schrecklichsten erst nach dem Zusammenbruch, wie weiter unten bewiesen. Das bedeutet absolut keinen Antisemitismus, wie später u. v. a. zwecks unaufhörlicher sogenannter Wiedergutmachung propagiert wurde und noch wird. Ein solcher herrschte, wie schon gesagt und weiter erhärtet wird, nicht im deutschen Volk, und damit auch kein Bestreben zu weiterem „Blut und Eisen", schon gar nicht gegen Zivilisten.

Jede andere Nation wäre in Weißglut geraten, wenn sie u. a. mit folgenden Herausforderungen gereizt worden wäre. Erstens standen wohl nicht „die Juden" kraß links, aber deren machthabender Teil in der deutschen und internationalen Presse von 1919 bis 1933. Franz Neumann schreibt in seinem Buch „Behemoth", zitiert von Peter Kleist:

„In der KPD besetzten Juden die einflußreichsten Funktionärsposten, die Presse der SPD ist fast ausschließlich in jüdischen Händen." Peter Kleist ergänzt dies im Jahre 1953:

„Die großen internationalen Presse-Agenturen, die vielfach in jüdischer Hand waren oder deren Mitarbeiterstab eine namhafte Anzahl jüdischer Korrespondenten aufwies, entfesselten einen Feldzug gegen Deutschland, der an Findigkeit der Propaganda von 1914—1918 nicht nachstand und die Vorgänge im Dritten Reich gewaltig übertrieb. Die Schändung jüdischer Mädchen, die ausgestochenen Augen und abgehackten Hände, alles wurde wieder ins Feld geführt und lieferte Hitler in seiner vorgefaßten Meinung den Beweis für ein Weltkomplott des Judentums gegen das erwachende Deutschland."

Etwa sterben für diejenigen, welche uns den Krieg erklärten?

Dieser „entfesselte Feldzug" aber war eine Folge der allerersten Kriegserklärung, welche Deutschland erhielt, schon am 24. März 1933, bevor also überhaupt eigentliche Härten oder gar Schlimmeres seitens der neuen deutschen Machthaber erfolgten:

„Der Jüdische Weltkongreß: Das israelische Volk der ganzen Welt erklärt Deutschland wirtschaftlich und finanziell den Krieg. Das Auftreten des Hakenkreuzes als Symbol des neuen Deutschlands hat das alte Streitsymbol Judas zu neuem Leben erweckt.

Vierzehn Millionen Juden stehen wie ein Mann zusammen, um Deutschland den Krieg zu erklären. Der jüdische Großhändler wird sein Haus verlassen, der Bankier seine Börse, der Kaufmann sein Geschäft und der Bettler seine Elendshütte, um sich in einem heiligen Krieg gegen die Leute Hitlers zusammenzuschließen." („Daily Express", London, 24. März 1933)

Mit dieser Erklärung eines „heiligen Krieges" mußten sich die Deutschen darüber klar sein, was an „Heiligkeit" auf sie zukam. Sie waren es aber nicht, weil sie das „rechtliebendste Volk" wohl waren, wie als Jude der Reichsminister Walther Rathenau sich ja ausdrückte. Denn wo und wann wäre es erwiesen, daß allein „das Auftreten des Hakenkreuzes" eine Kriegserklärung oder gar Handlung je in der Weltgeschichte gewesen wäre? So mußten die Deutschen denken.

Die Fragen stellten sich also: Wer war der Angreifer? Wer wollte die Beute aus dem erpreßten Vertrag von Versailles mit Zähnen und Klauen behalten? Wer wollte ein Wiederaufrichten des deutschen Volkes aus ungeheuerlichem Elend nicht dulden? Wer griff an, um eine Konkurrenz auf den Weltmärkten nicht wieder zum Ärgernis werden zu lassen?

Ferner, wie interessant und bezeichnend ist doch die in der Kriegserklärung der 14 Millionen Juden angegebene soziale Stufenleiter vom „Bankier und seiner Börse ... bis zum Bettler in seiner Elendshütte ..."

Logischerweise ergaben sich für die Deutschen weitere drängende Fragen. Soll das die vielgepriesene und weltweit propagierte „Freiheit, Gleichheit und Brüderlichkeit" derer sein, welche die „einflußreichsten Funktionärsposten und die Presse in ihren Händen hatten?" Bankiers ... und Bettler? War das der internationale Sozialismus, der aus dem Geiste der Kriegserklärenden kam? Mit einem Paradies der Arbeiter und Bauern? Oder wurde die Prophetie einer hochstehenden Persönlichkeit aus ihrem Stamm wahr? Von „einem möglichen Weltunglück ... mit dem roten Radikalismus ... womit 300 Millionen Menschen von Westeuropa abgetrennt würden?" Wer waren die „Nutznießer des Krieges" und wollten es in einem neuen Unglück wieder werden? Wer waren die „eigentlichen Herrscher?"

Konnten solche und ähnliche Fragen eine Sünde wider den heiligen Geist jener sein, welche den Kommunismus sozusagen erfunden hatten? Die schon ihr täglich Brot nicht selbst erarbeiten konnten, aber sehr gut von den Groschen ihrer Genossen gelebt hatten.

Selbst im Toben des Krieges und des Bombenterrors, im Detonieren der „Wohnblockknacker", der alles auslöschenden Massen von Brandbomben hielt die überragende Mehrheit nicht nur des Volkes, ganz offensichtlich auch seines Regimes an einer Menschlichkeit gegen Juden fest, die so sorgfältig verschwiegen, ja ausradiert wurde, damit auch diese Wahrheit auf ewig verborgen bleibe. Eben an einer Auffassung, die nicht den vierzehn Millionen pauschal die Schuld auch an diesem „entfesselten Feldzug" gegen Frauen, Mütter, Kinder, alte Leute zu geben sei, sondern nur deren eigentlichen Herrschern!

Wie wäre es sonst möglich gewesen, daß das nationalsozialistische Regime sozusagen den Zionismus unterstützt hat? Ausgerechnet wieder ein Jude, aus dem besseren Teil seines Volkes, hat diese Wahrheit bekannt. Hans Rosenthal, der seit so vielen Jahren bekannte und geschätzte Show-Master, schreibt in seinem Buch „Zwei Leben in Deutschland" (Gustav Stübbe Verlag 1980), daß nach langem Aufenthalt im Berliner jüdischen Krankenhaus (Anm. auch das gab es also) seine Mutter im November 1941 starb. Die Beerdigung nimmt in Berlin ein Rabbiner vor!

„Zu jener Zeit", schreibt Rosenthal, „war ich bei der Jugend-Aliayh in einem Lager, das dem PAL-Amt (Anm. Palästina-Amt) gehörte. Diese Bewegung bereitete uns auf eine Auswanderung nach Palästina — dem späteren Israel — vor. Wir wurden landwirtschaftlich ausgebildet, um das neue Leben, das wir in der alten Heimat der Juden erhofften, bestehen zu können. Die Nazis erlaubten das damals noch ... Die vielen Flächen, die, wie uns gesagt wurde, unter jahrhundertelanger türkischer Herrschaft brach gelegen hatten, wollten wir uns und unserem Volke erschließen. Und so gab es dann mit Genehmigung der Nazis landwirtschaftliche Ausbildungslager in Deutschland."

Rosenthal berichtet ferner von seiner Verwundung bei einem Bombenangriff in Berlin und von der Behandlung und dem Verbinden am kommenden Tag im nächsten SS-Krankenhaus.

Dazu kann hier nur wiederholt werden, daß die Wahrheit doch immer wieder zutage kommt, trotz der „entfesselten Feldzüge voll Gift und Kot", der fortdauernden Lügen, daß wir alle, unser ganzes Volk, ja alle deutschen Namens und deutscher Zunge nichts anderes seit dem Auftreten des Hakenkreuzes beabsichtigt hätten, als Juden grausam umzubringen. In einer Anzahl, die mit sechs Millionen von ihnen angegeben wurde und wird, so daß danach von den vierzehn Millionen, die in der Kriegserklärung von 1933 „wie ein Mann zusammenstehen", nur noch acht Millionen im Mai 1945 am Leben gewesen sein sollten.

Im übrigen wurde natürlich auch diese allererste Kriegserklärung verschwiegen, sogar abgestritten, daß es ein Weltjudentum in einer Organisation überhaupt gegeben habe.

Dem steht wieder die Wahrheit entgegen: „Die oberste Stelle, der Zionistenführer Chaim Weizmann, sagte auf dem jüdischen Weltkongreß 1942: „Und wir sind das trojanische Pferd in der Festung des Feindes. Tausende in Europa lebende Juden sind der Hauptfaktor bei der Vernichtung des Feindes." (Deutsche Hochschullehrer-Zeitung 3/1967 — x)

Emigration: Anschluß an „Blut und Eisen" der Gegner?

Eine gewisse Sorge vor einem neuen Krieg kam wohl da und dort auf. Die Kriegsangst wurde aber von den schon oft erwähnten Kreisen des Untergrunds u. a. geschürt, denen nur daran lag, die nationale Erhebung und das deutsche Regime als

Kriegstreiber von vornherein hinzustellen. Der Ausspruch des Reichskanzlers im Jahre 1935: „Wer in Europa die Brandfackel des Krieges erhebt, kann nur das Chaos wünschen", entsprach der tiefen Überzeugung, dem dringendsten Wunsch der Deutschen.

Hierfür ließen sich sehr viele Kronzeugen heranziehen, doch ausgerechnet ein britischer Historiker soll es dafür sein, der zudem als „einer der rabiatesten britischen Deutschenhasser" bezeichnet wurde. (Frankfurter Allgemeine 15. 3. 1965)

Also A. J. P. Taylor (Die Ursprünge des Zweiten Weltkrieges — „The Origins of the Second World War" — Gütersloh 1962).

„Ich bezweifle, daß Hitler einen großen Krieg plante, bestimmt plante er keinen gegen den Westen. Seine militärischen Vorbereitungen scheinen der entscheidende Beweis zu sein."

„Hitler beabsichtigte, Erfolge ohne Krieg zu erringen oder auf jeden Fall nur mit einem Krieg, der von Diplomatie nur schwerlich unterscheidbar wäre. Er hatte keinen größeren Krieg geplant ... Er war nicht an der Vorbereitung für einen langen Krieg gegen die Großmächte interessiert."

„Das Nazi-Geheimnis war nicht Rüstungsproduktion; es war Freiheit von den damals vorherrschenden orthodoxen Wirtschaftsprinzipien."

„Unter Hitlers Leitung war Deutschland ausgerüstet, den Nervenkrieg zu gewinnen — den einzigen Krieg, den er verstand und der ihm genehm war; es war nicht ausgerüstet, Europa zu erobern ..."

„Die Franzosen haben den Startschuß für das Wettrüsten abgegeben. Deutschland war zwischen 1933 und 1936 für einen großen Krieg wenig mehr vorbereitet, als es vor Hitlers Machtergreifung war. Der Unterschied war, daß er (Hitler) starke Nerven hatte und seine Vorgänger nicht."

„Viele der frühen Alarme über die deutsche Aufrüstung waren falsche Alarme. Sogar im Jahre 1939 war die deutsche Armee nicht für einen längeren Krieg ausgerüstet; und 1940 waren die deutschen Heerestruppen den Franzosen in allem unterlegen, mit Ausnahme der Führerschaft."

„Die Zerstörung Polens war kein Teil von Hitlers ursprünglichem Plan. Im Gegenteil, er hatte die Frage Danzig so zu lösen gewünscht, daß Deutschland und Polen gute Beziehungen aufrechterhalten konnten." (Ende der Zitate v. Taylor)

Wem gebührt also die Ehre vor der deutschen und der Weltgeschichte? Den Deutschen, welche ehrlich überzeugt „die Brandfackel des Krieges in Europa" vermeiden wollten? Oder jenen, welche mit lodernden Bränden Europa in ein Chaos zu stürzen gedachten, um aus Trümmern ihr ersehntes Weltreich zu bauen?

Wer konnte überhaupt emigrieren? Doch nur der, welcher sich auf irgendeinem Gebiet schon dem „roten Radikalismus mit der für Europa gefährlichen Saat" (Rathenau) zugewandt bzw. einen Namen gemacht hatte! Wir einfachen Leute, die wirklichen Deutschen, wären also von den Baumeistern der besseren Welt gar nicht aufgenommen worden, schon gar nicht mit offenen Fangarmen. Ganz abgesehen davon, daß wir uns tatsächlich „auf Gedeih und Verderb mit unserem Volk und Vaterland verbunden fühlten", wie es so schön jener Pfarrer und späterer Träger des Leninordens ausgedrückt hatte. Mit dem „Verderb" kam dann, was dazu gehörte. Die Herren Emigranten, wie Deserteure und sonstige Leute mit Tarnkappen, auch die aus dem trojanischen Pferd, die sich beim Feind zur Vernichtung Deutschlands bewährt und mitgewirkt hatten, daß „300 Millionen Menschen von Westeuropa abgetrennt wurden" (Rathenau), kehrten als Helden, Wohltäter der Menschheit, gloriose Widerstandskämpfer zurück. Zuerst zur Umerziehung, woraus sich das eigentliche Ziel, gut bezahlte Handlanger der Baumeister, verwirklichte. Wir „Zurückgebliebene" dagegen, trugen nicht den Ehrentitel Emigrant, dafür waren wir sämtlich unbesehen „Prototype des Bösewichts, des Teufels", wie in englischer, französischer, niederländischer, amerikanischer Schund- und Billiglektüre noch in neuester Zeit nachzulesen ist.

Gewiß, man soll diese Art blutige, aber wahre Ironie nicht zu weit treiben. Es gab wohl sicher unter den zahlreichen Spielarten von Emigranten auch solche Glücksspieler, die nicht nur von ihrem höchsteigenen Glück, auch vom Glück der Menschheit aufrichtig überzeugt waren.

Hätten wir Deutsche aber in großen Mengen auf rot gesetzt und das biblische Gesetz mißachtet „Sei untertan der Obrigkeit", also „Mach' mit oder sterbe", so wären wir unausweichlich gezwungen worden, für das „Blut und Eisen" der atheistischen Weltrevolution zu marschieren und zu kämpfen. Nicht im „letzten Gefecht", dafür in blutigsten, unaufhörlichen Bürgerkriegen. Bruder gegen Bruder, Söhne gegen Väter. Soweit wir überhaupt von vornherein als „Bourgois" überlebt hätten. Höllisch aufpassen wäre aber heuchlerisch das erste Gebot gewesen, nicht etwa bei der Morgen-Mittag- oder Abendsuppe aus Kohl und Wasser die Andeutung eines Tischgebetes uns herauszunehmen, damit man nicht in einem Todeslager als Volksfeind auf Nimmerwiedersehen verschwand.

Mit all den vorstehenden, kurz geschilderten Vorstellungen, Gedanken, ja auch Zweifeln der Abermillionen schlichter Menschen aus dem deutschen Volk, die in bohrenden Fragen meist wohl keinen scharfen Verstand, aber einen wachen und nüchternen hatten, kann man sich u. a. nur dem Colonel Stevens vom britischen Geheimdienst anschließen. Der vom November 1939 bis Kriegsende im Konzentrationslager Dachau gehalten wurde! Der trotz- und alledem in selten gerechter und anständiger Weise als einer der Besseren seines Volkes zu dem Vorwurf Stellung nahm. Zu den bis heute fortdauernden Lügen, unsere Generation mit deren Vätern hätten verhindern müssen, daß Hitler an die Macht kam. Der Colonel, der Herr Oberst, tat es mit den Worten:

„Das ist unfair, denn niemand, der damals nicht dabei war, kann sich die Situation richtig vorstellen. Das Ringen um die Entscheidung wurde damals zwischen den

Kommunisten und den Nazis geführt. Hätten sich die Kommunisten damals in Deutschland halten können, wäre heute wahrscheinlich ganz Europa kommunistisch."

Diese Feststellungen von einer immerhin führenden Persönlichkeit des britischen Secret Service sind sozusagen weltbedeutend, d. h. „k. o."-Schlag gegen die Weltmacht des „Täuschens und Betäubens". Denn der Colonel kannte doch nicht nur die deutschen Verhältnisse und Bestrebungen zwischen den beiden Weltkriegen aus seiner Geheimdienst-Tätigkeit. Auch im Krieg, während nahezu fünfjähriger Haft im KZ Dachau hatte er zweifellos viele Gespräche mit seinen KZ-Kameraden über die Gründe ihrer Inhaftierung, ihrer eigentlichen Ziele führen müssen und dürfen, um sich eine Überzeugung zu verschaffen.

Höchst bedeutungsvoll sind in diesem Zusammenhang weitere Tatsachen, die sich logischerweise bieten. Daß erstens Colonel Stevens die Möglichkeit überhaupt hatte, solch grundlegende Eindrücke von KZ-Insassen zu gewinnen. Da diese doch dem späteren Vernehmen nach in immer neu eingelieferten Mengen zuerst isoliert, dann in fast täglichen Sofort-Aktionen nach geltend gemachter Weltmeinung ermordet worden waren. Daß zweitens nicht auch der Colonel dieses Schicksal erlitten hatte.

Jedenfalls ist der Mut zu bewundern, die Aufrichtigkeit, mit welcher auch der Colonel den Impfstoff zu neutralisieren sucht, der den Körper eines einigen, festgefügten Europa vergiftet. Eben den der Alleinschuld aller Deutschen ohne Rücksicht auf deren Situation und alle Hintergründe. Nun, er ist eben ein Brite. Jeder Deutsche wird als Rechtsextremist, Faschist, Kriegstreiber verleumdet und verfolgt, sobald er an der Weltmeinung zu rütteln wagt.

„Antikommunismus infolge geifernder Reden"

So wurde und wird unseren nachgewachsenen Generationen erklärt, daß es nur solchen Reden zuzuschreiben gewesen sei, wenn sich ein „Contra" gegen „Pro" bildete. Auf den vorhergehenden Blättern sind wesentliche Eindrücke wiedergegeben, unter denen wir Deutsche in den kritischen 30er Jahren standen. Es ist ein Leichtes, einen Vergleich mit heute zu finden.

Alexander Solschenizyn, einer der tapfersten Kämpfer von „Contra" in unseren Jahren, sagte: „Wer durch seine eigenen Illusionen nicht hoffnungslos verblendet ist, muß heute erkennen, daß der gesamte Westen in eine kritische Lage, ja tödliche Gefahr geraten ist. Sucht man nach der Hauptursache, so ist es die 60jährige beharrliche Blindheit des Westens gegenüber dem Wesen des Kommunismus." (s. auch „Archipel Gulag" — „Reden an die Amerikaner" u. a.)

Ich bin weit davon entfernt, etwa diese Persönlichkeit berichtigen zu wollen. Auch kann man kaum erwarten, daß er als Russe des deutschen Kampfes gegen „die tödliche Gefahr" gedenkt, der von 1919 bis 1945 geistig und in Notwehr mit aufgezwungenem „Blut und Eisen", mit einer Kraftanspannung dauerte, wie sie kein anderes Volk aufgebracht hat.

Auch war die „Blindheit des Westens" nicht so beharrlich, obwohl es außer den Deutschen nur kleine Völker waren, welche die „kritische Lage" erkannten, wie etwa Schweden und die Schweiz sowie Österreich. Während die großen Staaten, die Sieger, sich des Beelzebubs seit 60 Jahren versicherten, um den deutschen Teufel zu vernichten. Mit diesem kurzen Satz kann man alles Obige zusammenfassen.

Der Ehre und des Weitblicks kleinerer Völker halber möchte ich die deutschsprachige Schweiz erwähnen, wo in Antiquariaten und wissenschaftlichen Bibliotheken noch das zu finden ist, was im übrigen Europa, in den beiden deutschen Staaten ohnehin, längst ausgemerzt wurde.

Man könnte dickleibige Bücher aus jener ausländischen Literatur zusammenstellen, kommentieren, Vergleiche mit später und heute finden, welche die „tödliche Gefahr" für Europa, das ganze Abendland, das Christentum in allen Einzelheiten offen legten. Wobei es für die Völker Europas und der USA erschütternd und tragisch erwiesen wird, tatsächlich über 60 Jahre lang dazu gebracht worden zu sein, einer beharrlichen Blindheit zu verfallen. Von den erwähnten Ausnahmen abgesehen sowie davon, daß den Deutschen die offenen Augen teils eingeschlagen, teils mit Lügengespinst verklebt wurden.

Eindrücke aus ausländischer Literatur:

„2½ Jahre als Spezialist kreuz und quer durch Sowjet-Rußland", Zug/Schweiz 1932. Der Verfasser, Ingenieur M. Reitz, gibt in seinem Buch „Aufschluß über den Daseinskampf des unterdrückten russischen Volkes, ohne die Tatsachen zu entstellen. Es beweist die Unmöglichkeit des Kommunismus!"

„Die rote Front..."

„In den Kooperativ-Geschäften gibt es außer Brot und Streichhölzern nichts Nennenswertes zu kaufen, dafür aber in den sogenannten Kommerz-Magazinen. Diese Warenlager sind nichts anderes als staatlich konzessionierte Wuchergeschäfte. (Butter, Käse, Zucker, Obst u. a.) Diese enorm hohen Preise sind für einen Arbeiter unerschwinglich." ... „Bürokraten und Bonzen. Wo ist die Gleichheit dort zu finden? Nirgendwo. Nur Ausbeutertum der Arbeiterklasse, Freiheitsberaubung. Elend und Hunger." „Der russische Arbeiter ist dabei willig ... Man kann nicht genug staunen und die erklecklichen Leistungen bewundern, die er bei seiner ungenügenden Ernährung vollbringt." „Der innere Feind ist so mächtig, daß Rußland sich wohl nicht auf einen Krieg einlassen würde. Das ist der Grund, warum es immer so gegen den Krieg predigt. Wehe aber, wenn es sich stark genug fühlen würde! Die rote Front würde sich dann nicht scheuen, die ganze Welt anzugreifen und ihrer Idee untertänig zu machen, um ihren so oft angesagten Herrschgelüsten fröhnen zu können."

„Ich schwor, den Kampf gegen den Kommunismus mit der Waffe des Geistes aufzunehmen. Diesen Angriff gegen den Bolschewismus habe ich seither ehrlich und stetig geführt. Dieses Buch gibt dafür die beste Erklärung." (Ende der Zitate aus M. Reitz, 1932)

„Volksbetrüger ..."

Richard Hart, „Der Marxismus im Lichte des 5-Jahrplanes". 1932, Separat-Druck der in Schweizer Wochenzeitungen erschienenen Artikel-Serien (Bülach/ Schweiz)

„Die ungeheuerliche Vergewaltigung, die ihresgleichen in der Weltgeschichte nicht hat, die unsägliche Verelendung der arbeitenden Massen und das Blutmeer der vielen Unschuldigen werden ans Licht der Sonne kommen, trotz der ungeheuren Agitation und der luftdichten Abschließung Rußlands vor dem Auslande."

Den Gegnern aber rufe ich zu: „Sagt nicht einfach, es seien Lügen, die in diesem Buche stehen, nehmt Euch die Mühe und widerlegt sie. Ihr könnt am besten der Welt die Wahrheit zeigen, wenn Ihr die Sowjetregierung dazu bringt, die Grenzen zu öffnen und ihren Bürgern den Weg ins Ausland frei zu geben." „... Wenn ihr das aber nicht könnt und wollt, dann laßt es euch gefallen, wenn man euch als Volksbetrüger, die ihr seid, bezeichnet."

„Der wichtigste Faktor jedes wirtschaftlichen Geschehens, der Mensch als solcher, ist vom Marxismus vergessen worden. ... Alles bezahlt der russische arbeitende Mensch durch Hunger, Krankheit, Elend und Not."

Betrug ist die spezifische Waffe des Marxismus: Knebelung des freien Wortes. Unterdrückung des individuellen Denkens. Enteignung jeden Eigentums. Zerstörung der Familie. Unterdrückung jeden Glaubens. Spionage, Folterungen, Provokation, Hunger, Verelendung der Massen. Ungeahntes Wachstum der schlimmsten Krankheiten. Knechtung während und nach der Arbeit, Aufhetzung des Kindes gegen seine Eltern. Scheußliche Wohnungsverhältnisse, Voller Verlust der primitivsten Menschenrechte. Absolut verlogene Presse. Terror in allen erdenklichen Formen. Voll entfesseltes Prassertum einiger weniger Herrschenden sind alles, was der russische Sozialismus dem Volke gegeben hat."

„Warum wollen unsere Herren Salonkommunisten unter den schweizerischen Intellektuellen mit ihrer Friedensliebe, mit ihrem Kampfe gegen die Grausamkeiten des Kapitalismus nicht sehen, daß heute in Rußland — Millionen — unschuldig grausamer leiden, als im schaurigsten Mittelalter Leute gelitten haben?"

„Es ist zum Verzweifeln, wenn man daran denkt, daß wir in der Schweiz Ärzte, Künstler, Juristen und Lehrer haben, welche glauben, einen guten Kampf zu führen, wenn sie, ohne Rußland zu kennen, mit Leib und Seele sich dafür einsetzen, ohne auch nur ihre Stimme zu erheben und zu sagen, man solle der Wahrheit über Rußland einen Weg bahnen."

„Will denn unser schweizerischer Bauer, unser Arbeiter ein solches Regime?... Jeder Marxismus muß solche Dinge gebären, denn jeder Marxismus führt entweder zur Stagnation der Wirtschaft überhaupt, oder dann zur Sklavenarbeit in Feld, Wald und Fabrik unter der Knute entfesselter, sadistischer Machthaber."

„Was man auch sagen mag über die negativen Seiten der sogenannten freien Wirtschaft, so sind sie alle Kleinigkeiten gegen den ungeheuren Betrug, gegen die Sklaverei des russischen Marxismus."

„Allen gehört alles, ist der teuerste Standpunkt, den man einnehmen kann, das beweist Rußland klar und deutlich. Es ist wahr, man versuchte lange an den Idealismus des Menschen zu appellieren, während man zur gleichen Zeit jeden Idealismus lächerlich und philosophisch verächtlich machte."

„Gleichberechtigung von Mann und Frau in der Politik und in der Arbeit haben die Frau sehr zum Sozialismus gelockt. Heute aber wird die Mutter, die Hausfrau als kein Brot verdienender Parasit betrachtet!"

„Das, was man heute unserem Arbeiter in den marxistischen Zeitungen aller Färbungen als Speise über Rußland serviert, ist die Kulturschande und das Kulturverbrechen unseres Jahrhunderts." (Ende der Zitate aus oben genanntem Buch — Bülach/Schweiz 1932)

„... wäre heute das Abendland entwaffnet..."

Einer der bedeutendsten Kronzeugen für diese Tatsache ist wohl der pazifistische Politiker und Begründer der Paneuropa-Bewegung Richard Nikolaus Coudenhove-Calergi. (1894—1972) Dieser Pazifistenführer und Präsident der Paneuropa-Union, der im Sinne dieser Zentralorganisation aller Europäer über zehn Bücher schrieb mit dem Ziel der Erneuerung unseres Erdteils durch einen starken Staatenbund hat vor nunmehr genau einem halben Jahrhundert in klarer und allerdringlichster Form weltweit u. a. folgendes herausgestellt:

„An die Stelle der Sprachverwirrung tritt Moralverwirrung. Die westlichen Moralbegriffe haben im Sowjetreich keine Geltung mehr; die kommunistischen Moralbegriffe bleiben den meisten Abendländern fremd. Andere Auffassungen herrschen über Gut und Böse, Erlaubt und Unerlaubt, Treu oder Perfid, Gerecht oder Ungerecht...

Alle Begriffe schwanken. Es ist der Gipfel der Paradoxie, daß heute die Kommunisten nur die Vorkämpfer der neuen Sklaverei für fortschrittlich erklären, alle Verteidiger des Freiheitsgedankens aber für reaktionär... Und es kennzeichnet die Höhe geistiger Verwirrung, daß es Europäer gibt, die es ihnen glauben."

So schrieb im Jahre 1931 der Pazifistenführer Coudenhove-Kalergi in einem seiner Bücher unter dem Titel „Stalin & Co.", Leipzig/Wien. Unter meinen Aufzeichnungen ist noch ein Aufruf der Paneuropa-Union — Sektion Schweiz — erhalten geblieben, die hier abgebildet wird und P. 3 in bezug auf heutige Verhältnisse besonders beachtenswert ist: „Ein Europäisches Militärbündnis mit gemeinsamer Luftflotte zur Sicherung des Friedens und gleichmäßiger Abrüstung."

Wohlverstanden: „gleichmäßige Abrüstung!" Wie gefährlich, tatsächlich und offenkundig die kommunistische Infiltration wieder einmal mehr beweisende Moralverwirrung, ist die Sturmflut der Irrlehre vom Osten nach dem Westen. Die vor 50 und vor 30 Jahren schon aufgetretenen und sich regelmäßig wiederholenden Sturmwellen sollen immer mehr an den Grundfesten Europas, nicht nur Deutschlands, hinwegspülen, wobei das Donnern der unaufhörlichen Brandung von jenen geflissentlich oder geistesverwirrt überhört wird, die eine Friedensliebe zu Aberhunderttausenden darin erblicken, ohne Boot, Floß oder Schwimmflossen vor todsicherem Versaufen sich und ihr Volk bewahren zu können.

Eben das bedeutet „Frieden schaffen ohne Waffen!" Zu diesem Säuseln von Rattenfängern, das geradewegs in eine neue Flut von „Blut und Eisen" führt, schrieb schon vor fünfzig Jahren der oben genannte Pazifisten- und Paneuropa-Präsident:

„Jede Schwäche Europas bildet für den bolschewistischen Vernichtungswillen einen Ansporn, jeder Beweis europäischer Kraft eine Warnung. Wäre heute das Abendland entwaffnet, so würde morgen der Einmarsch der Roten Armee in Europa beginnen.

Pazifisten müssen dieses Problem überdenken; und dürfen nie vergessen, daß ihre Friedenspropaganda technisch keine Möglichkeit hat, über die Grenzen Rußlands zu dringen.

Nur ein Mittel kann den Krieg zwischen Bolschewismus und Abendland verhindern; unbedingte Friedenspolitik Europas, gestützt auf militärische Übermacht ... einer europäischen Bundesarmee ... Die Gefahr für Europa liegt nicht in der Stärke Rußlands, sondern in der eigenen Schwäche. In der eigenen Zerrissenheit und Unschlüssigkeit. In der geistigen Verwirrung ..."

„Sobald"

„Die bolschewistische Drohung hat hier (Anm. in Europa) Formen von Gegenterror geweckt. Formen, die der abendländischen Kulturauffassung widerstreben. Darum ist zu hoffen und zu erwarten, daß diese Erscheinungen verschwinden werden, sobald die bolschewistische Revolutionsgefahr in Europa verschwindet und mit ihr die Reflexe bolschewistischer Mentalität."

Diese Feststellung eines so weitsichtigen Kronzeugen, dessen sämtliche Erkenntnisse heute geschrieben sein könnten, sprechen unmißverständlich und in klassischer Kürze für die Ehre des deutschen Volkes. In dem durch Terror ein Gegenterror geweckt wurde, aber gleichwohl Hoffnung und Erwartungen blieben, die Gegenwehr müsse aufhören, sobald... Allein deshalb, weil unsere Herkunft und Kultur im Abendland wurzeln.

Mit dem Zitat vom Gegenterror soll beispielsweise nicht etwa die „Kristallnacht" am 9. 11. 1938 verniedlicht, aber hervorgehoben werden, daß diese ersten radikalen antisemistischen Ausschreitungen doch geradezu herausgefordert wurden und wie bestellt wirkten! Denn wohl wird dieser öffentliche Radikalismus in jedem Jahr der Wiederkehr als deutsche Schuld angeprangert, dabei aber verschwiegen, daß der Anlaß doch die Ermordung des deutschen Botschaftsangehörigen vom Rath in Paris durch den polnischen Juden Grünspan gewesen ist. Ohnehin wird die Frage von den Pharisäern nicht beantwortet, was man damals als einzelner oder gar in einer handfesten Gruppe gegen solchen urplötzlichen Radikalismus hätte tun können.

Ein Anklang war dieser Mord, so wurde gedacht, an die Mordtat von Sarajewo 1914, die allerdings ohne vorherige Kriegserklärung geschah, während der Mord am 8. 11. 1938 fünfeinhalb Jahre von „einem der 14 Millionen, die wie ein Mann zusammenstehen", verübt wurde, also nach deren Erklärung vom 24. 3. 1933 eines heiligen Krieges gegen Deutschland und Hitler und seine Leute.

Auf alle Fälle mußte dieser Mord an einem deutschen Botschaftsangehörigen in Paris, einem Zivilisten, einen für den schon so lange tobenden Verleumdungsfeldzug gegen Deutschland hochwillkommenen, geradezu notwendigen Anlaß darstellen, dem Feldzug eine gewonnene Schlacht mit dem Heiligenschein der Unschuld hinzuzufügen. Gerade das erkannten damals sehr viele Deutsche schon, ich möchte sagen, die Mehrheit, und sie war doppelt entsetzt über die Ausschreitungen, wie auch darüber, daß die fanatische deutsche Minderheit prompt in die Falle tappte! Oder waren damals schon Kräfte am Werk, die das alles manipulierten? Wie so viele Verräter, die in dem berüchtigten trojanischen Pferd verborgen waren?

„Die radikalen antisemitischen Ausschreitungen und Maßnahmen in Deutschland nach der Ermordung des deutschen Diplomaten Botschaftsrat vom Rath in Paris stärkten in Frankreich und anderwärts die am schärfsten antideutschen, einen Krieg gegen Deutschland für erforderlich haltenden Kreise."

Die unanfechtbare Folgerung aus damaliger und heutiger Sicht wäre nicht zu widerlegen, „daß es die geistige Artillerie-Vorbereitung gewesen ist, die mit großen Kosten und modernsten Mitteln die Front Europas zermürbt", wie Coudenhove-Kalergi schrieb. Also die Fachleute des „Täuschens und Betäubens", der marxistischen Presse jedweder Färbung, deren Denken, deren Moral- und Rechtsbegriffe den Abendländern so fremd waren und bleiben. Experten, die nicht aufhören, der Welt einzuhämmern, die Deutschen hätten den in ihnen geweckten Gegenterror für immer behalten und die ganze Welt damit terrorisieren wollen.

„Darüber hinaus ist die Ideologie des Faschismus und Bolschewismus verschieden: Der Faschismus will die abendländische Kultur erhalten, der Bolschewismus will sie vernichten." So Coudenhove-Kalergi, der große Europäer.

Wer hat also Europa mit Sprengstoff gefüllt und den Funken hineinspringen lassen? Die „Gegenterroristen", oder diejenigen, welche sie dazu gemacht haben?

„... selbst mit der Fackel eines neuen Weltbrandes..."

Der große Pazifist schrieb weiter (1931): „Darum ist heute das Abendland durch den Bolschewismus ebenso stark bedroht, wie im Mittelalter durch den Islam. Auch er — der Bolschewismus — predigt gewaltsame Unterwerfung und Bekehrung der Ungläubigen.

In diesem fanatischen Glauben wächst heute die russische Jugend auf. Begeistert von der Mission, eines Tages die Welt vom Kapitalismus zu erlösen. In der Überzeugung, daß sie allein im Licht der Wahrheit wandelt, während die übrige Welt in der Finsternis verharrt. Daß es darum ihre historische Pflicht ist, diesen finsteren und verstockten Westen mit allen Mitteln aufzuklären; selbst mit der Fackel eines neuen Weltbrandes. Daß nur kapitalistisch-imperialistische Kriege verdammenswert sind; nicht der heilige Krieg der Weltrevolution, der das Tor sprengt zum ewigen Friedensreich des Weltkommunismus."

Nun, in der gleichen Zeit, nur um zwei Jahre später, ist uns Deutschen ja ein „heiliger Krieg" erklärt worden. Jeder mag selbst auf Grund damaliger, danach folgender und heutiger Fakten entscheiden, ob es sich um zwei „heilige Kriege" handelte oder um einen und denselben.

So ließen sich die Eindrücke in einem für die nachgewachsenen Generationen ungeahnt reichem Maße vermehren, was leider hier nicht möglich ist. Nur ein weniges noch.

„... grundsätzliche Gottlosigkeit..."

René Filöp Miller hat in seinem großen Werk über den Bolschewismus („Geist und Gesicht des Bolschewismus" — Wien 1926) die verhängnisvolle Tragweite des Irrtums hervorgehoben, den Bolschewismus nur als politische Gefahr zu betrachten, wogegen diese russische Bewegung in erster Linie eine Weltanschauung sei, die aus einer grundsätzlichen Gottlosigkeit geboren ist.

So steht der Ausspruch Lenins „Die Religion ist Opium für das Volk" in Stein gemeißelt an der Mauer des Kreml und wird bei jeder Gelegenheit von den kommunistischen Rednern wiederholt. Nachdem 1929 Stalin zum Alleinherrscher

Schon vor fünfzig Jahren:

DIE PANEUROPA UNION

IST DIE ÜBERPARTEILICHE ORGANISATION DER EUROPÄISCHEN EINIGUNGSBEWEGUNG

Sie fordert:

1. Den Europäischen **Staatenbund,** unter gegenseitiger Garantie der Gleichberechtigung, Sicherheit und Selbständigkeit aller Staaten Europas.
2. Ein Europäisches **Bundesgericht** zur Schlichtung sämtlicher Konflikte zwischen europäischen Staaten.
3. Ein Europäisches **Militärbündnis** mit gemeinsamer Luftflotte zur Sicherung des Friedens und gleichmäßiger Abrüstung.
4. Schrittweise Schaffung des Europäischen **Zollvereins.**
5. Gemeinsame Erschließung der Europäischen **Kolonien.**
6. Eine gemeinsame Europäische **Währung.**
7. Pflege der **nationalen Kulturen** aller europäischen Völker als Grundlage der europäischen Kulturgemeinschaft.
8. Sicherung aller nationalen und religiösen **Minderheiten** Europas gegen Entnationalisierung und Unterdrückung.
9. Zusammenarbeit Europas mit anderen Völkergruppen im Rahmen eines weltumspannenden **Völkerbundes.**

Anmeldungen und Auskünfte:

Paneuropa Union - Sektion Schweiz

Bleicherweg 10 - Zürich

wurde, hat das neue Kirchengesetz die Verfolgung der Religionen ins Unerhörte gesteigert gegen Katholiken, Orthodoxe, Juden und Mohammedaner.

„Zu allem Überfluß dulden und begünstigen die Bolschewisten Judenprogrome, wo immer es zur Volkstümlichkeit ihrer Herrschaft beiträgt wie zum Beispiel in Polen. In Deutschland war die Judenverfolgung eine Abweichung von einer alten und vornehmen Überlieferung von Duldsamkeit und Freundschaft; in nordslawischen Ländern war sie durch Jahrhunderte eine endemische Krankheit unter jedem Regime." (Dr. Robert Ingrim, US-Bürger — „Von Talleyrand zu Molotow" — Zürich 1947)

Wo blieb damals und bleibt bis heute der entsetzte Aufschrei mit dem Kampf des Weltjudentums gegen diesen und sonstigen Antisemitismus? Zumal zur gleichen Zeit als „in der KPD Juden die einflußreichsten Funktionärsposten besetzten, die Presse der SPD fast ausschließlich in jüdischen Händen war" usw. usw., wie oben zitiert! Die einen „entfesselten Feldzug" schon zu der Zeit gegen das Deutsche Reich und Volk führten, als von der Macht eines Hitler noch keine Rede war, schon gar nicht von einer „Kristallnacht" und von den Untaten der Minderheit einer deutschen Diktatur in den noch viel späteren Kriegsjahren. Wieder ein Beweis dafür, daß es gar nicht um die letztere ging, sondern um die Deutschen. Wie ferner erneut die Erklärung, warum Antisemitismus und Antikommunismus als gleiche Sünde geahndet wurden.

Konnte sich die Mehrheit der Deutschen etwa den Eindrücken aus neutraler, auch ausländischer Literatur über ein System verschließen, das uns angepriesen wurde, worüber aber z. B. die Wahrheiten lauteten: Panait Istrati „Vers l'autre Flamme" — Auf falscher Bahn/So geht es nicht/Rußland nackt — 1930 — Aus einer Rezension: „Der Bericht des Kommunisten Panait Istrati über die Monate, die er unter russischen Arbeitern verlebt hat, wirkt erschütternder für kommunistische Illusionen als alle Erfindungen antikommunistischer Propagandisten."

Ein russischer Schriftsteller, B. Sensinoff, hatte ein Buch über die verwahrlosten Kinder geschrieben. (Besprisornye — „Die Verwahrlosten" — Paris 1929) Auf 318 eng bedruckten Seiten hat dieser nach eigenen Angaben kommunistischer Blätter alle Tatsachen gesammelt, die über dieses große Elend aufklären.

„Familie gehört als lächerliches bürgerliches Vorurteil in die Rumpelkammer. Der Sowjetstaat stellt sich bewußt in Gegensatz zu allen christlichen Ehebegriffen. Er löst alle Forderungen des natürlichen Sittengesetzes ... Die Moral ist abgeschafft ... Durch das Schwinden der Religion hat sich über das ganze Land eine Härte, eine herzlose Rücksichtslosigkeit verbreitet ... Die Frau sollte frei werden und wurde praktisch rechtlos ..."

„Denn der Kulturbolschewismus bereitet dem politischen Bolschewismus den Weg." Papst Pius XI. schrieb: „Diese gottesschänderische Religionslosigkeit beschränkt sich nicht auf den Kampf gegen die Priester und erwachsenen Gläubigen, sondern will besonders die Jugend verderben. sucht sie in den ‚Bund der

Gottlosen' einzugliedern und verbirgt den moralischen, kulturellen und auch wirtschaftlichen Niedergang mit einer Agitation, die ebenso unfruchtbar wie unmenschlich ist, wobei die Söhne gezwungen sind, ihre Eltern anzuzeigen und ihre Seelen mit allen Lastern und den schändlichsten Abirrungen des Materialismus zu beflecken."

Die kommunistische Presse, so die „Prawda", Leningrad, 15. 2. 1930, leugnet die Christenverfolgung, fordert aber in gleichem Atemzug mit größter Entschiedenheit zur Vernichtung aller Religionen in Rußland auf und empfiehlt den „Bund der Gottlosen."

Um erneut zu betonen, es ließen sich überwältigend Eindrücke von Chronisten zusammenstellen, die aus eigenem Miterleben im kommunistischen Bereich und deren Agitation in Deutschland und Europa Wahrheiten berichten, die ebenso unanfechtbar sind wie die Tatsache, daß es neben dem durch das Versailler Diktat verursachten moralischen und wirtschaftlichen Elend eben diese und viele ähnliche Eindrücke waren, welche die Deutschen zwangsläufig zur Gegenwehr, zum „Gegenterror" führten.

„Die deutsche Schuld ist die moralische Bastion der Alliierten"

„Eine Welt, die sich selbst in solche Raserei niedrigster Instinkte gesteigert hatte, konnte der Schuldbezichtigung nicht entraten. Sie war erforderlich, das eigene Verhalten verständlich zu machen und zu rechtfertigen, und sollte den Gegner zermürben, zumal die Apostel des Hasses mit ihrer Absicht nicht zurückhielten, dem Ersten punischen Krieg einen Zweiten (Anm. dem Ersten den Zweiten Weltkrieg) folgen zu lassen. Darum erhielt der Begriff der Schuld am Kriege wie auch der Schuld an Verbrechen überragende Bedeutung. Der französische Literaturhistoriker Robert d'Harcourt hat es wohl am sinnfälligsten ausgedrückt: ‚Die deutsche Schuld ist die moralische Bastion der Alliierten.'" (x)

Unter sehr vielen anderen geschichtlichen Belegen, was „die Apostel des Hasses" angerichtet haben, kann man wohl aus neuerer Literatur Hans Habe heranziehen, den weitbekannten Publizisten und Autor vieler Bücher, der als Jude in seinem Buch „Erfahrungen" (Olten/Freiburg, 1973) verkündet:

„Wenn man annimmt, die Juden hätten öfter ‚links' als ‚rechts' gestanden, so nur weil die Humanität in der ersten Hälfte des Jahrhunderts eher von rechts als von links bedroht wurde, doch ging es in Wahrheit gar nicht um rechts und links, sondern um die größere Anfälligkeit der Rechten für den Extremismus ... Seit dem Ende des Zweiten Weltkrieges sind Freiheit und Humanität vom linken Extremismus bedroht."

Zum abertausendsten Male sehen sich Hans Habe und seine Alliierten also zur Verteidigung ihrer Bastion nur in der Lage, die Dinge auf den Kopf zu stellen. Als

„Annahme" wird verkündet, was unanfechtbare Tatsachen sind, und die ungeheuerlichen, alle sonstigen Untaten weit übersteigenden Verbrechen der linken Seite mit an die 70 Millionen Toten allein in der ersten Hälfte unseres Jahrhunderts sind demnach keine Verletzung der Humanität! Winfried Martini (s. o.) schreibt: „Und Stalin? Er hat nach seriösen Schätzungen außerhalb des Bürgerkrieges und des Weltkrieges zwischen 40 und 60 Millionen Menschen umgebracht und damit insofern Hitler fast zu einer Nebenfigur der Zeitgeschichte degradiert. Es gibt Zeugnisse in Hülle und Fülle, nicht nur die Rede Chruschtschows auf dem XX. Parteitag der KPdSU, dennoch dürfte ein entsprechender Film, der von einer atemberaubenden Dramatik sein könnte, kaum gedreht werden. Denn einmal ist die Sowjetunion nicht besiegt, zum anderen würde ein solcher Film natürlich die angestrebte Entspannung stören, am Ende gar SALT 3 verhindern."

Hans Habe geht noch weiter, was gerade für unsere heutigen Zeiten höchst bedeutungsvoll ist: „Es läßt sich nicht leugnen, daß jetzt mehr und mehr Juden, höchst ärgerlich, dem Konservatismus zuneigen, was übrigens, ihrer religiösen Tradition eher entspricht, als widerspricht."

Für Hans Habe, der als bedeutender Publizist ohne Zweifel als Sprecher seiner Seite und Verfechter deren Thesen gilt, sind also die Bemühungen von traditionsbewußten Juden in Richtung Konservatismus „höchst ärgerlich!" Damit ist u. a. die Erklärung gegeben, warum u. a. schon 1922 die Wahrheiten und Warnungen des jüdischen Reichsministers Walther Rathenau vor dem Bolschewismus und eines möglichen Weltunglücks mißachtet wurden.

„Der neue Turm zu Babel, die Moralverwirrung des Jahrhunderts"

Wem auch in dieser Hinsicht Wahrheiten entschlüpfen, ist der in Linkskreisen so beliebte Autor Bernt Engelmann. („Deutschland ohne Juden" — München 1970) Nicht nur die prophetischen Warnungen des Staatsmannes Rathenau, sondern allgemein der Kampf der überragenden Mehrheit der Deutschen vor einem Weltunglück werden zynisch im unaufhaltsamen Linksdrall mit den Worten abgetan:

„. . . von ihnen (Anm. den Deutschen) aus spießbürgerlicher Angst herbeigesehnten Errichtung eines ‚Schutzwalls gegen den Bolschewismus . . .'"

An welchem Feuer auch diese Suppe gekocht wird, beweist der genannte Autor dadurch, daß er einen der ersten im heiligen Bunde, einen der Hauptverantwortlichen für „das Scheußlichste und Grausigste, was je die Welt sah" (Churchill) in den roten Götterhimmel hebt. Einen Mann, der die Waffe schuf und schärfte, die uns allen heute an den Hals gesetzt wird: „Der geniale Schöpfer, Organisator und erste Oberbefehlshaber der Roten Armee aber war ein jüdischer Kleinbauernsohn aus Iwanowka, Leib Bronstein, genannt Leo Trotzki . . ."

Wenn auch Leib Bronstein von seiner eigenen Revolution gefressen und in seinem späteren Exil in Mexico von Sowjetagenten ermordet wurde, so steht doch fest, daß nicht nur der revolutionäre Bolschewismus, auch der Stalinismus, also der nachrevolutionäre Bolschewismus die Juden in die Verfolgung, in „die Beseitigung jeder geistigen Welt“ einbezogen hat.

Doch wiederum entschlüpfen Bernt Engelmann Wahrheiten, die genau in den „spießbürgerlichen Schutzwall der Deutschen gegen den Bolschewismus“ passen:

„In der Sowjetunion, wo zu Beginn der Herrschaft Stalins rund drei Millionen Juden lebten, hatte es zwar seit der Revolution keine Programme mehr gegeben, wohl aber Verfolgungen anderer Art: Wie die übrigen Religionsgemeinschaften, waren auch die israelitischen Gemeinden samt allen ihren Institutionen aufgelöst worden. Die anfängliche Forderung jiddischen kulturellen Lebens endete bereits um 1930 und der Zionismus (wie später auch der sogenannte Kosmopolitismus, Weltbürgertum) wurde schärfstens bekämpft.“

„Das starke bürgerliche Element im russischen Judentum war durch die Revolution ohnehin vernichtet und größtenteils in die westliche Emigration getrieben worden, von der hauchdünnen Oberschicht reicher Industrieller, Bankiers und Großkaufleute ganz zu schweigen. Die Masse der selbständigen Handwerker hatte sich in das graue Heer der Fabrikarbeiter einreihen müssen und fühlte sich deklassiert. Und zu alledem kam ... wenn auch nur latent vorhandener, sich sogar spürbar verstärkender Antisemitismus ...“

Was im Sowjetbereich „Verfolgung und schärfstens bekämpft“ heißt, mußte damals jeder wissen, und die Frage wiederholt sich, wo der entsetzte Aufschrei, der Widerstand der gesamten westlichen Welt gegen Verfolgung, Bekämpfung von Juden in Sowjetrußland, die Unterdrückung der mosaischen Religion, die Schändung und Zerstörung ihrer Gotteshäuser, der Synagogen, geblieben ist und heute noch bleibt?

Wem da glauben gemacht wird, Verfolgung, Deklassierung u. a. lägen bald ein halbes Jahrhundert zurück, der betrachte nur den abscheulichen Menschenhandel, der seitens der Sowjets mit Juden gemacht wird. Hans Habe gibt zu:

„Am 14. August 1972 hat der sowjetische Ministerrat beschlossen, für jüdische Intellektuelle, die nach Israel auswandern wollen, für Wissenschaftler, Gelehrte und Professoren, ein „Kopfgeld“ von 16 000 bis 80 000 Mark zu fordern, das Vier- bis Zehnfache der Taxe für nichtjüdische Auswanderer über sechzehn Jahre.“

Dem steht gegenüber: „1933 wurde das ‚Hofien-Abkommen‘ mit Hilfe von Hjalmar Schacht (1877—1970, deutscher Finanzpolitiker; 1924—1930 und 1933—1939 Reichsbankpräsident; 1934—1937 Wirtschaftsminister) geschlossen. Es erlaubte jedem Juden, nach Palästina unter finanziell günstigen Bedingungen auszuwandern. Er zahlte sein Vermögen bei der ‚Paltreu‘ (Palästina-Treuhandgesellschaft) in Berlin ein und erhielt es in Palästina wieder, sobald das Reich zum entsprechenden Gegenwert Waren nach dort exportiert hatte — und das zu einer

Zeit, als ein gewöhnlicher ‚Arier' nur zehn Mark ins Ausland mitnehmen durfte." (Winfried Martini, s. o.) In diesem Zusammenhang muß wiederholt werden, daß es noch während des Krieges, 1941, ein Palästina-Amt in Berlin gab, das Juden zur Auswanderung nach Palästina vorbereitete! (Hans Rosenthal s. o.) „Wogegen die britische Mandatsverwaltung immer weniger Juden nach Palästina einwandern ließ." (Winfried Martini)

Haben all die, welche den Splitter im deutschen Auge bekämpften und dies fortsetzen, doch den Balken im eigenen Auge nicht wahrhaben wollen, sämtlich das Kainszeichen des Verrats und Brudermordes an der Stirn? Sind die seit 1918 bis 1945 in Rußland ermordeten und sonstwie durch Verfolgung und Deportation zu Tode gekommenen Juden etwa dem Schuldkonto der Deutschen, den bezifferten sechs Millionen zugerechnet worden?

„Gerechte Sühne"

Ein Kernsatz des Bestseller-Autors Bernt Engelmann ist im Zusammenhang mit dieser totalen Moralverwirrung herauszustellen, weil sich ohne diese These offenbar in den letzten dreißig Jahren weder ein Buch noch eine Predigt oder irgendein Flimmern verkaufen läßt und ohnehin die dafür benötigten Gelder nicht zur Verfügung stehen.

„... die erstaunlich rasche und gerechte, den Deutschen für die Ausrottung ihrer jüdischen Mitbürger auferlegte Sühne."

Doch drei Worte dieser stereotypen Anklage hat Engelmann geändert, sozusagen im Schlaf vertauscht oder auch der Wahrheit zuliebe. Letzteres kann man allerdings nicht annehmen, denn damit würde er sich dem Vorwurf des Neonazismus, des Faschismus usw. usw. aussetzen. Nämlich statt Ausrottung von „6 Millionen Juden" hat Engelmann „ihre jüdischen Mitbürger" angegeben! So kann und darf es keine Entheiligung bedeuten, wenn im Sinne von Peter Kleist das Ausmaß von „Blut und Eisen" an Juden hier kurz berührt wird, und zwar unter Voranstellung seiner Worte, die sich wie ein roter Faden durch diese ganze Schrift ziehen:

„Vor dem Auge des moralischen Gewissens ist es zweifellos unerheblich und für die Schuldfrage belanglos, wie hoch die Zahl der Opfer ist. Mord ist Mord, ob an einem oder einer halben Million Menschen begangen. Aber seitdem das Problem immer stärker vom moralischen in das politische, ja in das praktische finanzielle Gebiet verlagert wird, ist es notwendig geworden, nach der Zahl zu forschen."

Hier können nicht die gesamten Forschungsergebnisse aus den Seiten 325—331 des schon häufig herangezogenen Buches von Peter Kleist aus dem Jahre 1953, sondern nur einige Angaben zitiert werden. Wenn auch dieses Werk längst vergriffen ist, so wäre es doch in wissenschaftlichen Bibliotheken zweifellos noch vorhanden, so daß alles nachgeprüft und nicht behauptet werden kann, es wäre hier etwas tendenziös aus dem Zusammenhang gerissen.

„Wo liegt die wahre Zahl der Toten? Und wie ist die später immer wieder genannte phantastische Zahl von sechs Millionen ermordeter Juden zustande gekommen? Es scheint, als habe man einfach die gesamte Zahl des Judentums in Europa zusammengezählt, die Emigration und die Flucht vor der deutschen Armee, die von den Sowjets Verschleppten oder mit den Sowjets Geflohenen nicht berücksichtigt, das erhebliche Kontingent der Überlebenden nicht gerechnet, um zu diesen sechs Millionen zu gelangen. Was sagen die Quellen dazu, was sagen die jüdischen Quellen selbst?"

Peter Kleist gibt eine „nach meist jüdischen Quellen" genau in Einzelheiten gehende Aufstellung, die mit „der Höchstziffer des Gesamtverlustes von 1 278 000" schließt, sowie mit der Feststellung:

„Wir können nicht annehmen, daß diese Ziffern zu gering seien. Wir können sie auch anderen Quellen gegenüberstellen, die sie als erheblich zu hoch erscheinen lassen. So stellt u. a. ‚World Almanach 1947' auf Grund von Unterlagen des amerikanischen jüdischen Komitees und des Statistischen Büros der Synagogen in Amerika die Gesamtzahl der jüdischen Bevölkerung in der Welt für das Jahr 1939 mit 15 688 529 fest. Für das Jahr 1948 aber kommen die ‚New York Times' vom 22. 2. 1948 zu dem Ergebnis, daß die Zahl der Juden in der Welt — nach der Vernichtungsaktion — zwischen 15,7 und 18,7 Millionen liege."

Dieser Historiker weiter: „Die Zahl von sechs Millionen ermordeter Juden erweist sich angesichts dieser Quellen als ein Mythos. Wer mit ihr operiert, setzte sich dem Vorwurf aus, nicht die Wahrheit, sondern dem Haß zu dienen, nicht die Überbrückung, sondern die Vertiefung und Verewigung der Kluft zwischen beiden Völkern zu erstreben."

So wenig — wie schon betont — die Größe der Zahl die Frage der moralischen Verantwortung berührt, so wichtig erscheint eine saubere Klärung dieser schrecklichen Vorgänge, weil nicht nur das deutsch-jüdische Verhältnis, sondern auch die Beziehungen des deutschen Volkes zu allen anderen Völkern der zivilisierten Welt unter dem Schatten der Vergangenheit liegen.

„Die moralische Verantwortung für die Endlösung der Judenfrage wird ja nicht nur den Urhebern und Befehlshabern dieses Massenmordes, sie wird dem ganzen deutschen Volk zugerechnet. Im Namen des deutschen Volkes seien diese Verbrechen geschehen, also stehe das ganze deutsche Volk unter dieser Schuld. Es habe das Regiment Hitlers gutgeheißen und ertragen, also müsse es auch für die Verbrechen dieses Regimes einstehen.

Wir haben die Haltung des deutschen Volkes in dieser Hinsicht schon kennengelernt. Es stand ablehnend vor dem Lärm des Judenboykotts vom 1. April 1933 (nachdem schon am 24. 3. 1933 der Jüdische Weltkongreß im ‚Namen von 14 Millionen Juden' den ‚heiligen Krieg' an Deutschland erklärt hatte!) und es stand empört vor dem skandalösen Bild der Vorgänge vom 9. November 1938. Es stand fassungslos vor der Enthüllung der Greuel in den Vernichtungslagern, als nach der Kapitulation der sorgfältig ausgebreitete Vorhang zerriß. Das deutsche Volk scheute sich, daran zu glauben, daß in seiner Mitte Menschen lebten, die in kaltem Vorsatz zu Henkern unschuldiger Opfer geworden waren. Das deutsche Volk vergaß die Leiden, unter denen es selbst litt, es vergaß seine Toten, die unter den Trümmern der Städte moderten, und senkte sein Haupt vor den jüdischen Opfern."

Zu den Verleumdungen des israelischen Machthabers Begin gegen unseren derzeitigen Bundeskanzler passen die weiteren Feststellungen von Peter Kleist:

„Sorgfältig wird das Ganze getarnt. Bei Lublin liegt das größte Schreckenslager mit Namen Maidanek, doch selbst Wehrmachtsangehörige, die monatelang in der Gegend Lublin stationiert sind, ahnen nichts von der Tragödie, die sich in ihrer Nähe vollzieht."

„Nach Deutschland dringt kaum jemals eine Nachricht von diesen Vorgängen. Die Leiter der Vernichtungslager schweigen, sie glauben eine schreckliche Pflicht erfüllen zu müssen, um die Welt von ihrem gefährlichsten Feind zu befreien. Aber viele von ihnen brechen zusammen, weil sie in der Massenvernichtung von Menschen nicht Pflichterfüllung, sondern nur den Zusammenbruch menschlicher Gesittung erkennen können."

„Auch die Radiopropaganda des Westens — trotz Verbot immer wieder heimlich abgehört — weiß kaum etwas von dieser Orgie der Vernichtung zu berichten. Niemals ist etwa der Name Auschwitz in ihren Meldungen aufgetaucht, und selbst als im Herbst zum erstenmal Nachrichten über Maidanek durch die Welt gingen, zuckte man in Deutschland die Achseln und sah darin nichts anderes als die plumpe Wiederholung von Propagandalügen aus dem Ersten Weltkrieg." (Ende der Zitate von Dr. Peter Kleist)

Dieser Chronist gibt seinem Buch „Auch DU warst dabei" den Untertitel „Ein Buch des Ärgernisses und der Hoffnung". Nach nunmehr über 30 Jahren immer noch ein Ärgernis für alle, welche die Wahrheit scheuen, während die Hoffnung auf Wahrheit immer weiter erstickt wird, von Haß und dem Bestreben, die Kluft zwischen beiden Völkern zu verewigen.

Ob und in welchem Maße in diesem Sinne eine plumpe Wiederholung von Propagandalügen jetzt, im Juli 1982, fortgesetzt wird, mag jeder selbst erkennen und entscheiden. Wenn nämlich der jüdische Machthaber Begin im israelischen Parlament von „deutschen Völkermördern und Söhnen der Völkermörder" sprach, weil ihm offenbar die westdeutsche Berichterstattung über die jüdische Libanon-Invasion, die Hungerblockade gegen eine halbe Million Zivilisten in Westbeirut u. a. (Rheinische Post 1. 7. und 6. 7. 1982) nicht paßte. Sollen dieserart etwa eigene Verbrechen mit Hinweis auf ähnliche Vorkommnisse in früheren Jahrzehnten gerechtfertigt werden? In welche Deutsche verwickelt waren, es also die Juden auch dürfen? Jedenfalls die Deutschen den Mund zu halten haben.

Was allgemein Völkermord anbelangt, so hat der Zeithistoriker Hubert Gundolf unter dem Titel „Massenmord“ eine erschütternde Chronik erarbeitet. (Heyne-Taschenbuch) Darauf kann hier nicht näher eingegangen werden. Doch der Genosse Begins, Simon Wiesenthal, in der internationalen Presse der Nazi-Jäger genannt, stellte fest, daß sich der Holocaust auch nach 1945 in anderen Ländern mehrfach wiederholt hat und daß „die extreme Linke heute gefährlicher als die extreme Rechte“ ist. („Welt am Sonntag“, 22. 6. 1980)

Daher bestätigt sich erneut mit den Anwürfen von Menachim Begin und dem einzigem Wort „heute“ von Simon Wiesenthal, daß Massen- und Völkermorde der extremen Linken, die seit 65 Jahren fortlaufend geschehen sind, zugunsten der internationalen Linken unerwähnt und unberücksichtigt bleiben. Geschichtsschreibung, Miterleben, die ganze Weltlage erweisen die Tragik einer solchen Haltung, die so zahl-, einflußreiche und geldmächtige Vorläufer und Mitlebende maßgeblich mitbewirkt haben. Ob es nun weit vor, während und nach der Zeit einer ganz offiziellen Waffenbrüderschaft geschehen ist.

Ganz sicher hat auch Peter Kleist den Prozeß zu Nürnberg „Weltgewissen gegen Deutschland“ aufmerksam verfolgt, soweit es überhaupt möglich war, da vor allem von der Verteidigung der Angeklagten kaum ein Wort in die Öffentlichkeit drang. Doch dieser Prozeß, der mit einer Handvoll Angeklagter das ganze deutsche Volk treffen sollte, bestätigt den Kern der obigen Feststellungen von Peter Kleist.

Das wird ferner u. a. erhärtet durch das Buch „Kletts Geschichtliches Unterrichtswerk um Volksstaat und Völkergemeinschaft“, Stuttgart 1956:

„Die Aussagen derer, die an der fürchterlichen planmäßigen Massenausrottung beteiligt waren, zeigen mit großer Wahrscheinlichkeit, daß nicht mehr als hundert Personen im ganzen von der Sache überhaupt unterrichtet waren.“

„Waffen sind nicht mörderischer als Lügen“

Im Sinne der Wahrheitsfindung- und Veröffentlichung und damit im Streben nach Frieden und gegenseitiger Achtung unter den Völkern ist u. a. schon oft auf Dr. Peter Kleist Bezug genommen worden. Doch es ist unerläßlich, hier wenigstens kurz auch auf ausländische Historiker hinzuweisen. Dr. Arthur R. Butz, Professor an der Nordwest-Universität in Evanston, Illinois USA, hat in seinem Werk „The Hoax of the Twentieth Century“ 1976 (Historical Review Press, Richmond Survey) höchst bedeutungsvolle Forschungsergebnisse auf über 400 Seiten mit einem umfangreichen Verzeichnis von Quellen und Literatur veröffentlicht (Deutsche Ausgabe „Der Jahrhundert-Betrug“ 1977, Verlag für Volkstum und Zeitgeschichtsforschung, Vlotho). Aus dem Vorwort: „Eine gewissenhafte und kritische Prüfung offenbart, daß die meisten Verbrechen überhaupt nie begangen worden sind..." (Anm. Verbrechen, die den Deutschen angelastet werden.) Aus einer ausl. Pressestimme — Einband letzte Seite: „Es ist Dr. Butz' begründete Meinung, daß das Gerippe der 6 Millionen-Mär einige Jahre früher vorbereitet worden war, bevor die ‚Ereignisse', auf die sie gestützt wurde, mutmaßlich geschehen sein sollten." S. 309/310: „Mag eine künftige Geschichtsforschung einmal die wirklichen Zahlen dieser Leistungen (Anm. Wiedergutmachung) ermitteln, — beachtlich für uns ist, daß alle derartigen Zahlungen auf moralischen Ansprüchen basieren, die kraft Anerkennung dieser Ansprüche ‚in geltendes Völkerrecht' umfunktioniert wurden und somit als sog. ‚normative Kraft des Faktischen' für die Zukunft weiterwirken, — ohne daß sich jemand bemüßigt fühlt, die ihnen zugrunde liegenden historischen Vorgänge sachlich, vorurteilslos, wissenschaftlich korrekt zu untersuchen. Täte man dies, so erwiese sich die Begründung der Wiedergutmachungszahlen und auch vieler anderer Nachkriegsregelungen als ungültig."

Im gleichen Sinn der endlichen Befriedung der Völker muß auch das Werk von Paul Rassinier betrachtet werden „Was ist Wahrheit?" (Leoni 1979), dem man als franz. Widerstandskämpfer, der während des 2. Weltkrieges im KZ Buchenwald interniert war, bestimmt nicht unterschieben kann, das Dritte Reich verteidigen zu wollen. Es handelt sich, wie geschrieben wurde, um eine umfangreiche und sorgfältig belegte Argumentation zu diesem ernsten Thema, die Rassinier in den großen historischen Rahmen stellt, indem er sowohl die Nürnberger Justiz als Quelle der Geschichtsverfälschung wie den Versailler Vertrag als Ursache des 2. Weltkrieges in seine Erörterungen einbezieht... S. 250: „Sowohl die Anzahl der angeblich 5 Millionen in Deutschland umgekommenen, sog. Ostarbeiter als auch diejenige der 6 Millionen vernichteter Juden beruhen auf vagen Schätzungen, die meistenteils aus sowjetischen Quellen zurückgeführt werden können, denen man im allgemeinen kein übermäßiges Zutrauen entgegenzubringen pflegt." S. 227: Untertitel „Eine ansehnliche Mafia". Diese These (von dem Juden Jean-Francois Steiner, Preisträger der franz. Widerstandsbewegung) lautet: „Man muß wissen, daß die KZ-Häftlinge, welche in Verwaltung und Geschäftsbetrieb saßen und die Lagerpolizei führten, im wesentlichen Kommunisten und deren Spießgesellen waren. Sie brachten über die Massen der Häftlinge das Elend, mißhandelten sie, plünderten ihre Verpflegung, schickten sie in den Tod, gleichgültig ob Juden oder nicht..." S. 278: „Die Juden haben mit ihren Henkern zusammengearbeitet." S. 280: „Das Wort eines bedeutenden jüdischen Schriftstellers, Manès Sperber: ‚Die Waffen des Feindes sind nicht mörderischer als die Lügen, mit denen die Wortführer der Opfer die Welt füllen'." S. 281: „Die geschichtliche Wahrheit war dramatisch genug, ohne daß es nötig war, wie man es seit zwanzig Jahren getan hat, sie bis zur Groteske zu übertreiben."

„Historische Verkürzung und verdeckte Fälschung“

Damit ist auf den amerikanischen Film „Holocaust“ zurückzukommen, der im Januar 1979 in vier Teilen über alle dritten Programme des deutschen Fernsehens lief. Aus der schon öfter erwähnten Arbeit von Winfried Martini „Holocaust“ oder: die Wahrheit täuscht; Historische und psychologische Lehren („Epoche“ 1979/2) muß zitiert werden:

„Der Film — ich wiederhole es — gab die grausige Wirklichkeit im wesentlichen wahrheitsgetreu wieder. Dennoch führt er gründlich in die Irre ... Wirklichen Nutzen hätte ‚Holocaust‘ also nur vor einem Publikum, das mit der Geschichte einigermaßen vertraut ist, also vor einer recht kleinen Minorität. Aber gerade das ist nicht der Fall. So nahm der Film den Zuschauern besonders nachhaltig die Möglichkeit, den Gegenstand im Zusammenhang mit unserer Zeit zu sehen. Und er verführte sie zu dem Glauben, dergleichen hätten nur Deutsche getan, nur ein bestimmter, und zwar deutscher Menschentypus sei zu solchen Barbareien fähig, die jede Phantasie übersteigen. In Wirklichkeit finden sich in jeder Nation genügend Leute, die unter bestimmten Umständen auf Befehl bereit sind, andere Menschen zu quälen und zu ermorden.

Als ich einen Teil des Krieges in Schweden verbrachte, berichteten mir viele Norweger, die aus dem Konzentrationslager geflohen waren, übereinstimmend, daß dort zwar die Gestapo die Befehle gab, aber Norweger sie ausführten. ‚Holocaust‘ ließ ja auch erkennen, daß während der ‚Endlösung‘ die Ukrainer und Letten von den Juden besonders gefürchtet waren. Auch die tragisch-fatale Rolle, die die ‚Judenräte‘ und die jüdische Ghetto-Polizei in den Vernichtungslagern spielten, unterschlug der Film keineswegs.

Und ein Zuschauer fragte mit Recht, warum nicht auch ein Film gedreht wird, der die Austreibung der Deutschen aus dem Osten und der Tschechoslowakei behandelt, wobei einige Millionen umkamen und zumal die Tschechen sich durch besondere Grausamkeiten auszeichneten, wohl weil sie das Gefühl hatten, das geforderte Quantum an ‚Widerstand‘ wenigstens hinterher nachholen zu müssen. Auch das würde ein sehr dramatisches Thema abgeben, aber man verschwendet es wohl nicht an Besiegte ...

Indem ‚Holocaust‘ nur einen einzigen Ausschnitt aus dem Dritten Reich zeigte, fügte sich der Film in die seit 1945 hierzulande allmächtige Tendenz ein, die Geschichte des Dritten Reiches auf die Konzentrationslager, die Judenverfolgung und den Krieg zu reduzieren. Diese Verkürzung wurde in Schulen, Traktätchen, Fernsehsendungen und dergleichen pausenlos gepredigt. Offenbar haben dennoch jene Unzähligen, die behaupteten, von der ‚Endlösung‘ nichts gewußt zu haben, gleichwohl von dieser Art ‚Geschichtsschreibung‘ nichts mitbekommen. Zweifellos gibt es Millionen von Deutschen, die sich weder für Politik noch für Geschichte interessieren, aber durch die besonderen Mittel, über die ein Film verfügt, auf das tiefste erschüttert waren; von dem bewegten Bild pflegen nun einmal im allgemeinen weitaus größere Wirkungen auszugehen als von dem gedruckten oder gesprochenen Wort. Daher waren die verschiedenen Diskussionsrunden sich auch darüber einig, das Fernsehen noch mehr als bisher in den Dienst der Vergangenheitsbewältigung zu stellen, und das heißt: der historischen Verkürzung und damit der verdeckten Fälschung, des systematischen Absehens von ähnlichen, zum Teil noch weitaus schlimmeren Vorgängen in unserer Zeit, der Forderung, daß möglichst alle noch kommenden Generationen ein ‚nostra culpa' herbeten und vor lauter Vergangenheit — mit der sie nichts zu tun haben — nicht mehr können oder wagen, sich den Aufgaben der Gegenwart und der Zukunft zuzuwenden, wie es nötig wäre."

„Durch die ‚Bewältigungsindustrie' gründlich abgestoßen"

„Ich habe lange Jahre mit vielen Oberschülern und Studenten zu tun gehabt. Zumindest bei den Intelligenteren war ein tiefes, instinktives Mißtrauen gegen die ‚Bewältigungsindustrie' festzustellen. Ich habe unter ihnen viele Antisemiten getroffen. So weit es möglich war, bin ich diesem erstaunlichen Sachverhalt nachgegangen: keine antisemitischen Eltern oder Lehrer, keine antisemitische Literatur, auch keine Begegnung mit Juden. Der wahre Grund: die jungen Leute waren durch die ‚Bewältigungsindustrie' gründlich abgestoßen, es handelte sich — trotz des Gebrauchs der gleichen Vokabeln — nicht um Antisemitismus, sondern um Antiphilosemitismus. Und dergleichen Reaktionen sollten aufhören oder sich abschwächen, wenn die ‚Bewältigungsindustrie' mit verstärktem Aufwand ad finitum weiter arbeiten sollte? Es würde gerade bei den intelligenteren jungen Leuten, auf die es schließlich ankommt, nach aller Erfahrung und nach der Psycho-Logik das Gegenteil bewirken.

Niemandem, der an Geschichte interessiert ist, darf eine vollständige Aufklärung über das Dritte Reich verwehrt werden — also ohne die üblichen Verkürzungen, mit einer Darstellung der wirklichen Ursachen, die zu 1933 führten, ohne die bornierte Ausklammerung vergleichbarer Vorgänge, die sich bei anderen Völkern heute ereignen und gestern ereignet haben, eine Ausklammerung, die notwendigerweise zu falschen Perspektiven und zur Zerbrechung unseres Rückgrates führt, das wir doch auch für die Zukunft benötigen. Und ausgerechnet die ‚Bewältigungsindustrie', die ‚Holocaust' hierzulande so kräftig angeheizt hat, sollte diese so wichtige und entscheidende Aufgabe lösen können oder auch nur wollen? Sie versperrt im Gegenteil alle Chancen, sie züchtet einerseits überflüssige und schädliche Schuldgefühle ausgerechnet bei Unschuldigen, andererseits ein dumpfes Aufbegehren, das sich eben wegen des Mangels an einer vollständigen Aufklärung nicht zu artikulieren vermag und zu Reaktionen führen wird, deren Ausmaß und Stoßrichtung noch gar nicht absehbar sind.

Wieder wirft ‚Holocaust' die alte Frage auf, warum gerade und fast nur die Deutschen in der Welt angeprangert werden. Die Antwort, das liege an dem furchtbaren Ausmaß der NS-Verbrechen, kann allenfalls besonders intensive Reaktionen erklären, nicht aber eine ausreichende Deutung erlauben. Man mag beispielsweise dem deutschen Kaiserreich alles Mögliche vorwerfen, nur nicht, daß es auf die Begehung von Verbrechen aus gewesen sei. Dennoch behandelt der Versailler ‚Vertrag' das gesamte deutsche Volk wie Verbrecher, die es gehörig zu bestrafen gelte. Dennoch auch wurde im Ansatz der Nürnberger Prozesse von 1946 damals vorweggenommen: man warf Kaiser Wilhelm ‚Verbrechen' vor, die kein Strafgesetzbuch der Welt kannte, man verlangte seine Auslieferung, um ihm den Prozeß zu machen, ebenso die anderer deutscher ‚Kriegsverbrecher'.... Auch insofern wurde Nürnberg vorweggenommen: nur die Sieger wollten Richter sein, und nur sie hatten in ihren Reihen keine Soldaten, die gegen das geltende Kriegsrecht verstoßen hätten. Und das alles ohne ‚Endlösung' und andere Greuel!" (Ende der Zitate von Winfried Martini)

„Der Antisemitismus keine deutsche Erfindung"

Dieser Sprung mit ausführlichen Zitaten von den Tatsachen, unter denen wir Deutschen bereits vor über einem halben Jahrhundert gelitten haben, erhärtet nicht nur erneut das oben über die Folgen des Diktatfriedens von Versailles Gesagte, sondern muß auch Lehre und Mahnung für die „Bewältigungsindustrie" bedeuten, die seit über dreißig Jahren auf Hochtouren arbeitet. Also schon einmal hat auch geistiger Terror das Gegenteil von dem bewirkt, was er erreichen wollte.

Hans Habe schrieb, daß die Behauptung von einem Antisemitismus bei den Deutschen so originell sei, wie das Vorhandensein von besonders viel Rothaarigen bei ihnen. Bernt Engelmann erklärte: „Erkennen wir auch endlich, daß der moderne, nicht mehr vornehmlich religiös, sondern politisch und rassisch begründete Antisemitismus weder die Erfindung noch das mit ihm erloschene Monopol Hitlers war und daß es gefährlich wäre, die Alleinverantwortung für alles, was geschah und daraus folgte, diesem einen zuzuschieben."

Also auch gefährlich, wie die „Bewältigungsindustrie" allen Deutschen und den nachgewachsenen und kommenden Generationen die Kollektivschuld mit weitgehendster Macht über die Massenmedien dekretiert. Konrad Adenauer hat schon allgemein darauf hingewiesen, daß zu viel Macht dem Menschen oder einer beherrschenden Gruppe unzuträglich sei und sprach ferner aus:

„Wenn auch Gewalt und Terror den Frieden zu gefährden drohen, wir wissen aus einer langen Geschichte, daß Gewalt und Terror keinen Bestand haben können. — Das Recht war auf die Dauer immer stärker als die Gewalt und wird es auch in Zukunft sein." („Maximen für die Gegenwart" — Stuttgart 1974)

Das gilt nicht zuletzt für geistigen Terror, zumal für die Gewalt des bewegten Bildes, wovon Winfried Martini sprach. Unter dem Terror einer Presse standen ja schon einmal die Deutschen, wie oben erwähnt: „In der KPD besetzten Juden die einflußreichsten Funktionärsposten, die Presse der SPD ist fast ausschließlich in jüdischen Händen ... ein Feldzug wurde entfesselt gegen Deutschland, der an Findigkeit der Propaganda von 1914—1918 nicht nachstand ..." Damit kam, was kommen mußte, wenn man die meist wirtschaftlichen Skandale u. a. in jener Zeit hinzu rechnet, so daß Winfried Martini von einem spontan weit verbreiteten Antisemitismus in der Weimarer Zeit sprach. Doch auch von dem, was ein gewisser NS-Terror bewirkte:

„Im Dritten Reich nahm zunehmend der von Behörden und den Parteiorganisationen oktroyierte Antisemitismus ab. Mitleid mit den Juden breitete sich immer mehr aus, auch wenn es sich nur selten in Hilfe umsetzte, denn sie war gefährlich. Aber ich habe in Berlin beispielsweise oft genug erlebt, daß, wenn eine durch den Davidstern gekennzeichnete jüdische Person ein öffentliches Verkehrsmittel betrat, sofort jemand aufsprang, um ihr einen Platz anzubieten. Solche Gesten des Mitleids waren in der Anonymität von Großstädten natürlich nicht mit besonderen Gefahren verbunden, aber sie zeigten deutlich den Stimmungsumschwung, der in der Bevölkerung stattgefunden hatte."

Eine unkluge „abstoßende Bewältigungsindustrie", von Moral gar nicht zu sprechen, die wohl hier nicht mit NS-Terror verglichen werden soll, doch aber analog mit geistigem Terror, führt auch nach Martini zu allem anderen als zu einer endlichen Befriedung der Völker, die unser aller Ziel sein sollte. Wozu der Westen ohnehin gezwungen ist, damit nicht ein Teil wieder einmal seinem bittersten Feind in die Hände arbeitet.

Zur Geschichte des Antisemitismus trägt u. a. auch der einflußreiche britische Historiker Hugh Trevor-Roper bei, in Deutschland vor allem durch sein Buch „Hitlers letzte Tage" (1947) bekannt, von 1957 bis 1980 Professor in Cambridge, Ritter der französischen Ehrenlegion. Michael Hamerla („Hitlers Zufallserfolg" Rheinische Post 27. 5. 1982) setzt fort:

„Er (Hugh Trevor-Roper) verwies darauf, daß der den Nationalsozialismus kennzeichnende Antisemitismus sich schon bei verschiedenen britischen und französischen sozialistischen Schriftstellern ab 1840 nachweisen lasse. In Österreich seien nach der Niederlage von 1866 gegen Preußen und in Frankreich nach der Niederlage gegen Deutschland 1871 Denkrichtungen entstanden, in denen sich Sozialismus, Nationalismus und Antisemitismus verbanden. In Frankreich habe sich das sozialistische Denken erst im Verlauf der Dreyfuß-Affäre (1896) vom Antisemitismus gelöst, auch in Österreich-Ungarn habe eine ähnliche Entwicklung stattgefunden. Doch die deutsche Niederlage im Ersten Weltkrieg habe dazu geführt, daß ‚tote Gedanken' wiederbelebt worden seien ...

Hitler habe das alte österreichische Gedankengemisch aus Nationalismus, Sozialismus und Antisemitismus noch einmal aufwärmen können. Im Augenblick seines politischen Erfolges sei der Nationalsozialismus aber bereits veraltet gewesen, Hitlers Machtergreifung ein ‚Zufallserfolg'."

„Juden unerwünscht . . .“

Wie weit aber Nationalismus bzw. politische Interessen und Antisemitismus noch immer gerade bei denen verknüpft waren und sind, die sich gewollt oder ungewollt als Schutzmächte der Juden gebärdeten, wird u. a. durch folgende Verlautbarungen bewiesen:

Hunderttausende von Juden wollten fort aus Europa in das Land ihrer Urväter. Palästina, seit 1917 unter britischem Mandat, hatte auf Befehl der UN (April 1946) jährlich 100 000 Juden aufzunehmen. (Tagesschau in die Vergangenheit, Hörzu-Serie 1976)

„Trotz der Ereignisse in Europa wiesen die Briten (Labour-Regierung 1947) die Überlebenden der ‚Endlösung', die das Land erreichen konnten, ab. Sie beriefen sich auf das ‚White-Paper', das Einwanderung auf 1500 Personen monatlich beschränkte.“ (Israelin Eva Rosenbauer in „Welt-Report“ 135, 12. 6. 1976)

Welche Greuel damit verbunden waren, zeigte auch die genannte „Tagesschau“. Als nämlich ein britischer Kreuzer vor Haifa das von den Juden gekaufte Schiff „Präsident Warfielck“, umgetauft in „Exodus“, stoppte, die jüdischen Auswanderer von Bord prügelten, wobei fünf umkamen. Zuerst wurden die Juden in ein Lager in Zypern gepfercht, dann in drei Dampfern nach Marseille verschifft. Hier durfte die elende „Fracht“ nicht an Land, lag länger ohne Frischwasser und Verpflegung dort, bis die Dampfer schließlich nach Hamburg fuhren, wo mit Gewalt die Schiffe geräumt, und die Juden von der britischen Besatzungsbehörde in dem Lager Pöppelsdorf bei Lübeck konzentriert wurden, von wo es ihnen allmählich in Gruppen gelang, zu entkommen. Es kann wohl kaum ein Zweifel daran bestehen, daß die grausige Reise und deren Opfer auch der Vergangenheitsbewältigung und dem Schuldkonto der Deutschen zugerechnet wurden.

Die Illustrierte „Stern“ (16, 1976) berichtete aus USA: „. . . Die amerikanische Mittelklasse, ‚das Rückgrat der Nation', kann mit ihrer Freundlichkeit jäh in bösartige Militanz umschlagen, wenn jemand in Frage stellt, was sie als geheiligte Ordnung begreifen. Sie wollen unter sich bleiben, die Mittelklasse als Rückgrat, am liebsten protestantisch, Katholiken gehen gerade noch an, Juden unerwünscht.“

Nun, diesem Rückgrat der Nation ist allein mit dem Eintritt der USA in den Ersten wie Zweiten Weltkrieg und durch viele nachherige Ereignisse beigebracht worden, was wirklich als geheiligte Ordnung zu gelten hat.

„Tritt man die Juden heute mit Füßen, fällt man morgen …

vor ihnen auf die Knie.“ (Heinrich Heine)

Nicht damit allein kann man Benehmen und Aussage des ehemaligen Bundeskanzlers und derzeitigen Vorsitzenden der sozialistischen Internationale, Willy Brandt, begründen. Er hatte als Partisan in Norwegen gegen die Deutschen gekämpft und mußte alle Beschuldigungen gegen die Deutschen kennen. Brandt hatte gegen Kriegsende geschrieben:

„Selbst wenn wir die harte Maßnahme gegen die Juden bedauern müssen, so ist es doch für die Zukunft Deutschlands vorzuziehen, wenn die Alliierten die Rückkehr der Israeliten ins Reichsgebiet nicht genehmigen. Die öffentliche Meinung ist stark gegen sie aufgebracht, und wir würden uns kompromittieren, falls wir uns ihrer Sache annähmen. Es ist besser, nicht mehr zur Vergangenheit zurückzukehren. Man darf nicht das deutsche Volk wegen seiner Feindschaft tadeln, für die die Juden die Ursache sind und für die sie keine Verantwortung tragen.“

Das kam bei der nach 30 Jahren üblichen Überweisung von Akten des amerikanischen Außenministeriums an das US-Nationalarchiv heraus! Der Bericht setzt fort:

„Das schrieb der Mann, der sich später als Bundeskanzler in Polen ‚für die Sünden des deutschen Volkes' vor einem Mahnmal für ermordete Juden auf die Knie fallen ließ und als Atheist ein Gebet vortäuschte.“

Wenn auch vielleicht und wie so oft kompromittierende Dokumente aus Archiven plötzlich verschwunden sind, so sind die Belege doch noch vorhanden. (Für das obige z. B. „Vertrauliche Mitteilungen aus Politik und Wirtschaft“ Altenbrücken, 25. Jahrgang 15. 2. 1975 und meines Wissens auch von einem US-Historiker veröffentlicht worden.)

„30 Jahre nach Jalta sollte man wenigstens einmal darüber nachdenken, wie es interessierten Kreisen gelungen ist, die Geschichtsschreibung der Nachkriegsjahre zu manipulieren. Nicht zuletzt dank Brandt und seinen Freunden, die wohl kaum daran gedacht haben, daß sich 1975 die Archive der Siegermächte öffnen würden.“ (wie vor)

Wer etwa aus amerikanischer Geschichtsforschung (u. a. Prof. Arthur A. Butz, s. o.) Weiteres nachlesen will, der kann es u. a. auf Seite 305: „Brandt avancierte schließlich zum westdeutschen Bundeskanzler und erhielt 1971 für seine Verzichts- u. Ostpolitik den Friedensnobelpreis. Seine Karriere war nur möglich in einem Land, in dem Verrat zu einem normalen Vorgang des politischen Lebens geworden ist …

„Niemand... hatte genaue Kenntnis... ich bin mir ganz sicher..."

Wieder entschlüpfte eine Wahrheit, eine ganze. Gudrun Tempel, Publizistin und Autorin, der „Sunday Times" nahestehend, lebte nach dem Kriege sieben Jahre in England, wo ihr, wie sie schreibt, „mit englischen Manuskripten ein großer Markt offen steht". Dementsprechend muß man ihr Buch betrachten „Deutschland? Aber wo liegt es?", Hamburg 1962. Was darin steht, lohnte keine Zeile, aber eine so typische Wahrheit soll doch zitiert werden:

„Zu keiner Zeit zögerten meine Eltern auch nur für eine Sekunde, ihren jüdischen Freunden zu helfen; unser Haus stand ihnen immer offen. Aber es wäre ihnen niemals eingefallen, daß man gegen die jüdische Verfolgung als Ganzes hätte etwas tun können, daß man es eventuell vermocht hätte, sie durch politische Maßnahmen zu verhindern.

Über eins jedoch, glaube ich, bin ich mir ganz sicher; das deutsche Volk in seiner Mehrheit hatte keine Ahnung vom wahren Ausmaß und vom wahren Schrecken dieser Verfolgungen. Man sah hier und dort einige mit Stacheldraht versperrte Züge, man hörte eine geflüsterte Geschichte, doch jeder glaubte, daß solche Bilder nur die Zeichen vereinzelter Auswüchse von übereifrigen Supernazis seien. Niemand, den ich in jener Zeit kennenlernte, nicht einmal aktive Antinazis, hatten genaue Kenntnis der organisierten Ausrottung von Millionen oder von derartigen Plänen."

Selbst Bernt Engelmann räumt ein, daß „sich die letzte Konsequenz des organisierten Massenmordes erst im Verlaufe des Krieges offenbarte". Doch wenn dem so gewesen wäre, wiederholt sich die Frage, was denn Front und Heimat im Toben des Krieges, im pausenlosen Bombenterror gegen die deutsche Zivilbevölkerung gegen „die letzte Konsequenz" hätten unternehmen können. Die historische Wahrheit ist aber, daß es sich um eine „Geheime Reichssache" handelte! Am 20. Januar 1942 fand im „Geheimverkehr des Dritten Reiches" in Wannsee eine Staatssekretärkonferenz statt, auf der mit dem Stichwort „Endlösung der Judenfrage" erstmals genaue Einzelheiten festgelegt wurden. Wie hätten „die Deutschen" davon Kenntnis erlangen können?

Keiner wollte sie haben

Man stelle sich die Eindrücke auf die Deutschen vor, daß jenseits der Grenzen die Juden in großem Umfange abgelehnt wurden und auch in Palästina keinen eigenen Zufluchtsort fanden. Obwohl der britische Außenminister Balfour schon 1917 Palästina dem jüdischen Volk als „Nationalheim" sowie Förderung des Zionismus feierlichst zugesichert, wenn auch gleichzeitig doppelzüngig den Arabern Erfüllung ihrer eigenstaatlichen Wünsche versprochen hatte. Beiderseitige

Rechtsansprüche führten zu Gewalttaten, die schon jahrzehntelang den Weltfrieden bedrohen.

Keine Nation wollte die jüdischen Emigranten in auch nur einigermaßen erwähnenswerten Mengen aufnehmen, die doch ungehindert sowie mit gewissen Vermögenswerten Deutschland verlassen konnten. Als lakonische Begründung war z. B. zu lesen: „Weil an eine Weiterreise von Aufgenommenen nicht zu denken war." Auch die USA verschärften rigoros ihre Einwanderungsvorschriften. Winfried Martini schreibt: „Und in dem Berliner US-Generalkonsulat wurden Juden, die um ein Visum nachsuchten, oft wie der letzte Dreck behandelt."

Noch im Januar 1939 wollte Reichsbankpräsident Hjalmar Schacht (derzeitig Minister ohne Geschäftsbereich) „in London — leider vergeblich — einen internationalen Fonds zustande bringen, der auch mittellosen Juden mit Billigung Hitlers eine Auswanderung erlauben sollte". Martini setzt fort: „1938 nötigte die Schweiz gegen den erheblichen Widerstand des Auswärtigen Amtes (vertreten durch Geheimrat Roediger) das Reich, das fatale ‚J' in den Judenpässen einzuführen, was natürlich ihre Auswanderung erschwerte; darüber gibt es eine erstaunlich detaillierte Schrift des Schweizer Bundesrates von 1953."

Wie oben belegt, muß wiederholt werden, daß das deutsche diktatorische Regime zugunsten der Juden eine Palästina-Treuhandgesellschaft unterhielt, einen Internationalen Fonds für mittellose Juden ins Leben rufen wollte, mitten im Kriege noch ein Palästina-Amt in Berlin zwecks Vorbereitung jüdischer Auswanderer bestand, während mächtige Kräfte der Demokratien jüdische Emigranten weitgehendst ablehnten. Wer muß nicht erneut an Kain und Abel denken: „Muß ich meines Bruders Hüter sein?" Während den Alliierten von vornherein eine deutsche Allein- und Kollektivschuld nicht groß sein konnte, herrschte vielleicht in neutralen Staaten die Furcht vor Infizierung mit dem Kommunismus.

„Hilfsarmee der Sowjetunion"

Wie der erwähnte Pazifistenführer und Präsident der Paneuropa-Union gewarnt hatte: „Vor allem aber bilden die kommunistischen Organisationen Europas eine große Hilfsarmee der Sowjetunion bei einem bewaffneten Konflikt mit Europa ..."

Oder wie es der seinerzeitige Chef der Kommunistischen Internationale, Georgi Dimitrov, verkündigt hatte: „Einer, der mit uns sympathisiert, ist mehr wert, als ein Dutzend militanter Kommunisten. Ein Universitätsprofessor, der, ohne Parteimitglied zu sein, für die Interessen der Sowjetunion kämpft, ist mehr wert als hundert Leute mit einer Parteimitgliedskarte, der Schriftsteller der ohne Parteimitglied zu sein, die Sowjetunion verteidigt, der Gewerkschaftsführer, der außerhalb unserer Reihen steht und dennoch die internationale Politik der Sowjetunion verteidigt, ist mehr wert als tausend Parteimitglieder ... Früher machten die

Hilfsorganisationen kein Hehl aus ihrer Sympathie für die Sowjetunion, heute geben sie sich jedoch ,weltoffener' und trachten zu verbergen, daß sie von Moskau bezahlt werden. Aber ihre Ziele und Aufgaben haben sich nicht geändert..." (Brian Crozier — „Die getarnten Hilfstruppen Breschnews im Westen" — „Epoche" 15. 2. 1979.) Nichts hat sich geändert, vielleicht mit Ausnahme des Umstandes, daß längst der Staat Israel gegen Geister zu Felde gezogen ist, die vordem gerufen wurden, schon lange aber nicht mehr los zu werden sind.

Moskaus Agenten, welcher Art auch immer, damals wie heute: „... — nicht im Waffengang der Panzer und Raketen — werden Sieg und Niederlage entschieden. Das Heer der Agenten und Saboteure, der offenen und geheimen Parteigänger, der Mitläufer und Schurken des Aggressors erweist sich dabei als eine den Streitkräften gleichrangige Waffengattung des modernen ,Befreiungskrieges', der zweifellos das Kriegsbild unserer Epoche bestimmt." François-Guy Doly, Oberstleutnant und Generalstabsoffizier — „Wenn die Russen angreifen" — Vorwort Paul Carell — Seewald, Stuttgart 1980)

„Die Erben... sind wir!"

Mußte es nicht eine Selbstverständlichkeit für die Deutschen also bedeuten, wenn sie die Erben und deren offene oder geheime Propagandisten ablehnten? Der kommunistische Reichstagsabgeordnete Obuch erklärt Ende 1932: „Die Herrschaft der Nazis wird nicht lange dauern. Sie wird bald zusammenbrechen. Die Erben sind wir." Der sozialdemokratische Reichstagsabgeordnete und Hauptschriftleiter der bekannten SPD-Zeitung „Vorwärts", Friedrich Stampfer, hatte zu gleicher Zeit der sowjetrussischen Botschaft in Berlin gemeinsames Vorgehen gegen die nationalsozialistische Bewegung vorgeschlagen. Er erhielt von dem russischen Botschafts-Beauftragten Wynagradoff die Antwort: „Moskau wünscht Hitler, denn er ist der Überzeugung, daß Deutschland erst dann kommunistisch wird, wenn Hitler an der Macht war."

„Jene Millionen Arbeiter wären nicht zu Hitlers Fahnen gestoßen, wenn Sozialisten und Kommunisten sie nicht seit Jahrzehnten im unchristlichen Geist des Materialismus, also reiner Selbstsucht, erzogen hätten... Hitler, sagten sie, (die Sowjets) wird unser Eisbrecher sein. Er wird die deutsche Demokratie zerstören, und wir werden den deutschen Kommunisten befehlen, ihm dabei zu helfen. Dann werden wir die Früchte seiner Anstrengung ernten." (Dr. Robert Ingrim, Zürich 1947 s. o.)

„Hitler hätte 1936 vom Westen noch gestoppt werden können“

„Es ist kaum bestreitbar, daß die Demokratien hätten Hitler stürzen können ohne Vorbeugungskrieg, ohne offene Einengung, einfach durch deutliche diplomatische Niederlagen. Mindestens hätten sie dadurch seine magische Gewalt über sein Volk geschwächt, und das hätte sein Tempo verlangsamt.“ (Dr. Robert Ingrim)

Der britische Premierminister mit der längsten ununterbrochenen Amtszeit, Harold Macmillan, sprach in seinem BBC-Interview zu seinem 85. Geburtstag aus: „Hitler hätte leicht aufgehalten werden können. Die Franzosen hätten 1936 in Deutschland einmarschieren sollen. Aber niemand hatten den Willen, das zu tun.“ (Rheinische Post, 12. 12. 1979, Wolfgang Kuballa)

Die „News Chronicle“ vom 15. Januar 1952 berichtet, was der ehemalige Verteidigungsminister der südafrikanischen Union, Oswald Pirow, 1938 über seine Unterredung mit Neville Chamberlain, dem ehemaligen britischen Premier, wiedergab: „Chamberlain setzte hinzu, er sei vom Judentum unter großen Druck gesetzt worden, sich mit Hitler nicht auszugleichen.“ (x)

Der USA-Nationalheld Oberst Charles A. Lindbergh, der als erster im Alleinflug den Ozean von USA nach Europa überquert hatte, weltbekannt und hochgeachtet, hat in seinen Tagebuchaufzeichnungen wertvolle Beweisbelege für den nordamerikanischen Schuldanteil für die Zeit vor dem Zweiten Weltkrieg und während seines Verlaufes vor dem Eintritt der USA gegeben. (Prof. Dr. Bolko Freiherr von Richthofen — Kriegsschuld 1939—1941 — „Der Schuldanteil der anderen“ — Kiel 1981) Lindbergh schrieb: „Wir sind beide (im Gespräch mit Senator Harry Byrd am 30. Juni 1939) besorgt darum, daß dieses Land durch britische und jüdische Propaganda in einen europäischen Krieg hineingestoßen wird . . .“ „Ich fühlte, daß unsere westliche Zivilisation ein starkes Deutschland als Puffer zu Asien braucht, genauso wie ein starkes Britisches Empire. Ich fühlte, daß Frieden in Europa und der Welt aus diesem Grund nur durch eine Zusammenarbeit zwischen England und Deutschland aufrechterhalten werden können . . .“ „Unser Eingreifen wird Europa nicht gut tun. Wenn wir zu kämpfen beabsichtigen, hätten wir es fünf Jahre eher tun sollen . . .“

„Sie geben ‚Frieden‘ vor, um irrezuführen . . .“

Richthofen schreibt zu den 1038 Druckseiten umfassenden Tagebuchaufzeichnungen: „All diese auf Erleben von Oberst Lindbergh beruhenden Angaben bestätigen, daß die USA ohne vernünftige Begründung dafür sorgten, in den Zweiten Weltkrieg und die Rettung der für ihre Geschichte bisher gefährlichsten Großmacht, der Sowjetunion stalinistischen, die Weltherrschaft erstrebenden Stils, hineingezogen zu werden.“

Solche und viele weitere Tatsachen waren weithin im deutschen Volke bekannt, wurden aber vom Untergrund als Nazi-Propaganda abgetan. Im übrigen, so wurde diskutiert, mußte das alles und mehr doch selbstverständlich sein, wenn allein die Kriegserklärung vom 24. 3. 1933 bedacht wurde. Die nicht nur „Hitler und seinen Leuten" galt, sondern „Deutschland"! Denn, wer den Krieg erklärt, kämpft auch mit „entfesselten Feldzügen der Propaganda!"

Wie es u. a. so überaus treffend in dem bei Richthofen herausgestellten Werk betont ist: „Amerikas Kriegspolitik gegen Deutschland", von Oberst Curtis B. Dall, Schwiegersohn von US-Präsident Roosevelt, mit einem Geleitwort von Prof. Dr. Austin J. App — Tübingen 1972. Beide Persönlichkeiten gehören den besten Gesellschaftsschichten an, sind vorbildliche USA-Bürger aus alten Familien, wie App über den Autor schreibt: „Seine Veröffentlichungen aus der Kriegszeit und seit 1945 zeigen, daß er immer, gleichgültig, wem das jeweils nicht gefiel, im Dienste der Wahrheit und Menschlichkeit ein gerechtes Messen mit gleichen Maßstäben nach allen Seiten im Geiste bester christlicher Überlieferungen vertritt."

Die Mehrheit der solche Grundsätze vertretenden Amerikaner wurde von jenen Mächten immer wieder überrollt, von denen im Zusammenhang mit obigem Werk der Herausgeber Dr. habil. H. Grabert schreibt:

„Ein wahrhaft sensationelles Buch, das in den USA bereits großes Aufsehen erregt hat. Kein Wunder, denn hier beschreibt der intimste Kenner Roosevelts und seiner Umgebung, wie gewisse im Hintergrund stehende Mächte kaltblütig, rücksichtslos und auf Kosten anderer ihre eigenen finanziellen und ideologischen Interessen wahrnehmen. Mit ihren lichtscheuen Machenschaften üben sie eine absolute Kontrolle auch über höchste Regierungsbeamte aus. Sie sind es auch, die den Krieg planen und mit ihrer ‚Außenpolitik' den Schauplatz für jene Ereignisse bestimmen, die die Feindseligkeiten einzuleiten haben. Sie geben ‚Frieden' vor, um irrezuführen und verbergen hinter einem Schleier seriöser Glaubwürdigkeiten ihre wirklichen Absichten."

Prof. von Richthofen gibt eine weitere Anzahl solcher US-Werke an, die noch weit ausführlicher beweisen: „Einflußreiche kapitalistische Hintergrundgruppen waren zugunsten freiheitsfeindlicher und die Entstehung des Zweiten Weltkrieges sowie den Eintritt der USA in den Krieg fördernder Ziele tätig, ebenso bösartig wie hartnäckig und gewandt unter der Mitwirkung von Kommunisten."

„Ein Krieg bringt noch viel Schlimmeres . . ."

Zur Ehre des amerikanischen Volkes und vieler seiner maßgeblichen Persönlichkeiten muß betont werden, daß sie sich gegen eine Beteiligung ihres Staates an einem neuen Krieg in Europa wandten. In Frankreich war es wohl weniger das Volk, doch Prof. von Richthofen schreibt gerechterweise:

„Zu den französischen Persönlichkeiten aus jüdischen Familien, die trotz der düsteren Seiten des Hitler-Regimes sich betont jeder Kriegspsychose entgegenstellten, gehörten die Journalisten Emmanuel Berl und Georges Valois. Sie erkannten klar, daß ein Krieg noch viel Schlimmeres bringen würde. Berl schrieb in der (von ihm 1939 gegründeten) Pariser Zeitschrift ‚Pavés de Paris' am 3. 2. 1939 gegen Finanziers und sonstige Förderer kriegsbegehrender Kreise in Frankreich und anderwärts u. a.:

‚Die Tätigkeit gewisser Geldmächte bei den letzten diplomatischen Krisen ist zu auffallend, als daß man sie unter dem System des Übergehens oder Abstreitens verbergen könnte.' ... Daß Geld, und zwar viel Geld an diejenigen gegeben wurde, die man mit Recht ‚die Kriegspartei' nennen kann..."

Im Jahre 1938 stand auch die kommunistische Partei Frankreichs eindeutig auf der Seite derjenigen, die einen großen Krieg herbeizuführen wünschten, wie z. B. die führende Zeitung der KPF, die Pariser „Humanité, in zahlreichen haßerfüllten Aufsätzen zeigte.

„Ein Ehrenmal für diese Gruppe französischer Staatsmänner und Politiker, die erst im letzten Augenblick dem Druck der Kriegsbegehrer nachgaben, ist das zweite, dokumentarisch reich belegte Werk von Prof. David L. Hoggan." (Der erzwungene Krieg)

Georges Valois veröffentlichte 1939 noch mehrere Monate vor Ausbruch des Zweiten Weltkriegs in Paris ein lesenswertes Buch. Darin heißt es z. B.: „Frankreich hat keinerlei Politik. Mit unbegreiflicher Dummheit ist es der Soldat jeder Koalition, welche es auch sein mag. Seine ‚Patrioten' sind abgerichtet, im ewigen Deutschland, den ‚Erbfeind' zu sehen. Es genügt, diese Sprache zu sprechen, um Frankreich in Richtung auf den Rhein mobil zu machen. Es wird dann zum Sol daten Englands, der Sowjetunion oder der internationalen Finanz. Sein Generalstab bleibt von der blauen Linie der Vogesen hypnotisiert und hat keinen anderen Gedanken, als das Land faschistisch zu machen, um über den deutschen Faschismus zu siegen."

Wohl verstanden, das schrieb eine jüdische Persönlichkeit „trotz der düsteren Seiten des Hitler-Regimes", um einen Krieg zu vermeiden, der „noch viel Schlimmeres bringen würde". Ehre ihm und vielen anderen seiner Art und seines Mutes.

„Das furchtbare Deutsche Reich"

Wie wir gesehen haben, neigen die meisten Historiker dazu, in allen Verwicklungen und Kriegen ideologische und politische Gründe zu sehen, und ich habe weitgehend Zitate aus solchen Untersuchungen und Forschungsergebnissen gebracht. Doch den Propaganda-Feldzügen, die viele Jahre „Blut und Eisen" vorbereiten, liegen doch allermeist wirtschaftliche Zusammenhänge zugrunde.

„In der Gruppierung der Nationen der ganzen Erde sind die Vereinigten Staaten, England, Frankreich und die Sowjet-Union diejenigen, die alles haben, was sie wollen, und an der Erhaltung der Karte in ihrem jetzigen Zustand interessiert sind. Die Nationen, die nicht haben, was sie haben wollen, sind Japan und Deutschland."

Churchill hat in dieser Hinsicht von dem „furchtbaren Deutschen Reich" gesprochen, von „einer kraftvollen, begabten Nation, von überaus begabten Menschen mit ihrer Wissenschaft und ihren Fabriken." (H. R. Knickerbocker — „Kommt Krieg in Europa" — Berlin 1934 — Amerikanischer Titel „Will War come in Europe")

Was das heißen sollte, schon weit vor der Zeit einer nationalen Erhebung, als von Hitler noch nicht oder kaum die Rede war, wie ich in einem anderen Buch schrieb: „Unser Miterleben war von unvergeßlichem Eindruck, als durch grandiose Leistungen auf dem Gebiete der Luftfahrt das Deutsche Reich wieder an Weltgeltung gewann! Das Luftschiff ‚Graf Zeppelin' machte in sieben Tagen mit 13 000 km eine arktische Forschungsfahrt; Dr. Hugo Eckener, Kommodore und einzigartiger Luftschiffexperte, stand am Nordpol, und bei dem Rückflug wogte von Memel über Deutschland bis zum Bodensee ein Jubellied der Begeisterung. Ich habe das Luftschiff ‚Graf Zeppelin' mehrfach bei Rundflügen, die über das Ruhrgebiet und das Bergische Land führten, gesehen. Weitere kühne Pionierflüge folgten, wobei die erste Ozeanüberquerung von Ost und West mit dem Junkersflugzeug ‚Bremen' neue Begeisterung erweckte, zumal aber der Flug rund um die Welt des Luftschiffes ‚Graf Zeppelin' mit 34 000 km in 21 Tagen! Auch der Aufbau eines Luftverkehrsnetzes durch die Deutsche Lufthansa in vier Erdteilen verbreitete den Ruhm einer Leistung und Wertarbeit, wie sie kein anderes Land aufweisen konnte. Man muß sich die Kraft und den Geist eines Volkes einmal vorstellen angesichts dieser friedlichen, unsterblichen Großtaten kaum zehn Jahre nach der Niederlage des Ersten Weltkrieges und in den Schmutzfluten einer feindlichen Propaganda, die alles Deutsche verächtlich machten und in den Fesseln des Versailler ‚Friedensvertrages', der alle deutsche Leistung auf ein Jahrhundert hinaus unmöglich machen sollte."

„An unserem winzigen Teil im deutschen Export waren wir mit dabei, als junge, wenn auch gut ausgebildete Leute unter dem guten und sachkundigen Einfluß des Vaters. Gerade in solcher Zeit mußten wir uns als Glieder — und seien sie noch so klein und unscheinbar — einer großen Kette fühlen, die zwischen Nord und Süd, Ost und West eines Landes, eines Volkes gespannt war, wir empfanden uns also im Dienst des Vaterlandes, das die Wahl hatte: Wiederaufstieg und Entfaltung oder zum alten Eisen geworfen zu werden. Wir alle wollten kein altes Eisen sein und nicht den oder jenen Schrotthändlern zum Opfer fallen."

Weiter noch kurz aus eigenem wirtschaftlichen, geschäftlichen Erleben: „Welche neuen Stürme sich zusammenbrauten und welch grausam hoher Seegang uns noch bevorstand, ahnten wir Jungen kaum, die Älteren schon mehr. Der ungeheure Börsenkrach in USA, der sogenannte ‚schwarze Freitag' ließ trotz der phantastischen Kriegsgewinne in diesen Staaten alles zusammenfallen. Es konnte natürlich nicht ohne schlimmste weltwirtschaftliche Folgen bleiben, daß Europas Völker sich zerfleischt hatten und das Kernland Europas der totalen Verelendung preisgegeben wurde, worüber die Feinde der freien Wirtschaftsverfassung, die Sowjets, triumphierten ... Deutschland geriet unter der ungeheuren Last des verlorenen Krieges, unter den noch viel größeren Härten des Versailler Friedensdiktates in immer neue wirtschaftliche Schwierigkeiten. Laufende Finanzskandale, wie Sklarek, Kutisker u. v. a. brachten deutschen Unternehmen und Privatpersonen zusätzliche große Verluste. (Dagegen war der Skandal der Kölner Herstatt-Bank in unseren heutigen Tagen ein Nichts, der aber, wie die gleichen Machenschaften damals, unter den Teppich gekehrt wurde.) Aufbau und Lieferfähigkeit der Industrie wurden durch häufige Streiks gelähmt, die durch jene Kreise finanziert und organisiert wurden, die immer schon das Reich zersplittern und zerfallen lassen wollten. Die Zermürbung und gegenseitige Feindschaft der 32 Parteien taten ein übriges. So mußten sich auch die mit uns verbundenen deutschen Fabriken sowie ein mit uns zusammen arbeitendes holländisches und ein französisches Unternehmen und deren Geldgeber zurückziehen. Alles stagnierte."

Antasten von Welt-Monopolen; das konnte nicht gut gehen

Gleichwohl gaben es und erhielten sich im Export geschäftlich und rein persönlich viele freundschaftliche, ja herzliche Kontakte, auch mit jüdischen Geschäftsfreunden und deren Familien. Angesichts der Weltkriegs-Greuel-Propaganda und der Fortsetzung war dies ein Wunder. Und wenn sich eine solche nach der nationalen Erhebung sozusagen tobend verstärkte, so konnte eine empfindliche und weitere Einbuße in unseren ausländischen Kontakten nicht ausbleiben. Da wir von solchen im Export abhängig waren, und wir überhaupt seit je daran gewöhnt waren, hinter den Ereignissen, zwischen den Zeilen sozusagen, wirtschaftliche Gründe zu sehen, so meinten wir damals, daß es gar nicht gut gehen könnte, wenn sich die deutsche Wirtschaft derart schnell erholte.

Die deutsche Handelsflotte stand bereits 1936 an fünfter Stelle in der Welt-Tonnage. Und das nach der Wegnahme aller unserer Handelsschiffe durch das Versailler „Friedens"-Diktat und trotz der Weltwirtschaftkrise. Einer der größten Fortschritte bedeutete der bahnbrechende Weg Deutschlands zur Kohleveredlung, um aus unserer reichlich vorhandenen Kohle synthetisches Benzin zu gewinnen, so daß durch Hydrierung und Polymerisation die Weltleistung des Erdöls als verdoppelt gelten konnte. Es entstanden riesige Anlagen, wie das Leunawerk in Merseburg. Wie gleichfalls die neuen Verfahren, um aus Kalk und Kohle synthetischen Gummi zu erzeugen, das Produkt „Buna", sowie die Vistra-Faser, die Zellwolle. Diese wissenschaftlichen und organisatorischen Pionierarbeiten stellten doch zweifellos weltwirtschaftliche Bereicherung dar! Wie Anton Zischka in „Öl-Krieg-Wandlung der Weltmacht Öl", Leipzig 1939, schrieb, als andere rücksichtslos die Natur ausbeuten, nur im Blick auf die Dividenden, da dachte Deutschland weiter. Wie überhaupt die Werke von Anton Zischka: „Brot für zwei Milliarden Menschen", „Englands Bündnisse", „Japan in der Welt", „Der Kampf um die Weltmacht Baumwolle", „Wissenschaft bricht Monopole" u. a. wichtigste Probleme der Welt von einem weitsichtigen Standpunkt aus, mit wahrer Prophetie, behandeln.

„Wenn es einmal kein natürliches Erdöl mehr geben wird", so urteilt Anton Zischka, „dann ist das synthetische da und wird Finanzkatastrophen und Kriege verhindern ... Das Öl Arabiens kann zur Waffe der Welt des Islams, für eine viertel Milliarde Mohammedaner werden. ... Die skrupellosen Weltbeherrscher des Erdöls — England allein kontrollierte $^{6}/_{10}$ der Weltproduktion — verstießen gegen Naturgesetze, zerstörten, verschandelten und beuteten aus; Profit und Macht ging ihnen über alles; die Menschen galten ihnen nichts. Somit wurden die deutschen Entwicklungen nur als eine Auflehnung gegen Welt-Rohstoff-Monopole angesehen und alle deutsche Arbeit lediglich als Kriegsvorbereitungen weltweit verketzert."

Genau wie die so eindrucksvolle Tatsache, daß 25 Millionen hungernde Menschen (6 Millionen Arbeitslose mit ihren Angehörigen) schon weitgehendst aus der Not herausgebracht worden waren. Dies mußte der vordringlichste Wunsch im Deutschen Reich sein und war bisher niemandem gelungen. Um so mehr befremdend angesichts der großen Arbeitslosigkeit in England, Frankreich und USA, obwohl deren Rüstungsindustrie schon auf hohen Touren lief. Allein solche und weitere wirtschaftliche Gründe wurden dazu benutzt, die kaum mit Asche bedeckte Glut der Deutschfeindlichkeit wieder zum hellen Lodern zu bringen. Dazu trug leider die öfter mangelnde kaufmännische Vernunft in eigenen Regierungs-, Beamten- und Diplomatenkreisen bei. Von rein politischen Fehlern und Bloßstellungen hier gar nicht zu reden, wie auch nicht von der Reizung des Weltjudentums, obwohl von eigentlichen Verfolgungen erst viel später gesprochen werden konnte.

Die Falle klappte zu: 1939

All das obige zusammenfassend und bedenkend, das die Weltgeschichte weitgehendst bewiesen hat, daß in der Politik möglichst gar nichts dem Zufall überlassen, sondern um Jahre und Jahrzehnte voraus geplant wird, daß es sich um eine gigantische Falle handelte, in die das deutsche Volk mit dem Zweiten Weltkrieg und allen entsetzlichen Folgen hineingeriet!

Mit Lügenpropaganda und Greuelmärchen vor und im Ersten Weltkrieg, mit der durch Betrug erreichten Waffen-Niederlegung und in größter Not erzwungenen, erpreßten Unterschrift unter das Versailler „Friedens"-Diktat wurden die ersten Fundamente gelegt.

Mit der Kriegserklärung vom 24. 3. 1933 von „14 Millionen, die wie ein Mann zusammenstehen", mußten und sollten doch auch jene Kräfte des deutschen Volkes angeheizt werden, die bislang sich ihre Finger an dem planmäßig zum Schwelen und gewünschten Lodern des „Anti"-Feuers nicht verbrennen, vielmehr eine traditionsgemäße, abendländische Haltung bewahren wollten. Ein Wunder war das, ein schieres Wunder, denn die deutschen „Antis", mitsamt den Gegenterroristen wurden nicht nur von maßgeblichen Kräften des deutschen Volkes, wie den Kirchen, den nationaldeutschen Juden, fast allen Staaten der Welt anerkannt und völkerrechtlich akzeptiert, es wurde eben von diesen Weltmächten nichts, aber auch gar nichts rechtzeitig getan, um das Feuer zu löschen und mit den Deutschen einen fairen Ausgleich zu finden.

Das schlagendste Beispiel aus vielen Beweisen der Falle zu „Blut und Eisen", wie für die eingeplante Opferung auch von Millionen Zivilisten, ist Winston Churchill. Obwohl das Werk von Captain Russell Grenfell R. N. „Bedingungsloser Haß? — Die deutsche Kriegsschuld und Europas Zukunft" — Tübingen 1958, hoch interessante Aufklärungen gibt, so ist es doch Emrys Huges, Mitglied des englischen Unterhauses, ein führender schottischer Journalist, „einer der offensten und hartnäckigsten Kritiker des ‚grand old man', der ein kraftvolles und, bei aller Leidenschaft seiner Beweisführung, um Objektivität bemühtes Werk vorlegt, das die Beachtung aller verdient, die an Demokratie und Freiheit glauben." Aus seinem Werk „Churchill . . . ohne Tünche" — Tübingen 1959, lassen sich hier nur wenige Zitate bringen, welche die Huldigungen an Hitler, an Mussolini und General Franco beweisen. Man lese nur das Kapitel „Lobgesang für Hitler" (S. 133).

„Wenig wurde getan, um die Kränkungen der Verträge von Versailles und Trianon zu lindern" schrieb Churchill 1935 bei dem Versuch, zu erklären, warum Hitler imstande gewesen war, die Macht in Deutschland zu erringen. Churchill bewundert Hitler, den Gefreiten, der einen langen und mühevollen Kampf um die Herzen der Deutschen führte. Die Geschichte dieses Kampfes kann man nicht ohne Bewunderung für den Mut, die Ausdauer und die Vitalität lesen, die diesen Mann befähigten, die Gewalten und Widerstände, die ihm in den Weg traten, herauszufordern und zu bewältigen . . . Churchill fuhr fort:

„Man kann Hitlers System mit Abneigung gegenüberstehen, aber trotzdem seine patriotischen Großtaten bewundern. Sollte unser Land einmal besiegt werden, so hoffe ich, daß wir einen Vorkämpfer des gleichen Schlages finden, der imstande ist, unseren Mut neu zu beleben und uns auf den Platz zurückzuführen, der uns unter den Nationen gebührt."

„Wäre er ein Deutscher gewesen, er wäre gleichermaßen mit Hitler und Goebbels gegangen."

Emrys Hughes schreibt dazu: „Man tut gut daran, sich zu erinnern, daß diese Lobhudelei geschrieben wurde, als Hitlers Charakter offen zu Tage lag und alle seine politischen Schliche, die jegliche vernünftige Opposition gegen sein Regime rechtfertigten, enthüllt waren: Die Schaffung von Konzentrationslagern ... sein wilder Antisemitismus ... die deutsche Wiederbewaffnung; die Besetzung des Rheinlandes und dergleichen mehr. Wenn irgendein Führer einer Demokratie zu irgeneiner Zeit Anlaß hatte, gegen Hitler aufzustehen, dann war dieser Anlaß 1937 gegeben, wenn nicht schon bereits 1935." Gleichfalls in den USA bewunderten maßgebliche Kräfte den Diktator Hitler.

Das in die Falle weit vorausschauend eingebaute Pulverfaß Polen mußte randvoll gefüllt werden. Mit Greueltaten der aufgehetzten Polen an den in annektierten und sonstigen Gebieten lebenden Deutschen, wozu Siegermächte und Völkerbund absolut geschwiegen haben! Mit ganz offiziellen chauvinistischen, größenwahnsinnigen Verkündigungen, daß sie — die Polen — in wenigen Wochen in Berlin sein würden, den ganzen deutschen Osten mit Schlesien als urpolnische Gebiete in Besitz nehmen würden usw. usw., wie im Abschnitt „Pflug und Schwert" belegt. Dazu noch einen Satz: „Die Polen haben ihr Gran an Narrheit ... Sie sind das einzige unglückliche Volk in Europa, das nach dem Schlachtfeld Verlangen hat. Sie sind ruhmsüchtig und kennen das Maßhalten nicht." (Prof. Dr. H. Freunds: Ausspruch von Prof. Dr. Karl Burckhardt, dem Völkerbundkommissar für Danzig, aus -xx-)

Diesem polnischen Regime gab dann Großbritannien im Namen von „Freiheit, Recht und Selbstbestimmung der Völker" eine Blankovollmacht zur Erreichung ihrer größenwahnsinnigen Ziele. Was hätten England, Frankreich, die USA, die Sowjetunion getan, wenn von irgendwem über zehntausend ihrer Volksangehörigen ermordet, Hunderttausende grausam vertrieben wurden, und die Eroberung fast der Hälfte ihres Landes angekündigt worden wäre?

Nicht Hitler allein, oh nein, den Deutschen, allen Menschen deutscher Zunge und deutschen Namens wird eine gerechte, selbstverständliche, ehrenhafte Gegenwehr als Alleinschuld zugeschoben, als Anzünden des zweiten Weltbrandes in diesem Jahrhundert. In unaufhörlichem Rattern ihrer und der uns aufgezwungenen Gebetsmühlen werden die Toten jener Seite geheiligt, unsere Toten und wir selbst als Verbrecher vor der Welt und Gott im inbrünstigen Flehen zur Hölle geflucht.

„Gott mit uns"

Zwar zog unser Regime Gott nicht in seine Propaganda ein, obwohl häufig von der Vorsehung gesprochen wurde, was auf eins schließlich herauskommt, aber später den Kirchen nicht mehr paßte, als sie ihre warmen Felle dann doch wegschwimmen sahen. Es wurde also der Ratschlag vielleicht erwogen, aber offenbar verschmäht, den ein höherer Geistlicher in so oft üblicher politischer Denkweise dem US-Präsidenten Roosevelt beim Eintritt der USA zu ungehemmten „Blut und Eisen" gegeben hatte. Daß es nämlich für einen Krieg kein besseres Mittel gäbe, „als Jesus hereinzuziehen". Nun, Jesus wurde bekanntlich hereingezogen, obwohl dieser doch eigentlich für Roosevelt und seine Kreise der falsche Messias sein mußte. Aber auf das Täuschen und Betäuben der Völker kam es an.

Unendlich viele von uns fragten sich, ob es Verblendung vom „Führer" war, sein Volk und sich in die Falle locken zu lassen, ob etwa schon Entsprungene aus dem „trojanischen Pferd" mit verräterischen Ratschlägen am Werk waren? Anstatt Gewehr bei Fuß mit eisernem Pokergesicht Haltung zu bewahren? War es Fanatismus, nun aber um jeden Preis seinem Vaterland wieder auf die Beine zu helfen? War es Größenwahn oder etwa bereits eine Art Wahnsinn, uns Deutschen einen Kampf gegen die Weltmächte zuzumuten? Vielleicht floß das eine in das andere über. Wie sagte doch Hans Delbrück, einer der eindrucksvollsten Historiker und Politiker der sogenannten wilhelminischen Zeit: „Zum Staatsmann gehört vor allem das richtige Abschätzen der eigenen wie der fremden Kräfte. Der praktische Staatsmann strebt nicht nach dem Absoluten, sondern nach dem Erreichbaren." Auch Bismarck sowie u. a. Walther Rathenau hatten sich ähnlich ausgedrückt. Diese Grundweisheit ist jedem Kaufmann in seinem Alltag sowieso geläufig, wie unser Vater uns oft eingeprägt hat, der im übrigen ein Verehrer der genannten Persönlichkeiten war, obwohl unsere ganze Familie nicht dessen bedurfte, uns von dem Eintritt in eine damalige Partei abzuhalten. Wären doch unsere Politiker wirkliche Staatsmänner gewesen, so wurde weithin förmlich gestöhnt, hätten sie doch rechtzeitig Sinn für Weltwirtschaft, das allmächtige Kapital, eben für Realität gehabt und vorsorglich Rückblick in die Geschichte genommen, nur in die napoleonischen Zeit und alle Kriege des 19. Jahrhunderts, wo leicht zu erkennen ist, welche internationalen Finanzkräfte aus allen Kriegen gigantische und jetzt noch wirksame Vermögen gezogen hatten. Hätten sie wenigstens Lehren aus dem von ihnen selbst miterlebten Ersten Weltkrieg entnommen, so wäre vielleicht unser Volk irgendwie doch nicht erneut in die kommende unüberwindliche Übermacht, in die Falle hineingeraten.

Im übrigen hatten wir nichts zu meinen oder zu fragen, sondern nur das zu befolgen, was seit je von allen Kanzeln im Überdruß zu hören war: „Sei untertan der Obrigkeit." In dieser Hinsicht war also „Gott mit uns", wenn auch in anderen Worten.

Wir kleinen Leute, die schlichten Menschen, mußten uns daran halten. Oder wollten wir eine Revolution organisieren und wie? Oder emigrieren? Ich sprach schon darüber, daß wir also unweigerlich in das „Blut und Eisen" gegen unser Volk, gegen Väter und Brüder gepreßt worden wären.

So „eilten" also meine drei Brüder und ich „zu den Fahnen!" Jeder zu seiner Zeit, an irgendeinen ihm zugewiesenen Platz in Reih' und Glied.

Um von mir selbst und meinem kleinen Schicksal zu sprechen, ich war als einzigster von den Brüdern verheiratet, mußte meine liebe junge Frau und schon in vielen Lagen bewährte, treue Weggefährtin verlassen mit unserem ersten kleinen

Buben. Ich konnte nach dem alten Landsknechtslied sagen: „Mir wohnt ein Lieb zu Haus, die weinte, wenn ich stürb'." Entweder man war fatalistisch nach den Worten von Shakespeare: „Der Feige stirbt schon vielmal, ehe er stirbt / Die Tapferen kosten einmal nur den Tod. / Von allen Wundern, die ich je gehört / Scheint mir das größte, daß sich Menschen fürchten, / Da sie doch sehn, der Tod, das Schicksal aller, / kommt, wann er kommen soll."

Besser aber begleiteten mich die Worte aus „Huttens letzte Tage", von dem Schweizer Dichter Conrad Ferdinand Meyer: „Wir zieh'n, die Trommel schlägt, die Fahne weht. / Nicht weiß ich, welchen Weg die Heerfahrt geht. / Genug, daß ihn der Herr des Lebens weiß, / Sein Plan und Losung, unser Kampf und Schweiß!" Dieses unvergängliche Büchlein übrigens, zusammen mit „Dreizehn Linden" von Friedrich Wilhelm Weber begleiteten mich in nahezu fünf Jahren, ob im Spind, Tornister, Brotbeutel oder in der Tasche, bis sie mit vielen Aufzeichnungen rechtzeitig vor der Gefangenschaft und der üblichen Filzung an sicheren Ort in die Heimat gesandt wurden und auch noch dem Bombenterror entgingen.

„Verteufeltes Preußentum und nazistischer Rassenhaß ..."

Bei dieser Gelegenheit möchte ich für meine drei Brüder, für Millionen deutscher Soldaten wie für mich selbst den Unflat, das Gift, den Kot zurückweisen, was alles die Sieger nötig hatten, ihre Gegner in den Schmutz zu ziehen:

„Die Verkörperung Englands", Winston Churchill, aber nannte Hitler den „Gossenlümmel", die Deutschen die „Hunnen". Der britische Außenminister Eden erklärte im britischen Unterhaus am 9. Januar 1942: „Mit dieser Weltanschauung und dem aus der Weltanschauung fließenden Tun und Handeln sind die Deutschen während der letzten hundert Jahre zu angreifendem Vieh geworden." (x)

Solche und ähnliche Schimpfkanonaden, die nur Rohrkrepierer waren und bleiben, wären leicht zu übersehen, wenn nicht folgendes gewesen wäre und teilweise noch ist: „In geradezu abartiger Sucht nach Selbstbesudelung haben die Umerzogenen und jene, die dies nicht erst zu werden brauchten, in diese Tonart eingestimmt. So schrieb das führende Blatt der deutschen Sozialdemokraten, der ‚Vorwärts' am 18. September 1948 unter dem Titel ‚Das ist der Ruhm des Soldaten'": (x)

„Sie standen in Frankreich und Polen / Sie standen an Wolga und Don / Sie haben geraubt und gestohlen / Und wissen jetzt gar nichts davon. / Das ist der Ruhm der Soldaten / Helden in Saus und Braus / Und alles, was sie taten, / Löffeln wir jetzt aus."

„Der Feind gab indessen seinen Soldaten, die 1944 in England vor der Invasion standen, eine Tornisterschrift an die Hand, in der zu lesen war: ‚Fast bestimmt wird es das erstemal sein, daß Sie ein Land sehen, das mehrere Jahre deutscher Besatzung unterworfen war.' Das müssen Sie sich fest einprägen. In der Tat hat sich, im ganzen genommen, der einzelne Soldat in Frankreich bemerkenswert korrekt verhalten. Er hatte den Befehl, sich so zu verhalten ..." (x)

Nun, ohne jegliche Überhebung kann ich aufrichtig sagen, daß meine Brüder, Millionen deutscher Soldaten und ich dazu keinen Befehl brauchten. Wir brauchten nur an unsere Eltern, unsere Familie, unsere Vorfahren zu denken! Somit noch ein Zitat:

Der bedeutendste Militärsachverständige der Welt in unseren Tagen, der Engländer B. H. Liddell Hart, erwiderte auf einen Aufsatz — in der Londoner „Times" am 25. 9. 1951 im gleichen Blatt — der das Verhalten der deutschen Soldaten herabsetzte: „Bei einem Besuch der Länder Westeuropas, bei einer Befragung der Bevölkerung bezüglich ihrer Erfahrungen unter der deutschen Okkupation wird einem immer wieder gesagt, daß das Naziregime hassenswert, aber die deutsche Armee äußerst korrekt in ihrem Verhalten war. Es ist in der Tat beunruhigend, festzustellen, wie im allgemeinen nachteilig das persönliche Verhalten vieler Mitglieder der Befreiungsarmee mit dem der deutschen Soldaten verglichen wird, welche unmittelbare Erfahrungen hatten."

Liddel Hart wiederholt in seinen „Lebenserinnerungen" dieses Bekenntnis: „Es war eine überraschende Erscheinung des nächsten Krieges, daß sich die deutsche Armee in bezug auf menschliches Verhalten einen besseren Ruf erwarb, als 1870 und 1914; man hätte eigentlich erwarten sollen, daß die Addition von ‚Nazismus' und ‚Preußentum' diesen Ruf verschlechtert hätte ... Reiste man nach dem Kriege durch die befreiten Länder, so hörte man allenthalben das Lob der deutschen Soldaten — und nur zu oft wenig freundliche Betrachtungen über das Verhalten der Befreiergruppen. Es hatte sogar den Anschein, daß der durch die Besetzung enge und lange Kontakt eher ein besseres Verständnis zwischen den einfachen Leuten beider Seiten gebracht hatte, als die Vertiefung von überkommenem Vorurteil und Haß. Die Annäherung zwischen Franzosen und Deutschen ist das bemerkenswerte Ergebnis davon gewesen." (-x)

„Geht es nicht merkwürdig in der Welt zu? Verteufeltes ‚Preußentum und nazistischer Rassenhaß' stiften zwischen jahrhundertelang verfeindeten Nationen Achtung, Versöhnung und verscheuchen ‚überkommene Vorurteile und Haß'! Nazismus und Preußentum als Heilmittel gegen Völkerfeindschaft — und dieses sogar mitten im Kriege! Sind da unter den Meinungsmachern nicht kleine Gaunerchen am Werk, die man groß nennen sollte?" (-x-)

Mit dem Ausdruck „große Gauner" drückte dieser unbestechliche, absolut sachliche, vorbildliche deutsche Zeithistoriker das alle Völker belastende Verhängnis noch allzu gelinde aus. Es sind und bleiben in der Tat Verbrecher an der Menschlichkeit, am Weltfrieden, die es nicht lassen können, „aus einem Pfuhl von Gift und Kot" zum Zwecke des „Täuschens und Betäubens" der Völker allüberall in der Welt ihren Giftweizen zu säen, um immer wieder ihre Ernten an Kriegsprofit und Weltmacht einzubringen. Womit erneut erwiesen ist, daß auch in dieser Hinsicht hier kein Wort zu viel gesagt ist.

„Nach dem Maßstabe des überragenden Schweizer Geschichtsphilosophen Jakob Burckhardt bewertet", schreibt der in dieser Schrift so oft zitierte Zeithistoriker Emil Maier-Dorn, „hat Deutschland 1914—1918 und nicht weniger 1939—1945 im Kampf gegen die ganze Welt eine Leistung hervorgebracht, die bis dahin noch keinem Volke abverlangt worden war." Und setzt fort:

„Nach dem Ersten Weltkrieg hat der Deutschenhasser Winston Churchill das Zeugnis ausgestellt, daß das, was sie in diesem Ringen geleistet haben, für ihre ganze Geschichte genug sei." (-x-)

Es brauchte an sich keiner weiteren Beweise, zumal nicht ausgerechnet von Churchill, daß der „preußische Militarismus, der die ganze Welt unter seine Stiefel treten wollte", daß der „nazistische Rassenhaß, dem außer den Deutschen, den Germanen nichts galt", absolut nicht im deutschen Volk, in der Deutschen Wehrmacht lebte und praktiziert wurde. Daß es eben nur die Meinungsmacher, die großen Gauner sind, welche in vielen Jahrzehnten und fortgesetzt mit Lügen und Verleumdungen ein Alibi für ihre eigenen Verbrechen krampfhaft aufgebaut haben und zu erhalten suchen. „Im Reißwolf einer abgefeimten, haßdiktierten Propaganda sind alle Begriffe zerredet, verschoben und auf den Kopf gestellt worden." (-x-)

Wo gerade von Soldaten die Rede ist: Noch nicht einmal mit militärischen Mitteln trotz über fünfzigfacher Übermacht, bezüglich des Öls und anderer Rohstoffe noch mehr, konnten die deutschen Soldaten besiegt werden. Im Ersten Weltkrieg gelang dies nur durch Zermürbung der Zivilbevölkerung vermittels Hunger, Kälte und Krankheiten, anschließend dazu noch mit schierem Betrug. Im Zweiten Weltkrieg, erneut im Namen Gottes, 300 Jahre zurückversetzt, als im 30jährigen Krieg mordgierige, beutelüsterne, entmenschte Söldnerbanden ganz Deutschland niederbrannten, und die Bevölkerung wahllos erschlugen, da verübten die „Soldaten Christi" gleichartig solche Verbrechen an Zivilisten:

„Sie — die deutschen Soldaten — wurden mit Bomben und Sprengladungen zur Unterwerfung gezwungen." Wörtlich nachzulesen im britischen Blatt mit Millionen-Auflage, im „Daily Express" vom 11. Januar 1954.

Bernhard Shaw, der englische Nobelpreisträger, verfügte über die gleiche Offenheit, als er schrieb:

„Können wir behaupten, daß die schlimmsten Taten der Nazis schrecklicher waren als das Krepieren einer Brisanzbombe von der Größe einer Londoner Litfaßsäule in einem Berliner oder Bremer Kinderheim?"

„Alles vernichtender und alles ausrottender Luftkrieg“

Dieser wurde schon im Versailler „Friedens“-Diktat vorbereitet! Den Deutschen wurde die Verwendung von Giftgas-Schutz-Mitteln für die Zivilbevölkerung verboten. Die Sieger behielten sich folglich vor, bei irgendeiner rebellischen Regung die deutsche Zivilbevölkerung mit Giftgas wahllos zu dezimieren. Laufende Vorbereitungen und Übungen mit Luftmanövern über London ergaben schon 1927 Pläne für Verwendung von inzwischen entwickelten, modernen und verschiedenartigen Brandabwurfmitteln. Dabei wurde festgestellt, daß angestiftete Großbrände in dichtbesiedelten Gebieten kaum zu löschen waren und gewaltigste Zerstörungen und Vernichtung von Menschenleben bewirken mußten.

Das war über zwölf Jahre vor dem Zweiten Weltkrieg, sechs Jahre vor der nationalen Erhebung und der ersten Erklärung eines „heiligen Krieges.

Am 8. Juli 1940 griff Großbritannien auf Versailles und die Mord-Erprobungen zurück und gab dem britischen Minister für Flugzeugbau die Instruktion: „Die Hungerblockade (Anm. die noch nach dem Kriege, 1919, in einem Jahr 800000 Hungertote an deutschen Zivilisten gefordert hatte) ist unwirksam geworden, aber es gibt etwas, das den Gegner zurückzuwerfen und niederzuwerfen vermag; das ist ein alles vernichtender und alles ausrottender Luftkrieg mit ganz schweren Bombern von England aus gegen das Nazi-Heimatland. Wir müssen den Feind mit diesem Mittel überwältigen, sonst sehe ich keinen Ausweg.“

Der britische Luftmarschall Harriman sah den gleichen „Ausweg nur durch Mamutbomber“. Es wurden „Wohnblock-Knacker, überschwere Sprengbomben, das Pulverrisieren Stadt für Stadt, die Brandfackel des unterschiedslosen Luftkrieges“ angekündigt und im April 1940 mit Angriffen auf kleine Städte in Holstein, sozusagen als Training, schon eröffnet.

Ein deutscher Antrag vor vielen Jahren bereits, den Luftkrieg allgemein als illegal zu erklären, wurde abgelehnt, wie Sven Hedin schrieb. Die deutsche Reichsregierung machte am 19. 7. 1940 an England ein Friedensangebot; als einzige Antwort bombardierte England westdeutsche Städte, wie Paderborn, Hagen, Bochum, Kassel u. a., so daß eine deutsche Meldung Anfang August 1940 verkündete, „daß nach nunmehriger, maßvoller Zurückhaltung von vier Monaten die deutsche Vergeltung für eine Art des Luftkrieges (begänne), die Deutschland weder gewollt noch begonnen habe“. Wogegen der britische Luftfahrtminister erwiderte, „daß so wie bisher zehn deutsche Städte im Auslöschverfahren vernichtend getroffen seien, weiterhin Stadt für Stadt mit Zehntausenden von Tonnen Bombenlasten gesättigt würden“.

Dafür wurden natürlich auch Gott und Christus wieder mobil gemacht. Einer der höchsten Geistlichen der anglikanischen Kirche, der Erzbischof von York, predigte: „Wir fordern den Bombenkrieg gegen die deutsche Zivilbevölkerung bis zur Vernichtung. Eure Schuld ist untilgbar, solange sie nicht zum Nutzen der Gerechtigkeit und zur Abwendung neuen Unheils zugegeben und gesühnt wird." Die Hetzstimme des Vikars vom Exeter-College der Universität Oxford, auch eines Dieners der Kirche, erklang im britischen Rundfunk: „Ich sage euch, zerstört den Kölner Dom, bombardiert St. Peter in Rom, vernichtet Männer, Frauen und Kinder. Wenn Frankreich verworfen genug ist, uns den Krieg zu erklären, dann legt Paris in Trümmer."

Da man sich als wacher Beobachter der Politik daran gewöhnen mußte, nach aller Möglichkeit hinter üblichem Wort-Geklingel den Kern einer Sache, vielleicht die Wahrheit zu finden, so sind auf alle Fälle die obigen Worte Seiner Eminenz von höchster Beweiskraft. Doch wohl auch darin, daß auch ohne die eigentlichen schlimmen Verbrechen von wenigen Figuren des deutschen Regimes „die Vernichtung der deutschen Zivilbevölkerung", wie „deren untilgbare Schuld" geplant und sogar propagiert wurden!

Denn diese Verbrechen geschahen doch erst einige Jahre später und wurden überdies erst nach dem Krieg den Deutschen bekannt.

Was muß also näher liegen, als daß tatsächlich mit der Kriegserklärung vom 24. März 1933 nicht nur schon die Vernichtung der deutschen Zivilbevölkerung vorgesehen war, als auch das Moralmonopol einer „untilgbaren Schuld"? Welche Tragik für die Deutschen und die Juden, daß der „heilige Krieg" überhaupt erklärt wurde, zum mindesten sechs Jahre zu früh. Wenn nicht nur eine, sondern beide Seiten Einsicht gehabt, und die Kirchen und alle Weltmächte gegen beide Seiten energische Schritte getan hätten, welches Unheil wäre vermieden worden.

Es sollte nicht sein, sondern seitens der Kriegserklärenden und deren Satelliten so kommen, wie es Churchill ausdrückte: „Deutschland wird zu stark, wir müssen es zerschlagen." (Denkschrift vom November 1936 für den einflußreichen US-General und Geschäftsmann Robert E. Wood. Aus Emrys Hughes)

Wie sollte es anders kommen, als daß sich damit u. a. Churchill bedingungslos anschloß, eben den „14 Millionen". Ganz abgesehen davon, daß nicht nur „England den Krieg schon immer als wichtigste und ergiebigste Industrie betrachtete, in dessen Elend andere Völker zu stürzen einer der ältesten Traditionen seiner glorreichen Politik gewesen ist." (Sven Hedin)

Hier ist kein Raum zur Schilderung der unerhörten Verbrechen an der deutschen Zivilbevölkerung durch den Bombenterror, an unseren eigenen Eltern, Verwandten, Bekannten, Angehörigen von Kameraden, die „Bombenurlaub" zur Beerdigung von Familienangehörigen erhielten, wo es oft nichts mehr zu beerdigen gab, aber Hinterbliebenen erster Beistand geleistet wurde. — Im übrigen erschienen inzwischen Werke von in- und ausländischen Historikern und Augenzeugen, welche die unfaßbaren Greuel belegen.

Warum?

So mag mancher aus den jüngeren Generationen fragen, überhaupt derartige Schilderungen? Nun, so lange darf der „alles vernichtende und alles ausrottende Luftkrieg“ nicht vergessen werden, bis die bekannte Gegenseite mit ihrem Haß aufhört, immer aufs Neue in allen Massenmedien der Weltöffentlichkeit vorzuspiegeln, nur die Deutschen hätten eine „Vergangenheit zu bewältigen“. So werden die Nachgewachsenen dahin manipuliert, im Bombenterror überhaupt kein Thema zu sehen. — Daher hier nur zwei Beispiele, stellvertretend für alle sonstige „Ausrottung ...“:

„Unternehmen Gomorrha“

Dieses sollte die Millionenstadt Hamburg bis auf den Grund auslöschen, und die alte Hansestadt erlebte die schwerste Katastrophe während ihrer 1000jährigen Geschichte. Denn die Luftangriffe vom 25. 7.—3. 8. 1943 mit über 3000 Bombern, mit einem bisher nicht gekannten Masseneinsatz von schweren Luftminen, neuesten „Wohnblock-Knackern“, Brandabwurfmitteln aller Art in den dichtbewohnten Stadtbezirken bewirkten eine grauenhafte Ermordung von über 40 000 Menschen, Verwundung und Verstümmelung von über 100 000, wovon natürlich, wie immer beim Bombenterror, der allergrößte Teil Frauen, Kinder und alte Leute waren. Von militärischen Einwirkungen keine Spur.

Die Furchtbarkeit und das Ausmaß dieser Greuel, der allergrausigsten Schreckensszenen müssen unbeschreiblich gewesen sein. Nicht genug damit, wurde Unternehmen „Gomorrha“ auch noch ausgedehnt auf die jammervolle, elende Menge von nahezu einer Million Menschen, die aus der Hölle der zerbombten und brennenden Stadt in kleine Nachbarstädte und Dörfer flüchteten, dort erneut bombardiert sowie durch Tiefflieger mit Maschinengewehren einer weiteren Auslöschung unterzogen wurden.

Höchst bezeichnend war auch dabei die Identifizierung solch entarteten, barbarisierten Vernichtens und Auslöschens von gänzlich unschuldigen Zivilisten mit Begriffen aus dem Alten Testament, mit Jehova, mit Gott dem Gerechten, der ein Strafgericht über die sündige Stadt Sodom und Gomorrha verhängte. Aus meinen Erinnerungen, Aufzeichnungen über viele Gespräche mit Kameraden, die aus dem „Bombenurlaub“ zurückkehrten, geht hervor, daß diese doppelseitigen Verbrechen nicht nur besonderes Entsetzen und Abscheu über derartige Gotteslästerung hervorgerufen hatten, auch als in einem direkten Zusammenhang mit dem Volk des Alten Testamentes stehend empfunden wurden. Als eine beabsichtigte Herausforderung, nun aber unbedingt an solchen Zivilisten Gleiches mit Gleichem zu vergelten! Damit wäre doch, so wurde weithin gesagt, genau wie im Falle Grünspan/Kristallnacht der gegnerischen Propaganda ein Mittel in die

Hand gespielt, die Judenfeindlichkeit der Deutschen zu beweisen, noch mehr als schon geschehen.

Doch diese Wirkung blieb aus, was trotz eigener unerhörter Leiden absolut für die Moral der Deutschen spricht und u. a. dadurch bewiesen wird, daß die Handvoll Verbrecher aus dem deutschen Regime es für notwendig hielt, die Vergeltung an jüdischen Zivilisten nur unter allergrößter Geheimhaltung vorzunehmen. (s. u. a Hans Rumpf — „Der rote Hahn" — und Brunswig — „Der Feuersturm über Hamburg")

Das furchtbarste Einzelmassaker in der Geschichte

„Weitere Entartung und Barbarisierung des Bombenkrieges finden anderthalb Jahre später in Dresden ihren letzten zügellosen Höhepunkt." (Hans Rumpf) Einen hemmungslosen Höhepunkt auch dessen, was alliierte Politiker schon Jahre, teils Jahrzehnte vor Hitler verkündet hatten. Wie der französische Politiker Clemenceau, der Tiger genannt, sagte: „Es gibt 20 Millionen Deutsche zu viel auf der Welt." Ferner von britischer Seite: „80 Millionen fleißige, disziplinierte Deutsche werden immer ein unbequemer Faktor in Europa bleiben." Womit also nicht nur die 60 Millionen Einwohner des Deutschen Reiches gemeint waren, auch die Bürger Österreichs und alle Volksdeutschen und Stammverwandten jenseits der Grenzen.

Noch nie ist so viel Blut geflossen, noch nie wurden mit derart ungeheuerlichen Mengen von Eisen, Feuer und MG-Garben wehrlose, gänzlich unschuldige Menschen unter grausamsten Qualen ermordet! Noch dazu ohne jeden Einfluß auf militärisches Kriegsgeschehen, ganz kurz vor dem genau vorhersehbaren Sieg der Mörder. „Nur weil es Deutsche waren, die als unbequemer Faktor vernichtet werden mußten." Auch bedeutungslos für die Unterstützung der russischen Front, die ohnehin im sicheren Heranrücken war!

Die unsagbar grauenvollen Verbrechen gegen die Menschlichkeit in Dresden erlebte ich selbst nicht mit. Doch machte ich mir tagebuchähnliche Aufzeichnungen aus damaligen Radioberichten und von späteren Einwohnern Dresdens wie von Flüchtlingen aus dem Osten, die der Hölle im Februar 1945 entkommen waren. Auch weise ich in Ergänzung an Einzelheiten und Zahlen auf die Bücher hin: Wolfgang Paul — „Der Endkampf" — Esslingen 1976, des englischen Historikers David Irving — „Der Untergang Dresdens" — Gütersloh 1964. Ferner auf Hans Rumpf und Emrys Hughes. Erwiesen ist ferner, daß Winston Churchill der Verantwortliche auch für den höllischen Terror in Dresden war!

Die Stadt war gänzlich schutzlos, da alle Flak längst zur Front abgezogen worden war. Eiskalt geplant, ganz präzise zu dieser Zeit, wurde von den Kreuzzüglern das Fegefeuer, eine unbeschreibliche Hölle, ein infernalischer Auslöschungsschlag über die Flüchtlingsstadt Dresden verhängt. „Obliteration bombings" — Auslöschungsbombardierungen — wie sie ihren Bombenterror auf Zivilisten selbst im Radio nannten!

In wenigen Nachtstunden, am 13. Februar 1945, verwandelte ein britischer Super-Großangriff von 1000 viermotorigen, fliegenden Festungen mit Sprengminen, Brand-Phosphor-Flammenstrahlbomben die Stadt mit näherer Umgebung in ein grauenhaftes Flammenmeer, risikolos aus niedrigster Höhe. Nicht genug damit, drei Stunden später kam die zweite Angriffswelle mit gleichstarken Bombengeschwadern, um mit Splitterbomben, mit den überschweren Maschinengewehren und Bordkanonen der Tiefflieger den Rest der flüchtenden zusammengeballten Menschenmassen, grell beleuchtet von den wütenden Bränden, möglichst restlos zu zerfetzen.

Die Straßen in Dresden mit Trecks aus dem Osten, die Bahnhöfe mit Flüchtlingszügen, freie Plätze und Elbwiesen trotz Kälte und Nässe mit Zehntausenden verzweifelter Menschen überfüllt, jedes Haus bis zum letzten Platz besetzt, alles natürlich vornehmlich Frauen, Kinder, ältere und alte Leute, wie immer bei allem Terror.

Der Generalstabsplan der Auslöschung ging noch weiter, denn die Rachefurien aus „Gottes eigenem Land“ wollten in ihren „Heldentaten“ ihren britischen Waffenbrüdern keinesfalls nachstehen. Am nächsten Mittag luden 1350 US-viermotorige Bomber mit 900 Jägern, kurz darauf eine weitere Welle von 1100 US-Bombern ihre barbarischen Lawinen ab, gaben den Flüchtlingen und der Bevölkerung den Rest und machten Dresden endgültig zur zerstörtesten Stadt aller Kriege, wie die Weltgeschichte nie zuvor eine gesehen hatte.

Dieser Massenmord an schuld- und schutzloser Zivilbevölkerung mit zahllosen Krankenhäusern und Lazaretten unter Mißachtung des internationalen Symbols des Roten Kreuzes war lähmend, grauenhaft, einmalig und fassungslos unsinnig, da der Krieg ohnehin in aller Kürze für uns Deutsche verloren war, aber eben noch nicht genug Deutsche ermordet waren, die „einen unbequemen Faktor in Europa darstellten“!

Die meisten Einzelheiten in ihrer unvorstellbaren Schrecklichkeit waren kaum je zu erfahren. Bestattungen waren nahezu unmöglich. Haufen mit Abertausenden von Toten wurden mit Benzin übergossen und verbrannt, viele Keller einfach zugeschüttet oder mit Flammenwerfern ausgeglüht. Allein auf einem Friedhof wurden Leichenteile mit 28 746 gezählten Köpfen bestattet. Vom Elend der verletzten, verstümmelten, wahnsinnig gewordenen Menschen, die nicht versorgt werden konnten, gar nicht zu reden. Auch nicht von den ungezählten Mädchen und Frauen, die den Freitod wählten, aus Angst vor noch Schlimmerem, das sie von den anrückenden Rotarmisten befürchten mußten.

In solchem Ausmaß steht Dresden allein, während planmäßig auch überall sonstwo, in Städten und Dörfern, wo sich Ost-Flüchtlinge gerade ballten, auf deren endlose Trecks sich die aufgeputschte Mordlust der feindlichen Tiefflieger austobte und ganze Schwaden Toter, hingemäht und zerfetzt von Maschinengewehr-Garben, die Elendsflucht immer wieder gestoppt wurde. Genau nach der Parole von Ilja Ehrenburg, wie schon erwähnt, „Tötet, tötet, tötet... es gibt nichts, was an den Deutschen unschuldig ist". Wiederholt werden muß an dieser Stelle auch, daß in Dresden mehr Menschen hingemordet wurden als durch die Atombombe in Hiroshima, daß demgemäß in zweitägigen Terrorangriffen auf Dresden mehr Menschen umkamen, als in England durch den gesamten Luftkrieg von 1939—1945, einschließlich der V-Waffen!

„... mongolische Zerstörungswut... Blutrot vor Scham..."

„Von den Städte-Bombardierungen ist denn auch bei keinem der offiziellen Memoirenschreiber die Rede. Selbst in der Dankesbotschaft des britischen Premierministers (Anm. Winston Churchill) an das Bomberkommando nach errungenem Sieg steht kein Wort über die Terrorangriffe; sie spricht nur von Zerstörungen, die das Kommando ‚dem deutschen Militär, der deutschen Industrie und Wirtschaft zufügte und die an Ausmaß nicht ihresgleichen hatten'. Sie tun, als sei all dies Entsetzliche nicht gewesen. Vielleicht auch, daß sie sich schämen. Und in der Tat, wenn es anginge, Staaten als Persönlichkeiten aufzufassen, sie müßten sich alle schämen, daß sie blutrot anliefen..." (Hans Rumpf)

„Die Terrorangriffe gegen die Städte und ihre Einwohner hätten wenig zum Endsieg beigetragen, dafür aber innerlich den Sieg vergiftet... Insbesondere die Fortsetzung der Städtezerstörungen von einem Zeitpunkt ab, wo für die Bomberwaffe die Möglichkeit des Einsatzes gegen spezifisch militärische Ziele gegeben war, brandmarkt Fuller als mongolische Zerstörungswut." (J. F. C. Fuller, britischer unabhängiger Militärschriftsteller und Kriegshistoriker [Rumpf] in seinem Werk — „Der Zweite Weltkrieg" — 1949)

Fuller schreibt weiter, die Barberei des Luftterrors habe nicht dazu beigetragen, den Sieg zu erringen, sondern nur, den Frieden unmöglich zu machen. „Städte, nicht Trümmerhaufen sind die Grundlagen der Zivilisation!"

Sicher, ein Brite kann sich solche und weitere Worte der Wahrheit erlauben. Tut das Gleiche ein Deutscher, so ist es „Aufrechnung von Schuld und Rechtsextremismus". Daher ist auch das Werk des schon öfter erwähnten britischen Historikers David J. Irving hervorzuheben: „Und Deutschlands Städte starben nicht" —Der Bombenkrieg in den Jahren 1942—1945. — Über den Dokumentarbericht dieses Briten wurde geschrieben: „Am Beispiel von 27 deutschen Groß-, Mittel- und Kleinstädten, die den vernichtenden Bomben-Angriffen während des Zweiten Weltkrieges ausgesetzt waren, schildert der Autor den Ablauf solcher Angriffe, den Einsatz der Bomber-Kommandos, die Vernichtung der Städte und das unendliche Leid der Bevölkerung aufgrund authentischer Berichte und Interviews, realistisch in schonungsloser Offenheit und ohne Pathos. Erschütternde Fotos der zertrümmerten Städte illustrieren diese Dokumentation als mahnende Warnung für alle Zeiten."

Das Buch „Städte 1945" — „Berichte und Bekenntnisse" — Düsseldorf/Köln 1970 enthält Berichte „moderner Autoren", u. a. Heinrich Böll, Bertolt Brecht, Erich Kästner, Carl Zuckmayer. Neben den Zerstörungen an sich werden „das unendliche Leid der Bevölkerung, ... Zerstörungswut, Barbarei" nicht erwähnt.

Von „schonungsloser Offenheit ... als mahnende Warnung für alle Zeiten" keine Spur. Das wären ja keine „Bestseller"!

... totgeschwiegen ...

Der Dresdner Maler Wilhelm Rudolph, Sohn eines Chemnitzer Webers, zu den besten deutschen Malern dieses Jahrhunderts gehörend, ist ein Mann von Format. Er hielt in 150 Rohrfeder-Zeichnungen den Untergang Dresdens unter Einsatz von Leben und Gesundheit fest! Damit eine Chronik der von Barbarei geschundenen Stadt, stellvertretend für viele, viele Hunderte von deutschen Städten, Dörfern und Höfen.

Dreißig Jahre wurden die im Jahre 1945 von Wilhelm Rudolph gefertigten Bilddokumente einer alle Phantasie überschreitenden Vernichtung von über 130 000 Menschen aus der Zivilbevölkerung in einer einzigen Nacht totgeschwiegen! Dokumente der unterschiedslosen, leichten Flächenangriffe, der Zerbombung von Kirchen, Krankenhäusern, Lazaretten, Kinder- und Altenheimen, von Lagern und Trecks ärmster Flüchtlingen aus dem Osten. Immer wieder Frauen und Kinder im glühenden Asphalt!

Dokumente barbarischer Schändung und Vernichtung von unersetzlichen, abendländischen Kunstschätzen und Kulturdenkmälern, so umfassend und perfekt, wie es Hunnen und andere heidnische Asiaten nicht fertiggebracht haben — sinnlos noch in den letzten Wochen des Krieges.

Dokumente der Untaten von Verbrechern, so tief stehend, wie nur je andere Verbrecher der Weltgeschichte, die sich an Menschen vergingen. Noch tiefer aber, weil sie, alle ihre Befehlshaber und ihre, der Macht der Weltpresse hörig gemachten Völker die Verbrechen des Bombenterrors mit förmlichen Genuß, mit Beifall und sinngemäß mit dem gotteslästerlichen Sang „Vorwärts, Soldaten Christi!" begleiteten, und die Ausführenden noch dazu mit höchsten Ehren überhäuft wurden.

Dokumente, die im trauernden Gedenken an sämtliche gefallenen, verbrannten, zerfetzten, verstümmtelten, geschändeten, wahnsinnig gewordenen Menschen aus aller Welt unvergessen bleiben müssen. Zum Abscheu und zur Warnung, nicht zur Rache! Nur im Sinne der Heiligen Schrift: „Denn Gottes Zorn vom

Himmel wird offenbar über alles gottlose Wesen und Ungerechtigkeit der Menschen, die die Wahrheit in Ungerechtigkeit aufhalten." (Röm. 1. 18)

Wilhelm Rudolph schrieb: „Das zerstörte Dresden. — Das heraufdämmernde Licht des 14. Februar 1945 erhellte nur noch eine glühende, qualmende Brandstätte an der Elbe, da wo am Vortage Dresden gewesen war. Langgezogene Flammenhälse leckten an den Trümmerfassaden hintastend den letzten Sauerstoff aus Löchern und Abgründen. Der in Flammenglut flüssig und klebrig gewordene Asphalt hielt die Schuhe der vor dem Tode Flüchtenden unbarmherzig fest. Noch nach Monaten fand ich immer wieder diese Zeugen der Todesnacht, immer wieder Frauen- und Kinderschuhe!"

Dieser deutsche Maler und Zeitchronist ergab sich nicht schmählich in eine „Umerziehung", wurde aber doch bezeichnenderweise in diesen Anschein gebracht, als im Jahre 1975 sein Werk mit sonstigen Aquarellen, Gemälden, Zeichnungen in der Düsseldorfer Kunsthalle vorgestellt wurde mit gerade acht von einhundertfünfzig Bilddokumenten von der „Unabsehbarkeit der zerstörten Flächen Dresdens!"

Totgeschwiegen, weil „blutrot vor Scham"? Weil mit den an Deutschen verübten Verbrechen kein Geschäft zu machen ist? Oder ähnliche makabre Geschäfte stört? Wozu ein Wink genügt? Fragen über Fragen.

Churchill verantwortlich... auch für Dresden...

„Die Wahrheit über Dresden" — „das erste englische Buch über ein bisher mit Schweigen übergangenes Kapitel" (Rheinische Post, 30. 4. 1963, Korrespondent in London: Hans Bernischke) „18 Jahre nach der Zerstörung Dresdens hat ein britischer Autor seine Landsleute jetzt zum erstenmal ohne Beschönigung und Einschränkung mit dem Schrecken jenes Ereignisses konfrontiert. In dem Buch, das David Irving heute in London veröffentlicht, wird ein Kapitel aufgerollt, das schon während des Krieges und danach meist mit Schweigen übergangen worden ist... Nicht die Amerikaner mit ihrer ersten Atombombe auf Hiroshima haben das furchtbarste Einzelmassaker in der Geschichte ausgelöst, sondern das britische Bomberkommando mit dem Angriff auf Dresden. In Hiroshima kamen 71 400 Menschen ums Leben, in Dresden waren es mindestens 135 000." (Nach anderen Schätzungen weit mehr.)

„Eine Luftverteidigung existierte nicht... Die britischen Bomberstreitkräfte scheiterten in den ersten Kriegsjahren mit ihren Versuchen, militärisch wichtige Punktziele durch Bombenangriffe zu treffen. Immer mehr verlegten sie sich deshalb auf die leichteren Flächenangriffe. Diese Strategie erhielt nach und nach auch die völlige Billigung durch Premierminister Winston Churchill. Noch am 26. 1. 1945 empfahl er in einer Direktive die Flächenbombardierung der großen Städte Mittel- und Ostdeutschlands. Der Luftwaffenminister, Sir Archibald Sinclair,

1618—1648 und 1939—1945

„Die verworrene Welt steht in brausendem Brand.
Und der brennenden Städte breitqualmendes Band.
Ist blutig zerfetzt über Deutschland gespannt.
Fast alle sind tot, Mann, Kind und auch Weib.
Es bleibt uns nicht Kraft mehr für's Herzeleid.
Und verzerrten Gesichts für den Schrei himmelan.
Sind wir's denn allein, die Unrecht getan?" Börries von Münchhausen

teilte dem Premierminister darauf die ausgewählten Ziele mit. Unter ihnen war Dresden ... Der Krieg ging jetzt rasch seinem Ende entgegen. Churchill bereitete sich auf die Konferenz in Jalta mit Stalin vor, und die Direktive war vergessen. Aber die Maschinerie der Vernichtung war in Gang gesetzt worden, und Dresden mußte sterben."

„Churchill gehorchte großkapitalistischen Diktatoren"

Das Werk des führenden schottischen Journalisten, Mitglied des Unterhauses, Emrys Hughes, „Churchill" ... wurde öfter schon erwähnt. „Ein kraftvolles und, bei aller Leidenschaft seiner Beweisführung, um Objektivität bemühtes Werk, das die Beachtung aller verdient, die an Demokratie und Freiheit glauben!" (Buchumschlag) Einige Zitate in Schlagzeilen: — Churchills Lobgesang für Mussolini und Hitler — Faschismus als heiß ersehntes Gegenmittel gegen das russische Gift — Deutschland wird zu stark, wir müssen es zerschlagen — Churchill gehorchte großkapitalistischen Diktatoren — Churchill als Handlanger und Lockvogel der Finanziers — Der einzige Weg, um eine neue wichtige Stellung zu erringen — Haßfeldzug gegen alles Deutsche, nicht nur gegen Nazis — Lobrede auf Stalin, Vergessen aller Verbrechen — Churchill als Retter des bolschewistischen Systems — Er dirigierte den Chor der Hosiannas und Hallelujas — Churchill und Roosevelt manövrierten die USA in den Krieg — Die Welt in eine Sackgasse geführt — Abwurf der Atombomben und Zerstörungen Dresdens völlig unnötig — Niedergang und Verfall der britischen Weltmacht, eine Tragödie für sein Land und für die Welt.

Ströme von Blut und Wasser

Wenn ich es mir hier schon versagen muß, weiteres, gar Einzelheiten aus dem geplanten Zerstampfen der Heimat, einzelne Bilder des Grauens, des Elends, der unermeßlichen Leiden und Trauer zu bringen, etwa aus dem Erleben unserer Eltern, (62 und 70) von Verwandten und Bekannten, so doch nicht die wenigstens kurze Erwähnung einer neuen Art von zehntausendfachem Mord an Zivilisten durch ... Ertränken! Was mich um so mehr erschüttert hatte als ich die ganze Landschaft von Wanderungen gut kannte und einige Kameraden von dort stammten und deren Angehörige teils mitbetroffen waren.

Mitte Mai 1943 wurden die Staumauern des Möhnesees im Sauerland und des Edersees im Waldeck mit besonderen, torpedoähnlichen Bomben zerstört, obwohl diese Stauseen nicht den geringsten industriellen, schon gar keinen militärischen Wert, sondern nur wasserwirtschaftliche Bedeutung, Vermeidung von Hochwasserschäden hatten!

Man muß sich vorstellen, wie die urplötzlich befreiten, gigantischen Wassermassen von mehreren hundert Millionen Kubikmetern in donnernder Sintflut mit zehn Meter hohen Wogen die friedlichen, ahnungs- und wehrlosen, meist noch schlafenden Bewohner weitester Tallandschaften, doch meist nur Frauen, Kinder und alte Leute, zu Zehntausenden grausam ertränkte! Ganze Dörfer, alte, schöne Höfe, Vieh und Land zerstörten und eine gräßliche Wasserwüste hinterließen, stinkend von Verwesung durch Leichen und Kadaver. Das Herz konnte sich einem im Leibe umdrehen.

„Waffenehre ..."

Ich hörte, wenn auch heimlich, zu gewissen Gelegenheiten die britische Rundfunkpropaganda, sowohl in deutscher wie englischer Sprache: In der totalen Vernichtung der letzten Volkskraft Deutschlands liege sowohl die Lösung des Kriegsproblems mit der Unterstützung der russischen Front und der Moral des sowjetischen Brudervolkes. Es seien schon von November 1941 bis Mitte Februar 1943 seitens England und Amerika 5600 Flugzeuge der Sowjetunion geliefert worden. Die Sowjetpresse sei voll von Luftbildern ausgebrannter deutscher Städte mit triumphierenden Berichten über den erbarmungslosen Luftkrieg gegen die deutsche Zivilbevölkerung im Namen der Humanität, der demokratischen Freiheit und Solidarität aller friedliebenden Menschen.

Mitte 1943 versuchte das Deutsche Auswärtige Amt in einem Weißbuch mit 110 beweisenden Dokumenten, eine Humanisierung des Luftkrieges zu erreichen. Ohne Wirkung.

Als aber alliierte Luftangriffe, am 17. 7. 1943 auf Neapel und am 19. 7. 1943 auf Rom, die „Ewige Stadt", stattgefunden hatten, (Anm. als Italien noch an der Seite Deutschlands stand) wurde endlich auch die kirchliche und neutrale Welt äußerst erregt. Nun trat Papst Pius XII. dafür ein, die Angriffe gegen offene Städte einzustellen, mit den Worten, „... daß, wenn die Luftangreifer die Ehre ihrer Waffen hochhalten wollten, sie die Unverletztlichkeit der friedlichen Bürger und der Denkmäler des Glaubens und der Kultur respektieren müßten".

Als ich dies hörte und zu meinen Notizen nahm, mußte ich denken, wie weit doch Widersinn und Einseitigkeit in Geist und Gemüt auch höherstehenden Menschen eingehämmert worden waren. Wie war es möglich, daß überhaupt ein „Heiliger Vater" von der „Waffenehre von Luftangreifern auf friedliche Bürger und abendländische Kultur" sprechen konnte, noch dazu als Verbrechen und Irrsinn eines Rache- und Vernichtungswahns durch unterschiedslose Ausrottung von Menschen aus der deutschen Zivilbevölkerung bereits einen Umfang angenommen hatten, wie nie zuvor in der Weltgeschichte! War das etwa nur eine babylonische Sprach- und Moralverwirrung? Wahrscheinlich die letztere, weil sie heute noch mit allen nur erdenklichen Mitteln aufrechterhalten wird.

„Die Moral ist auf seiten der Deutschen . . .“ (Churchill)

Dieser bezeichnende und höchst bedeutungsvolle Ausspruch richtet sich natürlich auf die Moral des Aushaltens, des Ertragens von Leiden und Opfern. „Endlich, im Mai 1944, muß der Gegner einsehen, daß durch den Luftterror die Moral des deutschen Volkes, so wie er sich das wünscht und vorstellt, nicht gebrochen werden kann . . .“

„Dreißig Monate pausenlosen Einhämmerns, des Sengens und Brennens, des Würgens und Tötens haben nichts vermocht. Die tatsächliche Wirkung ist groß, die moralische Wirkung gering. Im Gegenteil, die Kriegsmoral wuchs unter dem Druck des Luftterrors; der half nur mit, alle Menschen eng zusammenzuschließen. Die Gegenseite muß, so peinlich es auch ist, den Mißerfolg zugeben. Gewiß, man hatte mehr erwartet und ist enttäuscht, daß die deutschen Städte fähig gewesen sind, ohne entscheidende Erschütterung das Vielfache dessen auszuhalten, was die englischen ertragen haben. Aber wie immer das auch zugegangen sein mag, sie sind nun einmal zerstört.

‚Die Moral ist zwar auf seiten der Deutschen geblieben, aber mit Moral können sie ihre zerstörten Städte nicht wieder aufbauen’, sagt Mr. Churchill.“ (Hans Rumpf, der als General der Feuerschutzpolizei Chronist ersten Ranges ist.)

Wie hätte die Moral des Sichwehrens an allen Fronten gegen gigantische Übermacht, in der Heimat gegen das „Sengen, Brennen, das Würgen und Töten“, gegen das entsetzliche Faktum der physischen Vernichtung aberhunderttausender Frauen, Kinder und alter Leute vorhanden sein und bestehen können, wenn es nur um „den Führer und seine Leute“ gegangen wäre? Eine solche Moral konnte doch nur in der tiefinnersten Überzeugung bestehen, welch abscheuliches, verbrecherisches Unrecht uns Deutschen mit der Aufbürdung der Alleinschuld am Ersten Weltkrieg mit dem Diktatvertrag von Versailles, der fortdauernden, infamen Verleumdung angetan wurde.

Eine Moral, die auch aus der Gewißheit bestand, aus dem Blutregen des Bombenterrors in die Bluttraufe des Bolschewismus zu geraten, zum mindesten in eine das Abendland zerstörende Knechtschaft. So sehr es mir zuwider ist, ausgerechnet Churchill als Kronzeugen heranzuziehen, so finden allein dadurch sämtliche Erörterungen, Meinungen und Zitate zu diesem Thema in dieser Schrift erneute weltgeschichtliche Bestätigung.

Moral: 10 % erzwingen den Krieg! 90 % sind hilflos!

Die Mehrheit des amerikanischen Volkes war — zu seiner Ehre sei es wiederholt — gegen die Teilnahme der USA auch am Zweiten Weltkrieg. Ein Beispiel: Erzbischof Francis J. L. Beckmann von Dubuque wandte sich mit großer Schärfe Mitte 1941 gegen die Kriegsbeteiligung und stellte fest: „1. Amerika ist in keiner Hinsicht berechtigt, am Krieg teilzunehmen. 2. Der Krieg ist ein sorgfältig Schritt für Schritt vorbereitetes Abenteuer gegen den Willen und die Interessen des amerikanischen Volkes. 3. Das Ergebnis des Krieges könnte nur Weltelend und der sichere Sieg des Kommunismus sein." (Pater E. J. Reichenberger — „Wider Willkür und Machtrausch" — Göttingen 1955)

Wer auch mit nur geringen Kenntnissen um die Verhältnisse in USA weiß, um das Verfallensein der Bevölkerung an die Macht der Presse, um die Angst als unamerikanisch zu gelten und äußerst benachteiligt zu werden, sobald vom Trott der Masse abgewichen wird, den konnte folgendes nicht wundern:

„Zehn Prozent unseres Volkes zwingen die Vereinigten Staaten klug und geschickt in den Weltkonflikt, während die Mehrheit von neunzig Prozent, die für den Frieden ist, schweigend und hilflos daneben steht." (Ausspruch des US-Erzbischofs von Cincinnati John J. McNicolas vom Januar 1941 aus Sven Hedin)

Das ist ein uralter Hut, denn Heinrich Heine, der gewiß der Art derartiger Hintergrundgruppen nicht ferne stand, hatte schon 1840 geschrieben: „Oder soll ich nach Amerika, nach diesem ungeheuren Freiheitsgefängnis, wo die unsichtbaren Ketten mich noch schmerzlicher drücken würden als zu Haus zu sichtbaren?"

Was konnte demgegenüber schon u. a. folgendes bewirken: „Das volksweite Anti-Kriegskomitee der Pfarrer versandte 95 000 Appelle an Geistliche von 36 Bekenntnissen mit dem Ersuchen um sofortiges Einschreiten gegen das Zusteuern des Landes auf den Krieg. Die Briefe besagen, daß es unvorstellbar ist, daß unsere Regierung uns in den Krieg führt, wenn 83 Prozent der Bevölkerung dagegen sind, und es wird eine Volksabstimmmung verlangt." („Chicago Daily Tribune" 3. Juni 1941)

An deutschen Bemühungen fehlte es nicht: Der jüdische Historiker Friedländer bestätigte, „die Verhinderung des Kriegseintritts der Vereinigten Staaten wurde vom Sommer 1940 an eins der Hauptziele der Politik und Strategie des Deutschen Reiches". (Heinrich Härtle — „Die Kriegsschuld der Sieger" — Göttinen 1966)

„Der Krieg einer mächtigen Minderheit"

Sven Hedin („Amerika im Kampf der Kontinente") schrieb: „Zusammen konnten diese beiden Länder (Anm. USA und das Deutsche Reich) jedes in seinem Weltteil, viel Fruchtbares und Segensreiches schaffen, das auch andere junge und alte Staaten überzeugt und mitgerissen hätte. Deutschland hat seine Bereitschaft dazu erklärt ..."

Bismarck sprach 1890: „Das freundschaftliche Verhältnis zwischen Deutschland und den Vereinigten Staaten ist wie ein Vermächtnis Friedrichs des Großen, seit jener Zeit ist dies von der preußischen Politik immer wieder hochgehalten worden. Deutschland und Nordamerika gehören zu den Staaten, die so glücklich sind, nicht nötig zu haben, sich in ihren gegenseitigen Beziehungen um etwas zu beneiden ..."

„Die Amerikaner haben in den letzten Jahren den totalitären Staaten vorgeworfen, daß bei ihnen die Freiheit der Rede nicht mehr bestände, daß Gegner des Regimes mundtot gemacht, ja selbst in Konzentrationslager gebracht würden."

„Als Bürger eines freien und unabhängigen Landes kenne ich wohl den hohen Wert der freien Meinungsäußerung und beklage es, wo immer sie unterdrückt wird. Aber in den europäischen Staaten, die durch den Weltkrieg und die Friedensverträge mit ihren Folgen verelendet, innerlich uneins und in Dutzende von Parteien politisch zerspalten waren, hatte es einen staatsmännischen Sinn, wenn die Bevölkerung erst einmal wieder zur Einheit erzogen werden mußte und wenn zersetzende und aufführerische Elemente zeitweise ausgeschaltet wurden ..."

„Er (Roosevelt) aber hörte nur auf die Stimmen einer mächtigen Minderheit und entfesselte den Krieg. Roosevelt redete von Glaubensfreiheit und schloß ein Bündnis mit dem Bolschewismus ... Dieser Krieg wird in die Geschichte eingehen als der Krieg des Präsidenten Roosevelt." (Ende der Zitate aus Sven Hedin)

Seelenruhig an den Quellen von Kriegsprofit

Zum Tanz um das Goldene Kalb, um Arons Götzenbild, wurde als Vortänzer US-Präsident F. D. Roosevelt von jenen ernannt, die in ihm die willfährigste Figur erkannt hatten. Während zum Eintritt der USA in den Ersten Weltkrieg der schon erwähnte Betrug mit der Torpedierung des Passagierschiffes „Lusitania" herhalten mußte als „Barbarei der Hunnen", das in Wirklichkeit ein schwer bewaffneter Hilfskreuzer mit zusätzlicher Munitionsladung war und 1200 Menschenleben forderte, geschah am 7. Dezember 1941 ein weit größeres Verbrechen, um die Vereinigten Staaten in den Krieg zu zwingen. Um eine moderne Massengesellschaft zu einer Art religiösen Wahn aufzupeitschen, nur durch Krieg könne „Freiheit, Menschenwürde, Christentum" gerettet werden. „Die einfachste Art für einen Christen, einen Krieg als heilig erscheinen zu lassen, ist, Jesus in ihn hereinzubringen" war, wie erwähnt, ein ausgezeichnetes Stichwort. (Charles Tansill — „Die Hintertür zum Krieg" — Düsseldorf 1957) Auch unter anderen Vorzeichen wurde, wie wir wissen, längst an Deutschland der „heilige Krieg" erklärt.

Diese verdoppelte Heiligkeit ergab dann nach außen hin zunächst ein ruhiges Gewissen, um tausende braver amerikanischer Seeleute und Soldaten sterben zu lassen, indem Roosevelt sich dazu hergab, den japanischen Angriff auf die stolze amerikanische Flotte in Pearl Harbor herbeizuführen. Er wußte, daß der Angriff bevorstand, unterließ absichtlich eine Warnung an die US-Kommandanten in Hawaii, so daß am 7. 12. 1941 achtzehn Schiffe versenkt oder beschädigt wurden, 177 Flugzeuge verlorengingen, vor allem aber an die 3500 US-Soldaten getötet und über 1000 verwundet wurden.

„Da das Hitler-Regime Zusammenstöße mit den Vereinigten Staaten sorgfältig vermied, wählte Präsident Roosevelt die ‚Hintertür' der Provokation Japans. Wie er Tokio zu dem waghalsigen Angriff auf Pearl Harbor aufreizte, bildet den Gegenstand der Geschichtsdarstellung von Tansill, Beard, Morgenstern und Chamberlin, deren Hauptthema allgemeine, wenn auch zum großen Teil stillschweigende Annahme gefunden hat. Vier Tage nach Pearl Harbor erfüllte das Hitler-Regime Roosevelts Wunsch mit einer Kriegserklärung gegen die Vereinigten Staaten." (K. Glaser — „ Der Zweite Weltkrieg und die Kriegsschuldfrage" — Würzburg 1965)

US-Admiral Robert A. Theobald („The final secret of Pearl Harbor" — New York 1954 — dt. Berlin 1963) ist in seiner Beweisführung besonders interessant, weil ihr die Vorworte von zwei anderen US-Admiralen zusätzliches Gewicht verleihen. „Als direkt Betroffene ist den Admiralen verständlicherweise daran gelegen, der geschichtlichen Wahrheit die Ehre zu geben."

Die Zeitschrift „US-News and World Report" führte das Buch von Admiral Theobald mit obigen Feststellungen über die Schuld Roosevelts ein und bemerkt: „Roosevelt war überzeugt, daß ein japanischer Angriff der einzige Weg war, die öffentliche Meinung für einen Krieg zu gewinnen." Über den Entschluß Roosevelts, bewußt Tausende von US-Soldaten zu opfern, um einen wirksamen Vorwand zum Krieg zu schaffen, schreibt US-General A. Wedemeyer („Der verwaltete Krieg" — Gütersloh 1958): „Präsident Roosevelt hatte genügend Zeit, um eine Warnung durch den Rundfunk zu geben. Vermutlich hätte eine solche Warnung die Japaner veranlaßt, ihren Überraschungsangriff abzublasen. Auf jeden Fall hätten wir nicht dreitausendfünfhunder Amerikaner auf Hawaii, ohne eine Möglichkeit zurückzuschlagen, sterben lassen zu brauchen."

Wer sich vielleicht erinnert, daß nach Sven Hedin „allein in USA in einem einzigen Jahr sich 18 000 neue Millionäre ergaben und bei fast 70 US-Konzernen eine Gewinnerhöhung um 300 Prozent", der vermag leicht die Heiligkeit des Zweiten Weltkrieges zu verstehen, wenn er mit etwa 1000 multiplizieren kann. Auch dieser US-Präsident wird zweifellos als „Seine Heiligkeit" im sich verzinsenden Angedenken der Minderheit seines Volkes bleiben.

Sowjetrußland... Sowjeteuropa...

Mit welch enormen Anstrengungen in Rüstung und geistiger Unterwanderung die Sowjets den Krieg vorbereiteten, ist schon oft in dieser Schrift erwähnt worden. Wie u. a. ferner Chruschtschow sagte: „Es ist wesentlich für uns, daß dieser Krieg ausbricht. Wir müssen die kommunistische Arbeit verstärken, um wohlvorbereitet zu sein für den Augenblick, wo der Konflikt sein Ende finden wird." (Monatsschrift Nation Europa, Coburg)

Der frühere Staatssekretär J. Fabry: „Die Bolschewisten haben diesmal nicht verfehlt, sich des bösen Streiches zu rühmen, der ihnen glückte. Dieser Krieg ist wahrhaftig ein Krieg der Sowjetunion. Potemkin sagte mir ohne Umschweife: Warum sollte uns ein Krieg erschrecken? Sowjetrußland ist aus dem letzten Krieg hervorgegangen, aus dem nächsten würde es ein Sowjeteuropa sein!" (Richthofen)

Prof. Dr. David L. Hoggan, USA: „Die Sowjetunion verließ unwiderruflich den Boden der Neutralität, als sie erfolgreich mit den Feinden Deutschlands konspirierte, um das neutrale jugoslawische Regime zu stürzen und dann schleunigst einen Freundschaftspakt mit dessen Nachfolger zu unterzeichnen. Nach den herkömmlichen Auffassungen des internationalen Rechts konnte Hitler diesen Schritt ohne weiteres als eine Kriegshandlung auffassen." (Deutsche Hochschullehrerzeitung, Tübingen, 2, 1962)

Ein halbes Jahr vor dem Rußlandfeldzug berichtete der Leiter der United-Press-Organisation für Europa, Virgil Pinkley, nach einer Rußlandreise Hugh Bailly, den Präsidenten der U. P., am 28. 11. 1940:

„Praktisch dient zur Zeit alles, was in der Sowjetunion geschieht, dem Ausbau eines ungeheuren militärischen Apparates. Viele sachkundige Beobachter glauben, daß der Gedanke einer Weltrevolution durch Propaganda vorerst beiseitegeschoben ist und daß der Schwerpunkt jetzt beim Ausbau einer riesigen Kriegsmacht liegt, die es der Sowjetdiplomatie ermöglichen soll, auf Verlangen in Gebieten und ganzen Ländern die Regierung zu übernehmen, und wenn die Forderung abgelehnt wird, dann soll das Ziel durch militärische Gewalt erreicht werden." (Georg N. Crocker — „Schrittmacher der Sowjets" — Tübingen 1960)

Am 20. Februar 1936 — also über drei Jahre vor Ausbruch des Zweiten Weltkrieges — verkündigte der französische Regierungschef Herriot die Tatsache, daß die Sowjetarmee eine Friedensstärke von 1 350 000 Mann und eine Kriegsstärke mit Reserven von 17,5 Millionen besitze, über die größte Luftwaffe der Welt verfüge und mit der größten Panzerwaffe gerüstet sei!

Auf Grund dieser nicht nur das Deutsche Reich, sondern ganz Europa bedrohenden, übermächtigen Rüstung erklärte die deutsche Reichsregierung:

„Die Heranziehung dieses gewaltigen militärischen Faktors, der auch in seiner Beweglichkeit und in seiner Führung als ausgezeichnet und jederzeit einsatzbereit geschildert wurde, in das mitteleuropäische Spielfeld, zerstört jedes wirkliche europäische Gleichgewicht." (Heinrich Härtle)

Breschnew hat 1940 schon verkündigt, „in Deutschland keinen Stein auf dem anderen zu lassen". Zu einer Zeit also, als zwischen den beiden Mächten bekanntlich ein Nichtangriffspakt bestand. Leonid Breschnew, damals Sekretär der Rüstungsindustrie in Dnjepropetrowsk, antwortete auf dringende Fragen seiner Genossen, ob das russische Volk über den Pakt aufgeklärt werden solle: „Selbstverständlich werden wir aufklären, bis im faschistischen Deutschland kein Stein mehr auf dem anderen ist.“ (Deutschland Journal, März 1978 — „Wieder Beifall für Stalin“)

„Moskau warte mit dem Eingreifen nicht etwa, weil es friedlicher als der Westen dachte, sondern um Erfolge so billig und nachhaltig, wie nur möglich zu erreichen — durch einen voraufgehenden Zusammenbruch der ‚kapitalistischen Welt‘. Stalin erklärte vor den Komintern am 20. Mai 1938: ‚Die wichtigste Arbeit unserer Parteigruppen muß darin bestehen, einen derartigen Zusammenbruch zu erreichen. Wer das nicht versteht, hat noch nichts von den Lehren des revolutionären Marxismus begriffen. Die entscheidende Stunde ist für uns gekommen.‘“ (x)

Chruschtschow bestätigte im Juli 1959 zu Kattowitz: „Hatte Stalin recht, als er damals ein Abkommen mit Hitler schloß? Stalin entschloß sich dazu, mit der Überlegung, daß der Krieg dann gegen die anderen losgehen werde.“ (x)

„Dies war der Sinn des Hitler-Stalin-Paktes vom 23. August 1939. Sogar führende Amerikaner haben dies erkannt und bekannt. Der ehemalige US-Außenminister Byrnes schreibt in seinen Erinnerungen: ‚Es zeigt sich deutlich, daß die Sowjetregierung diesen Pakt in der klaren Absicht geschlossen hat, ihn zu brechen.‘“ (x)

All dies geschah genau nach den Lehrsätzen von Lenin, dem Gott der Gottlosenmacht, dessen Bild an keiner kommunistischen Wand, wenn man so sagen soll, fehlt.

„Versprechen sind,“ sagt Lenin, „wie die Pastetenkruste dazu da, um gebrochen zu werden.“ Stalin sagte: „Worte sind eines, Taten etwas anderes. Schöne Worte lediglich eine Maske...“ Chruschtschow erklärte bei seiner ersten Indienreise 1955: „Wir haben nie und werden nie die politische Linie verlassen, wie sie Lenin für uns aufgezeichnet hat...“ (Dr. Peter Sager, Leiter des Schweizerischen Ost-Institutes, aus „Die Vertragstreue der Sowjetunion — Eine Studie über die Rechtsmoral der UdSSR“ — x —)

Generaloberst Franz Halder, 1941 Chef des Generalstabes des Heeres, Mitglied der Widerstandsbewegung, bestätigt in seinem Buch „Hitler als Feldherr“, daß Hitler mit seiner festen und nicht unbegründeten Überzeugung, daß Rußland sich zum Angriff auf Deutschland rüste, recht hatte, was man heute aus guten Quellen wisse. (s. auch — „Kriegstagebuch“ — Stuttgart 1962)

Der Historiker Erich Helmdach bestätigt, daß der deutsche Einmarsch in die UdSSR im Jahre 1941 einem sowjetischen Angriff zuvorkam. („Überfall?“ — Der Sowjetisch-deutsche Aufmarsch 1941 — Neckargemüd 1975)

Der bekannte englische Historiker A. J. P. Taylor schrieb in der Monatsschrift Nation Europa 7/1960: „Es ist über jeden Zweifel erhaben, daß er (Hitler) den Krieg 1941 nur aus präventiven (vorbeugenden) Gründen ausweitete.“

„Orkan über Europa"

Dieses Wissen aus guten Quellen, wie Halder sagte, ließe sich weiter in Fülle darstellen. Dazu noch Sven Hedin in seiner Eigenschaft als angesehener neutraler Chronist:

„Ehe ich von meiner Einstellung zur Sowjetunion spreche, zunächst ein paar Worte von meiner ersten persönlichen Bekanntschaft mit dem alten Russischen Reiche... Ich bin kein Fremder in dem größten Kontinent der Erde, in dessen westlichen Grenzgebieten sich die unübersehbaren Horden zu Beginn des Sommers 1941 sammelten, um über Europa herzufallen und seine Völker mit dem Fluch zu geißeln, der das Los der russischen Intelligenz, der Ingern, Karelier, Balten, Polen und unzähliger anderer unglücklicher Völker war, wenn Deutschland durch den Krieg mit den Westmächten hinlänglich erschöpft wäre..."

„Mit ihrem Henker Ivan Ivanowitsch Wissarinowitsch oder Stalin haben Churchill und Roosevelt einen Bund geschlossen, zu dem einzigen Zweck, Deutschland zu vernichten..."

„Stalin stellte seine Millionenheere und seine rollenden Panzerungetüme für den vernichtenden Orkan über Europa bereit, ein Unternehmen, das in seiner Schrecklichkeit alle menschliche Phantasie übersteigt, und mit dem sich die Führer der angelsächsischen Völker ohne Bedenken verbanden..."

„Das Ziel dieser Reitermassen (Anm. der Mongolen im 13. Jahrhundert) die gesamten Westlande zu verwüsten und die überlebenden Christen zu Sklaven zu machen, findet sein Gegenstück in der Weltrevolution der Bolschewisten und in ihren gründlichen Vorbereitungen zum Einfall nach Deutschland und Westeuropa."

„England und Amerika unterstützen mit allen Mitteln diesen Kampf, dessen Sieg die Vernichtung des europäischen Festlandes und des skandinavischen Nordens bedeuten würde... Mit dieser teuflischen Gesellschaft macht nun Amerikas Christenheit gemeinsame Sache gegen das christliche Europa... in einem Bündnis mit der ‚Gesellschaft der Gottlosen'... In einer Zusammenkunft Edens (englischer Außenminister) und Stalins wurde Europa bereits aufgeteilt und dem Bolschewismus überlassen..."

Über die geschichtlich aufgehellten Hintergründe im Zusammenhang mit Polen ist einiges Wesentliche schon gesagt worden. In Anbetracht der schon länger erhöhten Wichtigkeit und Aktualität ist noch zu zitieren:

„Was die Geschichtsverzerrungen sowjetischer und sowjethöriger Herkunft anbetrifft, auch in Kriegsursachenfragen, sind z. B. unwiderlegbare einschlägige Feststellungen des in den USA als Hochschullehrer wirkenden ukrainischen Osthistorikers Prof. Stefan Horak bezeichnend... Horak zeigt dann in seiner Besprechung der zwei Bände des Buches ‚Der Befreiungskrieg des polnischen Volkes' in ausgewählten Beispielen, die sich noch vermehren lassen, wie es zur sowjetischen Verknechtung Polens kam und wie damit ein Angriff der UdSSR auf das freie Polen verbunden gewesen ist." (-xx-)

„Der eigentliche Urheber des Krieges..."

„ist nicht der, welcher ihn erklärt, sondern der, welcher ihn notwendig macht!" So lautet die zeitlose Erkenntnis des französischen Philosophen und Schriftstellers Montesquieu. (1689—1735)

Dieser Kernsatz, wortwörtlich oder sinngemäß, zusammen mit den gewaltigen Eindrücken, die oben skizziert und zitiert wurden, überzeugten und befähigten das deutsche Volk und die Deutsche Wehrmacht, sich gegen den „Orkan über Europa" zur Wehr zu setzen und bald fünf Jahre zu behaupten, ohne „friedliche Völker überfallen zu wollen!"

„Es war die Sorge um die Zukunft der freien Welt", wie von General Reinhard Gehlen gesagt wird, des großen Mannes des Geheimdienstes im Zweiten Weltkrieg und danach in der Bundesrepublik Deutschland. Dessen Werk „Der Dienst" (Mainz/Wiesbaden 1971) „aus dem Bewußtsein der Verantwortung und Verpflichtung entstand, weit mehr als die erste authentische Darstellung von historischen Abläufen und politischen Ereignissen mit nachrichtendienstlichen Wertungen ist; es ist auf Grund umfassender Informationen eine Aussage von weltpolitischer Bedeutung!" Ein Werk, das jeder Politiker lesen und geistig verarbeiten sollte. Hier kann nur wenig zitiert werden, sei es aus Erkenntnissen vor einem halben Jahrhundert, die heute mehr denn je aktuell sind, oder aus späteren:

„... 1931 verkündete der sowjetische Ideologe und langjährige Leiter der Komintern, Manuilsky, in einer Grundsatzerklärung: ‚Gewiß, heute sind wir noch nicht stark genug, um anzugreifen. Unsere Zeit wird in 20 oder 30 Jahren kommen. Um zu siegen, brauchen wir ein Element der Überraschung. Die Bourgoisie muß eingeschläfert werden. Wir werden deshalb damit beginnen, die theatralischste Friedensbewegung zu entfachen, die jemals existiert hat. Es wird elektrisierende Vorschläge und außerordentliche Zugeständnisse geben. Die kapitalistischen Länder, stupide und dekadent, werden mit Vergnügen an ihrer eigenen Zerstörung arbeiten. Sie werden auf den Leim der Gelegenheit zu neuer Freundschaft kriechen. Und sobald sich ihr Schutzgürtel entblößt, werden wir sie mit unserer geballten Faust zerschmettern.'"

„Die politische Gegensätzlichkeit beider Welten — Ost und West — ist mit einer unaufhörlichen, oft lautlosen, häufig aber auch in aller Öffentlichkeit ausgetragenen Polemik verbunden, der sich keiner von uns entziehen kann und darf. Sie wird in allen Bereichen und auf allen Ebenen geführt. Noch steht auf unserer Seite die breite Phalanx des demokratischen Westens, die entschlossen und bereit ist, sich für die Erhaltung unserer Freiheit einzusetzen. Die Träger der Verteidigung dessen, was uns wert und heilig ist, kämpfen in erster Linie mit geistigen Waffen gegen die zersetzende Wirkung der kommunistischen Ideologie vor allem dort, wo die lebendigen Kräfte und Mächte des Kommunismus zu neuen Zielen vorwärts streben. Mögen sie alle, die zur Verteidigung von Frieden und Freiheit berufen sind, nicht nachlassen, den Unentschlossenen und Getäuschten, Betrogenen und Betörten Mahner und Rufer zu sein!" (Ende der Zitate von Reinhard Gehlen)

Dem Deutschen Volke, der Deutschen Wehrmacht, die allein sich nicht „stupide und dekadent" verhielten, allen, die in „Sorge um die Zukunft der freien Welt" gefallen sind und gelitten haben, wird die Weltgeschichte Gerechtigkeit zuteil werden lassen, wie die Geschichtsschreibung aus ehemals feindlichen Völkern es schon weitgehend tut.

Die Worte des Dichters sollten alle mahnen, ob und wann immer sich die düstere Prophetie über das Schicksal Deutschlands, Europas und der noch freien Welt erfüllen wird:

„Nun steht ihr da, in Nacht und Schuld gefallen,
Könnt nicht nach vorn und könnt nicht mehr zurück;
Ach, diese Schreckensstunde blüht euch allen,
Ihr Frevler an Europas Glanz und Glück.

Es kommt der Tag, da wird die Erde beben,
Und Schmach und Knechtschaft wird das Ende sein.
Euch bleibt der Fluch als Sklaven fortzuleben.
Die toten Väter lassen euch allein.

Dann wird die rote Macht das Szepter schwingen,
Vertilgen wird sie euch mit Fron und Schwert.
Die Enkel werden fremde Lieder singen
Und schaffen, was der neue Herr begehrt.

In Asche sinken werden eure Städte,
Und fremdes Haus aus ihrem Schutt erstehn.
Und über allem, was Europa säte,
Wird höhnend Moskaus rote Fahne wehn."

M. M.

Zwei Welten! Ein Bürgerkrieg!

Die Versuche der Widerständler nicht kommunistischer Art waren, wie allerdings erst später erkannt wurde, von Absichten getragen, in allerletzter Minute sozusagen eine Wende für das Vaterland herbeizuführen. Aber erst in der allerletzten, nachdem die hohen Ränge, Orden und Ehren von einem Regime verliehen worden waren, dem allmählich der Sieg verloren zu gehen schien.

Im übrigen setzte offensichtlich keiner sein Leben ein, und keiner zog seine Pistole. Bomben waren zwar seit je bekanntlich in ihrer Anonymität beliebte Mittel politischer Mordtaten. Doch solche Methoden wurden im Volke um so mehr abgelehnt, ja verachtet, als doch im gesamten Kriegsgeschehen, ob Front, Etappe oder Heimat oder in kriegsbedingt besetzten Gebieten sich jedermann immer in Lebensgefahr befand! Wie konnte man zu jener Zeit Verständnis für Retter des Vaterlandes haben, so sagte man weithin, aus deren Reihen sich nicht einer fand, sein Leben für eine Wende, für den Fall des Diktators zu opfern?

Überdies handelte es sich nicht nur um diese eine Person. Nicht nur dessen näherer und weiterer Anhang waren scheinbar von den Widerständlern in ihren Plänen unberücksichtigt geblieben, auch weite Kreise der Wehrmacht und sonstiger Kampfgruppen. Ein Bürgerkrieg schlimmsten Ausmaßes wäre zuerst die Folge gewesen, dann die sofortige Verwirklichung von Hintergründen und Zielen der Drahtzieher und Kriegsurheber. Die Rote Armee hätte mit Untergrund und Helfershelfern nicht nur die Hälfte Deutschlands, wie später, sondern das ganze Deutsche Reich besetzt, niemals mehr verlassen, die „Weltrevolution" hätte gesiegt, und die „Proletarier aller Länder" würden nicht nur die Intelligenz, die „Bourgoisie" ermordet, auch alle „Arbeiter und Bauern" liquidiert haben, bei denen auch nur der Verdacht bestand, nicht von jeher die „Weltrevolution" bejaht und unterstützt zu haben. Was wäre von uns Deutschen übrig geblieben? Praktisch nichts. „Vertilgen mit Fron und Schwert!"

In diesem Zusammenhang ist das Werk von Michael Braga höchst aufschlußreich „Völker zur Freiheit. Vom Kampf europäischer Volksgruppen um Selbstbestimmung". Kiel 1982. Der Autor berichtet mit einer Fülle von historischen Belegen, daß der Sowjetismus allein an die neunzehn Völker und Volksgruppen teils ausgerottet, deportiert, dezimiert oder unterjocht hat. Im übrigen gilt für uns Deutsche die Mahnung: „Jedem einzelnen sei die eingehende Befassung mit der Lage und dem Verhalten europäischer Völker und Volksgruppen angelegentlich empfohlen! Wir Deutsche sind ein geteiltes Volk — und scheinen uns aus Feigheit und allzu bequemer Verweisung auf ‚Sachzwänge' damit abzufinden.

So ist es heilsam und beeindruckend zu sehen, wie zahlenmäßig oft sehr kleine, materiell oft erheblich schwächer als wir Deutsche gestellte Volksgruppen über Jahrhunderte hinweg unbeugsam für ihr Recht, ihre Heimat, ihre Kultur, ihre nationale Identität gekämpft haben."

Hinzu kommt, daß auch Widerstandsgruppen mit weniger klangvollen Namen ganz offen den Kommunismus, den Bolschewismus herunterspielten. Die später verherrlichten Geschwister Scholl verkündigten in ihrem Flugblatt 1943... „Glaubt nicht der nationalsozialistischen Propaganda, die Euch den Bolschewistenschreck in die Glieder gejagt hat!... Die Arbeiterschaft muß durch einen vernünftigen Sozialismus aus ihren Zustand niedrigster Sklaverei befreit werden..." (nach meiner Erinnerung. Textwiedergabe in „Proklamationen der Freiheit", Hrg. Janko Musulin, Frankfurt/Berlin 1959)

Wieder muß man denken, was es damals bedeutete, die deutsche Arbeiterschaft sei im Zustande der niedrigsten Sklaverei! Ähnliches war auch in den „Hirtenbriefen“ zu lesen, soweit ich mich erinnere, die mir in jener Zeit gelegentlich vor Augen kamen, als sie ein Kamerad aus meiner Einheit heimlichst kursieren ließ, der als strenger Katholik Beziehungen zur Klerisei in Münster hatte, aber weder von mir noch sonstwem etwa gemeldet wurde. Soweit erinnerlich war darin u. a. die Rede von einem Feindbild des Bolschewismus, daß die Nazis brauchten zur Überdeckung ihrer Verbrechen; es wurde sozusagen tränenerstickt beklagt, daß „die freie Verkündigung des Wortes Gottes im Deutschen Reich behindert sei“. Die Mißstände der eigenen Diktatur wurden verurteilt, aber einfacher kritischer Geist, das Gefühl für Recht und Unrecht fehlte, sobald es sich um Ziele und Maßnahmen der Gegner handelte, sowie um frühere und gleichzeitige Verbrechen aller „Soldaten Christi“.

Ob die erwähnten Autoren Hans Habe und Bernt Engelmann auch dazu gehört haben und etwa in welcher Uniform, entzieht sich meiner Kenntnis. Jedenfalls wiederholen sie anklingend an obige kommunistischen Parolen, wie zitiert, daß „die Humanität in der 1. Hälfte unseres Jahrhunderts nur von rechts bedroht gewesen sei, und die Deutschen „eine spießbürgerliche Angst vor dem Bolschewismus“ gehabt haben.

„Alle Versuche des deutschen Widerstandes... gescheitert...“

„Alle Versuche des deutschen Widerstandes und deren wagemutige Einsätze seien nicht zuletzt an der Kurzsichtigkeit eines Churchill und Roosevelt gescheitert, was eine deutsche Tragödie von ungewöhnlichem Ausmaß einleitete.“ So schreibt Christopher Sykes, ein englischer Schriftsteller und Diplomat mit engen Beziehungen zu englischen Politikern. („Eine deutsche Tragödie — Adam von Trott“ — Düsseldorf/Köln 1969)

Erneut ist an „Kain und Abel“ zu denken, weil bekannt war und längst bewiesen ist, in wessen Händen sich diese Spitzenpolitiker als willfährige Werkzeuge befanden. Das konnte und kann man nicht mit „Kurzsichtigkeit“ abtun. Wie hätte auch erwartet werden können, so sagten und sagen es sich Deutsche mit unverbildetem Verstand, daß die Kriegserklärung vom 24. 3. 1933 mit deren Erhärtung von 1942 „Wir sind das trojanische Pferd in der Festung des Feindes“ aufgegeben worden wäre. Daß die Ziele des Panslawismus und der Weltrevolution sich hätten beiseite schieben lassen? In welch weltfremder Verfassung befanden sich Bombenleger, Flugblatt- und Hirtenbrief-Kolporteure? Christopher Sykes bestätigt, daß „die Alliierten gar keine Verständigung mit den deutschen Gegnern wollten“. Was kümmerte diese schon „eine Tragödie von ungewöhnlichem Ausmaß?“ Nicht nur eine deutsche, eine jüdische, eine Welttragödie! Auch die jüdische Tragödie wurde noch gesteigert.

Als wir nach dem Kriege von dem so überaus verdammungswürdigem Lager

Auschwitz erfuhren, ergab sich auch die Feststellung, daß trotz Luft-Übermacht und Präzisionszerbombungen der Wohngebiete und zivilen Versorgungseinrichtungen ein Ziel unangetastet blieb, dessen Zerstörung an sich selbstverständlich gewesen wäre und sicherlich zur Rettung vieler Menschen beigetragen hätte. Nämlich die Gleisanlagen zu diesem Lager, das erwiesenermaßen den Bomberpiloten und deren Befehlshabern längst bekannt war. Luftaufnahmen und -angriffe waren fast risikolos. Mehrere Versionen für diese Unterlassung wurden angeführt. Doch sollte etwa der Grund darin liegen, je höher die Anzahl der Todesopfer in Auschwitz an Juden, Zigeunern, Polen u. a., je mehr Munition einerseits für alle Zeiten für das Trommelfeuer gegen alle Deutschen? Andererseits, wie später erkannt wurde, je mehr Opfer, desto stärker Rechtfertigung und Weltmeinung für die Ziele des Zionismus? Fragen über Fragen, wie so oft. Doch Fragen darf man wohl in einer Demokratie stellen?

„... verantworten, den Kampf gegen Hitler... fortzusetzen?“

„Es wurde doch immer klarer, daß der Krieg nicht gegen Hitler, sondern gegen das deutsche Volk gerichtet war. Die Internierung antinazistischer Emigranten in England war der letzte Beweis dafür. Eine Konvertitin, die mit zwei Schwestern in England Zuflucht fand, von denen eine im Schrecken der Internierung irrsinnig wurde und bis heute blieb, schrieb mir damals: ‚In Deutschland sind wir Juden, in England Deutsche.’ Konnten wir es unter diesen Umständen vor Gott und unserem Volk (Anm. doch auch dem jüdischen Volk!) verantworten, den Kampf gegen Hitler und sein Regime fortzusetzen?“ So schrieb der römisch-katholische Pfarrer Dr. h. c. Emmanuel J. Reichenberger über die Situation von Emigranten und die Weltlage in seinem aufsehenerregenden Buch „Wider Willkür und Machtrausch“, Graz 1955. Pfarrer Reichenberger war aus weltanschaulichem Gegensatz zum Nationalsozialismus nach England geflohen.

Auch dies ist wieder ein Beispiel dafür, wie nicht nur zahlreiche meist vermögenslose Juden in anderen Ländern schlecht behandelt wurden, oder aber vielfach überhaupt nicht oder nur in geringen Mengen aufgenommen worden waren. Jeder einzelne Deutsche wurde und wird in doppelter Moral, auch von den Kirchen, ob seiner angeblichen Judenfeindschaft zur alleinigen Verantwortung, Wiedergutmachung und Vergangenheitsbewältigung herangezogen. Dagegen werden Ablehnung und Verfolgung von Juden seitens sehr großer Teile anderer Völker, Sowjetrußland an der Spitze, wohlweislich außer acht gelassen.

So müssen für alle flüchtigen Leser die eingangs zitierten und belegten Wahrheiten wiederholt werden. In London wurde der Beauftragte einer deutschen Widerstandsgruppe eiskalt und zynisch abgewiesen: „Sie müssen sich darüber klar sein, daß dieser Krieg nicht gegen Hitler und den Nationalsozialismus geht, sondern gegen die Kraft des deutschen Volkes, die man für immer zerschlagen will, gleichgültig, ob sie in den Händen Hitlers oder eines Jesuitenpaters liegt.“ (s. o.)

„Es ist nicht das Werk Hitlers, das vernichtet werden muß; sondern es ist das Werk Bismarcks, das Werk Friedrichs des Großen.“ (s. o.)

„Befreiung der überfallenen Länder“

Dieser oder ähnlicher Satz fiel auch häufig, soweit erinnerlich, in den geheimen Widerstandsreden und -blättern. Von Polen war die Rede, von Inhaftierten in Lagern. Obwohl man sich nur vorstellen konnte, und bei Gelegenheiten von Angehörigen unserer Besatzungstruppen hörte, daß nur die bekämpft, festgenommen und verfolgt wurden, die als offene oder irgendwie getarnte Partisanen Anschläge auf deutsche Truppen, deren Einrichtungen und Verkehrswege gemacht hatten. Nicht einfach Verhaftungen und „KZ“, weil sie „nur“ Polen waren! Jede Besatzungstruppe mußte sich schützen, wie es stets und überall war. Wie es in den letzten Jahrzehnten u. a. der Krieg im Nahen Osten zeigt, der es sich aber im Gegensatz zu den deutschen Besetzungen ganz offen zum Ziel macht, die besetzten Gebiete zu annektieren und zu besiedeln.

Von Holland wurde gesprochen; geheim von dem deutschen „Überfall auf ein strikt neutrales Land“. Obwohl doch den kundigen Deutschen bekannt war, daß schon 1929 mit Bestätigung des niederländischen Außenministers ein französisch-belgischer Militärvertrag den Durchmarsch solcher Truppen mit Ziel Ruhrgebiet vorgesehen hatte.

Dann aber zwischen Kriegsausbruch im September 1939 und dem deutschen Westfeldzug im Mai 1940 haben niederländische Stellen — trotz offizieller Neutralitätspolitik — in Den Haag geheime Fäden mit Paris und London geknüpft, um militärische Zusammenarbeit, den Durchmarsch der Westalliierten ins ungeschützte Industriegebiet an Rhein und Ruhr herbeizuführen. Zu dieser Feststellung kam der niederländische Historiker Professor Lou de Jong, Direktor des Reichsinstituts für Kriegsdokumentation in Amsterdam. (dpa Rheinische Post 15. 10. 1969 „Doch Geheimkontakte der Niederlande 1939“)

Aus der Rezension des Werkes „Der Kampf um die Festung Holland“ von Franz S. A. Beekman und Franz Kurowski (Herford 1981): „Die niederländische Armee kämpfte, von der erwarteten Hilfe im Stich gelassen, auf sich allein gestellt und brachte den deutschen Truppen erhebliche Verluste bei.“ Erstens kann eine Hilfe im Krieg natürlich ohne vorherige weitgehende Planung nicht erwartet werden, zweitens wurde auch Holland wie vorher das aufgeputschte Polen von England im Stich gelassen.

Seitens Deutschland also kriegsbedingter Schutz gegen Bruch der Neutralität, wie u. a. bei Norwegen, das die erste Kriegshandlung begangen hat bzw. offen duldete. Professor Tansill, USA, schreibt in seinem schon erwähnten Buch „Die Hintertür zum Krieg" — Düsseldorf 1957 — im Zusammenhang mit dem deutschen Vorgehen gegen Norwegen am 9. April 1940: „Vierundzwanzig Stunden früher, nämlich am 8. April zwischen 4.30 und 5.00 Uhr, waren im Westfjord bei Narvik die britischen Minenfelder gelegt worden."

Doch auch hier „Lügen über alle Fronten"! Die längst wieder in früheren Händen befindlichen Massenmedien in besagten und weiteren Ländern verbreiten nur die Verzerrung und Lüge von deutschen Überfällen und Annektierungen, verschweigen indes beharrlich Angriffe und tatsächliche Annektierungen mit anschließenden Besiedlungen ihrer Art von Staaten, welche damit seit über 30 Jahren den Weltfrieden bedrohen.

„Verrat an Deutschland"

„Spione und Saboteure gegen das eigene Vaterland" (Erich Kern, Pr. Oldendorf 4. Auflage 1972): „Vom fanatischen Gegner des nationalsozialistischen Regimes bis zum bezahlten Feindagenten reichte die Kette jener Landesverräter, die für ihre Ziele ohne Bedenken das Leben von Hunderttausenden deutscher Soldaten, deutscher Arbeiter, Frauen und Kinder opferten ..." (Buchumschlag)

Man muß tiefe Bewunderung auch für diesen mutigen deutschen Mann empfinden, der mit diesem und weiteren Werken für die historische Wahrheit mit wissenschaftlicher Gründlichkeit, mit ungemeiner Arbeitskraft, einer riesigen Fülle von Einzelheiten, Beweisen und Dokumenten für das deutsche Volk einsteht. Als geistiger Lebensretter in dieser Hinsicht für die Deutschen, welche in der Kloakenflut von Lüge, Verzerrung, doppelter Moral zu ertrinken drohen. In einem damals alles mitreißenden Strom von Abschaum, Unterwelt, Mafia, Geld- und Machthörigen, doch auch Verwirrten und Betörten, von Umerziehung, von gewissenlosen Spekulanten auf zukünftige Posten und „Ehren". Wie Dr. Peter Kleist es über eine übergroße Anzahl ausdrückte: „Die sich beim Feind ihre Karriere von morgen sichern wollten."

Ein Strom, den es zwar überall nach jedem Zusammenbruch gibt, der im deutschen Volk aber um so verheerender war, weil erstens der Kommunismus als höchste Seligkeit und Tugend durch abertausend, auch sogenannte christliche Kanäle einfiltriert wurde. Zweitens, weil die altbekannte, unselige deutsche Schwäche zur Uneinigkeit und Hörigkeit vor dem Fremden mit „Täuschung und Betäubung" ausgenutzt und übersteigert wurde, wie noch nie in der Geschichte.

Auch in diesem Geschichtswerk kann man leicht die Bestätigung dafür finden, was es heißen sollte, wie oben zitiert „... Wir sind das trojanische Pferd in der Festung des Feindes ... der Hauptfaktor bei der Vernichtung des Feindes". Und zwar, um auch zu wiederholen: „der Vernichtung Deutschlands!" Dieses Buch sollte jeder Deutsche lesen, der sich für „die Schuld der Väter", für „Vergangenheitsbewältigung" interessiert, für die noch nie dagewesene Sippenhaft bis in ferne Generationen. Hier läßt sich nicht viel herausgreifen, wie etwa „Lüge und Betrug am laufenden Band — Frauen und Kinder in den Bombenhagel gehetzt“ usw. Doch weniges aus dem Vorwort:

„Der Ausspruch Julius Cäsars ‚Ich liebe den Verrat, hasse aber die Verräter‘ wurde in Deutschland nach 1945 außer Kurs gesetzt; vielfach sogar ins Gegenteil verkehrt. Der Verräter wird geehrt und heroisiert, der Verratene gehaßt oder zumindest verhöhnt und verlacht.“

„Das hat seinen tiefen Grund. Der Verrat wird logischerweise nur beim Feind und nur im Krieg geliebt. Im Frieden gilt eine andere Moral, in welcher der Verrat keinen Platz findet. Für Deutschland ist aber 1945 wohl die totale Kapitulation, (Anm. nur der Deutschen Wehrmacht, nicht des Deutschen Reiches!) keinesfalls der Friede verkündet worden. Im Untergrund tobte ein unerbittlicher Krieg weiter. Er wird mit anderen Waffen ausgekämpft. Darum stehen nach wie vor Verräter und Verrat an Deutschland unantastbar da.“

„Die Bundeszentrale für Heimatdienst in Bonn verbreitete 1959 in einer Massenauflage kostenlos eine achtseitige illustrierte Flugschrift, in der sie sich eifrigst bemühte, den Landesverrat zu verkleinern und zu verharmlosen. Dr. Peter Kleist schrieb am 14. Februar 1959 zu diesem Versuch der Bundeszentrale für Heimatdienst in der Wochenschrift „Das Neue Reich“.

„... Es erscheint wie ein Märchen, daß bei diesem Ausmaß von Verrat überhaupt irgendeine Offensive glücken konnte. Denn, soviel Unternehmungen, soviel Verrat, sei es in Polen, Frankreich, Belgien, Holland, Dänemark, Norwegen, die Ost-Kampagne, der Afrika-Feldzug oder die Abwehr der Invasion.“

„Welche ungeheuerliche Kraft muß in diesem Deutschland gesteckt haben, daß es überhaupt über seine Grenzen hinauskam, geschweige denn, daß es — vom Nordkap bis zur Sahara, von der Atlantikküste bis zur Wolga und zum Kaukasus vordringen konnte.“

„Dieser Verrat hat mit der feindlichen Spionage im Grunde nichts zu tun, daß die feindliche Spionage den Verrat und die Verräter nützte, ist selbstverständlich. Die alliierten Spionageoffiziere erfüllten damit ja nur ihre Pflicht gegen ihr Vaterland, während diese Deutschen das eigene verrieten.“

„Wenn jemand dieses heikle Thema anzuschneiden wagt, erhebt sich sogleich ringsum ein lautes Geschrei: Das sei, sagt man, der plumpe Versuch, eine zweite Dolchstoßlegende ins Leben zu rufen. Kann man aber von Legenden sprechen, wo harte erschütternde Tatsachen beweisen, was man vergebens abzuleugnen sucht?“

Mit gleichen Waffen zum alten Ziel?

Wie Erich Kern das Verrätertum im Kriege offen legte, so bringt der erste Chef des Bundesnachrichtendienstes (BND), der schon erwähnte General Reinhard Gehlen, in seinem Buch „Verschlußsache" atemberaubende Anklagen gegen eine Regierung, die systematisch zielbewußt die Geheimdienste der Bundesrepublik Deutschland demontierte und zu einem Gespött machte, sowohl in den Augen der „Weltrevolutionäre" wie unserer Verbündeten.

Die SPD, so wird geschrieben, verpolitisierte in unglaublicher Weise die Geheimdienste und machte sie nahezu handlungsunfähig ... selbstverständliche Sicherheitsbestimmungen seien einfach nicht beachtet worden! Ein Mann mit dem Wohlwollen und Schutz der SPD sei nach dem Abgang General Gehlens zum Chef des BND auserkoren worden, der zwar nach seinen Angaben, nicht aber nach der Überzeugung Gehlens als Verfolgter aus der Sowjetzone in den Westen gelangt, von Gehlen als Sicherheitsrisiko eingestuft worden sei. Weitere führende BND-Offiziere hätten mit Rücktritt gedroht, falls Nollau — der Mann mit Wohlwollen und Schutz — käme, so daß dieser „nur" zum Präsidenten des Bundesamtes für Verfassungsschutz gemacht wurde. Nämlich auf Vorschlag seines engen Freundes Herbert Wehner.

Über diesen schreibt Gehlen: „Nach meiner Überzeugung war, ist und bleibt er für Breschnew der Fürsprecher einer deutschen Politik, die Moskau auch künftig wirksame Einflußmöglichkeiten offenhält."

Dies alles, nachdem Nollau in seiner früheren Tätigkeit als oberster Sicherheitsberater der Regierung empfohlen hatte, den Kanzler-Spion Guillaume, als sich erste Anzeichen für dessen „DDR"-Spionage ergaben, zunächst unbehelligt zu lassen. Damit konnte Ost-Berlins Super-Spion, der auch aus der Sowjetzone gekommen war und nur ein recht junges Parteibuch der SPD auswies, in seiner Eigenschaft als Vertrauter und Familienfreund von Bundeskanzler Brandt weitere elf Monate unzählige Staatsgeheimnisse seinen Auftraggebern ungestört weitergeben!

Sind das alles nur Pannen? So wird gefragt. Oder die Spitze eines Eisberges? Erich Kern zitiert in seinem Werk Margret Boveri aus ihrem Buch „Der Verrat im XX. Jahrhundert": „Träger des Verrats war früher ein einzelner. Heute ist der einzelne nicht ausgeschaltet, aber neben, gegen, hinter ihm steht die Gruppe: Fünfte Kolonne, ferngelenkte Zellengemeinschaft oder Untergrundbewegung."

„Verräter und Verrat in Deutschland unantastbar"

Warum, so mag gefragt werden, die so häufigen Sprünge von früher, von den 30er- und Kriegsjahren zur nachherigen Geschichts- und Wahrheitsforschung, Darstellung der Tatsachen und dem Zeitgeschehen? Nur so ist sicherlich am besten dazu beizutragen, etwa bei jüngeren Menschen Interesse dafür zu wecken, sich in die

Lage der Älteren zu versetzen. Die fast alles miterlebt haben und vor der Entscheidung standen, Verrat zu üben, zu unterstützen oder das kleinere Übel zu wählen.

Ersteres hätte nach dem einfachsten Verstand in jeder Art von kommunistischer Tätigkeit oder auch nur Sympathie letztlich nur dem Stalinismus, dem Bolschewismus, der „Weltrevolution“ genützt. Was alles schon nach damaligen Erkenntnissen nur Gewalt, Terror, Atheismus, Foltern in allerschrecklichsten Lagern, Ermorden von tatsächlich oder angeblich Andersdenkenden, Unterdrückung, Ausrottung ganzer Völker bewirkt hatten! An diesen unanfechtbaren Tatsachen ändert nicht das Geringste die Welle von Massenmedien, welche Kommunisten aus den 30er Jahren als Helden und Propheten der alleinigen Moral herausstellen. (z. B. „Geschichte — auf die Haut geschrieben“ Lebensgeschichte und politische Entwicklung eines kommunistischen Bergarbeiters. ARD 11. Januar 1982) Die zwar auch nicht mit Samthandschuhen angefaßt wurden, wie nach Sven Hedin zitiert „als zersetzende, aufrührerische Elemente zeitweise ausgeschaltet wurden“. Was aber nicht im Allergeringsten mit den Pranken des Kommunismus, des „Faschismus höheren Grades“ verglichen werden kann, welche die „Brandfackel eines neuen Weltkrieges“ schwangen, und es fortgesetzt tun, wie jeder nun schon wieder seit Jahrzehnten miterlebt!

Was blieb also damals übrig und bleibt es heute? Festhalten am Fahneneid, am Vaterland, am Widerstand gegen den Gottlosenblock oder am Kommunismus und damit Absinken in Verrat an Deutschland und an Europa?

„Alle haben mitgeholfen ... alle mitschuldig ...

an der Zerschlagung von Deutschland, dem Kern von Europa, die Verräter, die Kommunisten und ihre Vollzugshelfer von Moskaus Besoldung und Gnaden.“ Die Westmächte hatten sich in den entscheidenen Jahren vor Ausbruch des Zweiten Weltkriegs eifrig um das Zusammengehen mit Stalin bemüht. Wir wissen, daß Stalins Entschluß, sich mit dem nationalsozialistischen Deutschland zu verbünden, seiner Kriegsherbeiführungspolitik entsprach. Daher konnte die Sowjetische Enzyklopädie in einer ihrer neuen Ausgaben schreiben: ... „Durch den Abschluß des Nichtangriffspaktes mit Deutschland veränderte sich die internationale Lage von Grund auf und führte das Ende der betrügerischen und verlogenen Politik Polens herbei.“ Dazu Molotow in einer Rundfunkrede am 17. 9. 1939:

„Die Ereignisse, die durch den polnisch-deutschen Krieg hervorgerufen wurden, zeigten die innere Unbeständigkeit des polnischen Staates. Die polnischen Regierungskreise machten bankrott. Das alles geschah in einer sehr kurzen Zeit.“ (xx)

In Stuttgart ist im Jahre 1959 ein im Auftrag der UNESCO (Abt. Wissenschaft der UNO) erarbeitetes Buch erschienen, das der Direktor des holländischen Staatsinstitutes für Kriegsdokumentation, Dr. L. de Jong, herausgegeben hat.

Darin heißt es: „Der polnisch-deutsche Nichtangriffspakt von 1934 hatte keine große Bedeutung. Regierung und Öffentlichkeit in Polen verstärkten ihren Druck auf die Volksdeutschen." (xx)

„Die antideutschen Massenverbrechen polnischer Terroristen von 1939 aus der Zeit vor Beginn des Zweiten Weltkrieges, die ihn, wie schon erwähnt, herbeiführen halfen, und in den ersten Kriegstagen sind im internationalen Schrifttum vielfach urkundlich belegt geschildert worden." (W. v. Schramm — „Sprich vom Frieden, wenn Du den Krieg willst" — Mainz 1973) „Es geht nicht an, alle diese Untaten etwa mit der Behauptung entschuldigen zu wollen, sie wären nur durch ein von den Deutschen verursachtes politisches Klima der Hitlerzeit verstehbar. Schon die gleichartigen politischen Verbrechen polnischer Terroristen aus der Vor-Hitlerzeit gegen Deutsche, Ukrainer und Juden zeigen, daß ein derartiger Entlastungsversuch völlig unbrauchbar ist." (xx)

Aus der Sicht des bekannten Polen Stanislaw Mackiewicz (S. Allard — „Stalin und Hitler. Die sowjetische Außenpolitik 1939—1941" — Bern 1974) sieht diese Sache so aus: „Ende April 1933 sind wir dem Ausbruch eines Krieges zwischen Polen und Deutschland sehr nahe gewesen. Am 2. Mai 1933 begab sich der polnische Gesandte in Berlin, Dr. Alfred Wysocki, mit der Instruktion zu Hitler, den Zwist zu verschärfen. Er wurde von dem friedlichen Vorschlag Hitlers überrascht, das Verhältnis zu Polen zu entspannen und zwecks Bekämpfung des Bolschewismus zusammenzuarbeiten." (xx)

„Offenbar ernst gemeint", betont Mackiewicz, und den gleichen Standpunkt vertritt z. B. auch der US-Historiker und Exilpole Dr. Edward Rozek (J. Mc. Sherry — „Stalin, Hitler und Europa" — 2 Bde., 3. Auflage Arlington 1977). Er erörtert sogar ernsthaft die Frage, ob es für Polen nicht vorteilhafter gewesen sei, an der Seite Deutschlands als dessen Verbündeter gegen die Sowjetunion zu kämpfen. Er kommt, auch davon abgesehen, zu folgendem Ergebnis:

„Vom Standpunkt des Überlebens könnte es eine Freundlichkeit gegenüber Polen von seiten Großbritannien und Frankreichs gewesen sein, Deutschland nicht den Krieg zu erklären." (xx)

„Der Zweite Weltkrieg wurde auch mitverschuldet durch den antideutschen Panslavismus. Das zeigt die lehrreiche Darstellung von dessen Geschichte durch den bekannten, als Mitglied einer Prager jüdischen Familie geborenen amerikanischen Historiker Hans Kohn aus New York." (G. Barron — „Leaship in Crisis-Washington" — London 1973) (xx)

Die kommunistischen Götzen Marx und Friedrich Engels haben die Gefährlichkeit des Panslavismus in seiner Verbindung mit Polen und mit dem Staat vorausgesehen, dessen Hauptstadt damals St. Petersburg und heute Moskau ist. Marx schrieb z. B. am 24. 4. 1855 in der „Neuen Oderzeitung", Frankfurt an der Oder:

„Panslavismus ist eine Bewegung nicht für nationale Unabhängigkeit. Er ist eine

Bewegung, die ungeschehen zu machen strebt, was eine Geschichte von tausend Jahren geschaffen hat, eine Bewegung, die sich nicht verwirklichen kann, ohne die Türkei, Ungarn und eine Hälfte Deutschlands von der Karte wegzufegen... die, sollte sie dies Resultat erreichen, seine Dauer nicht sichern kann außer durch Unterjochung Europas."

Friedrich Engels schrieb 1851 in dieser Erkenntnis an Marx: „Jeder Zoll, den wir an der Grenze von Memel bis Krakau den Polen geben, ruiniert diese ohnehin schon miserabel schwache Grenze militärisch vollständig und legt die Ostseeküste bis nach Stettin hin bloß."

Nachdem Friedrich Engels schon 1848 geschrieben hatte: „Die Polen haben nie etwas anderes getan in der Geschichte, als tapfere, krakeelsüchtige Dummheit gespielt." (Archivdirektor Dr. Fritz Gause -xx-)

Weitere marxistische Stimmen bringt das Literaturverzeichnis von Prof. Richthofen und vermerkt u. v. a. „die sonst kaum bekannte Tatsache, daß im Jahre 1923 dem polnischen Botschafter in Moskau, Roman Knoll, durch den Beauftragten Karl Radek-Sobelsohn von der Sowjetregierung das Angebot gemacht wurde, für den Fall eines Zusammengehens einer Eroberung Ostpreußens zuzustimmen".

Muß nicht jeder wahrheitsliebende Mensch, gleich welcher Partei, Religion und Nation erschüttert sein? Daß es ihnen allen so gehen kann, wie den Deutschen, den Preußen? Deren angebliche Alleinschuld mit Militarismus, Sucht nach „Blut und Eisen" immer schon, in diesem Jahrhundert zweimal, die Welt angezündet habe. Müßte es nicht die Kommunisten, die Marxisten und Sozialisten aller Färbungen und gar theologischer Verbrämungen zutiefst beschämen, daß es ihr eigener Gott, Marx, gewesen ist, der vor dem „Wegfegen der Hälfte Deutschlands" ... und „der Unterjochung Europas" dringendst warnte?

Wenn man die Sippenhaft anwenden wollte, mit der alle Deutschen in den Fesseln einer Kollektiv- und Alleinschuld gehalten wurden und weiter werden sollen, dann muß jeder einzelne, damalige und heutige Kommunist für alle Opfer seiner Doktrin, sämtliches Unheil wie unerhörte Weltbedrohung haftbar gemacht werden.

Nicht 5 oder 20, sondern 30 Millionen Deutsche und mehr...

Konnten die auch nur einigermaßen zeitgeschichtlich Orientierten unter den Kommunisten, auch Widerstandskämpfern aller Gattungen wirklich auch das vergessen haben, was vor kaum zwanzig Jahren damals Georges Clemenceau, der französische Gewaltpolitiker und Deutschenhasser, der „Tiger" genannt, aussprach: „Es gibt 20 Millionen Deutsche zuviel auf der Welt!" (s. o.) Also blinde Ausrottungswut zu einer Zeit, als Hitler noch fast unbekannt war?

Erinnerten sie sich nicht an die Verkündigung des britischen Botschafters in Berlin, Henderson, der schon vor Kriegsbeginn 1939 das gleiche Ziel umriß, wenn auch in diplomatischer Tarnung: „80 Millionen fleißige und disziplinierte Deutsche werden immer ein unbequemer Faktor in der europäischen Politik und Wirtschaft sein?" (s. o.)

Oder an den zynischen Ausspruch Churchills, als von 5 Millionen Deutschen in einem Teil des Ostens die Rede war, daß sich „Stalin darum schon kümmern", also liquidieren, ermorden würde?

Eine Fülle der Literatur aus dem internationalen Forschungsstand bringt unanfechtbare Belege! Ob aus der „Vor-Hitler"-Zeit, über die Kriegsursachen mit Plänen, Deutschland zu vernichten. Der US-Historiker und Politologe Hermann Lutz, der als hitlergegnerischer Emigrant nach USA kam, sich gleichwohl stets vorbildlich um das Auffinden der vollen Wahrheit bemühte, prägte den Satz: „Seid ihr Deutschen so kenntnisarm oder so klein- und demütig, daß ihr unumstößliche Tatsachen ... nicht herauszustellen wagt?"

In diesem Sinne sollen u. v. a. die Werke des US-Historikers Prof. Dr. David L. Hoggan z. T. erneut erwähnt werden „Der erzwungene Krieg" — „Die Ursachen der Kriegausweitung", dann aber die Neuerscheinung von 1979 (Tübingen) „Das blinde Jahrhundert". I. Teil „Amerika — das messianische Unheil", 650 Seiten:

„Eine Fülle bisher kaum bekannten und vielfach erschütterten Materials zeigt ein Amerika, das sich unter miserabler Führung, beherrscht von korrupten Minoritäten, aufmachte, der Welt das Heil zu predigen und aufzuzwingen, und dabei zum Paten aller großen Weltkatastrophen wurde."

Diese Feststellung will man sicherlich nicht in Vergleich zu heutigen Verhältnissen im ganzen setzen. Aber immerhin einige Worte aus dem Magazin „Spiegel" (11. 1. 1982): „Es kündigte sich an, was dann in Jalta (Anm. Februar 1945) offenbar wurde — und schließlich das Amerika-Bild einer ganzen Generation bestimmen sollte, die heute, in ihren 50er und 60er Lebensjahren, in Europa Politik macht, die spezifisch amerikanische Politik aus einer Mischung von politischer Einfalt, moralischer Inbrunst und viel Arroganz." Die erstere Zutat zu dieser Mixtur kann man u. a. wohl in der Äußerung des ehemaligen US-Präsidenten Ford erblicken, wonach er nicht wüßte, daß Osteuropa unter kommunistischer Herrschaft sich befinde. Ein Tag darauf erfolgte zwar ein eher schreckhaftes Dementi. All das und mehr kann uns nicht davon abhalten, ein zuverlässiger sogenannter Bündnispartner zu bleiben. Man wählte eben das kleinere Übel.

Bleiben wir bei den Worten von US-Professor Hoggan „beherrscht von korrupten Minoritäten", bei dem Plan in den letzten Phasen des Zweiten Weltkrieges, 30 Millionen Deutsche dem Hungertod preiszugeben. Neben dem immer mehr gegen die Zivilbevölkerung tobenden Bombenterror schmiedete der Feind uns noch einmal zusammen, was so oder so noch Aberhunderttausende von Opfern in Front und Heimat zur Folge hatte und dem Nazi-Regime, den Deutschen auf alle Fälle den Vorwurf einbringen sollte, den Krieg sinnlos verlängert zu haben!

Es war der „Morgenthau"-Plan. Wenn es überhaupt noch dessen bedurft hätte, eine Maske fallen zu lassen, noch einmal die nun schon über zehn Jahre bestehende Kriegserklärung zu erhärten, so war es dieser Plan, wonach präzise, unterschiedslos, generalstabmäßig weit über die Hälfte der noch lebenden Deutschen — oh nein, nicht nur alle Nazis — ausgetilgt werden sollte. Ein Plan feierlich beschlossen, mit Siegel und Unterschriften versehen.

Die Maske fiel, und ein Gesicht kam zum Vorschein, so furchtbar allem abendländischen, ja menschlichen Begriffen entrückt, daß es unmöglich schien, diese Eindrücke je zu überwinden.

Dieser Mordplan, unauslöschlich mit den Namen der USA, welcher Minorität auch immer, deren Finanzminister bzw. Schatzsekretär Henry Morgenthau behaftet, ist wohl das gespenstischste Vernichtungsprojekt für ein ganzes Volk, das je die Weltgeschichte erlebt hatte. Vielleicht in der Größenordnung noch schlimmer als die Beseitigung ganzer Völker durch die Bolschewisten und ihre Nachfolger.

Ähnliches war zwar schon dagewesen, die „Dawes" und „Young"-Pläne von 1924, gleichfalls mit der Verantwortlichkeit von USA, beherrscht von einer ... Minorität, wie Hoggan schreibt. Deren Durchführung hätten den „Rest des deutschen Volksvermögens vernichtet und jeden wirtschaftlichen Wiederaufbau erstickt", wie Sven Hedin schrieb, also auch ein unermeßbares Elend durch Verhungern nach sich gezogen.

Morgenthau selbst hat von unserem Volk bereits als von einem „Leichnam" gesprochen! Einer der jüngeren Vorläufer des Morgenthau-Plans war der gleichfalls amerikanische „Theodore-Kaufman-Plan", der die „einfache" Lösung vorsah, alle Deutschen zu sterilisieren. Nach einem weiteren Plan der US-Havard-Universität sollten wir alle als lebenslängliche Zwangsarbeiter in tropische Länder deportiert und etwaige Überlebende mit den untersten Schichten unserer „Arbeitgeber-Länder" biologisch verschmolzen werden. Der Morgenthau-Plan sah vor, mit dem ganzen Volk „so zu verfahren", daß es überhaupt fortpflanzungsunfähig werde.

Ein extremer Aushungerungsplan war es nach Morgenthau, wonach unser Volk zu Tode gehungert werden sollte. Nach einer späteren Änderung, wie es hieß, sollte zwar alles in Deutschland vernichtet, der Grund und Boden nur zur Nutzung als Äcker belassen, jeglicher Industrie-Wiederaufbau aber verhindert werden. Damit sich derart noch nicht einmal 60 % der überhaupt überlebenden Deutschen ganz knapp ernähren könnten, die übrigen 40 % sollten verhungern. Also immerhin noch die stolze Zahl von nahezu 30 Millionen Menschen. — Das Magazin „Spiegel" drückt dies in Verschweigen aller Einzelheiten mit den lapidaren Worten aus, daß der Plan des Finanzministers Morgenthau „das deutsche Volk auf den Agrar-Standard grüner Selbstversorger zu senken." (11. 1. 1982) Sollte der „Spiegel" oder ein ähnliches Blatt früher schon einmal den Morgenthau-Plan in allen wahren Einzelheiten etwa erörtert haben, so mag man mich berichtigen.

Alles wird verschwiegen, auch u. a. das mörderische Wüten der Roten Armee, z. B. in dem Film „Der Unvergessene Krieg" der zugunsten von Moskau durch die Fernsehprogramme lief, außer in Bayern. Ein Verschweigen auch der Mord- und Schändungs-Aufrufe des schon öfter erwähnten Artgenossen Morgenthaus, Ilja Ehrenburg, dem millionenfachen Schreibtischmörder: „Tötet, tötet, tötet... alle Deutschen, brecht mit Gewalt den Hochmut der deutschen, germanischen Frauen." „Bis auf einen sollten alle getötet, dieser in einem Zoo ausgestellt werden." Dagegen war also Morgenthau noch „human".

Die Briten fußten in der Konferenz von Quebec, Mitte September 1944, auf dem für „ihre Politik und Wirtschaft unbequemen Faktor", wie oben erwähnt. Churchill setzte seine Paraphe unter den Morgenthau-Plan, nachdem der Emigrant, Professor Frederick Lindeman, mit früherem Namen Berlin, der später als Lord Cherwell „geadelt" wurde, Churchill nochmals eingehämmert hatte, daß der Morgenthau-Plan „Großbritannien vor dem Bankrott bewahren würde, indem ein gefährlicher Konkurrent ausgeschaltet würde". Womit erneut die eigentlichen Kriegsziele des Ersten und Zweiten Weltkrieges bewiesen sind.

Ausschlaggebend aber war für Churchill das Versprechen der USA — von Finanzminister Morgenthau — gegen Unterschrift unter den Plan einen „Kredit" von 6 ½ Milliarden Dollar (27,3 Milliarden RM) zu erhalten. Man stelle sich diese schauerliche Mauschelei vor, diesen grauenvollen Handel um den Hungertod von 30 Millionen Menschen, die allerfinsterte Barbarei überbietend, mit zugunsten von Großbritannien, das bankrott zu werden drohte.

Es bestätigte sich erneut die totale Blindheit der ewigen Haß- und Rachepredigcr. Denn erfahrungsgemäß hätte doch, wie nach dem Ersten Weltkrieg, ein vernichtetes deutsches Volk ein verarmtes, verlumptes, verkommenes Europa als leichte Beute für den Kommunismus zur unausweichlichen Folge gehabt! Wo ohnehin die Geschichte von Jahrhunderten bewies, daß nur Preußen/Deutschland der Schutzwall schon gegen die zaristischen Eroberungspläne, des Panslawismus gewesen war.

Eine weitere Tatsache war um so mehr erschütternder als wohl tatsächliche und angebliche Verbrechen des Nazi-Regimes, u. a. „die Verhinderung einer freien Verkündigung des Wortes Gottes" beweint und angeklagt wurden. Wo aber blieben und bleiben der Widerstand, weltweite Empörung oder gar Kampf der Kirchen, vor allem der sogenannten Bekennenden, der Widerständler aller Richtungen, gegen den einmalig in der Geschichte stehenden grausigen Super-Mordplan an einem christlichen Volk? In keinem Hirtenbrief, keinem Traktat, nicht in einer einzigen Verlautbarung war darüber etwas zu vernehmen gewesen! Bis heute wird der Morgenthauplan verschwiegen, abgesehen etwa von wenigen, oben zitierten

Zeilen. Ich würde es heute noch erleichternd begrüßen, von dem Gegenteil belehrt zu werden. Bis dahin steht fest: Wer trotz Wissen schweigt, macht sich mitschuldig an Mord und Mordplan!

Eine Art von Scham war es wohl kaum, daß dann doch die Herrscher der USA vom Morgenthauplan abrückten. Zu dem Zeitpunkt nämlich, als so ganz langsam die Erkenntnis sich abzeichnete, daß doch wohl die Deutschen noch sozusagen als Schutzwall, als Kanonenfutter gegen den Weltkommunismus zu gebrauchen sein würden. Im weiteren Verlauf nannte man das Marshall-Plan. Denn Menschlichkeit war doch nicht „drin", wie man damals denken mußte.

Jedenfalls blieben Teile des Morgenthaus-Plans noch lange erhalten. „Aber zahllose ‚Morgenthau-Boys' saßen in Schlüsselstellungen der Besatzungsbehörden und suchten ihre Affekte in die Tat umzusetzen. Gewisse ‚Vernehmungslager' (z. B. in Bad Nenndorf und Schwäbisch-Hall) waren wegen ihrer unmenschlichen Folterungen gefürchtet, die zu ‚Geständnissen' vor Gericht, sogar zu Todesurteilen führten. (z. B. im ‚Malmedy-Prozeß')" (Winfried Martini — „In Memoriam Reinhard Gehlen" — „Epoche" 8/79)

Auch scheinbar „höherstehende" Menschen hatten sich an die Seite von Morgenthau gestellt. Ernest Hemingway, der amerikanische Nobelpreisträger, der später hochstilisierte Autor, hatte verkündigt: „Deutschland sollte man nach dem Krieg so gründlich zerstören, daß wir es für hundert Jahre nicht mehr zu bekämpfen haben, aber überhaupt nicht mehr, wenn richtig aufgeräumt wird. Dies kann wahrscheinlich nur durch Sterilisation geschehen." (Ludwig Leher — „Das Tribunal" — München 1965) Mit weiteren Schritten stellte sich Hemingway, der gefeierte „große alte Mann" in landesverräterischer Weise gegen sein Vaterland, gegen Europa, Arm in Arm mit Fidel Castro, dem Sowjet-Brückenkopf in Kuba sozusagen vor der Pforte des Weißen Hauses in Washington.

Massenmordpläne per Wasserhahn

Wer etwa glauben möchte, der Morgenthau-Plan sei nur in der Kriegspsychose aufgestellt worden, der sei noch auf das Todesurteil hingewiesen, das nach Waffenniederlegung im Sommer 1945 für Millionen aus der deutschen Zivilbevölkerung gefällt wurde und ganz unkompliziert, „grandios einfach" vollstreckt werden sollte. Die Ziele waren zunächst München, Weimar, Nürnberg, Hamburg und Berlin-Wannsee, wo Leute der jüdischen Organisation DIN, die früher als Spezialisten der Wasserversorgung tätig und emigriert waren, in die richtigen Positionen bei den Wasserwerken eingeschleust werden und ein farb-, geruch- und geschmackloses Gift im Trinkwasser zur Verwendung bringen sollten. Das fürchterliche Sterben von Millionen deutschen Zivilisten geschah dann doch nicht, weil andere Menschen dafür sterben, bluten und flüchten mußten. Dies ist eine Art Treppenwitz der Geschichte von Massenmorden, wenn dieser Ausdruck dafür einmal erlaubt ist. Und zwar mußte die verantwortliche Organisation DIN letzlich Rücksicht auf die Eroberungen und Besiedlungen in Palästina nehmen, d. h. auf die damals noch illegale und von den Engländern scharf bekämpfte Beförderung von Juden nach diesem neuen Kriegsschauplatz. Palästina war noch britisches Mandat und kein Siedlungsland für flüchtende Juden. Die „Giftaffäre" hätte doch zu großes Aufsehen in der Weltöffentlichkeit, also Antisemitismus erregen können. „Der genannten Organisation gelingt es mit Mühe und Not, die Giftaffäre zu stoppen."

Im Umfang wäre demgegenüber die Vergiftung von 15 000 Kriegsgefangenen der SS unbedeutend gewesen. Im Lager Langwasser wurde das Brot mit Arsen vergiftet. Doch die Dosis war zu gering; trotz Hunderter von Kranken gab es keine Toten. (Quellen: „Plan A sah vor: Massenmord per Wasserhahn — So wollten die Juden Rache nehmen" — Rheinische Post 23. 8. 1975, und Januz Pickalkiewicz — „Israels langer Arm — Geschichte der israelischen Geheimdienste und Kommandounternehmen" — Frankfurt 1975)

„An ihren Früchten sollt ihr sie erkennen"

„Es gibt keine guten und schlechten Völker, aber es gibt in jedem Volk gute und schlechte Menschen, Helden und Heilige, aber auch Schurken und Verbrecher. Keine Berufsgruppe setzt sich hundertprozentig aus Idealmenschen zusammen; es wäre aber unrecht, sie nach Untüchtigen, Minderwertigen und Versagern zu bewerten. Man kann den Baum nicht nach dem Fallobst beurteilen, sondern nach den guten, reifen Früchten ... In den KZ gab es viele hochstehende Menschen, aber auch Asoziale und Verbrecher. Es hätten sich viele Tragödien der Entnazifizierung verhindern lassen, hätte man in jedem Falle den Mann, seinen Charakter, seine Motive, seine Handlungen, seine Lage beurteilt, nicht einfach die Tatsache der Zugehörigkeit zu einer Organisation, die die Sieger für verbrecherisch hielten." (Pfarrer Dr. h. c. Emmanuel J. Reichenberger — „Wider Willkür und Machtrausch" — s. o.)

„Man hatte nun in Nürnberg die Henker verurteilt. Und was mit den Heuchlern, die den Henkern Zutreiberdienste geleistet und sie teilweise so lange provoziert hatten, bis der Massenmord geschah? Sie gingen frei aus. „Sie schlugen nicht einmal die Augen nieder, als sie jene Naziführer zum Tode verurteilten, wie z. B. Göring und Ribbentrop, die doch von Anfang an bereit waren, die Juden lebend aus dem Getto zu entlassen. Eine Bereitschaft, die nicht zuletzt an alliierten und zionistischen Widerständen scheiterte."

„Fürchtet man sogar heute noch, der Welt die Wahrheit zu sagen? Hat man Angst, daß man, wenn sie diese Wahrheit erfährt, in der Meinung der Völker zum Mittragen an der großen Schuld gezwungen würde, die zur Tragödie des jüdischen

Volkes führte?" (J. G. Burg — „Schuld und Schicksal; Europas Juden zwischen Henkern und Heuchlern" — München 1962)

Heute, nach über 35 Jahren, haben die Sieger immer noch, ja vermehrt Angst, die Welt die Wahrheit erkennen zu lassen. Deshalb Filme wie „Holocaust" und „Unvergessener Krieg", mit deren Wiederholungen in Hauptprogrammen der Millionen Glotzscheiben.

„Jeder Grundsatz des Rechts mit Füßen getreten"

Im Prozeß zu Nürnberg „Weltgewissen gegen Deutschland", ein „Gericht", das selbst die Erklärung abgab, „daß nur die Besiegten der Bestrafung unterliegen, weil sie besiegt wurden und keine Regierung mehr hatten, die sie schützte."

Es geht hier nicht an, als Chronist Auffassungen aus dem deutschen Volk zu bringen, das total zusammengebrochen am Boden lag, sich von den Siegern teilweise Hoffnungen gemacht hatte, nun um so grausamer enttäuscht wurde, soweit überhaupt Einzelheiten bekannt wurden. Wie Pater E. J. Reichenberger schrieb (s. o.): „Die Rechtsschändung, die Lynchjustiz von Nürnberg hat in der Geschichte des Christentums kaum eine Parallele." Wohlverstanden, eben in dieser Geschichte!

Der gleichfalls als Demokrat bewährte, hitlergegnerische amerikanische Historiker Dr. Hermann Lutz („Verbrechervolk im Herzen Europas" — Tübingen 1958) schrieb: „Den Verteidigern in Nürnberg wurde, wie wir gesehen haben, von den Anklägern verboten, die Natur und die Folgen des Vertrags von Versailles zu erörtern. Und doch war Hitler in der Hauptsache die bittere Frucht von Versailles. Zudem entsprang der Zweite Weltkrieg unmittelbar dem Ersten Weltkrieg, und dieser kann daher nicht beiseite gelassen werden."

Ein deutscher Historiker von internationalem Ruf, Werner Maser, („Nürnberg, Tribunal der Sieger", Düsseldorf 1977) schrieb: „Die harten Sanktionen von Versailles nach dem Ersten Weltkrieg bewirkten das Gegenteil von dem, was die Sieger erwartet hatten. Hitler und der Zweite Weltkrieg mit Nürnberg waren so deutliche Folgen, daß das Gericht den Angeklagten und ihren Verteidigern in Nürnberg untersagte, Versailles in ihre Rechtfertigungen und Motivationsschilderungen einzubeziehen."

William H. Dawson, ein britischer Historiker, schrieb: „Die Tatsache, daß 1933 ein ganz anderes Deutschland da war, als es seine Feinde geplant hatten, erklärt sich dadurch, weil die Alliierten ihr Äußerstes getan hatten, Deutschland zu schwächen und zu vernichten — in seinem Leib durch Annexionen, in seinen Finanzen durch die Reparationen, in seinem Ruf durch Verdrehung und Verleumdung, in seinem Geist durch eine Häufung von Schimpf und von Demütigungen jeder erdenklichen Art." (Udo Walendy, s. o.)

„Uralter Brauch barbarischer Zeiten... in Formen modernen Rechts"

Eine Untersuchungskommission, die vom US-Senat eingesetzt wurde, die einen Bericht über die US-Gerichtsbarkeit in Deutschland erstatten sollte und besetzt war mit den Richtern van Roden, Simpson und Lawrence junior, traf 1945 die Feststellung, daß bei den sogenannten Kriegsverbrecherprozessen deutschen Soldaten Geständnisse durch sadistische Quälereien abgepreßt worden waren:

„In 137 Fällen hat die Untersuchung ergeben, daß diesen Deutschen die Hoden unheilbar zerschlagen worden sind. Es ist dies das normale Verfahren der amerikanischen Untersuchungsbeamten gewesen." (Peter Kleist) So ist u. a. erwiesen, daß die Angeklagten Reichsaußenminister v. Ribbentrop vierzehn Minuten lang und Generaloberst Jodl sechzehn Minuten lang gewürgt wurden."

Man könnte einen Band füllen. Doch einiges noch aus Peter Kleist (s. o.): „Uralter Brauch barbarischer Zeiten wird in die Formen modernen Rechts gehüllt... Es gibt kaum einen Grundsatz des Rechts, der in Nürnberg nicht mit Füßen getreten wurde... Mit Erstaunen sah man Zeugen auftreten, die jahrelang als ZEUGEN in Haft gehalten wurden, die unter Androhung der Auslieferung an die Sowjets zu jedem Meineid gepreßt werden konnten. Zeugen, die zu Angeklagten gemacht wurden, sobald sie es wagten, eine Aussage zu machen, die nicht dem Konzept der Anklage entsprach."

„Verteidiger, die gegen Rechtsbruch protestierten, wurden in Haft genommen. Dokumente, die die Verteidigung verlangte, verschwanden, und viele Tonnenlasten von Urkundenmaterial, die die Anklage mit einem Riesenstab von Mitarbeitern nach jedem belastenden Wort durchforscht hatte, nahm ihren Weg nach Übersee und fielen zur Klärung der Wahrheit aus."

„Während draußen eine Willkürherrschaft Hunderttausende in den Kerker warf, sprach man Urteile gegen Willkürherrschaft. Während draußen die Schüsse der Geiselerschießungen knallten, wurden hier deutsche Offiziere wegen Geiselerschießungen gerichtet."

„Während draußen deutsches Privateigentum in riesigem Ausmaß geraubt wurde, wobei sich auch neutrale Staaten nicht scheuten, Leichenfledderei auf fremden Schlachtfeldern zu treiben, richtete man deutsche Wirtschaftsführer, weil sie in Frankreich nicht nur Maschinen investiert, sondern auch Maschinen entnommen hatten."

„Während Millionen von deutschen Gefangenen zur Arbeit gezwungen wurden, richtete man das Verbrechen der Zwangsarbeit. Während in Ostdeutschland und im Sudetenland Millionen von Deutschen, während in Frankreich 105000 Franzosen ermordet wurden, (Anm. auf offener Straße) richtete man die Ermordung von Juden in deutschen Vernichtungslagern."

„Während draußen noch die Straßen vom süßlichen Pesthauch verschütteter Opfer des zivilen Bombenkrieges durchzogen waren, richtete man Vergehen der Deutschen gegen die Zivilbevölkerung besetzter Gebiete. Während die Sowjetunion, Polen, die Tschechoslowakei, Frankreich, Holland und Belgien sich deutsche Gebiete einverleibten, richtete man das Vergehen des Eroberungskrieges. Während man eigene Soldaten wegen Befehlsverweigerung bestrafte, richtete man deutsche Soldaten, die ihren Befehlen gehorcht hatten."

„In zahlreichen Lagern aber sind die Angeklagten und Zeugen dieser Prozesse zurechtgemacht, zurechtgeprügelt und -getreten worden. Durch Scheintodesurteile zermürbt, von falschen Geistlichen zur Beichte ermuntert, mit gebrochenen Knochen, verbrannter Haut und erfrorenen Füßen taumeln diese Wracks auf die Anklagebank oder in den Zeugenstand."

„Während sie uns unsere Wertsachen stahlen, hörten wir sie sich laut rühmen, daß sie die Gestapo in ihrem finstersten Ruf übertreffen wollten." (Ende der Zitate von Kleist)

„Große Energien auf gedankliche und moralische Vorbereitung"

Sicher wird sich bei den nachgewachsenen Generationen die Frage erheben, aus welchen Hirnen, aus was für einer Art Denken entsprang, was Pater Reichenberger noch sehr gelinde ausdrückte: „Rechtsschändung, Lynchjustiz, die in der Geschichte des Christentums kaum eine Parallele hat." Die Älteren wußten es ohnehin mindestens vom 24. 3. 1933 an.

Zwei Worte nur: „daß" und „wie" geben allen Aufschluß, der einem nur einigermaßen aufmerksamen Zeitgeschichtler nicht entgeht, ob er Hemmungen hat oder nicht. Nahum Goldmann, der vieljährige Präsident des jüdischen und zionistischen Weltkongresses, bestätigt in seinem Buch „Mein Leben als deutscher Jude", daß zwei aus Litauen stammende Juden, Dr. Jakob Robinson und Dr. Nehemia Robinson, die Pläne entwickelt haben, daß und wie man den unterlegenen Feind zu richten habe!

Goldmann bestätigt ferner, daß der jüdische Weltkongreß solche Pläne und Vorstellungen übernommen habe. Wenn vielleicht auch nicht in jeder Einzelheit, wie man gern annehmen möchte. Doch bestimmt in der Weise, daß Ankläger, Richter und Henker die gleichen Figuren waren, also menschlich und nach allen abendländisch-christlichen Rechts-Grundsätzen mehr als diejenigen Verbrechen begingen, die sie ahnden und richten wollten.

Selbst Goldmann fühlt offenbar seine Seite in dieser Hinsicht schuldig und versucht, von derartiger Siegerjustiz abzurücken: „Die Prinzipien, daß man für ein Vergehen nicht bestraft werden kann, das zur Zeit der Tat nicht gesetzlich verboten war, und daß man Untergebene nicht für die Ausführung der Befehle ihrer

Vorgesetzten zur Verantwortung ziehen dürfe, schienen auch dagegen zu sprechen."

„Große Energien hat der jüdische Weltkongreß auf die gedankliche und moralische Vorbereitung dieser Prozesse verwandt", schreibt Goldmann und bestätigt damit erneut, wenn sicherlich auch unabsichtlich, all das oben Gesagte. Ferner spricht Goldmann von dem Gelingen, die öffentliche Meinung und die Regierungen dafür einzunehmen.

Der in dieser Schrift schön öfter zitierte britische Historiker David Irving schreibt in seinem Werk „Der Nürnberger Prozeß": „Die Welt sah in Nürnberg die althergebrachte Praxis, die Sieger gegenüber Besiegten hinter der Larve rückwirkender Gesetze und gewählter Redensarten anzuwenden pflegen: Sie überlieferten sie am Ende dem Henker."

Der ehemalige US-Außenminister John Foster Dulles erklärte 1946: „... Wir haben uns in Deutschland an einer Politik beteiligt, die unmenschlich und ungerecht ist ... Wir haben trotz der Atlantikcharta die Rechte schwacher Völker verschachert, wie etwa die Polens und Chinas ..." (x)

David Irwing schrieb von dem „in Jahrzehnten abgelagerten Ruß und Schmutz" ... und verweist auf die vielen Fälschungen von „Dokumenten" ... die doch nur zur Schande der Besudler geworden sind ... „Entsetzt und als Historiker deprimiert war ich ob der Fülle der ‚Tagebücher', die sich beim genauen Hinsehen als Fälschungen erwiesen, daß man sie in wichtigen Passagen frisiert hatte ..." (x)

Weiter wurden „große Energien" aufgewendet

Und werden es noch! „Ist vielleicht das Geschrei über die deutschen Verbrechen deshalb so überlaut, weil man damit die Anklage gegen das Großverbrechen des Westens übertönen will?" (x) Nicht nur die erwähnten Filme „Holocaust" und „Unvergessener Krieg" u. v. a. schreien in diesem Sinne mit gestellten Bildern die Wahrheit übertönend, auch z. B. der im Januar 1981 ausgestrahlte Film „Das Tribunal von Nürnberg", der „die Geschichte u. a. der Nachkriegszeit noch einmal erleben lassen soll".

Abgesehen davon, daß die von vornherein heilig sprechenden Ausdrücke „Weltgericht" und „Weltgewissen" durch die nun doch abwertende Bezeichnung „Tribunal" ersetzt wurden, so bietet der Film nicht eine Spur dessen, was tatsächlich in Nürnberg geschah. So schreibt eine große, angesehene Tageszeitung der politischen Mitte: (Rheinische Post, 22. Januar 1981)

„Bisweilen unternimmt die Dokumentation den Versuch einer sachlichen Klärung. Nur angerissen wird das Problem, daß in Nürnberg nicht nach unumstrittenen Normen des Völkerrechts geurteilt wurde, sondern daß die Prozesse der Versuch der Amerikaner waren, das Völkerrecht fortzuentwickeln. Das Schlußwort gehört einem US-Anwalt, der in Nürnberg als Helfer der Anklage tätig war und bis heute die Hoffnung nicht aufgegeben hat, daraus könne ein neues Völkerrecht erwachsen."

„Fortentwicklung eines neuen Völkerrechts und die Hoffnung darauf" sind wohl blanker Hohn! Bestimmt aber der klare und erneute Beweis, wie die Ankläger und Nachredner es immer noch nötig haben, aus tatsächlich in unerhörtem Maße gegen Völkerrecht und Menschlichkeit verübten Verbrechen ihrer Seite die Hoffnung auf Erneuerung dieser Grundsätze der Zivilisation und des Weltfriedens vorzuspiegeln.

Für wie gottverboten dumm halten Verbrecher und Nebelwerfer die jüngeren Deutschen eigentlich? Betont muß erneut werden, daß es weder überhaupt noch gar in dieser Schrift etwa darum geht, die vor dem „Tribunal" verurteilten Angeklagten zu entlasten. Aber keine sich Gericht nennende Institution darf das Recht beugen und brechen, schon gar nicht, da die Angeklagten stellvertretend für unser ganzes Volk verurteilt, gehenkt, für Jahrzehnte in den Kerker geworfen und unser aller Ehre planmäßig nach „daß" und „wie" brutal zertreten wurde.

Was zwischen der Völkerversöhnung und dem Bündnis zwischen USA und der Bundesrepublik Deutschland steht, sind allein jene Minoritäten wie die grausame Diktatur der Sowjets, die nur einen Feind haben. Wie das Wort vom Löwen sagt, nämlich sich selbst.

„... verbergen, was in Wirklichkeit getan wurde..."

In welch großem Umfang Dokumente gefälscht, die Welt betrogen und damit nicht nur „die Mauer", auch Mauern zwischen den Völkern errichtet wurden, zeigt u. a. auch das Werk von A. Mohler. (Vergangenheitsbewältigung — Oder wie man den Krieg nochmals verliert — Krefeld 1980) Stets war vorauszusehen, daß nicht nur das Deutsche Reich, sondern der gesamte Westen die Verlierer sein würden. Sie werden es nochmals, außer den gerade vorher bezeichneten Mächten, wenn nicht endlich der Kampf gegen die Wahrheit eingestellt und zum mindesten das Forschen und Suchen nach Wahrheit ohne Diffamierung und Verleumdung sozusagen gesetzlich erlaubt wird.

David Irving in der „Zeit" vom 16. November 1979 geht so weit, gegen die gesamte bisherige Literatur über das Dritte Reich einen grundsätzlichen Zweifel anzumelden: „Eben wegen solcher Erfahrungen verschmähe ich die sekundäre Literatur... Sie ist unseriös, unzuverlässig, auf düsteren Quellen aufgebaut. Von anderen bequemen Wissenschaftlern unter gegenseitigem Absichern abgeschrieben..."

Ob und wie weit dies auch die Anzahl der so bedauernswerten Opfer betrifft, welche unter strenger Geheimhaltung wenige aus einer deutschen Minderheit verursachten, ob es sich nun um Juden, Polen, Zigeuner u. a. handelte, kann und soll hier keine Erörterung finden, obwohl dies an sich auch zum Thema „Blut und Eisen“ gehörte. Denn jeglicher Kampf gegen wehrlose Zivilisten, Nichtkämpfer fand doch im Kriege statt und wurde schon in die erste Erklärung eines solchen einbezogen.

Doch kann und soll es schließlich keine Entheiligung, schon gar nicht etwa Beschönigung von unter deutschem Namen geschehenen Verbrechen bedeuten, wenn auf die gründlichen wissenschaftlichen Forschungen und die Literatur über die so heikle, ja gefährliche Frage hingewiesen wird: Paul Rassinier, inzwischen verstorben, dem also nichts mehr passieren kann, der als Jude und französischer Widerstandskämpfer im KZ Buchenwald interniert war, will bestimmt das Dritte Reich nicht verteidigen, aber dem Frieden, der Versöhnung dienen, wie es diese Schrift ja auch am bescheidenen Teile versucht. Das Werk hat den Titel „Was ist Wahrheit? Die Juden und das Dritte Reich“. Leoni 1979. 5. Auflage. Ferner Heinrich Härtle — „Was Holocaust verschweigt?“ — „Und Deutsche und Juden — Studien zu einem Weltproblem“ — Auch Dr. jur. Wilhelm Stäglich — „Der Auschwitz-Mythos“ — Tübingen 1979, was „als eines der wichtigsten Grundlagenwerke (504 Seiten) der Nachkriegszeit“ bezeichnet wird. „Für alle, die eine ehrliche Verständigung zwischen Juden und Deutschen wollen, bringen diese sensationellen Bücher Klarheit und Wahrheit.“ Eben, damit der Westen den Krieg nicht nochmals verliert! Dazu ein Beispiel:

A. Mohler schreibt in dem besonders beherzigenswerten Abschnitt seines Werkes „Kein Schwarzweiß“, daß nach Feststellungen des Instituts für Zeitgeschichte, München, es im alten Reichsgebiet keine Vernichtungslager gegeben hat, womit „manchem Unfug ein Ende gemacht sei. Bis dahin konnten beispielsweise Fremdenführer im wiederhergestellten KZ Dachau den staunenden, entsetzten Besuchern und Schulklassen erzählen, daß dort bis zu 25 000 Menschen täglich vergast worden seien“. Einige Lehrer werden wohl einen rechnerischen Überschlag haben machen, aber nicht aussprechen können. Die Schulklassen werden bei dem heutigen Bildungsstand dies weder gekonnt, noch daran gedacht haben. Das wären also allein in Dachau im Jahresdurchschnitt 9 Millionen vergaste Juden. Von 1942 bis Ende 1944 = 27 Millionen! Dagegen wäre die von jüdischer Seite angegebene Gesamtzahl jüdischer Opfer von sechs Millionen noch unwahrscheinlich „gering“.

Nun, was soll's? Der Zweck ist erreicht! Jeder Besucher und jedes Schulkind wird zeitlebens die grausige Ziffer von 25 000 täglich in einem einzigen KZ als untrüglichen Beweis für „das Untermenschentum der Deutschen, die nicht widerstanden haben“, behalten und weiter erzählen. Dagegen nie und nimmer sich bequemen, zwecks Wahrheit nachzurechnen. Oder gar die Frage zu stellen: „Ist das nur die Spitze eines Eisbergs?“

Um noch kurz bei dem Beispiel KZ Dachau zu bleiben, so hat, so schreibt Prof. Dr. Arthur R. Butz, ein US-Wissenschaftler, wenn auch kein Berufshistoriker, daß

Dachau „fälschlicherweise als ein Vernichtungslager mit Gaskammern ausgegeben wurde“.... „So wurden alle Anstrengungen gemacht, alles das, was im Dachauer Konzentrationslager geschehen war, zu entstellen und hierüber falsche Berichte in die Welt zu setzen. Ein Erkennen der beachtlichen Rücksichtslosigkeit und Ungeschicklichkeit in diesem Bemühen, und die lächerliche Art der vorgebrachten ‚Beweise‘ werden den Leser in angemessener Weise scharf machen für unsere Analyse des zentralen Teiles des Schwindels, der Auschwitz-Lüge.“ Das Werk von Butz „The Hoax of Twentieth Century“ Historical Revieuw Press, Richmond, Surrey 23 Ellerker Gardens TW 106 AA England 1977, wird in einer Rezension u. a. beurteilt: „... ein Beispiel für Gelehrsamkeit, Forschung und Bildung, das eine faire und offene Anhörung verdient ... Als eine der größten Arbeiten der Gegenpropaganda, die jemals geschrieben worden ist, demonstriert klar, daß im Westen der Wille für Wahrheit, obgleich angefault, nicht tot ist. Es kostet Mut, mit einem Tabu zu brechen, das kein in Amt und Würden befindlicher Historiker und kein angesehener Verleger zu berühren gewagt haben würde. Es gehört ungeheuerer Mut für den Autor dazu, ein solches Buch unter seinem eigenen Namen zu veröffentlichen ...“ Der ganze 6-Millionen-Mythos wurde in den Anfangstagen des Zweiten Weltkriegs in den Köpfen von Mitgliedern des War Crimes Board, dem Office of Strategic Services — Rabbi Wise, Bernhard Baruch, Schatzsekretär Morgenthau, seinem Assistenten, dem Sowjetagenten Harry Dexter White und dem wenig bekannten Oberst David Marcus („Mickie“) ersonnen. Es ist Dr. Butz’ begründete Meinung, daß das Gerippe der 6-Millionen-Mär einige Jahre früher vorbereitet worden war, bevor die „Ereignisse, auf die sie gestützt wurde, mutmaßlich geschehen sein sollten“.

Das Werk von Butz ist mittlerweile in deutscher Übersetzung erschienen. Wie gesagt, hier ist nicht der Ort, dem Urteil von Butz u. a. nachzugehen. Doch ein Satz noch aus dem Kapitel „Die Rolle des Vatikan“: „Während der Zeit von 1920 bis 1945 betrachtete der Vatikan den Kommunismus als die alleinige Hauptgefahr in der Welt.“

Verstümmelung und Spaltung Deutschlands: Das alte Kriegsziel

Wie nach Butz und oben erwähnten Geschehnissen und Provokationen die Mordanschuldigung in angegebener Millionenhöhe schon einige Jahre vorbereitet wurde, so wurde seit Jahrzehnten die Spaltung des Deutschen Reiches vorprogrammiert.

Schon am 28. 11. 1918 war das Ziel der Teilung des Deutschen Reiches offenkundig, als an einen Hitler noch nicht zu denken war. „Die Note der französischen Regierung an den (britischen) Staatssekretär Lansing sprach es offen und brutal aus: Deutschland Friedenpräliminarien diskussionslos aufzuerlegen, um das Auseinanderfallen der Länder zu fördern, aus denen es besteht.“ (Sven Hedin)

„Die gleiche Forderung wurde unmittelbar nach der englischen Kriegserklärung an Deutschland im Jahre 1939 als Kriegsziel aufgestellt und auch nach der deutschen Erklärung aufrechterhalten, die nach Beendigung des Feldzuges in Polen ein Friedensangebot an die Westmächte enthielt." (Sven Hedin)

„Nur drei über die Insel hinaus bekannte Männer hatten den Mut zu widersprechen ... sprachen sich für eine Konferenz aus ... Lloyd George ... Bernard Shaw, der das englische Kriegsziel der Aufteilung Deutschlands für Unsinn erklärte ... und der englische Schriftsteller und Historiker Arthur Bryant, beratendes Mitglied der British Council ..." (Sven Hedin)

„Selbst die Vermittlungsvorschläge König Leopolds von Belgien und der Königin Wilhelmine von Holland wurden rundweg abgelehnt." (Anm. Diese wurden im übrigen verschwiegen und sind weithin unbekannt, denn die Vorschläge hatten schließlich das NS-Regime begünstigt bzw. Berechtigung des deutschen Polenfeldzuges bedeutet!)

„Die offizielle Antwort darauf war gewunden und bestand aus allgemeinen Formeln. In der Rundfunkrede an die englische Bevölkerung als Erläuterung hieß es kurz und hart:

‚Dieser Krieg ist ein englischer Krieg, und sein Ziel ist die Vernichtung Deutschlands.' Die ‚Daily Mail' unterstrich sie mit den Worten: ‚Die Erörterung der Kriegsziele ist sinnlos; das einzige, was wir zu tun haben, ist Deutschland zu vernichten.'" (Sven Hedin)

„Es wäre gut, wenn die, die die ganze Schuld am Kriege auf Deutschland schieben, sich erinnern würden, daß deutsche Redner und Staatsmänner niemals Englands Vernichtung als Kriegsziel oder Wunsch aufgestellt haben, sondern daß der Reichskanzler selbst betont hat, der Untergang des britischen Imperiums wäre ein Unglück für die ganze Menschheit." (Sven Hedin)

Der englische Historiker A. P. J. Taylor schrieb im „Sunday Express": „Die zwei Kriege, die England gegen Deutschland führte, hatten in der Hauptsache einen und denselben Beweggrund: Es gibt zu viele Deutsche, und Deutschland ist zu stark. Wenn man den Deutschen den Zusammenschluß erlaubt, überschatten sie ganz Europa." („Signal" No. 12, 1958)

Lieber 20 Millionen Deutsche an die Sowjets und Adenauer ermorden

Wie unauslöschlich diese Mentalität in Fleisch und Blut der Briten, zu „Blut und Eisen", Gewalt und Mord eingegangen war, beweist u. a. der englische Feldmarschall Montgomery, „der fromme Held Monty" von seinen Landsleuten genannt, der in Afrika Gegner unseres berühmten Generals Rommel war.

Als nämlich die deutschen Heerführer Keitel und Jodl bei den Kapitulationsverhandlungen im Mai 1945 bestrebt waren, Maßnahmen zur Rettung von 20 Millionen Deutschen vor den Bolschewisten durchzusetzen, zum mindesten Zeitgewinn zu erzielen, da drohte der fromme Held „Monty“ mit der sofortigen Ausradierung weiterer Städte Deutschlands. Fernere hundert- und abertausende deutsche Frauen, Kinder, alte Leute, denn die deutschen Soldaten waren in Gefangenschaft, wollten die Sieger also ermorden und verstümmeln, um die endgültige Preisgabe von 20 Millionen Deutschen an die Kommunisten auf alle Fälle sicherzustellen. Mit dem Hauptanteil von Frauen, Müttern und Mädchen an die Rote Armee, die viele Male von Ilja Ehrenburg aufgefordert worden war, deren Widerstand mit Gewalt zu brechen!

Das alles, trotzdem auch der Vatikan im Kommunismus die alleinige Gefahr seit genau einem Vierteljahrhundert für die Welt erkannt hatte!

Als Bundeskanzler Adenauer siebzehn Jahre später von einer deutschen Wiedervereinigung gesprochen hatte, erklärte der von den Briten angehimmelte „Monty“, einer der höchsten „Kreuzzügler und Soldaten Christi“, vor 42 britischen Generalen und 400 Offizieren einer Militärakademie: „Dem Adenauer sollte man ein Unkrautvernichtungsmittel eingeben; eine kleine Dosis würde schon genügen; Adenauer sei alt und überempfindlich, deswegen genüge schon eine kleine Dosis. Adenauer solle erkennen, daß es niemals ein wiedervereinigtes Deutschland geben wird. Die Westdeutschen werden im Westen bleiben und die Ostdeutschen im Osten.“ (Quelle u. a. „Bild“-Zeitung 24. 3. 1962) Narrenfreiheit darf Montgomery nicht zugebilligt werden, dieser Feldmarschall ist Mitglied des englischen Oberhauses!

„Deutschlands Spaltung wurde vorweggenommen“

So kam nach allen alten und neueren Plänen genau nach der von Minoritäten seit je engen und auf Gedeih und Verderb verstärkten Bruderschaft mit Bolschewismus/Stalinismus/Kommunismus das, was kommen sollte und mußte. Die totale Niederlage Deutschlands und damit die totale Zerstörung des Schutzwalls von Europa.

Auf den Konferenzen in Teheran im November 1943, in Jalta auf der Krim im Februar 1945 hatten sich die „Großen Drei“ schon auf eine Zerstückelung des Deutschen Reiches geeinigt, um es als Faktor im Spiel der Kräfte von Europa, ja der Welt, auszuschalten. Roosevelt, Churchill und Stalin waren in Jalta übereingekommen, alles zu tun, damit „Deutschland nie wieder imstande ist, den Weltfrieden zu stören.“ (Rheinische Post 19. Juli 1980 — Detlev Hüvel — „Deutschlands Spaltung wurde vorweggenommen“)

„Zwischen Witzworten und Sticheleien wurde die Weltkarte geändert, Europa aufgeteilt. Das Schicksal Polens entschieden. — Beim ersten Toast trank Churchill auf ‚einen hundertjährigen Frieden‘. Gastgeber Stalin erwiderte, nur die

‚Großen Drei' könnten den Frieden sichern — Amerika, England, Rußland... Außer Deutschland ... fiel vor allem ein Land dem Konsens der Mächtigen zum Opfer: Polen, um dessen Existenz der Krieg überhaupt ausgebrochen war — gewiß eine absurde Wendung der Geschichte. Das stolze Volk, in Osteuropa beheimatet und nach Westeuropa orientiert, ging ins Eigentum seiner Erbfeinde über, der Russen — 1945, nicht erst 1981." (Magazin „Spiegel" 11. Januar 1982)

„Churchill hob sein Glas auf ‚die proletarischen Massen aller Länder'. Da konnte auch Stalin mittrinken ... Der deutsche Gewaltakt war den Briten wenigstens die Kriegserklärung wert, und um Hitler einzudämmen (Anm. in Wirklichkeit, um Deutschland zu vernichten. s. o.), war ihnen der Bund mit Stalin nicht zu riskant — obwohl zu erwarten stand, daß Rußlands Diktatur nun das ganze Polen für sich fordern würde." (wie vor)

„Die Rote Armee hatte ganz Polen erobert und stieß über die deutsche Reichsgrenze vor, während die West-Alliierten den Rhein noch nicht erreicht hatten. Stalin konnte nun von einer Position der Stärke aus verhandeln." (wie vor)

Über die Eroberung: „Die Rotarmisten waren damit beschäftigt, die polnische ‚Heimatarmee' zu liquidieren: Bei deren Aufstand in Warschau sahen sie sich vom anderen Weichselufer mit an, wie die Deutschen ihn niederschlugen. Verbliebene Führer der Untergrundarmee wurden von den Sowjets gekidnappt, versprengte Partisanen noch bis 1947 von sowjettreuen Truppen gejagt. Offizier Jaruzelski nahm an den Kämpfen teil." (wie vor)

„Bereits 1941 wurden die Polen, welche in Sowjetgewahrsam waren, liquidiert, blieben verschwunden mit unbekanntem Schicksal." In Katyn bei Smolensk wurden 4000 polnische Offiziere von den Sowjets erschossen, so der „Spiegel". Doch wie mit Zahlen offenbar auch hier jongliert wird, beweist unwiderlegbar das Buch von Fitzgibbon — „Das Grauen von Katyn" — mit Sowjetmord an 15 000 polnischen Offizieren, wie eine Rezension aussagt.

Alle Greuel aber wurden und werden den Deutschen zugeschoben, die nach polnischen Behauptungen und ihrer Nachredner „20 % des polnischen Volkes umgebracht haben". Das weit schlimmere Blutbad kann sich jeder vorstellen, wenn deutsche Zivilisten etwa bei der französischen Besetzung der Rheinlande mitten im Frieden, oder nach 1945 einen Partisanenkampf oder gar eine förmliche Untergrundarmee, wie die Polen, organisiert hätten!

„... Mit den Russen verlieren wir unsere Seele"

Man könnte noch viel mehr gerade aus diesem Artikel des „Spiegel" zitieren, ob man ein Freund dieses Magazins ist oder nicht.
„Churchills drei Streichhölzer, von denen eins für Deutschland, das zweite Polen und das dritte die Sowjetunion darstellt. Diese Streichhölzer müssen alle nach Westen verschoben werden."

„Polen, das Herzstück Osteuropas, wurde verkauft, an die Sowjets". ... „Polen wurde wie die anderen Staaten Osteuropas mit Terror gleichgeschaltet" ... „Die Betroffenen wurden nicht gefragt."

Als Churchill widersprüchlicherweise dann doch Bedenken kamen, tat er das mit den Worten „er hielte es für einen Jammer, die polnische Gans mit deutschem Futter zu mästen".

„Mit den Deutschen laufen wir Gefahr, unsere Freiheit zu verlieren", so Polen-Marschall Rydz-Smigly, „mit den Russen verlieren wir unsere Seele."

„Der kalte Krieg brach los — die Ideen von Jalta triumphierten."

„Roosevelt stellte sich Stalin als Zionist vor und Stalin versicherte: ‚Im Grunde bin ich auch einer. Aber in der Praxis läßt sich das schwer durchführen.'"

„Der Chefberater des Linksintellektuellen Roosevelt, Harry Hopkins, welcher den Morgenthau-Plan unterstützte und nicht ein Hitler- auch ein Deutschenhasser war."

Nicht nur allein die obigen Aussprüche von Churchill, zumal die Charakteristiken von Roosevelt „Linksintellektueller und Zionist" sprechen Bände und bestätigen jedes Zitat.

So kommt man von Polen u. a. wiederum zu Polen, der Fortsetzung der Menschheitstragödie seit Jahrzehnten, zu dessen Schutz und Schirm England, Frankreich und nach langer Vorbereitung die USA in den Krieg gezogen waren, das dann mit der Sowjetunion schmählich verraten und an letztere verkauft wurde. Um „die polnische Gans mit deutschem Futter zu mästen", wie Churchill zynisch erklärte. Als deutscher „Überfall" wurde und wird tagtäglich das in die Welt geschrien, was Polen-Marschall Rydz-Smigly schon Mitte des Jahres 1939 mit den Worten bezeichnete:

„Polen will den Krieg mit Deutschland und Deutschland wird ihn nicht vermeiden können, selbst wenn es das wollte." (-xx-)

Vorgeschoben wurden wie immer Menschenrechte, Selbstbestimmung der Völker und Erhaltung des Glaubens und der ewige Völkerfriede. Churchill tat in Jalta einen tiefen Schluck wenigstens auf einen „hundertjährigen Frieden".

Wohin diese Täuschung und Betäubung führten, nachdem der „preußische Militarismus", der den „Weltfrieden bedrohende Störfaktor Deutschland" ausgeschaltet worden waren, mit zwei Weltkriegen, beweisen die Sieger selbst. Nach dem Ende des Zweiten Weltkrieges tobten allein bis Mitte 1978 einhundertdreiunddreißig Kriege, einschließlich der bewaffneten Auseinandersetzungen, die das Leben von ungefähr 25 Millionen Menschen kosteten. Dies zählt der Historiker Joachim Fernau auf. Wir wissen alle, was gleicherart von 1978 bis heute passierte und können uns zudem das unsägliche Elend von Verwundeten, Kranken, Verstümmelten, Flüchtlingen und Verhungernden vorstellen und werden ja fast stündlich zu Spenden und Hilfe dafür aufgerufen.

Nicht nur das. Täuschung und Betäubung führten auch zu einer dauernden Bedrohung der Welt mit der Fackel eines dritten Weltbrandes. Das sollte reiche Zinsen bringen. Denn es konnte nicht anders kommen zum gegenseitigen brüderlichen Profit, als daß die nunmehrige kommunistische Weltmacht, der Roosevelt und Churchill in dieser Kalkulation mit abgrundtiefem Zynismus neun Völker Osteuropas und ein Drittel des deutschen Volkes zugeeignet hatten, in aller Zukunft überreichlich Zündstoff in aller Welt ergeben mußte.

Im quirlenden Schlund eines unermeßlichen Hasses

So kam auch genau das, was kommen sollte und mußte. Von dem übergroßen Elend unserer Ostflüchtlinge und dem der Deutschen, die von der Roten Armee überrollt wurden, war schon an anderer Stelle die Rede. Niedergewalzt im wahren Sinn des Wortes von den Panzern der Sieger, wie von Verwandten berichtet wurde, die aus Pommern flüchteten, ein Teil aber mit dem nackten Leben davon kam.

An die vierzehn Millionen Menschen erbarmungslos aus jahrhundertelang angestammter Heimat gejagt, beraubt, geschunden, davon fünf Millionen umgekommen, mit hunderttausenden vermißter Kinder, erfroren in eisigsten Schneestürmen, ertrunken infolge Torpedierung oder Zerbombung von Schiffen, überfüllt mit Flüchtlingen, mitten im Winter in den Fluten der Ostsee . . . „Nur weil es Deutsche gewesen waren!"

Nur weil es Deutsche sind, die so eben mit dem Leben davonkamen, mit dem sie schon oft abgeschlossen hatten. Frauen, Mütter, Kinder, ältere und alte Leute waren es meist, noch in bitterer Sorge um vermißte Väter, Söhne, Brüder, um Töchter mehr noch, die Sanitäts-Luftschutz-Nachrichtendienst geleistet hatten, von denen so viele verschollen blieben . . .

Wie im Osten Flüchtlingselend, Angst und nochmals Angst, so im Westen noch das kalte Entsetzen; vor Augen noch Mütter, Kinder und immer wieder alte, schwache Leute halbverbrannt in schwelenden Trümmern, zerfetzte Leichen, verschmorte Menschenstümpfe im brennenden Asphalt; zigtausende Keller voller Mütter, Kinder, alte Leute mit jammerstarren Augen erstickt im giftigen Qualm der Brandbomben. Ertrunkene und Verbrannte in phosphorverseuchten Gewässern. Flüchtende, jammervoll gehetzte Menschen, systematisch durch den „Mörder-Verein" — Murders Incorparated — der Tiefflieger in Schwaden als „Jagdsport" niedergemäht. „Nur weil sie Deutsche waren"; nach der Parole: „Tötet, tötet, tötet, es gibt nichts, was an den Deutschen unschuldig ist . . ."

Wenn auch in der Mitte und im Westen von Deutschland der Heimatboden noch vorhanden war, außer geraubten Grenzgebieten an den Westgrenzen, so war es doch nur ein klägliches Vegetieren in den allermeisten Groß-Mittel-Kleinstädten, vielen Dörfern in modrigen Kellerlöchern, Ruinen, Verschlägen. Nichts mehr besitzend für die Not des nächsten Tages. Mit weniger als Nichts, an das man noch glauben oder hoffen durfte, stöhnend vor Qual und Ausweglosigkeit. Alle Deutsche weniger als ein Stück schmutziges, zertretenes Papier, das über eine Öde geweht wird. Elende Reste eines unglaublich tapferen alten Kulturvolkes aus Ost und West, Norden und Süden nach Jahren hartem Aushalten, grausigem Bombenterror, die nur daran denken mußten, wie sie weiter noch leiden würden im quirlenden Schlund eines unermeßlichen Hasses. „Nur, weil sie Deutsche waren."

„Verhungert, in Lumpen, kein Heim und kein Brot.
Nur Angst vor dem Leben. Weniger Angst vor dem Tod.
Das Leben ist schrecklich. Das Sterben ist schwer.
So seid ihr, nicht wissend, wohin und woher."

Nach Hermann Löns konnte man dies sagen, der diese Sätze in einer Art Vorschau des Zweiten Gesichts vor dem Ersten Weltkrieg schrieb.

Dazu die nicht endenwollenden Gedanken um die Millionen unserer Soldaten, die sich in Kriegsgefangenschaft befanden. Wie sollte es diesen ergehen, wenn schon die deutschen Zivilisten so gegen die allereinfachste Menschlichkeit unerhörte Qualen und Leiden wehr- und schutzlos zu erdulden hatten? Unseren Soldaten, die sich über vier Jahre gegen weit über fünfzigfache militärische Übermacht und gegen hunderttausendfache Übermacht der Propaganda behauptet hatten! Mußten sie hungern, erfrieren, verdursten, an Seuchen sterben? Wurden sie einfach erschlagen, erschossen?

Auf der Seite der „Befreier" Haß, hohngeladene Rache gerade von solchen Uniformierten, die nie gekämpft hatten, eisigste Vergeltung und Verachtung mit widerlichem Pharisäertum. Denn genau so, wie der Bombenterror, die Auslöschungs- und Vernichtungstaktik nach den Worten von Churchill u. v. a. keine Unterschiede gemacht hatten, genau so wie jeder einzelne Deutsche, unabhängig von einer Parteizugehörigkeit, als „Nazischwein" ins internationale Bewußtsein eingehämmert worden war, so stellte man unsere Soldaten nahezu durchweg als moralisch verkommene, minderwertigste Subjekte hin, mit schmutzigster Gesinnung, größtenteils zuchthausreife Gewalttäter, als Diebe und Plünderer. Sehr viele von uns hatten ja schon einmal in den Jahren nach dem Ersten Weltkrieg erlebt, wie Besiegten mitgespielt wird.

Daß dies alles und mehr infamste Lüge war, wußte die Kreuzzugs-Propaganda natürlich genau, allein deshalb, weil sie und die militärische Übermacht doch viele Jahre benötigt hatte, um diese „Subjekte" niederzuringen. Aber damals und bis heute mußte die Rache international begründet werden, zumal für den zu erwartenden Zeitpunkt, sobald die historische Forschung begänne, Hintergründe, Wahrheit und die unmenschliche Behandlung der Deutschen und der Kriegsgefangenen, zumal in russischen und französischen Händen, aufzudecken.

„Im Untergang liegen schon die Fundamente für einen neuen Beginn"

Was all dem Schrecklichen gegenüber unser kleines persönliches Schicksal anbelangt, so kurz etwas als geringes Beispiel aus dem Jahre des Unheils 1945. Immer wieder empfinden unsere Familie und ich größte Dankbarkeit. Zwar lagen von Eltern und den drei Brüdern noch keine Nachrichten vor. Ich selbst war im westlichen Ausland mehr durch Zufall zunächst in ein sogenanntes Todeslager als Kriegsgefangener geraten. Durch Glück, doch auch Kaltblütigkeit, mehr durch einen Trick und wie stets als erster und typischer Einzelgänger gelang es mir, dort heraus zu kommen. Noch nicht in die „goldene" Freiheit, doch in ein überfülltes Wehrmachts- und Marinelager. Gleicherart als weitere Stufe mit dem berühmt-berüchtigten Strategenrang bevorzugt als „Förster" für land- und forstwirtschaftliche Arbeiten wurde ich offiziell entlassen. Vorher aber noch, auf dem Lkw-Transport der Land- und Forstexperten hatte ich in einem Zwischen-Übernachtungslager der Briten schnell mit zwei Kameraden das Glück am Wickel genommen, zum Küchendienst eingeteilt zu werden, die Örtlichkeiten zu erkunden, um nächtlicherweile mit scharfem Küchenmesser ins Depotzelt einzudringen. Was unauffällig in Taschen, Brotbeutel, Tornister an Tee, Zigaretten, Schokolade und Hartbrot hineinging, war unsere Beute, die einzige, die ich je im Kriege gemacht habe. Trotz der traurigen Lage kam ich später nicht umhin, „God save the king" zu summen, bis einer der Kameraden empört bemerkte, ich solle mit den „verdammten Nazi-Liedern" aufhören. Mit Musikdarbietungen hatte ich immer schon Pech gehabt.

Zuerst kam die Suche nach meiner Frau und unseren zwei Kindern, die dem großstädtischen Bombenterror entkommen waren, an der äußersten Westgrenze Zuflucht gefunden hatten, doch durch Luftlandungen der Feinde mit tausenden anderer deutscher Zivilisten seit neun Monaten verschollen waren. Wie sich später herausstellte, waren sie in ein Zivil-Internierungslager geraten. Zum Glück im Westen; wenn auch kriegsmäßig mit vielen Sterbe- und Krankheitsfällen, so doch noch human. Auch wenn sie nur Deutsche waren.

Sie wurden in einem zerschossenen deutschen Dorf auf die Straße gesetzt mit nacktem Leben. Wir fanden uns wieder in der Ruine eines Bauernhauses, in einer noch halb überdachten Ecke auf dünnem Stroh. Ich begann zu „organisieren". Die junge Mutter konnte in einem bei benachbarten Ruinenbewohnern reihum gehenden Topf eine Suppe kochen. Wir hatten nur drei Löffel; einer von uns mußte warten, und jeder wollte mir den seinen aufdrängen.

Ich sehe es noch vor mir, das wahrhaft zeitlose Bild, wie ein Ausschnitt aus dem so oft wiedergekehrten Geschehen uralter Zeiten in Volk und Familie. Die drei Blondschöpfe auf Klötzen um die Hälfte einer Kiste hockend, aus dem Topf löffelnd und hartes Beutebrot kauend. Dahinter das Strohlager in der Ruine des zerschossenen Hauses, überflackert und rauchdurchwölkt von den Flammen unseres leise knackenden Kochfeuers. Keiner sah im Zwielicht des Sommerabends, im Qualm des Trümmerholzes meine nassen Augen.

Meine Gedanken gingen weiter zurück in den dumpfen, brandroten Dämmerschein vieler Jahrhunderte. Immer hat es Überlebende gegeben; wie wären wir sonst hier und wie hätte anders Gott diesen Anfang und die Kraft schenken können, uns dem Abenteuer des Lebens und der Zukunft wiederzustellen. Ich mußte mich der Worte des verehrten Grafen Luckner — ob er noch lebte? — erinnern aus der Zeit nach dem Ersten Weltkrieg: „Im Untergang liegen schon die Fundamente für einen neuen Beginn!"

„Gott soll schützen"

Es soll keine Blasphemie sein, wenn ich diesen Ausdruck hier wiederhole, aber er gehört zu einem die damalige Zeit bezeichnenden Histörchen, was wegen einer Art Galgenhumor kurz erwähnt wird, der im übrigen neben dem Lebensmut wieder erwacht war. Beides gehört ja auch wohl zusammen.

Wieder wollte ich eine Lage erkunden. Und zwar ob etwa in der früheren Unterkunft meiner Familie hart an der Grenze, wo sie ja von Luftlandetruppen der Alliierten gefangengenommen worden waren, noch einiges an Kleidungsstücken vorhanden sein könnte. Zu diesem Unternehmen mußte ich in der zuständigen britischen Stelle einen „Grenzbewohner-Ausweis" beantragen, da die Gegend noch verbotene Zone war.

Ich sehe mich noch vor dem „Machthabenden" stehen, in Unkenntnis seines Dienstranges ihn anredend mit dem zivil-einfältigen Titel „Herr Direktor", höflich mit der verspeckten, alten Soldatenmütze in der Hand. Scharfen Blickes musterte der Herr Direktor meine auf Zivil getrimmte Uniform, geschmückt mit dem Forst-Emblem des Hirschgeweihes, gebastelt aus einem alten Stocknagel unter Entfernung der sinnigen Inschrift „Gruß vom Drachenfels". Der Hund des Herrn Direktor, ein typisch englischer Fox, knurrte mich giftig an; er trug am Halsband ein veritables Ritterkreuz; er selbst, der martialische Sieger, viele bunte Ordensbändchen, mehr als wohlgenährt in einer Duftwolke von Parfüm, Whisky und Zigaretten. Hinter ihm an der Wand die Bilder von Charakterköpfen, der „Großen drei Brüder in Christo", Churchill, Roosevelt und Stalin, umsteckt von Bildern äußerst spärlich bekleideter Mädchen, die mich schon mehr interessierten.

Unwiderstehlich, mühsamst beherrscht, rührte mich eine eigentümliche Komik an, obwohl ich mich in gewisser Gefahr befand, wenn man hartnäckige Gerüchte bedachte, wonach in ähnlichen Situationen zur Legitimation vorgelegte Entlassungsscheine ohne weiteres zerrissen wurden und Verhaftungen als „Nazi-Schwein" solcherart vorgekommen sein sollten, weshalb diese Leute landauf, landab gefürchteter waren als der Teufel. Aber vielleicht war sein Bedarf an Orden zunächst gedeckt; auch war wohl meine Miene noch dümmer als ihm angemessen. Der sehr ehrenwerte Herr Direktor ließ sich doch tatsächlich mit mir lässigem, strohtrockenen Landser in ein kurzes Gespräch ein, fragte nach meinem forstlichen Beruf und dem Grund meiner so frühzeitigen Entlassung, worauf ich etwas von Beseitigung der Kriegsschäden erwiderte.

Da sprach der Herr Direktor in bestem Emigrantendeutsch die mir unvergeßlichen Worte, weshalb dieses Histörchen allein wohl zu diesem Nachkriegsthema gehören dürfte: „Euch Deutsche darf man nicht lassen arbeiten, sonst seit ihr soweit in fünf Jahren, wie wir euch nicht wollen haben in fünfzig. Gott soll schützen."

Beinahe hätte ich „Vergelt's Gott" erwidert, denn der Herr Direktor hatte sich damit als Bekenner erwiesen, der zudem die Wahrheit bekannte. Es gelang mir, todernst ein dümmliches Gesicht zu behalten, was es wohl ohnehin ist, mir jedenfalls schon vieles erleichtert hat. Seine Gnaden, der Herr Direktor, haute einen Stempel auf ein Formular, kratzte etwas dazu, so daß sich das Wunder ereignete, daß wenigstens dumme Deutsche etwas galten, vor allem indes, daß dieser sehr ehrenwerte Sir ein „Mensch" war.

Erst draußen lächelte ich vorsichtig, wohl eher etwas hausbacken. Mit dem Gefühl einer nachhaltigen Rechtschaffenheit vor den neuen Oberen schritt ich von dannen, das mich nicht auf den wirren Wegen jener Zeit verlassen hat. Gut gebrüllt, Löwe, dachte ich, wie dessen wenige Worte geradezu die Essenz der mit zwei Weltkriegen geschehenen Tragödie darstellten und zweifellos aus einem Klassiker der Kreuzzügler entnommen waren. Damit war mein Bedarf mit zweimaligem, zeitbedingten Eindringen in die Höhle des grimmen, britischen Löwen gedeckt.

Jedenfalls war mein Weg ins Niemandsland frei, nicht ohne Fährnisse, denn die Gegend war immer noch vermint. Man mußte peinlichst die Wege und Pfade einhalten, welche mit weißlichen, aber öfters verwehten Stoff-Fetzen markiert waren und doch wie Friedensfähnchen wirkten, wenn ich daran dachte, daß hier meine junge Frau mit den zwei kleinen Buben, verkrochen im Keller hilfreicher Nachbarn, fast vier Wochen unter dem Feuer der dort stattgefundenen Kämpfe gelegen hatten, bevor sie zwecks Internierung aufgegriffen wurden. Sie hatten alles heil überstanden. In dieser Hinsicht muß man dankbar den obigen Zwischentitel behalten. — Die ehemalige Unterkunft stand zwar noch so einigermaßen, war aber total ausgeplündert, so daß es zunächst bei einem Hemd bleiben mußte, das jeder ja noch auf dem Leibe hatte. Was machte es schon? Weniger als nichts.

Da ich dank der „Güte" Seiner Großbritannischen Majestät „Kapitalist" war, so konnten wir trotz strengen Reiseverbots gut versteckt auf einem deutschen Gemüse-Lkw vom Niederrhein ins Bergische Land gelangen. Von den Eltern lag seit drei Monaten keine Nachricht vor; wir fanden sie gesund wieder, und auch schon von zwei Brüdern war ein Lebenszeichen eingetroffen.

An sich müßte man sich ob dieser unheimlichen Glückssträhne, wenn ich einmal so sagen soll, schämen. Aber wer hätte schließlich nicht gute Gelegenheiten benutzt, um aus jeder Lage das Beste zu machen. Wenn man aber an das Elend der noch in Kriegsgefangenschaft Befindlichen allein dachte! Etwa bei den Franzosen, der „grande nation", die im letzten Moment widerwillig und mit gewisser Verachtung zum großen Schmerz von General de Gaulle in die Reihen der Sieger aufgenommen worden waren und sich in ihrer Zone danach betrugen. Sie konnten ihr Mütchen kühlen, sobald dies ungefährlich geworden war. Wir in der Nähe des Rheins vergaßen nämlich nicht die ungeheuerliche Tragödie der „Rheinwiesen", die mein Schwager noch so eben überstand, aber an den Folgen nach endlicher Entlassung bald starb. An den Grausamkeiten auf weitem, sumpfigen, steinigen Ufergelände, vom Rhein und von Stacheldraht begrenzt. Aber — Zigtausende deutscher Soldaten unter freiem Himmel zusammengepfercht, monatelang unter glühender Sommersonne, dann wieder durchnäßt von Gewitterregen, fast ohne Trinkwasser und Nahrung, ohne Hygiene und ärztliche Versorgung. Dies waren um so mehr Verbrechen gegen die Menschlichkeit, als alle Kriegshandlungen beendet waren, die nach Siegermeinung geltenden Kriegsverbrecher längst aussortiert zu einem noch schlimmeren Schicksal. Doch auch dieses sinnlose Morden, die unendliche Qual zur Schande gerade derjenigen, die sich im Kampf absolut nicht bewährt hatten, paßte in den brutalen Racheplan auch der westlichen sogenannten Sieger.

„Sie werden sich anstrengen..."

Die christliche Theorie von Sünde und Strafe, von guten Werken und deren Belohnung wurde in trügerischem Doppelsinn auch von höchsten geistlichen Podesten nur auf uns Deutsche zur Anwendung gebracht und damit alles abgeleugnet, was von den Machthabern und Völkern der Sieger, den Kommunisten an erster Stelle, an Gotteslästerung, an grausamsten Menschen- und Christenverfolgungen, am Ausrotten jeden Gedankens an Gott (Lenin) verschuldet worden war. Wo blieb der so viel gerühmte und von anderen geforderte Widerstand der Kirchen gegen Diktatur, Willkür, Rassismus und Menschenverachtung, gegen Nichtbefolgung der Gebote Gottes? Waren die Kirchen überhaupt noch glaubwürdig, wenn sie das namenlose Entsetzen der sowjetischen Zwangslager, die Hölle der Geschlagenen, Gefolterten, Verhungernden, die unendlichen Leiden von über 20 Millionen Menschen in sowjetischen Lagern, das nunmehr 30jährige, despotische kommunistische Schreckenssystem noch nicht einmal wissen wollten, geschweige denn diese beispiellosen Verbrechen gegen die Menschlichkeit in Wort, Schrift und möglicherweise Tat nicht erbittert bekämpften?

Später stellten Historiker fest, daß allein ohne die „Säuberungen" Stalins die Sowjetunion 50 Millionen Einwohner mehr haben würde. Während damals und bis heute die Sowjets behaupten, ohne den „deutschen Überfall" hätten ihre Länder 20 Millionen Menschen mehr.

Wie hypnotisiert hatte eine schmählich zur Bewunderung gebrachte Welt mit Kreaturen, wie u. a. Churchill und Roosevelt an der Spitze, auf den Kreuzritter Stalin gestarrt. Und wer nicht dieser satanischen Hypnose jetzt noch folgte, galt nicht nur als „Nazischwein", sondern verlor zudem noch den Segen der Kirchen. Ich nahm beides auf mich, was keine nachträgliche Selbstbeweihräucherung sein soll, aber die Tatsache von drei gewonnenen Beleidigungsklagen. Denn ein „Nazischwein", auch nur im Sinne eines einfachen Parteigenossen, waren weder ich noch einer der Familie je gewesen.

Das kalte Grauen mußte einen überkommen, wenn man an die Folgen dachte, die eine solche „Umerziehung", die geistliche Erziehung einbegriffen, in den ahnungslosen Gemütern der nach uns Kommenden dachte! Welche Massen von Jungkommunisten würden sich zwangsläufig entwickeln, indem man in die Jugend direkt und indirekt den Glauben einpflanzte, daß der Bolschewismus/Kommunismus nicht nur harmlos gewesen sei und noch wäre, sondern dazu noch eine gottwohlgefällige Belohnung durch Emporkommen als zweite Weltmacht erhalten habe. Der Atheismus wurde somit förmlich gezüchtet. Und später dann ja u. a. dadurch belohnt, daß einem der „Höchsten" ihrer geistlichen Genossen im Westen der Lenin-Orden in Gold an den stolzgeschwellten Talar geheftet wurde. Obwohl vorher der russische Schriftsteller Roy G. Medwedew geschrieben hatte: „Stalins Verbrechen waren so ungeheuerlich, daß es ein weiteres Verbrechen wäre, sie zu verschweigen." Bei derartiger gespenstischer Selbstvernichtung, zumal der evgl. Kirche, drängten sich wieder die Worte des kommunistischen Gottes Lenin auf: „Sie werden sich anstrengen, um ihren eigenen Untergang vorzubereiten."

Man mußte sich ausrechnen, in welch hoher Zahl nicht nur die Kirchenaustritte, auch die Abwendung von der Religion zunehmen würden, wie viele sich mit fortschreitenden Jahren, mit zunehmender Erkenntnis und historischer Wahrheitsfindung, mit gesunder Kritik angewidert oder gleichgültig abwenden mußten.

Sicher, man hatte auch die Unvollkommenheit jeder menschlichen Einrichtung, also auch der Kirchen, zu berücksichtigen. Besonders nach einem verlorenen Krieg mußte man die opportunistischen Predigten, Schriften und Traktate als Pflichtübungen ansehen, wie auch die Ergüsse der auf die Bühne tretenden Politiker. Sie alle wollten doch für die Sieger gute Schularbeiten liefern und damit einträgliche Posten erlangen. Und doch wurden unendlich viele von den irreführenden, schwelenden Dunstschwaden eines unerträglich peinvollen Pathos, von der förmlich religiösen Kapitulation vor allem und jedem, was Kommunismus geheißen hatte und in den Himmel wuchs, mit bitterer Sorge um eine bessere Welt erfüllt. Um eine Zukunft, wenn es diese überhaupt gab, weil „wir ja nur Deutsche waren"! Und weil sich daraus in eiserner Konsequenz nur erneut „Blut und Eisen" ergeben mußten, oder aber die Drohung der herangezüchteten Übermacht, was auf eins herauskam nach allen bisher schon seit Jahrzehnten gemachten Erfahrungen.

Schulter an Schulter...

Als ersten und eisigen Anhauch kann man wohl die sogenannte Luftbrücke empfinden. In der Sowjetzone schnitten die kommunistischen Behörden auf Weisung von Moskau den Westsektor Berlins mit 2 Millionen Menschen von Westdeutschland ab, so daß jede Versorgung unterbunden war. Die ehemaligen westlichen Bundesbrüder mußten sich entschließen, das darbende Berlin durch die Luft zu versorgen, wenn sie vor der Sowjetmacht nicht kapitulieren wollten. Vom Sommer 1948 bis Mai 1949, als die Sowjets die Blockade abbrachen, wurden 2 Millionen Tonnen an Lebensmitteln und Versorgungsgütern eingeflogen, wie man las. Diese Luftbrücke, die „Rosinenbomber", wie in Berlin gesagt wurde, ging in die Nachkriegsgeschichte ein. Denn in schwerer, gemeinsamer Belastung, einer Art Kriegsdrohung, standen die West-Berliner und damit den britisch-amerikanischen Siegern gegen die Kommunisten, knapp drei Jahre nach dem Zusammenbruch! Selbstverständlich wird heute, über 30 Jahre danach, die „Rosinenbrücke" als menschliche, rettende Tat der Amerikaner gefeiert. Gut so, nach späterem und heutigen Bündnis. Aber niemals hätten die Berliner auch nur ein Stück Brot, von Rosinen ganz zu schweigen, erhalten, wenn der Rote Bär nicht gar so gefährlich geknurrt hätte. Doch tragisch, daß die Herrscher von USA erst nach über drei Jahrzehnten die Konsequenz zugelassen haben.

„...große Aufgabe, ein neues Nationalgefühl zu bilden..."

Im Mai 1949 stellte der Erlaß des Grundgesetzes für die Bundesrepublik Deutschland ein bedeutungsvolles Ereignis dar. Zumal der Wortlaut der Präambel, wonach das „deutsche Volk seine nationale und staatliche Einheit im Bewußtsein seiner Verantwortung vor Gott und den Menschen wahren" wolle, „um dem staatlichen Leben für eine Übergangszeit eine neue" Ordnung zu geben und damit auch für jene Deutsche gehandelt habe, „denen mitzuwirken versagt sei. Das ganze deutsche Volk" bliebe „aufgefordert, in freier Selbstbestimmung die Einheit und Freiheit Deutschlands zu vollenden."

Das waren schöne, zukunftsweisende Worte, wobei von Deutschland die Rede war, nicht nur von der Bundesrepublik. Wenn auch größte Zweifel bleiben mußten, was diese dann bedeuten würden, sobald einmal auch bei uns die doch überall wahrnehmbare rote Infiltrierung durchgeschlagen wäre, zumal bei den Nachwachsenden. Ich möchte nicht wissen, wer, ob Lehrer und Schüler auch nur ein Wort von dieser Präambel in den letzten zehn Jahren zu lehren oder wiederzugeben wagt.

Kein Mensch konnte sich vorstellen, daß die westlichen Sieger ihre eigentlichen Kriegsziele und die Beute jemals aufgeben würden, also Spaltung und Entmachtung der Deutschen. Die Roten Kreuzzügler würden ebensowenig daran denken, sich aus ihren Machtpositionen in halb Europa zurückzuziehen, die lang gehegten

Weltmachtträume, ihre Brückenköpfe und Helfershelfer im Westen aufzugeben. Zudem wollte doch die beiderseitige Rüstungsindustrie weiter leben, sehr gut sogar. Das konnte nur geschehen durch Brandherde in aller Welt und verewigtem Haß an der Spaltgrenze, wenn vielleicht auch nicht so bald durch einen dritten Weltkrieg, weil die in Japan erprobten Atomwaffen beiden Friedenshelden das Lebenslicht ausblasen würden. Uns natürlich zuerst.

„... unsere Würde neu zu bilden...“

Solch düstere Zweifel hinderten nicht, es wie ein Wunder zu empfinden, als im September 1949 nach der Vereidigung des neu gewählten Präsidenten der Bundesrepublik Deutschland, Prof. Theodor Heuss, dieser in seiner Rede sprechen konnte: „von der großen Aufgabe, ein neues Nationalgefühl zu bilden, von der sehr schweren erzieherischen und erlebnismäßigen Aufgabe, nicht zu versinken und stehenzubleiben in dem Ressentiment, in welches das Unglück Deutschlands viele gestürzt hat, sowie von der Aufgabe, im politischen Raum uns zum Maß, zum Gemäßen zurückzufinden, und darin unsere Würde neu zu bilden, die wir im Innern unserer Seele nie verloren.“

Es geschah dann, daß Bundespräsident Heuss am Marktplatz zu Bonn einige Worte zu der dicht gedrängten Volksmenge und zu der Bonner Studentenschaft sprach, und alle Versammelten den Choral sangen: „Großer Gott, wir loben dich.“ So erlebten wir es durch Augenzeugen und durch Rundfunk und Presse mit.

Man stelle sich das vor! An Nationalgefühl und neue Würde wurde appelliert; ein Choral öffentlich dabei gesungen! Also eine Art Vereidigung des deutschen Volkes! Wogegen nach 30 Jahren ein Rekruten-Gelöbnis mit traditioneller Musik teils religiösen Anklangs von roten Berufs-Chaoten und deren verwirrten Mitläufern so gefährlich gestört wird, daß dabei anwesend sein wollende Minister nur durch Hubschrauber ihren Platz erreichen können, um Mißhandlungen zu entgehen! Ist da etwa zu viel gesagt worden von Roter Saat, die zum Blühen und Gedeihen durch Agenten aller Art gebracht wurde? Während in allen Bereichen der Kommunisten, in der Sowjetzone zuerst, bei allen Gelegenheiten gigantische militärische Feiern abgehalten werden. Was würde dort mit „Friedensfreunden“ passieren, die auch nur ein einziges verächtliches Wort darüber verlieren? Verschwinden würden sie; bzw. ein Genickschuß nach Folterung wäre ihnen sicher. Eben das hat u. a. das viele schmutzige Papier der „Umerziehung“ zustande gebracht, was zu voluminös und stinkend war und ist, um löblichen Zwecken zu dienen. Diese Moralverwirrung des neuen Turms zu Babel, der den Himmel verdüstert, von dem schon gesprochen wurde, und die Maurermeister seit über einem halben Jahrhundert am Werk sind. Die doch in der Tat mit Täuschung der Völker einen dritten Weltkrieg mit unvorstellbarem „Blut und Eisen“ systematisch vorbereiten.

Das Schlimmste war vom Beginn unserer jungen Republik an u. a., daß solche und weitere Binsenwahrheiten wohl von weitesten Kreisen unseres Volkes, in der Zone ohnehin, verstanden wurden, dagegen in manchen sogenannten gebildeten Schichten, zu oft verbildeten, ein gesunder Menschenverstand nahezu verloren schien. Oder hündische Angst auch in unserer Demokratie vorherrschte, einen solchen sprechen zu lassen. Das Wort „Volksverstand" war sowieso verpönt; es hätte ja an „Volksgenossen" erinnern können.

Doch die Wahrheit regte sich und bleibt unaufhaltsam, wie aus so vielen Zitaten dieser Schrift ersichtlich. Mit eine erste Wahrnehmung an Aufrichtigkeit und Mut war wohl die Feststellung eines Ministers aus den Anfängen der Bundesrepublik Deutschland, von Bundesminister Dr. Thomas Dehler auf dem Parteitag der FDP in Hamburg im Januar 1950: „Deutschlands maßgebende Schuld am Zweiten Weltkrieg ist eine Mär." Man konnte schließlich nicht erwarten, daß der Minister statt Mär die volle Wahrheit mit dem Ausdruck infamer Lüge aussprechen durfte.

Alle schufteten...

Man könnte als Chronist ein Buch für sich aus den Jahren 1945 bis 1950 schreiben, ohne zum Lebensmut den Galgenhumor zu vergessen. Ein Humor, der sich allerdings immer weiter von dem uns zugedachten Galgen oder vom Hungertod entfernte. Denn Morgenthau war verblichen. Ich weiß nicht, ob schon eines seligen Todes, doch der Plan von ihm und seiner Minorität. Schließlich hatte sich dann doch auch in deren Köpfen allmählich die Erkenntnis durchgesetzt, daß deutsche Arbeiter, die Coca-Cola soffen, besser zu einem Wall gegen die immer bedrohlicher werdende Rote Weltmacht seien, als Hekatomben zähnebleckender Schädel. Man nannte das dann „Marshall"-Plan. Hätte folglich die drohende Faust von Väterchen Stalin nicht das Gesicht der Welt gefährlich verdunkelt, so wären Morgenthau und seine überaus gelehrigen Schüler doch noch zum Zuge gekommen. Gar nichts hätte sie daran gehindert. Mit den gespaltenen Deutschen aber und dem Roten Väterchen ergab sich wortwörtlich Morgentau, also die Morgenröte von unablässigen Rüstungen und neuen Kriegen. — Das wäre keine Glosse. Die immer mehr hochkommende Rote Sonne liefert den Beweis, für neues „Blut und Eisen".

Nun, zunächst arbeitete das Volk in unserem total ruinierten, demontierten, ausgeplünderten Deutschland. Arbeitete und arbeitete, das heißt diejenigen, die erstens überhaupt und zweitens ersprießlich arbeiten konnten, die wirtschaftlich und unternehmerisch denkenden und wirkenden Menschen. Denen es erlaubt war, derart zu denken und zu wirken im westlichen Restdeutschland. Aus uns „Trizonesiern", also aus den drei Kolonialgebieten, den amerikanischen, englischen und französischen Zonen, waren wir zu Bundesdeutschen avanciert. Sogar das Wort Deutschland hatten wir uns anhängen dürfen. Wer sagt's denn? Die Älteren von uns haben den Schlager noch im Ohr: „Wir sind die Eingeborenen von Trizonesien." Als aber am schönen Rhein Silos auf Silos entstanden mit Trägern hoher Titel und entsprechenden Bezügen kam das schöne Lied auf: „Wer soll das bezahlen? Wer hat soviel Geld?" Eine Hymne, die eigentlich durch Lautsprecher fünfmal am Tag und um Mitternacht von jedem öffentlichen Gebäude ertönen müßte, nicht zuletzt von den Kirchen. Anschließend aber, noch wichtiger: „Üb immer Treu und Redlichkeit bis an das kühle Grab ..." Nun, das Grab ist uns allen sicher, nicht aber die bombensichere Versorgung bis dahin. Bald rasselte auch wieder unser erstes Panzerregiment, von Amerikas Gnaden, doch für unsere werte Rechnung und Gefahr. Jedenfalls konnten wir ohne Gefahr wieder das tun, was uns Rheinländern und Bergischen im Blute liegt, da unsere Vorfahren schon nie besonders freundlich von Obrigkeiten dachten. Wir konnten Platz nehmen auf den Bänken, da die Spötter sitzen. In voller Ruhe, soweit wir dabei „Augen rechts" beachteten, wehe aber, wehe bis heute, wer sich daran zu erinnern wagte, daß es auch „Die Augen links" gegeben hatte. Mit Spott.

Drüben in der Zone, der sowjetischen, war es genau umgekehrt. Diese Deutschen wurden von vornherein und von Jugend auf „... zum letzten Gefecht ..." gedrillt, zur Planwirtschaft, zur roten von Marx, wie allüberall bei diesen Herrschaften, den so Friedfertigen durch nie dagewesenen Militarismus, selbst zu Adolfs Zeiten nicht. Die somit allüberall in rote Zahlen kamen. Das heißt die Herrschaften nicht, die hatten ihr Schäfchen in der trockenen Schweiz. Was soll's? Deren Sorgen möchten wir haben. Unsere bestehen darin, uns an Steuern weißbluten zu müssen, damit es an Milliarden für die Genossen und deren letztes Gefecht nie und nimmer fehlt. Wie heißt doch der altrömische Spruch, den ich noch aus meiner „Ministrantenzeit" genau weiß: „mundus vult decipi", zu gut Bundes- und „DDR"-Deutsch: „Die Welt will betrogen werden."

Doch zurück zum Anfang, als wir die Asche entschlossen abgeschüttelt hatten, die man uns jahrelang auf die Köpfe geregnet hatte, die aber natürlich immer noch zur demütigen Dämpfung vom Himmel der berufsmäßig Frommen nieselte und nieselt, was wir damals bis heute mit wissendem Lächeln geschehen ließen und lassen. Auf etwas mehr oder weniger Dreck von draußen her war es uns Deutschen kaum je angekommen. Wie sollte es in der Welt zugehen, wenn es keine Dreckschleuderer gäbe, die aus dem Schmutz Gold machen? Bei wem könnten unsere Haushaltsvorstände dann pumpen, hoch verzinsen? Damit soll nicht gesagt sein, daß etwa die Vorstände waschender Hand gar Provisionen einstecken würden. Nein, und nochmals nein.

Die letzten Hungertücher wurden also damals entschlossen zum Müll geworfen, soweit sie nicht ohnehin schon Lumpen waren und zum stinkenden Abfall gehörten. Diese Hungertücher. Jeder arbeitete und schuftete auf seine Weise, Männer, Frauen, Mädchen, Kinder, alte Leute, entrümpelte, enttrümmerte, baute Häuser, Wohnungen, Unterkünfte, Baracken — ob daher noch der Name jenes Hauptquartiers stammt, welcher der SPD den Namen gab? Natürlich dem Quartier.

Baute Fabriken, Werkstätten, Höfe, Ställe, Buden und . . . Kirchen. So entstand das „deutsche Wunder". Oh nein, wir haben diesen Ausdruck weder erfunden noch gebraucht, aber gehofft, daß wir nur ja nicht wieder zu „wunderlich" werden, erneut fette Beute bei uns zu machen ist. Halten wir ein, werden träge, schmuddlig, leisten kaum Arbeit oder solche, die uns keiner abkauft. Bauen wir lieber auf die „biologische Verschmelzung", die man uns schon einmal angedroht hatte. Nur daß wir selbst nicht dafür in südliche und tropische Länder reisen müssen. Zu diesem Zweck nicht. Sondern die lieben Gastarbeiter und Asylanten werden in genau dem gleichen Sinne in solchen Mengen in unser Land eingeschleust, daß der biologische Schmelztiegel überquillt. So geht es auch. Die eigentlichen Schleusenmeister jedoch haben traditionsgemäß allermeist stets nur unter sich geheiratet. Was bei uns undemokratisch ist. Als verderblicher, unfrommer Rassenhochmut gilt, als Sünde wider den heiligen Geist. Den dürfen nur andere haben.

Nach Art und Absicht dieser Schrift werden ja öfter Sprünge von damaligen zu späteren Geschehnissen gemacht. Also zurück zu den Anfängen unseres westdeutschen Teilstaates.

Die standhaften Zinnsoldaten

Bleiben wir ein wenig bei einer Art Humor, wenn auch bitterem, der längst bei denen wieder aufgekommen war, die nicht unter übergroßem Leid und Sorge um vermißte Angehörige litten, um Kriegsgefangene, an Weh um die verlorene, geraubte Heimat. Wie es vor allem Frauen, Müttern, alten und alleinstehenden Leuten ging. Man verüble mir also nicht den Versuch einer Wiedergabe von Gesprächen und Gedanken von solchen „Volksgenossen", die zeitweilig noch lächeln oder schmunzeln konnten.

Die Hochfinanz drüben, nicht die in der Sowjetzone, welche erst später von uns „marktwirtschaftlich" arbeitenden bzw. schuftenden Deutschen aufgebaut wurde, also die drüben über dem großen Wasser hatte es dann gewollt oder ungewollt schnell heraus, daß sie uns eines Tages gottwohlgefällig angesichts des grollenden Roten Bären könnte segnen mit Waffen für den Weltfrieden. Zuerst natürlich nur mit Platzpatronen an einem Tag im Monat.

So hatten sie in Europa gesetzt auf unser Pferd, den auf zwei Beinen lahmenden, urbösen, trotz Umfärbung noch braun durchscheinenden Gaul, der sie hätte überrannt um ein Haar, der soeben noch war entgangen dem Schlächter. Mußten ihm sogar lösen etliche Fesseln, umhängen eine schwarz-rote Decke. Gelb sollte kommen im Verborgenen. Sie mußten kleben einige Pflaster auf klaffende Wunden, in die sie gerade noch hatten gestreut das ätzende Salz. Ja, es wurde gestellt dazu ein waschechter Häuptling, mit einem Antlitz zerfurcht, listig, schlau hinter den Ohren. Gewaschen mit allen Wassern, auch aus Hudson, Jordan und Seine, nicht nur aus Donau und Rhein. Mit Häuptlings-Namen „Old-Separhand". Der blieb auf dem Teppich.

Napoleon hatte es schon fertiggebracht, sechzehn deutsche Reichsfürsten, deren Lande am Rhein und nahebei lagen, durch Versprechungen und Titel vom deutschen Reiche zu lösen und Bundesstaaten gründen zu lassen. Was nach 1919 eine bestechende Wiedergeburt fand, indem die Franzosen eine separate Rheinische Republik auf wacklige Prothesen stellen wollten. Zwar gab es keinen Napoleon mehr, dafür aber noch aufrechte Deutsche, die sich dem Holzbein-Staat erfolgreich widersetzen konnten. Nun, auch das mag insofern sein Gutes gehabt haben, als sich daraus über dreißig Jahre später die deutsch-französische Freundschaft entwickelte, die hoffentlich Bestand hat und niemals wieder ein französischer Staatsmann verkündet, Frankreich hielte die Anzahl der Deutschen um 20 Millionen zu groß. — Kehren wir zu der Lage zurück, die noch niemals so ernst war, aber auch nicht hoffnungslos. Wobei vom Arbeitsvolk übersehen werden mußte, daß neue „Serenissimi" am schönen Rhein mit ihrem Anhang, der so tapfer widerstanden hatte, nicht schlechter lebten als weiland ihre Vorgänger mit dem Geziefer in ihren Thrönchen. Doch waren sie Waisenknaben gegen ihre Nachfolger, deren Antlitz in der warmen Morgensonne immer roter wurde. Aus Scham also nicht.
Ja, wären nicht die Deutschen eben noch die Deutschen geblieben; man steinige mich ob solch nationalen Überschwanges, und hätte sich nicht die Rote Faust des ehemaligen Bruders in Christo hoch und immer höher gereckt, dann wären ja ohne Zweifel die so genußreich ausgearbeiteten und ratifizierten Pläne des Bruders Morgenthau zur Durchführung gelangt. Niemals hätten wir edle Provenienzen, wie Coca-Cola, genießen können. Der Rhein hätte nur aufgedunsene Hungerleichen zu Millionen durch Holland geschwemmt zur Freude der friedlichen Anrainer bis weit in die Fischgründe der Engländer, die sich davon so viel versprochen hatten. Denn sie waren seit je Feinschmecker.

Das biedere Rheinstädchen Bonn hätte nie einen weh- und zornesmütigen „Song" vom Zahlen vernommen, geschweige denn eine unabsehbare Schar von lieben Gästen erlebt, die mit ausgestreckten, doch noch salzigen Händen, mit gestärktem Kreuz, aber sich nicht bekreuzigend, partout vom Belohnen, Erben, Wiedergutmachen und uns „bewältigend" in allen Weltsprachen palaverten. Froh waren sie, daß es wenigstens Westdeutschland war, wo sie mit weißer Weste paradieren konnten.

Was wäre ihnen sonst vom Niederwerfen und Spalten Deutschlands geblieben? Rheinabwärts würden sich die Leichen gestaut haben, ostwärts grassierte die rote Pest. Deren Bazillen sie zwar überreichlich in alle Welt gesät hatten, sich selbst aber gesund stoßen wollten. Im Norden, wo ohnehin ihrer ein Teil im Zuchthaus gesessen hatte und Tod und Teufel herabregnen ließen auf alles, was der „Weltrevolution" entgegenstand. Die nun als Steuerzahler ihre Brotgeber sind, wie gesagt, bis zum Ehrenbegräbnis. Dort, im Norden, war man froh, sie endlich losgeworden zu sein. Westlich galten sie so und so als „boches", als Schweine. So wäre ihnen nur der Treidelpfad rheinaufwärts geblieben, immer schon die Pfaffengasse genannt, nur daß jetzt alle Kirchen und Kapellen Ruinen waren, in denen sie als Penner lediglich schaurig fluchen konnten. Bis die standhaften Zinnsoldaten bzw. Friedenshelden, enttäuscht bis an den Blinddarm, vielleicht die Schweiz erreicht, man dort getestet hätte, ob und was an ihnen noch zu verdienen sei, und der Einlaß ins goldene Paradies sich auszahlen könne. Dieser Teil, voll von kapitalistischen Idealen, würde dann bei den Eidgenossen zum Angeln zugelassen, anstatt in Bonn im Trüben fischen zu müssen.

Es kam dann doch zu ihrem und unserem Glück anders, so daß derart Karnevalsscherz sanft und erbaulich sowie märchenhaft schließen kann: wenn sie nicht gestorben sind, so fischen sie heute noch.

„Es ist noch Glück bei jedem Hieb, ...

bei dem der Kopf heroben blieb." So sagte der von mir so geschätzte Philosoph und Maler-Dichter Wilhelm Busch. Wir „hatten schlau singen", wie man im Bergischen seit altersher von denen sprach, die im obigen Sinne ohne jede persönlichen Sorgen salbungsvolle Sprüche von sich geben konnten. Das hatten zwar die meisten Deutschen seit Jahrzehnten nicht vermocht, aber vielen und uns selbst waren wohl Hab und Gut entschwunden, doch Gesundheit und Schaffenskraft geblieben, auch die Heimat. So konnten diese leichter nach dem Schweizer Dichter Wilhelm Leuthold in lächelnder Abkehr von denen, die sich nicht getroffen zu fühlen brauchten, sagen:

„Kein Drama ist's im großen Stil,
Wie du dir denkst, mit Schuld und Sühne.
Es ist ein derbes Possenspiel,
Gespielt auf einer Dilettantenbühne.

Zwar wär's nicht halb so jämmerlich,
Wenn nur die Leute besser spielten
Und wenn die Lustigmacher sich
Nicht immerdar — für Helden hielten."

Ein Wunder aber liegt drin oder liegt nicht drin. Wo letzteres der Fall ist, wird überdeutlich in den letzten Jahrzehnten vor aller Augen geführt, die sagten: „Dieser Krieg ist ein englischer Krieg." Sowie bei solchen, die einen unermeßlichen Raub noch nicht einmal verarbeiten können und zu Bettlern geworden sind. Warten wir ab, ob zum mindesten solche in Zukunft das tun, was der Papst von ihnen in ihrer stolzen Geschichte allen Ernstes behauptete: „Sie hätten hart gearbeitet."

Nicht im Stolz wollen wir Deutsche das von uns sagen, doch mit einigem Selbstgefühl. Wie es vor über zweihundert Jahren ein Franzose treffend ausgedrückt hatte, der Schriftsteller und Gegner des Absolutismus, der einen gemäßigten Liberalismus vertrat, Montesquieu (1689—1766) in seinem Hauptwerk „Esprit les lois“ — Geist der Gesetze: „Deutschland ist die einzige Macht, die sich verstärkt im Maß ihrer Verluste, und die langsam im Ausnutzen ihrer Erfolge schließlich unbesiegbar wird durch ihre Niederlagen.“ Doch vielleicht mag darin auch ein Teil der Antwort auf die Frage liegen: Warum haben wir Deutsche es so besonders schwer?

„... verblüffend und furchteinjagend...“

„Wenn die Welt uns einräumt, daß die Bedeutung einer Nation in ihrer Leistung liegt, das Maß derselben aber bei der gegebenen Begabung durch den Fleiß mitbestimmt wird, dann dürfen wir Deutschen uns dem Vergleich mit anderen stellen. Der amerikanische Professor Wallich gab seinem Buch über den Wiederaufstieg der deutschen Wirtschaft nach 1945 die bezeichnete Kapitel-Überschrift ‚Wirtschaftliche Bedeutung des deutschen Charakters’ und meint, daß zu den ‚Kraftquellen’, die ‚Bereitschaft zu arbeiten und zu sparen, die Organisationsfähigkeit und Arbeitsdisziplin’, sowie ‚die Fähigkeit zu Unternehmerleistungen und Erfindungen’ gehören. Der ‚Begriff der Arbeit’ habe in Deutschland einen klaren ethischen Gehalt“, ja Arbeit aller Art trage hier einen ‚fast religiösen Stempel’“. (-x-)

„Man erkennt daran so recht, daß alles, was Menschenantlitz trägt, gleich ist.“ „... Der engliche ‚Daily Express’ vom 11. Januar 1954 (Auflage 1938 = 2 270 000) schrieb: ‚Setzen wir Deutschland nur in den Sattel, reiten wird es schon können.’ ... Das ist ihr Sieg.“ (-x-)

„Es scheint tatsächlich, als ob die Deutschen auch ohne Hilfe von Pferd und Sattel reiten könnten. Die Fähigkeiten dieses Volkes sind verblüffend und furchteinjagend. Innerhalb von dreißig Jahren haben sie zwei Kriege geführt. Zwei Kriege, in denen sie die schrecklichsten Verluste an Menschen erlebten und katastrophale Zerstörungen an Eigenbesitz erlitten ... Sie wurden mit Bomben und Sprengladungen zur Unterwerfung gezwungen. Sie haben sich Haß und Abneigung aller zivilisierten Menschen zugezogen. Und nun sind heute ihr Wohlstand und ihre Stärke derart, daß sie alle ihre Nachbarn überragen.“

So traf auf unser Volk damals zu, auf uns mit am kleinen bescheidenen Teile, ein derzeitiger Spruch eines Dichters, dessen Name in meinen Notizen leider unleserlich wurde:

> „Traf dieser Schlag ein winselndes Geschlecht?
> Tat bricht Not und Tat bricht Jammer!
> Mit seinem Schicksal hadert nur der Knecht.
> Heut’ bist du Amboß, morgen saust in deiner Faust der Hammer!“

Längst wieder an einem Strang, um uns zu strangulieren

Verblüffung und erneute Furcht also schon 1954! Versteht man jetzt immer mehr das so häufig oben Gesagte, daß seit drei Jahrzehnten ein dritter Weltkrieg gegen die Deutschen tobt? Zwar eher verborgen, doch klar ersichtlich. Ein heißer Krieg gegen uns allein, wie zweimal gehabt, ist unmöglich. Dazu wären die stählernen Krallen des alle bedrohenden Bären zu gefährlich geworden.

Drüben in der Zone stöhnen die Deutschen unter diesen Pranken; wir in der Demokratie ein immer stärker werdender Volksteil müssen uns beschimpfen, beleidigen, verleumden lassen, wenn wir uns wehren! Gegen den geheimen doch allzu durchsichtigen Generalstabsplan von Zersetzung, Vermorschung, der „sozialen" Verwöhnung mit Einreden, Quasseln, Flimmern, ja auch Predigen zwecks Herabsetzen von Arbeit und Leistung. Gegen das förmliche Züchten von Ansprüchen, die ein Ausbeutertum ohnegleichen bewirken. Gegen Politik einer Kollektivschuld auch auf so vielen Kanzeln. Gegen Gift in der Schule mit Bazillen und Kloake in allen geistigen Quellen. Gegen Entwürdigung der Frau, der Mutter, der Hausfrau. Gegen Unkraut in allen Gärten von Heimat, Vaterland. Gegen Hader, Haß, Seuche und Sucht.

So ziehen sie längst wieder an einem Strang, ob aus West, Ost oder Nahost, in alter Waffenbrüderschaft, um uns zu strangulieren! Obgleich sie sich blindwütig den Strick um den eigenen Hals legen. Auch wie gehabt.

Wer letztlich Vernunft behält, bleibt offen. Ob etwa weiterhin, wenn auch verdeckt, nach dem Ausspruch des ehemaligen leitenden Beamten des englischen Außenamtes, Lord Vansittart, der Deutschland den „Würgervogel" der Menschheit nannte, wie ferner ganz gewisse englische Zeitungen die Deutschen als „Prototypen der Bösewichte" nannte. Oder völlig entgegengesetzt wie Summer Welles (einer der engsten Mitarbeiter, Ratgeber und Begleiter des US-Präsidenten F. D. Roosevelts) auf dem Höhepunkt des Zweiten Weltkrieges, 1944, in seinem Buche „Time for Decision" schrieb: „... es ist eine einzig dastehende Tatsache, daß kein Volk mehr zum philosophischen, wissenschaftlichen, literarischen und musikalischen Erbe der modernen Kultur beitrug." (x)

Womit erneut bewiesen ist, wie verhängnisvoll und übermächtig die Kräfte waren, welche Roosevelt zu einer ganz anderen Entscheidung bestimmten.

Wissenschaftliches Erbe der Deutschen

In dieser Hinsicht werden die studierende Jugend, die Schuljugend ohnehin, sowie weithin die Öffentlichkeit im Dunklen gehalten. Daher paßt in dieses Thema auch das Teilziel von „Blut und Eisen", der Raub der Gehirne des deutschen wissenschaftlichen Eigentums.

Dies bewies ich schon in der ersten Veröffentlichung meiner Schrift „Brüder über

Land und Meer" unter dem Kapitel „Die Beutedeutschen". (1977) Einiges darüber in möglichster Kürze. — Erst unser „humanes" Jahrhundert, in dem in zwei gewaltigen Kriegen mehr als je zuvor von Freiheit, Menschenwürde getrommelt, gepfiffen und posaunt wird, hat es möglich gemacht, ganze Menschengruppen von höchster Intelligenz und Begabung zur gnadenlosen Kriegsbeute zu erklären, gewissermaßen Gehirne zu plündern, sich ein Kriegsziel zu setzen, eine große Anzahl von Deutschen mit enormen wissenschaftlichen Erkenntnissen, Fähigkeiten und Forschungsergebnissen „frei Haus" und ohne Gegenleistung zu rauben. Daß die Sieger dies nötig hatten, steht ganz entgegengesetzt zu der Behauptung, sowie in tendenziöser Selbsterniedrigung von so vielen Deutschen, das deutsche, diktatorische Regime hätte der Entfaltung von Geist und Forschung entgegengestanden!

Weit vorher schon, 1932 und weiter war in höchst geheimer Wirtschaftsspionage, Wühl- und Detektivarbeit und späterer Kriegsspionage Jagd auf deutsche Gehirne gemacht worden. Der deutsche Physiker Otto Hahn (1879—1968) hatte mit seinen Mitarbeitern in einem beispiellosen Sieg über die Natur die Kernspaltung entdeckt, einen „Ausdruck, der von nun an zur Menschheitsgeschichte gehört", wie Michel Bar-Zohar in seinem Werk schriebt. („La Chasse aux savants allemands" — Die Jagd auf deutsche Wissenschaftler — Ullstein 1970) Dieser Publizist der Zeitgeschichte, in Bulgarien geboren, Studium an der Hebräischen Universität in Jerusalem, später Sonderkorrespondent in Tel Aviv, gibt eine umfassende Darstellung der Jagd auf deutsche Wissenschaftler. Mit stichhaltigen Dokumentationen, aufregender als der tollste Kriminalroman, wird hier ein Kapitel deutscher Zeitgeschichte geschrieben, das weithin unbekannt ist, verschwiegen wurde, und vor allem der Jugend kaum zur Kenntnis kommen sollte. Nur der Name Wernher von Braun, des großen Wegbereiters von Peenemünde, konnte als ungefährer Begriff kaum ausgeschaltet werden.

„Die stolzeste Leistung der USA in der Nachkriegszeit"

Ob es die Amerikaner, Sowjets, Franzosen oder Engländer waren, in einem verbissenen, mit allen Mitteln geführten Kampf, geheim zwischen den Kreuzzugsbrüdern, wurde nach dem endlich erreichten Zusammenbruch des Deutschen Reiches eine Hetzjagd auf deutsche Forscher und Atomwissenschaftler, Experten des Weltraumes, des Düsenantriebs, des Radar gemacht. Diese wurden gezwungen, gekidnappt, verschleppt, mit Versprechungen geködert, auch mit „freiwilligen" Erklärungen geholt. Ohne sie, diese Deutschen, den unschätzbaren Quellen des menschlichen Geistes — doch nur kein Prahlen — gäbe es keine Weltraumfahrt, keine Sputnik, keine Mondrakete u. a. m., welch letztere seitens USA bekanntlich wie oben angegeben bezeichnet wurde.

„In dem apokalyptischen Chaos, das ihr Land zugrunde richtete, wurden die deutschen Wissenschaftler von allen verfolgt, festgehalten, eingesperrt, oft gezwungen, sich zu verbergen und immer genötigt, für ihre neuen Herren zu arbeiten." (M. Bar-Zohar)

Jahre mußten vergehen, ehe das Buch eines deutschen Zeithistorikers ganz ausführlich den Anteil der Deutschen an der Weltraumforschung herausstellte. (Adalbert Bärwolf — „Es begann in Pennemünde" — Bauten im Weltraum — Lübeck 1970) Im Vorwort schreibt Robert Heitkamp, daß die deutsche studierende Jugend sowie Angehörige der älteren und jüngeren Generation sehr wenig darüber wüßten. Doch auch Emil Maier-Dorn hat in seinem Werk — „Die Deutschen — Ein Volk von Selbstzerstörern" — Norderstedt 1977 — dieses Thema eingehend berührt. Überhaupt gehört auch dieses Buch als „Darstellung der leidigen Ursachen unseres geschichtlichen Versagens", aus der Zeit nach dem Zweiten Weltkrieg, in die Hand jedes Deutschen!

Hier ist nicht der Platz, um die genannten, so vielen deutschen Wissenschaftler zu nennen. Ob Dr. Artur Rudolph, Projektmanager der Mondflugrakete „Super-Saturn". Dr. Kurt Debus, Direktor des Raumfahrtzentrums in Florida, auf dessen Kommando 23 000 Ingenieure und Techniker hören, unter dem bereits über 800 Raketen in den Himmel geschossen wurden, u. v. a.

Doch auch das Fernsehen konnte nicht umhin, das Thema aufzugreifen. „Deutsche in den Himmel" hieß eine Sendung im November 1973: „Deutsche Forscher und Konstrukteure machten die amerikanische Mondlandung möglich ..."

Im März 1977 hatte man in einer Fernsehsendung die große Freude, eine Berühmtheit vorgestellt zu sehen: Dr. Kurt Debus. Leider viel zu kurz. Nur so am Rande. — Hoffen wir inständig, daß es nur bei friedlicher Nutzung auch der deutschen, heute so umstrittenen Forschung auf diesem Gebiet bleibt, um „Blut und Eisen" zu vermeiden, was zum mindesten die endgültige Unterwerfung der westlichen Welt bedeuten würde.

Vorurteile abzubauen, Verständigung anzubahnen

Wen ich wiedersah, Anfang 1958 erst, nach all den schrecklichen Jahren, das war Graf Luckner, mein Idol aus jungen Jahren. Mehrfach hatte ich schon von ihm gehört und erfahren, daß er alle Wirrnis überstanden und auch nach dem zweiten Zusammenbruch den Glauben an unser Volk nicht verloren hatte und längst wieder dabei war, für unser gespaltenes und wieder zerrissenes Land als Botschafter des Friedens einzutreten.

In seiner reichen Kenntnis von Menschen und anderen Völkern hatte Graf Luckner die Hoffnung nicht aufgegeben, neue Freunde gewinnen zu können, wieder zu versuchen, Vorurteile abzubauen, Verständigung anzubahnen und zu erklären, wie es überhaupt zu dieser Kriegskatastrophe kommen konnte. Alles in dem erneuten Versuch, einige der steinhart verkrusteten, hassenden, mißtrauischen Herzen für die Einsicht zu gewinnen, daß es nicht nur „böse Deutsche" gab, was alleiniger Begriff und geflügeltes Wort seit vielen Jahren im Ausland geworden war.

„... Erfüllt von Liebe zu seinem Volke und größter Achtung vor dem Wert seiner Nation. Aller unvermeidlicher Tadel trifft nur einen Teil seines reichen Wesens. Selbst dieser handelt keineswegs immer aus rücksichtsloser Ichsucht oder aus niederen Beweggründen. Auch an ihn wendet sich diese Schrift." (x)

Luckner hatte immer noch ein fabelhaftes Personengedächtnis, pflegte alte Freundschaften, weltweite Verbindungen und baute neue auf. Ganz abgesehen davon, daß ihn vor allem seit je jeder Mensch, aus welchen Kreisen auch immer, interessierte, der trotz allem Unglück an unserem Vaterland festhielt. Dessen Anliegen oder gar Beruf es war, wie bei mir als Exportkaufmann, an irgendeinem, und sei es am kleinsten Teile, den Begriff des eigentlichen Deutschen wieder aufzubauen, zumal im Ausland.

Der alte Kapitän ließ sich den Glauben an sein Volk nicht rauben, an dessen guten Geist, den auch unser nationales Unglück im wesentlichen nicht zerstören könne, wenn man sich stets erinnere und danach handele, daß man zusammengehöre und einer ohne den anderen nicht zu leben vermöge. Sicher wurde ihm seine Aufgabe dadurch erleichtert, daß er auf eigene Verantwortung die Stadt Halle in den letzten Kriegstagen den anrückenden Amerikanern übergeben hatte, um ein sinnloses Blutbad durch die angedrohten Luftangriffe auf die offene, ungeschützte Stadt zu vermeiden.

Wie tief schmerzte es ihn, daß die Amerikaner sich später zurückgezogen hatten, um seine engere Heimat, fast 20 Millionen des deutschen Volkes und Millionen ehemaliger deutscher Soldaten, der Roten Armee, den Kommunisten, auszuliefern.

Luckner wußte genau und hatte den Mut, es überall auszusprechen, daß die Trennungslinie zwischen anständigen Menschen und dem Gegenteil nach seiner Erfahrung bei allen Völkern und Rassen ziemlich auf gleicher Höhe verläuft. Es sei ferner eine alte Erkenntnis, daß es stets mehr Tüchtige, Ordentliche und Arbeitsame gäbe, auch in der Jugend, als man allgemein sähe, sonst könne weder ein Volk bestehen, noch gar sich aus Niederlagen wieder emporarbeiten. Das möge uns neue Hoffnung für unser Volk und die Sache des Friedens geben, an der wir gemeinsam festhalten wollen, so pflegte er bis in seine letzten Jahre und Tage immer wieder zu sagen. Auch diese Einflüsse möchten sich als unzerreißbares Tau durch diese Schrift ziehen. Als ein „Blaues Band" der Gerechtigkeit, der Vaterlandsliebe, die auch uns zugebilligt werden muß, und damit der Völkerverständigung.

Mit dem Jahre 1963 wurde es stiller um unseren alten Kapitän. Am 22. März 1964 saßen wir nochmals mit ihm zusammen, „in alter Frische", wie er sagte. Mit Genuß verzehrte er noch sein Lieblingsgericht, Erbsensuppe mit Speck, und rauchte danach seine kurze Seemannspfeife. Am 13. April 1966 holte ihn im Alter

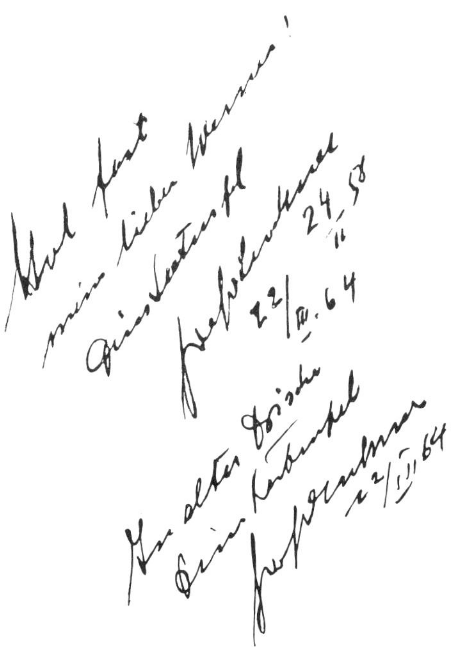

Graf Luckners unvergängliche Bücher:
„Seeteufel", Abenteuer aus meinem Leben, Koehler, Biberach a. d. R. 1921, 556.—563. Tausend

„Seeteufel erobert Amerika", Kaperfahrten auf Herzen, 121.—125. Tausend, Neuauflage 1955, Verlag wie vor

„Aus siebzig Lebensjahren 1955", Verlag wie vor

siehe auch:
Heinrich Christian Warnke „Das war Graf Luckner", Hamburg 1967

von 85 Jahren Freund Hein, und am 28. April 1966 ging die letzte Fahrt seines Lebensschiffes von der Michaeliskirche in Hamburg zum Ohlsdorfer Friedhof. Auf dem Sarg lag eine alte, verblichene, kaiserliche Seekriegsflagge und die blaue Kapitänsmütze.

Die Predigt bei der Trauerfeier hatte die Worte zum Inhalt: „Alles vergeht, was auf Erden groß war, und nur das bleibt bis in Ewigkeit, nämlich das Maß der Liebe, das wir auf Erden einer dem anderen geschenkt haben." In der Zeitung „Die Welt" stand am 31. Dezember 1966 auch der Name Graf Luckner unter dem Titel: „Die Toten, die für uns lebendig bleiben."

Ein Symbol

„Ein Kriegsschiff wie sie, die ‚Bismarck' hatte es noch nie gegeben. Sie war ein Symbol, das die Wiedergeburt der deutschen Seemacht und darüber hinaus des ganzen deutschen Volkes versinnbildlichte ..."

Hätte ein Deutscher vor dreißig Jahren, weit danach, ja selbst oftmals heute noch, diese Wahrheit und die weiter folgenden Zitate ausgesprochen, so wäre er und würde bestimmt als „Nazischwein und Faschist" gestempelt, und wie die ähnlichen Schimpfworte alle gelautet haben und teils noch gelten. Von den Gemäßigten würde er zum mindestens als ewig Gestriger, unbelehrbarer, deutscher Nationalist verschrien.
Doch es ist ein Engländer, der vom Untergang „des stärksten Schlachtschiffes der Welt" als Augenzeuge berichtet, in seinem historischen Werk „Pursuit: The Chase and Sinking of the Bismarck", 1974 by Ludovic Kennedy — deutsche Buchausgabe „Versenkt die Bismarck", Verlag Fritz Molden, Wien, München, Zürich, mit Auszügen in „Das Beste aus Reader's Digest", Januar 1976.

Zuerst möchte ich diese doppelte Wahrheit als Symbol des Gedenkens und in größter Bewunderung gegenüber den Leistungen unseres ganzen Volkes ansehen, sowie in Ehrfurcht nicht nur zu den Gefallenen der Kriegsmarine, sondern zu den Frontsoldaten aller Waffengattungen, die ihr Leben in gutem Glauben „an die Wiedergeburt des ganzen deutschen Volkes" einsetzten, und zu ihrem allergrößten Teile absolut nicht in einem „imperialistischen Nazi-Geist". So kommt auch diese Wahrheit durch eine maßgebliche, neutrale Stimme voll historischer Treue an den Tag, zu der ich weitere aufzählen könnte! Ein Symbol ist dies ferner für einen sich doch allmählich immer mehr durchringenden Wandel in Beurteilung und Berichten zur Ehre des ehemaligen Feindes und seiner Leistungen. Denn zu eigener Niedrigkeit und Schande wurde bisher bekanntlich die deutsche Wehrmacht als „feiger Sauhaufen von Plünderern" u. a. m. beschimpft und in niederträchtigster, menschenunwürdiger Weise nach dem Zusammenbruch danach behandelt. Obwohl doch 58 Staaten fünf Jahre dazu brauchten, um mit allergewaltigster finanzieller und materieller Übermacht den „Sauhaufen" zu besiegen, sich ferner nicht schämten, einen solchen Sieg Jahr auf Jahr noch feierlich zu begehen.

Dieser würde zudem nie gelungen sein, wäre nicht Landesverrat und blindes Glauben an die weit überlegende Propaganda des Feindes gewesen, sowie das Bündnis mit einer nationalkommunistischen Diktatur, die von Anfang weit über alle Maßen schlimmer war, als diejenige Diktatur, an welche wir Deutsche aus tiefster Not heraus als „Wiedergeburt des ganzen deutschen Volkes“ glaubten.

Man braucht sich nicht unbedingt der naiven Vorstellung hinzugeben, als handele es sich bei diesen und weiteren, zur historischen Wahrheit findenden Stimmen um lautere Liebe zu Deutschland. Alles andere wohl als das, wenn auch nicht bezweifelt werden kann, daß amerikanische, englische und andere Historiker doch ihre wissenschaftliche Aufgabe im Hinblick auf die unbestechliche Weltgeschichte ernst nehmen. Doch auch hier wird es so sein, wie in sonstiger Hinsicht, daß es allmählich immer mehr, sozusagen in letzter Minute, dämmert, und es das allergrausamste Verbrechen und ein selbstmörderischer Fehler war, Deutschland die Hälfte von Volk und Land und davon wieder die Hälfte rauben zu lassen. Daß weiter diese Hälfte gut genug ist, um einen Damm gegen die mehr als je drohende und übermächtig gewordene rote Sturmflut zu bilden, da andere Länder versagen, auch wenn zu diesem Überleben deutsche Soldaten und deutsche Leistungen herangezogen werden müssen, die vor vier Jahrzehnten bereits im alleinigen Kampfe gegen diese ganz Europa erschütternde Gefahr standen.

So zitiere ich aus genanntem Werk: „Die Bismarck (Stapellauf am 14. 2. 1939) war das stärkste Kriegsschiff der Welt, das schönste Schiff, das England je gesehen hatte. . . .Allein England bot hinter dem schmalen Graben, dem es sein Überleben verdankt, den Deutschen noch die Stirn“ . . . Glanzvoller Augenblick des Sieges: „Die Bismarck versenkte in schwerem Kampfe den größten Stolz Englands, das Schlachtschiff ‚Hood‘, welches in der Zeit zwischen den beiden Weltkriegen und bis zuletzt die englische Seemacht und das englische Weltreich verkörpert hatte . . . Die Hiobsbotschaft löste im ganzen Empire, aber auch in USA und in Südamerika Bestürzung aus. Wenn schon die ‚Hood‘ die ‚Bismarck‘ nicht aufhalten konnte, wer dann?“. Die düstere Stunde des Todeskampfes und Untergangs: „Durch einen Torpedotreffer in der Ruderanlage — die Chancen für einen solchen Treffer standen 1 : 100 000 — wurde die ‚Bismarck‘ hilflos wie ein Kind . . . Die englischen Schlachtschiffe gingen immer dichter heran und jagten Salve auf Salve hinüber . . . Admiral Lütgens an Bord der ‚Bismarck‘, der kein Nazi war, Hitler nicht mit dem deutschen Gruß, sondern mit der Hand an der Mütze grüßte und den Admiralsdolch der alten Kaiserlichen Marine trug, ließ den Funkspruch absetzen: ‚An den Führer des Deutschen Reiches, Adolf Hitler. Wir kämpfen bis zum letzten im Glauben an Sie, mein Führer, und im felsenfesten Vertrauen auf Deutschlands Sieg‘. . . .Weil aber noch Leben in der ‚Bismarck‘ war und ihre Flagge wehte, wurde sie weiter mit schweren Granaten eingedeckt . . . Um zehn Uhr war die hilflose ‚Bismarck‘ ein zusammengeschossenes, brennendes Wrack. Ihre Geschütze schwiegen, doch noch immer wehte am vorderen Mast stolz die Admiralsflagge und am Hauptmast die deutsche Kriegsflagge. Auf den englischen Schiffen war man voll Staunen und Bewunderung, daß eine Besatzung so tapfer bis zum Ende kämpfte". ...Winston Churchill informierte das gespannt lauschende Unterhaus: „Ich erfahre soeben, daß die ‚Bismarck' versenkt worden ist". Die Abgeordneten schwenkten ihre Papiere... Nur einer... nur... nur einer... ich muß es wiederholen, also „Nur einer, der Schriftsteller Harold Nicolson, sah schweigend vor sich hin. Deutlich stand ihm der menschliche Hintergrund der Ereignisse vor Augen. Er dachte an die ungezählten Toten. Fast 4000 Männer, die Hälfte Deutsche, die Hälfte Engländer, hatten ihr Leben lassen müssen — Männer, die persönlich nicht das mindeste gegeneinander gehabt hatten, die unter anderen Umständen vielleicht zusammen gespielt und gelacht und gesungen, die Schwestern der anderen geküßt und sich gegenseitig besucht hätten"...

An dieser ewig gleichen, menschlichen Tragödie werden international zu viel Profite gemacht, als daß sie abzuschaffen wäre. Seit Ende des Zweiten Weltkrieges mehr als je zuvor, nur daß die Sowjetunion, wie zu erwarten war, planmäßig zum größten Waffenlieferanten der Welt geworden ist. So kann es nur Utopie oder Hochverrat sein, wenn dieser Staat als wahrhaft friedliebend propagiert und ein Teil unseres Volkes dazu überredet wird, im bloßen Hemd der ahnungslosen Friedensengel zu paradieren. Wo doch die Geschichte erweist, daß damit zu immer neuen Kriegen herausgefordert wird.

„Auch die Völker dieser Erde...

stehen wie Geschwister nebeneinander, und ein Volk hilft Leben und Schicksal des anderen bestimmen. Alle zusammen haben gelebt, gelitten und gearbeitet, damit du lebst, dich freust und schaffst."

So sagte Gustav Freytag, (1816—1895) der aus Oberschlesien stammende Historiker und Schriftsteller, der besonders mit seinen Werken „Die Ahnen" und „Bilder aus der deutschen Vergangenheit" mit überreichem kulturgeschichtlichen Inhalt bei uns Deutschen unvergessen ist. Auch Teilen des jüdischen Volkes hat Gustav Freytag bekanntlich in seinem Buch „Soll und Haben" gedacht.

Im Sinne der oben betonten Ideale der Völkerachtung und -versöhnung, denen wir alle nach besten Kräften nachstreben wollen, möchte ich wiederholen, daß alle in dieser Schrift erwähnten Tatsachen, Berichte, Zitate und Auffassungen in keiner Weise den offenen oder verhüllten Zweck verfolgen wollen, etwa Gefühle der Rache, der Ver- oder Erbitterung zu wecken. Vielmehr handelt es nur um den Versuch, dazu beizutragen, wenn auch am kleinen Teile, im Sinne der Wahrheitsfindung und -darstellung ein Verblassen von Erinnerungen und Außerachtlassen von geschichtlichen Tatsachen zu verhindern.

Denn die Sorge wächst, daß die vom hart arbeitenden Volk im praktischen Leben geschaffenen Grundlagen, auf denen inzwischen zwei neue Generationen leben, von offenen und untergründigen Kräften der immer noch andauernden Diffamierung, der Irrlehren, ja der Rache und des Verrats schwer bedroht werden. Jeder kann klar erkennen, wie es in einer Schrift der Stiftung für Europäische Publizistik (Assoz. Mitgl. der Internationalen Paneuropa-Union) heißt:

„Man kann den Zeitgeist lenken; seit zwei Generationen ist die Deutung der Welt — also die Bewußtseinsformung der Journaille überlassen — den Halbintellektuellen und Viertelgebildeten. Seit zwei Generationen sind die Ernährungs- und Verdauungsinstrumente des menschlichen Geistes, sind die unseligen „Massenmedien" der Linken ausgeliefert. Das verfälschte Wort ist die Krankheit des menschlichen Bewußtseins. Das profunde und wirklichkeitsnahe Wort kann sie heilen."

„Sieh, unsere Schwäche besteht ja nicht darin, Unwürdiges zu tragen, sondern es so lange zu tragen." (Rudolf Herzog)

Hierzu auch Worte eines Engländers: „Und jedenfalls je besser man im Westen die Fakten kennt, besonders in jenen Fällen, in denen sie lange Zeit verhüllt oder entstellt waren, desto realer wird unser Weltbild sein. Und dieses Bild ist wohl wirklich wesentlich für jeden, der die Geschichte unserer Zeit und damit unsere heutigen Welt verstehen will." (Robert Conquest, Mitglied der britischen UNO-Delegation und der Royal Society of Literature — Stalins Völkermord — Europa-Verlag, Wien 1970)

Man muß diese Schwäche mehr denn je bekanntlich auf die geistige Ebene oder Kampfbahn übertragen. In diesem Sinne kann man auch die Worte von Theodor Fontane (1819—1898) verstehen: „Es schadet einem Volke nicht, weder in seiner Ehre noch in seinem Glück, mal besiegt zu werden — oft trifft das Gegenteil zu. Das niedergeworfene Volk muß nur die Kraft haben, sich aus sich selbst wiederaufzurichten. Dann ist es hinterher glücklicher, reicher, mächtiger als je zuvor."

Gerade weil diese Weisheit in wirtschaftlicher Hinsicht auf die Bundesrepublik Deutschland zugetroffen hat, obwohl wir weder reich noch mächtig werden wollten und es ferner wollen, so ist um so mehr verständlich, warum wir nach wie vor von den eigentlichen Siegern mit Verleumdung und Geschichtsverfälschung überzogen werden.

Das Werk des Amerikaners Gary Allen „Die Insider" (Wiesbaden 1974) sagt überdeutlich bereits im Vorwort: „Dieses Buch soll die Notwendigkeit der Aktivität jedes einzelnen aufzeigen. Die hier geschilderten Interessen und Methoden einer kleinen Gruppe egozentrischer Machtspekulanten, die mittels des Sozialismus eine Kontrolle über die ganze Welt und so die Vermassung des Individuums anstreben, entsprechen der Tatsache und bilden eine Gefahr von noch nie dagewesenem Ausmaß ... Wie stark ein manipuliertes Geschichtsbild in unser aller Bewußtsein eingeprägt ist, mag an der oft provozierenden Wirkung dieses Buches deutlich werden."

Viele ungenutzte, wirrnisreiche Jahre mußten vergehen, bevor am 30. 6. 1975 George Meany, Präsident der AFL-CIO (Gewerkschaften der USA) anläßlich der Vorstellung von Alexander Solschenizyn Worte der Wahrheit fand: ... „Heute jedoch, in dieser gefahrvollen Stunde menschlicher Geschichte, in der die Kräfte, die sich gegen den freien menschlichen Geist formiert haben, mächtiger, tödlicher und brutaler sind als je zuvor, steht die einzigartige Gestalt des Mannes, der die Flamme der Freiheit am meisten anfachte, nicht an der Spitze eines Staates, befehligt keine Armee und führt keine Bewegung an, die sich im Sichtbaren vollzieht. Aber es existiert eine Bewegung — eine verborgene Bewegung von Menschen, die keine Ämter bekleiden, nicht in Hauptquartieren residieren, die in den großen Foren, in denen die Nationen sich versammeln, nicht vertreten sind, von Menschen, die für das Recht zu sprechen, zu denken und sich selbst zu verwirklichen, täglich mehr erleiden und riskieren als wahrscheinlich jeder unter uns in seinem ganzen Leben ... lassen Sie uns auch der übrigen gedenken: der Millionen, die in sowjetischen Arbeitslagern versklavt sind, der ungezählten Tausende, die man in sogenannte ‚Irrenanstalten' durch Drogen und Zwangsjacken gefügig macht, der Scharen stummer Arbeiter, die in den Fabriken der Kommissare Sklavenarbeit leisten ... nicht zuletzt derer, die im Schatten der Tyrannei geächtete Gedanken aufzeichnen und sie von Hand zu Hand weitergeben ... Solschenizyns Kunst macht die Wahrheit sichtbar. Sie ist in gewissem Sinne subversiv: sie untergräbt die Heuchelei, Verblendung, sie entlarvt die GROSSE Lüge."

Das war im Sommer 1975, als sich US-Präsident Ford auf die Schlußveranstaltung der „Konferenz für Sicherheit und Zusammenarbeit in Europa" in Helsinki vorbereitete, als der unerschrockene Kämpfer für Menschenrechte, Nobelpreisträger Alexander Solschenizyn, aus Moskau ausgewiesen, vom US-Präsidenten nicht empfangen wurde!

Gleichwohl und ungehindert richtete Solschnizyn bei seinem Besuch der USA auf Einladung des Gewerkschaftsverbandes die „Drei Reden an die Amerikaner" als Warnung für den Westen! (Darmstadt-Neuwied 1975) Fur den teils noch freien Westen, vielfach durch allzu großes Wohlleben, Egoismus, Selbstgefälligkeit träge geworden, in Linksdrall unterwühlt, verdummt, vernattert, verwirrt, oder in Opportunismus dem Verrat des Abendlandes, des Christentums verfallen.

Dagegen richtete Solschenizyn immer wieder aufrüttelnde Worte, ja selbst an die NATO:

„Wer den Willen zur Verteidigung nicht besitzt, den soll man nicht verteidigen."

Wer ferner all das Vorgesagte und Zitierte nicht glaubt, wer jetzt fünf Jahre später nicht nach Polen blicken will, dem wird es höchst persönlich so gehen, wie es der frühere Sowjetgewaltige Chruschtschow angekündigt hatte, vor vielen Jahren schon.

„Einer muß ins Grab. Wir wollen nicht in die Grube. Sie — die Westmächte — wollen auch nicht ins Grab. Was bleibt zu tun? Wir müssen sie ins Grab stoßen!"

Diese seit über einem halben Jahrhundert gültige, nur von den Deutschen erkannte und vertretene Binsenwahrheit, darob sie halbtot geschlagen und zerrissen wurden, gewinnt nun scheinbar die Köpfe des derzeitigen US-Präsidenten und gewisser Mitarbeiter, welche teils an sich der „Gruppe" zugerechnet werden müßten, von der der Amerikaner Gary Allen sprach.

„Die... die... die..."

Wenn in dieser Schrift und auch sonstwo es heißen mußte „die Engländer, die Amerikaner, die Franzosen, die Russen, die Polen und die Juden", so betonte ich schon in einem früheren Buch, daß es nur diese Gruppen und Minoritäten sein können, die für das Anstiften von Kriegen, von Völkerverhetzung, für Verbrechen, Unmenschlichkeit, Landesraub verantwortlich sind. Nicht die Massen in den Völkern, die weiter nichts wollen als einigermaßen anständig leben.

Über „die Engländer" kann man weitgehend Sven Hedin beipflichten, der von ihnen sagte: „Man erkennt, daß im englischen Volk eine weit vernünftigere und menschlichere Auffassung der Weltlage vorhanden ist und ein klarerer Blick für die sozialen Erfordernisse der Zukunft, als der Mann sie zeigt, Churchill..." Darauf wurde noch „tief im Kriege, 1941", vertraut, als das deutsche Reichsoberhaupt erklärte: „Das Ende des Krieges ist der Anfang der dauernden Freundschaft mit England." (x)

Über „die Amerikaner" erklärte und zitierte ich mehrfach, daß die weit überragende Mehrheit gegen die Beteiligung am Ersten und Zweiten Weltkrieg gewesen ist, und nur durch schieren Betrug von einer Minorität hineingezwungen wurde.

Die „Franzosen" sind zwar ihrem Volkscharakter nach, bzw. waren es, ruhmsüchtig, aber das im allgemeinen, oben zitierte, so gute Einvernehmen zwischen den deutschen Besatzern und der Bevölkerung beweist selbst das gegenseitige Verständnis mitten im Krieg.

Über „die Polen" in altererbtem Größenwahn und allzu großem Nationalismus kann man wenig sagen. Zweifellos ist die Masse wenig verantwortlich für den seit je eingeimpften Fanatismus und den ihnen zugeschanzten, der Masse geradezu unheimlichen Länderraub. Über das System aber schrieb Alexander Solschenizyn: „Und dann gibt es Polen, das Land betete nur einige Tage mit dem Papst, und nur Blinde konnten nicht sehen, was für ein Abgrund sich zwischen dem Volk und dem Kommunismus offenbarte."

Dem Urteil von Sven Hedin über „die Russen" kann man weitgehend beipflichten: „Ich habe die russischen Bauern und das ganze einfache, anspruchslose, arme russische Volk liebgewonnen, diese gastfreien, aufrichtigen, ehrlichen und gutmütigen Menschen, die nichts verlangen, als in Ruhe gelassen zu werden." Aus jüngster Zeit muß man Alexander Solschenizyn zitieren: („Die Welt" 1. März 1980)

„Genau der gleiche Abgrund steht zwischen dem Kommunismus und dem russischen Nationalbewußtsein. Sorglos und so bitter für uns — verwechselt der Westen die Worte ‚russisch' und ‚sowjetisch', ‚Rußland' und ‚UdSSR', und benutzt das erste statt des zweiten. Diese Praxis gleicht dem Versuch, einen Mörder mittels der Kleider und des Ausweises des Ermordeten zu identifizieren. Es ist eine schwachsinnige Verirrung, das russische Volk für die ‚regierende Nation' in der UdSSR zu halten."

Die Russen waren es, die der allererste zerschmetternde Schlag von Lenin traf. Schon damals erduldete das Volk für Millionen. Die Besten wurden auserkoren und erschlagen, sogar schon vor der ermordenden Kollektivierung der Landwirtschaft. (Anmerkung: Wer sich über das letzte informieren möchte, der lese nur das tief erschütternde Buch „... Und Gott schweigt?" von Edwin Erich Dwinger, Lübbe/Bergisch Gladbach 1979. Ein „wahrheitsgetreuer Bericht eines jungen Kommunisten, der im Sommer 1933 nach Sowjetrußland emigierte.") Fortsetzung der Zitate von Solschenizyn:

„Auch damals schon wurde die ganze russische Geschichte mißachtet, die Kirchen und Kultur zerschmettert, die Geistlichkeit, die Aristokratie, die Kaufmannschaft und nach ihnen das Bauerntum vernichtet."

„Auf ungeheuer großen Strecken unseres Landes gibt es nichts zu essen, und der Einkauf amerikanischen Getreides verbessert die Ernährung des Volkes auf keine Weise. Das Getreide geht zur Aufbewahrung in die militärischen Vorräte. Die Russen stellen die Hauptmasse der Sklaven dieses Staates dar. Das russische Volk ist ausgelaugt, biologisch degeneriert, sein nationales Bewußtsein entwürdigt und niedergehalten.

„Nichts liegt der russischen Seele jetzt ferner als ein militanter Nationalismus." (Ende der Zitate des Nobelpreisträgers Alexander Solschenizyn)

Wenn ich so oft das „heiße Eisen" anfaßte, und im Zusammenhang mit dem Kampf um Recht und Wahrheit für alle Deutschen u. a. die erste Kriegserklärung „der Juden" herausstellte, welche die Deutschen schon am 24. 3. 1933 mit späterer Erhärtung von 1942 seitens des Jüdischen Weltkongresses erhalten hatten, so möchte ich gern bemerken, daß unsere ganze Familie schon in der Vorkriegs- und auch „Nazizeit" sehr achtbare, hilfsbereite Mitbürger unter „den Juden" schätzen gelernt hat. Ja, weit früher noch zur Zeit unserer Großeltern! Selbst in der Zeit nach dem Zweiten Weltkrieg bei meiner Berufstätigkeit im Ausland man mich bei einigen Juden und deren Familien nicht entgelten ließ — in oft nahezu lieber Weise — daß ich Deutscher war, einer von den 60 Millionen, die man weltweit in die unterste Hölle fluchte. Die ersten Auslandsgäste in den frühen 50er Jahren waren Juden, auch mit ihren Familien.

So kann ich mich aus persönlichem Erleben und eigener Überzeugung den Worten von Emil Maier-Dorn aus seinem Werk „Magische Macht Mammon" anschließen:

„Es soll mit allem Nachdruck betont werden, daß es hier nur um den politischen Einfluß führender Juden geht, besonders soweit sie ihre Geld- und Wirtschaftsmacht in den Dienst zionistischer Weltherrschaftsbestrebungen gestellt haben."

„Die Gesamtheit der Juden dafür verantwortlich zu machen, wäre genauso niederträchtig und sinnlos, wie der Schuldspruch gegen das deutsche Volk wegen irgendwelcher Verhaltensweisen von Regierenden früherer Generationen. Bei allem Geschwätz, was man darüber verbreitet, ist die Masse eines Volkes in aller Welt und unter allen Verfassungen über die wahren Gegebenheiten, Zusammenhänge und Absichten weder hinreichend unterrichtet, noch tatsächlich in der Lage, den Willen der Führung zu brechen. Die breite Masse muß in ihrer Unwissenheit und Ohnmacht derart schwere Lasten duldend ertragen, daß man hinterher nicht auch die Schuld auf ihre Schultern werfen soll."

Um so mehr ist gerade dies zu bejahen und die Konsequenzen daraus zu ziehen als es auch jüdische Zeithistoriker und Wissenschaftler sind, welche die Wahrheitsfindung, wie oben oft zitiert, vollauf unterstützen.

„Stärker als die Übermacht — Eine Antwort des Westens"

Aus diesem Werk von Arnold Krieger, (Seewald, Stuttgart 1961) das heute mehr denn je aktuell ist, möchte ich zum Schluß dieser Art Kampfschrift gegen die planmäßige Verachtung und Entstellung unserer ganzen Geschichte, gegen die Verleumdung, daß „Blut und Eisen" allein und stets nur wir Deutsche verschuldet haben sollen, noch Worte über das faszinierende Buch bringen:

„... Das ist eine Revolte gegen die Wohlstandslethargie; das ist ein Weg aus der Sackgasse Ost-West; das ist die Überwindung angesichts des Totalitären. Zerrissenes fügt sich wieder zum Ganzen. Die Positionen der Zukunft sind uns — den nur scheinbar Schwächeren — sicher. Ermutigung strahlt dieses Buch aus. Es weckt die Kraft zu sinnvollem Handeln, zur Mittäterschaft!"

„... Der allgemeine Unmut über die Schlaffheit, Feigheit und Kurzsicherheit des Westens findet in Arnold Krieger einen wortgewaltigen Chorführer."

„... Vielen ist schon klar, daß die Entscheidung des 20. Jahrhunderts nicht an militärischen Fronten fällt und letzten Endes auch nicht auf dem Felde der Wirtschaft, des Handels oder der Technik. Die Kraftquellen, auf die es ankommt, sind seelischer, sittlicher und geistiger Art ..."

„Keine Nacht dauert ewig"

Allein der Titel dieses Buches von Hugo Wellems (Düsseldorf 1978) ist tief bewegend und anspornend. Wie zum Geleit Siegfried Zoglmann (MdB 1957—1976) diese Zusammenstellung von Aufsätzen aus den letzten 30 Jahren als „Besinnung, Hoffnung und Bekenntnis" bezeichnet, von „einem freiheitlichen Konservativem, dem Vergangenen verbunden, dem Künftigen aufgeschlossen. Dies ist auch der Geist, der durch diese Aufsätze weht". Und das schon vor 30 Jahren, wie man nicht anders als bewundernd sagen kann.

Was aber der uns stets am Herzen bleibende deutsche Osten anbelangt, so muß sich jeder Deutsche den Worten von Hugo Wellems anschließen und für deren Verwirklichung mit einsetzen, die das Buch von Hans Georg Tautorat, Ostpreußen — Landschaft — Leistung — Schicksal (Düsseldorf 1981) u. a. einleiten: „... Stolz auf die deutsche Geschichte und Kultur dieses Landes wecken sowie die Erkenntnis stärken, daß die Abtrennung Ostpreußens und die grausame Vertreibung der deutschen Bevölkerung gegen die herrschenden Völkerrechtsgrundsätze verstoßen und das deutsche Volk ein Anrecht auf Wiedergutmachung des ihm gegenüber begangenen Unrechts hat."

Wie Dr. Hans Kroll, Botschafter der Bundesrepublik Deutschland in Moskau von 1958—1962, in seinem Buch „Lebenserinnerungen eines Botschafters" Köln/Berlin 1967 mahnt: „Versöhnung mit unseren östlichen Nachbarn, ehrliche und aufrichtige Versöhnung: ja; Vorleistung und Verzicht auf deutsches Land: nein. Niemand gibt uns was dafür!"

Polemik?

Wer gleichwohl gewisse Zitate, Kommentare und belegte Tatsachen, die in dieser Schrift zur Wahrheitsfindung gebracht werden, als Polemik auffassen will oder muß, der sei über das Obige hinaus u. a. auf William S. Schlamm hingewiesen, den aus Galizien stammenden, jüdischen Publizisten, Herausgeber und Chefredakteur der früheren Zeitschrift „Zeitbühne" (München). Unter den vielen namhaften Mitarbeitern befand sich auch S. K. H. Otto von Habsburg.

Es brauchte z. B. nur Heft 5/1976 zu Rate gezogen werden, woraus hier nicht zitiert, aber gesagt werden möchte, daß die Beziehungen zwischen Deutschen und Juden sich erst dann normalisieren, sobald nicht fortgesetzt nur die deutsche Seite des Unrechts und des Bösen bezichtigt, die andere Seite dagegen mit einer, den guten Teil des jüdischen Volkes beleidigenden Nachsicht behandelt wird. Wie es in ähnlichem Sinne der oben zitierte Brite Robert Conquest ausdrückte, daß eine bessere Kenntnis von Fakten, besonders von entstellten und verhüllten, wesentlich für das Verständnis unserer heutigen Welt ist. Eine Voraussetzung, so muß man hinzufügen, für eine endliche Befriedung der beiden Völker.

Zu dem besseren Teil des jüdischen Volkes wäre auch Edgar Joubert zu rechnen. (Vor 1933 hieß er Edgar Katz) „Einer der ersten, der den Deutschen wieder die Freundschaftshand entgegenstreckte", schreibt Hans Klein in der Rezension seines soeben erschienenen Buches „Die große Illusion" (Köln). Hans Klein setzt fort: „Es ist eines der tapfersten Bücher, die ich je gelesen habe ... ‚Rheinpreußen' schreibt er. Denn in dieser Herkunftsbezeichnung steckt der Begriff ‚Preußen',

Edgar Jouberts stille, von den zwölf Jahren NS-Rassismus unbeschädigte Liebe. Ordnung, Opferwille, Pflichtgefühl — war es das, was ihn an den Preußen beeindruckt hat? Oder ihre Tapferkeit? ... Und so sehr er sich müht, die Relativität von Gut und Böse logisch zu beweisen, so sehr ergreift er mit jeder Zeile dieses faszinierenden, aufwühlenden Buches Partei für das Gute ..." („Deutschland-Magazin" 8/82)

Wer ferner die Hinneigung dieser Schrift an ein gesundes Nationalgefühl, an das gute Recht jeder Nation, als Polemik ansehen will oder muß, der sei u. a. auf den Ausspruch von André Gide (1869—1951), den französischen Schriftsteller und Nobelpreisträger hingewiesen:

„Es ist ein tiefer Irrtum zu glauben, man arbeite an der europäischen Kultur mit antinationalisierten Werken; ganz im Gegenteil: je besonderer das Instrument, um so nützlicher wird es im Orchester. Man muß es immer wieder sagen, denn eine Verwirrung will sich der Begriffe ‚Europäische Kultur' und ‚Entnationalisierung' bemächtigen. So ist zunächst dasjenige Buch das würdigste, die europäische Kultur zu beherrschen, das in ganz besonderem Maße das Geburtsland seines Autors repräsentiert."

Was den Sozialismus/Kommunismus anbelangt, so bestätigt sich das oben Gesagte und bereits vor über einem halben Jahrhundert Erlittene nicht nur längst in unser aller Miterleben, auch in gerade jetzt veröffentlichen Blitzen der Wahrheit. Wie Kurt Ziesel, der die Deutschland-Stiftung vertritt und Herausgeber des „Deutschland-Magazin" ist, in dieser, so überaus lehrreich und beispielgebenden Zeitschrift, in der No. 8/1982 in dem Leitartikel „Auf dem Marsch in die Volksfront" berichtet: „ ... der Öffentlichkeit enthüllt, um zu wissen, wohin Brandts politischer Eiertanz führen soll. Schon 1937 bekannte er in seiner Rede vor der linksradikalen SAP:

‚Um die revolutionären Errungenschaften zu retten, bedarf es im Rahmen breiter Aktionseinheit einer Sammlung der bewußt sozialistisch-kommunistischen, anarchistischen und unabhängigen Lager in einem festen Schutz- und Trutzbündnis.' ... Seine Jugendträume von der sozialistisch-kommunistischen Einheit geistern heute noch genau so — wenn auch notwendigerweise von zweideutigen Lügen kaschiert — in seiner Vorstellungswelt ... Es sind mehr die Unanständigen, die Chaoten, die Volksfrontprediger, die Feinde unseres freiheitlichen Rechtsstaates, die, wenn auch immer weniger werdend, hinter ihm und seinen zerstörerischen Zielen stehen ... Muß man es nicht als Schwachsinn bezeichnen, wenn gewisse Herren eine Industrienation in die Steinzeit zurückführen, dem politischen und moralischen Chaos überantworten und damit sturmreif für die Moskauer Weltbeglücker machen wollen?"

So ist es kein Wunder, wenn solche Mächte ihre gut besoldeten Handlanger genau wie vor fünfzig Jahren dort einsetzen, wo sie Unkenntnis und den geringsten Widerstand weithin finden, in der Jugend, in den nachwachsenden Generationen.

„Bonner Stalin-Ehrung“ lautet die Überschrift in einem Beitrag, welchen das „Deutschland-Magazin“ (5/1982) bringt. Die sowjetische, fünfzehnteilige Fernsehserie „Der unvergessene Krieg“ möchte die Bundesregierung im Schulunterricht eingesetzt wissen. „Ein neuer Getreuer der sowjetischen Agitatoren hat sich gefunden: Hermann Granzow, Staatssekretär im Bonner Bildungsministerium ... Stalins Sowjetunion sei ein friedliebender Arbeiter- und Bauernstaat, nicht aber auch ein Aggressor gewesen. Kein Wort von den Überfällen der Roten Armee ... der gefühlsmäßig tief verwurzelte Anti-Kommunismus müsse allmählich überwunden werden.“

Schon in der „Zeitbühne“ (10/1976) schreibt Karl Ludwig Bayer (heute Herausgeber der Freiheitlich-Konservativen Monatsschrift „Epoche“) von einem deutschen „historischen Kompromiß“, von „dem Bürgertum, das seine zum Lebensprinzip erhobene Prinzipienlosigkeit und seine unheilvolle Sucht nach dem Weg des geringsten Widerstandes ... zum Verbündeten des linken Establishments werden läßt ... Um zu siegen, brauchen die Massen der Arbeitnehmer, der Bauern, des Mittelstandes als Wegbereiter, Navigator und Strategen den Rechtsintellektuellen, den artikulierten Geist — das Wort.“

„Die Macht des Bösen lebt von der Feigheit der Guten“

(Don Bosco, 1815—1888)

In Befolgung dieser Mahnung, mit aus schon lange gehegten, ganz ähnlichen Gedanken ist diese Schrift entstanden. Im Gegensatz zu dem oben zitierten jüdischen Publizisten Hans Habe, der eine stärker werdende Neigung auch in seinen Kreisen zum Konservatismus als höchst ärgerlich bezeichnete, dafür aber im Sinne von Gerhard Löwenthal, der so treffend in seinem Artikel „Wir sind stolz, Konservative zu sein“ (Deutschland-Magazin 8/1982) schreibt:

„Wirklicher Fortschritt ist ohne Anerkennung und ohne Einbeziehung des in der Vergangenheit Erreichten nicht möglich. Konservatismus will das aus der Vergangenheit bewahren, was sich bewährt hat, und das verändert, was der Verbesserung bedarf. Der Konservative — nicht nur in Amerika — glaubt an die Kräfte des Individuums, an die Regulationsmechanismen einer freien Wirtschaftsordnung, an das Durchsetzungsvermögen von Talent und Können. Nur wenn der individuelle Leistungswille gefördert und anerkannt wird, kann letztlich der sozial Schwache in den Genuß der Solidarität der Starken kommen. Das alles ist für die Sozialisten von Brandt bis Schmidt ein Greuel.“

In seinem Artikel „Die Kapitulation des Bürgers“ („Zeitbühne“ 5/76) schrieb Gerd-Klaus Kaltenbrunner: „... Die stufenweise Abdankung des europäischen Bürgers hat seither atemberaubende Fortschritte gemacht. Kein Krieg fand statt; doch die Auswirkungen jenes amoralischen Prozesses endlosen Nachgebens gegenüber dem Aggressor (wie Solschenizyn es nannte) waren die eines verlorenen Krieges."

Nichts kann den Fernlenkenden lieber sein, als daß der Krieg mit geistigen Waffen endgültig verlorengeht und ihre Soldknechte im Westen ihren Status als Groß- und Besitzbürger behalten und verstärken. Desto weicher bleiben sie.

Kaltenbrunner setzt fort: „Doch es wächst auch der Widerstand gegen diesen feigen Opportunismus. Er wächst vor allem in der Jugend. Wird er weiterhin wachsen? Wird er über den Geist bürgerlicher Selbstaufgabe siegen? Wir wissen es nicht. Wir sind keine politischen Astrologen. Hier und heute heißt es, wie Gottfried Benn sagt, „dennoch die Schwerter halten". Die geistigen Schwerter.

Ja, der Widerstand wächst in der Jugend, deren Vorrecht es ist, an den neuen Tag zu glauben. Wie gern glauben wir Alten an die Jugend, wenn, ja wenn sie es uns ein wenig leichter machen würde. Wir Alte uns aber auch leichter zu diesem Glauben bekennen möchten.

Gerhard Löwenthal setzt fort: „Ein Wortführer der deutschen Konservativen, Gerd Klaus Kaltenbrunner, definierte schon 1973 den Konservatismus als „Bündnis aller, die sich dem Wahnsinn utopischen Kahlschlages verweigern" und schrieb richtungsweisend — lange vor Reagan — den Satz:

„Bereit, Ältestes mit Treue zu bewahren und dem Neuen ohne Panik standzuhalten, ist der Konservative gesonnen, von der Vergangenheit nicht die Asche zu übernehmen, sondern das Feuer."

Als schlichter Bürger, wenn auch seit über einem halben Jahrhundert im Kampf um das Bestehen im selbständigen Beruf, sozusagen als Frontsoldat des praktischen Lebens, wenn ich so sagen darf, will ich mich nicht mit den Wort- und Schriftgewaltigen etwa vergleichen, aus deren Werken ich so vielfältig zitierte. Ich fühle mich aber still und dankbar mit diesen verbunden. Fast mehr noch mit den vielen Gleichgesinnten, die weder in Wort noch Schrift mit tätig sind, denen zudem nicht die Fülle allgemein- und zeitgeschichtlichen Schrifttums zur Hand ist. Denen aber vielleicht diese Schrift da und dort eine Anregung bieten kann, sich mehr als bislang gerade mit der Zeitgeschichte zu befassen. Sei es nebenberuflich, soweit angängig, oder wie ich in nachberuflicher Tätigkeit. Die überdies ein geistiges Training bedeutet und Stoff zu Nachdenken und Gesprächen bietet.

Sie alle sind Mitkämpfer im endlichen Errichten einer „Wand aus Entschlossenheit in der Stunde äußersten Notstandes", wie Solschenizyn schrieb.

Martin Machule drückte dies aus:

„Ihr seid nur Wenige. Doch ihr seid,
Ist Freude schon genug für alle Freien.
Ein redlich Herz, zu Tat und Werk bereit,
Ist nötiger als predigen und schreien."

In gleicher Art möchte ich zufügen:

Gefährten seid ihr mir, meist unbekannt.
Doch eines Sinnes, aus dem gleichen Blut.
Zu sprechen und zu kämpfen für das Vaterland.
Für unser ganzes Volk und angestammtes Gut.

Sie alle lassen sich nicht blenden
Von jenem Irrsinn, der die Welt erobern möchte,
Trotz trägem Wohlstand wollen viele wenden
Solch Schicksal, lebend nur als niedre Knechte.

Nicht mit dem Schwert, doch mit des Geistes Macht,
Werden wir den Kampf für's Recht bestehen.
Es lebt in uns noch alter Väter Kraft.
So können wir nicht untergehen.

Ob wir's erleben oder nicht, es rechnet keine Stunde.
Die fernen Kindes-Kinder können aber sagen,
Klar und gewiß aus tiefem Herzensgrunde:
Sie wehrten sich scharfblickend ohne Zagen.

Sie wollten nur den Frieden, nicht die Rache.
Sie mühten sich daher, christlich zu denken.
Sie standen furchtlos zur gerechten Sache
Im Widerstand, die Ehre ihres Volkes zu verschenken.

Vor Schmach und Willkür wollten sie bewahren,
Die Deutschen, erneut bedroht mit frevler Hand.
Damit die Späteren können frei und offen sagen:
„Es lebe Deutschland", unser ganzes Vaterland!

In tiefer Verehrung von

Sven Hedin (1865—1952)

dem wahrhaft großen, edlen Menschen, dem schwedischen Forscher, Wissenschaftler, Weltreisenden und Schriftsteller. Wie keine andere neutrale Persönlichkeit seines Ranges hatte Sven Hedin Mut und Gerechtigkeitssinn, vor, in und nach beiden Weltkriegen zum deutschen Volke zu stehen.

Wie von maßgeblicher Stelle seiner Mitlebenden geurteilt wurde: „Voll Wagemut und Unerschrockenheit, der uns lehrt, die Erde mit den Augen eines Kulturmenschen zu sehen, mit zwingender Objektivität, unabhängig von irgendeiner Regierung oder Geldmacht."

Gleiche ehrende Worte möchten für alle Genannten und Ungenannten in dieser Schrift gelten, denen Mut und Kraft gegeben war und ferner wird, im Sinne von Sven Hedin die Wahrheit für unser Volk zu finden und weiterzugeben.

„Inmitten einer gottverlassenen Welt,
Die heiser sich nach Blut und Rache schrie,
Bist du gestanden, sagenhafter Held,
Getreu dem Geist, den Gott dir einst verlieh.

Ich, deutschen Stammes, spreche für dies Land,
Dem deine brüderliche Liebe galt.
In einem Meere von Verrat und Schand
Gabst du den Sinkenden den letzten Halt.

Es warf die Horde frech mit ihrem Kot
Nach deinem Ruhm. Du aber bliebest treu.
Und lieber trugst du mit uns unsre Not
Als einzustimmen in das Haßgeschrei.

Vergänglich sind Gewalt und Eitelkeit.
Es stirbt der Mensch mit seinem Lug und Wahn.
Doch überdauern soll es diese Zeit.
Was du an uns in unsrer Nacht getan." *M. M.*

Das Reich

Einer der erbittersten Feinde, die Deutschland je hatte, Winston Churchill, der weit vor Hitler, schon zu Zeiten Kaiser Wilhelms II. mit unsäglichem blinden Haß und ebensolchem Konkurrenzneid auf unser Volk blickte, hat darob nicht nur sein eigenes Land in den Ruin, wie klar vorauszusehen war, sondern ganz Europa an den Rand des Verderbens gebracht.

Schon lange läßt sich überdeutlich erkennen, wie wahr der Ausspruch eines deutschen Politikers gewesen ist, ich weiß nicht mehr, wer es war, daß England deswegen so oder so seine Weltmachtstellung verlieren und auf seiner Insel kaum noch leben können werde. Doch man soll ja auch vom Feinde Lehre annehmen, und Churchill hat in anderem Zusammenhang den Ausspruch getan: „Die Staaten der Zukunft sind Staaten des Geistes."

Diese Worte aus ehemals so feindlichem Lager möchte ich in gewisser Hinsicht auf das Deutsche Reich anwenden, auf das innere Reich aller Deutschen, das in Europa unsterblich ist, selbst wenn die äußeren Formen zerbrochen sind und dieser Geist der Deutschen von abertausend Zersetzungs- und Sumpfgiften umlauert und bedroht wird.

Es versteht sich von selbst, daß es sich nicht um einen rachelüsternen, kriegerischen Geist handelt, sondern um den festen Glauben, daß in diesem inneren Reich allein noch die Ordnung und der Frieden Europas geborgen sein kann, in gleichberechtigter und verantwortungsvoller Gemeinschaft mit allen unseren Nachbarn!

Wohl sind die äußeren Formen zerstört, doch man muß dem uns aufgezwungenen, das Bewußtsein verändernden Begriff unserer Gegner entgegentreten, die geflissentlich von „zwei deutschen Staaten" sprechen, obwohl es sich doch um „zwei Staaten in Deutschland" handelt. Heinrich Windelen betonte dies und sagte weiter dazu: Die häufig anzutreffende Redewendung vom „Untergang des Deutschen Reiches" und seiner „bedingungslosen Kapitulation" ist historisch falsch, weil nicht das Deutsche Reich, sondern die Deutsche Wehrmacht kapitulierte, und sie ist staats- und völkerrechtlich irrig, da das Deutsche Reich eben nicht untergegangen ist, sondern fortbesteht. Ebenso unrichtig ist die Behauptung, die Bundesrepublik Deutschland oder „beide deutsche Staaten" seien „Rechtsnachfolger des Deutschen Reiches, denn dieses besteht ja fort." Das Bundesverfassungsgericht geht im Grundvertragsurteil darüber hinaus: „Die Bundesrepublik Deutschland ist also nicht" Rechtsnachfolger des Deutschen Reiches, sondern als Staat identisch mit dem Staat „Deutsches Reich", in bezug auf seine räumliche Ausdehnung allerdings teilidentisch.

In diesem und mehrfachen Sinne wollen wir uns daran halten, daß Deutschland, das Reich, wir selbst sind und dessen christliches und kulturelles Erbe zu hüten haben, auch im kleinsten Teil, in der kleinsten Tat, auf daß aus dem immer noch bestehenden Block der inneren Werte des Reiches nicht noch mehr herausgebrochen werde und Europa überlebt! In dieser Überzeugung wollen wir das Deutschland-Lied verstehen, das zu einer Zeit geschrieben wurde, da die deutsche Kleinstaaterei eine fast gleich unselige Zerrissenheit bewirkte, wie heute die brutalen Mächte der Spaltung. Also ferner in dem Sinne, daß wir das Recht haben, die Liebe zu Deutschland über alles zu empfinden.

Für das Land aller unserer Ur-Väter und -Mütter soll unsere Bitte gelten, daß Gott dessen Geschick in Gnaden fügen möge. Für jeden einzelnen von uns, für das ganze deutsche Volk, für alle, die sich an verantwortlicher Stelle befinden, muß die Mahnung des Deutschland-Liedes für Einigkeit, Recht und Freiheit mehr als je Bedeutung haben. Aus der so schrecklichen Zeit nach dem Ersten Weltkrieg, als es von Reichspräsident Friedrich Ebert zur deutschen Nationalhymne erhoben wurde, sind mir noch Worte aus einem Gedicht der deutschen Jugendbewegung in Erinnerung. Die zwar in wirtschaftlicher Hinsicht nicht — oder noch nicht — auf uns Heutige zutreffen, desto mehr auf unsere politische Lage:

„Gib Bruderliebe, Glaub' und Hoffen
An deines Volkes Wurzelkraft,
Daß es aus Not und tiefen Wunden,
Aus Bruderhaß, der es erschlafft,
Zu neuer Einheit mag gesunden."

Die Schluß-Zeilen möchten wieder ein Gedenken an Ulrich von Hutten bedeuten:

„So klein auch ist die Eichelstaat,
es ruht in ihr der künftige Baum.
Auch die größte Tat
wächst aus Traum."

Ein Traum vom Deutschen Reich, der mehrmals im Laufe der Jahrhunderte in ein Dunkel zurückgesunken ist, doch mit dem Tode des letzten Deutschen erst enden wird. Planen und Streben liegen bei uns, das Gewähren ist bei Gott.

Übersicht über den Inhalt

Der Verfasser verfolgt das Bemühen, den Lesern Ergebnisse von Wahrheitsforschung und Geschichtsschreibung nahezubringen, und zwar aus 238 deutschen sowie internationalen Werken, einschließlich Tagespresse, Monats-, Wochenzeitschriften und Magazinen. Diese Zahl ist eher zu klein als zu groß angegeben. Wie ersichtlich ist die Quelle für jedes Zitat direkt vor oder nach dem Text belegt, auch allermeist mit den Jahren, in denen die Werke und Arbeiten veröffentlicht wurden. Deutsche Quellen aus den Jahren 1933 bis 1945 blieben möglichst unberücksichtigt.
Wenn auch viele der Titel vergriffen sind, so wären diese doch wohl alle noch in wissenschaftlichen Bibliotheken und Presse-Archiven einzusehen, soweit nach den Weltkriegen als unerwünscht für die Wahrheitsfindung nicht etwa beseitigt, im Gegensatz zu neutralen Ländern, wie der Schweiz u.a.
Zusammen mit Kommentaren, Erfahrungen, Erlebnissen und Erkenntnissen des Verfassers kann und soll diese Arbeit Wissenschaftlern der Geschichte und Zeitgeschichte kaum neues bringen. In erster Linie möchte das Buch dazu beitragen, gerade bei den nachgewachsenen und kommenden Generationen Interesse für die Wahrheit und für eigenes Quellen-Studium im Sinne der Leitworte hervorzurufen:

Erinnern, Wecken, Wachen.

Die nachfolgende kurze Übersicht kann die zahlreichen Untertitel der drei Kapitel nicht erfassen, möchte aber Anregungen auch für flüchtige Leser geben.

An Stelle eines Vorworts ... 5

I. „Mehr durch den Pflug als durch das Schwert"

Welche Kräfte haben die deutschen Ostgebiete erschlossen, zivilisiert, kultiviert und zur Kornkammer Mitteleuropas gemacht? ... 13–19, 22, 24
Damit eine Vormauer für Kultureuropa? ... 20
Rußland immer schon ein Todfeind Polens ... 21
Preußische Polenpolitik ... 26–29
Polen als Zeitbombe ... 29
Weit vor Hitler in Polen schon: Krieg gegen Deutschland, „Auf nach Berlin" ... 31–36
Urheber des deutschen Polenfeldzuges 1939? ... 36–39
Wer war der Angreifer? ... 40
Vertreibung „Die Höhe des menschlichen Wahnsinns" ... 41–43
Doch 1950 schon: deutscher Verzicht auf Rache und Vergeltung ... 43
1980 — Der Papst wird von dazu bestimmten Kräften in der Bundesrepublik Deutschland angepöbelt ... 48
1981 — Warum kann sich Polen nicht einmal selbst ernähren? ... 44–47
Tief im Herzen bleibt unser deutsches Ostland ... 49–51

II. „Ohne Preußen sind die Deutschen keine Nation"

Erfüllung des alten Traumes unserer Gegner aus West und Ost: Preußen ausgelöscht, Deutschland gespalten, Europa jedem Angriff geöffnet ... 53–54–62, 84
Selbst der ehrwürdigste preußische Friedhof geschändet ... 85
Preußen der am weitesten vorangeschrittene Staat Europas, oder ein Autoritäts- und Unrechtsstaat? ... 66, 82
Von preußischen Persönlichkeiten ... 63–74
Nur Hilfe durch das ehrenfeste Volk. Befreiungskriege gegen den Gewaltherrscher Napoleon. Auch das „preußischer Militarismus"? ... 63–74
1848: Deutsche Einheit mit Österreich ... 75, 76
Die siegreichen Kriege 1864, 1866, 1870/71 mit Einigung Deutschlands preußisch-deutsche Eroberungszüge? ... 80
Bismarck: auch darin seiner Zeit voraus: keine Kolonialvölker ausbeuten, sondern Freunde gewinnen 82
Historische Sachlichkeit und Gerechtigkeit zur Ehre Preußens ... 86–88

III. „Blut und Eisen"

Was sagte Bismarck und was seine sozialistischen Gegenspieler? ... 89
Welches Land führte die meisten Kriege? ... 90
Was muß zerstört werden? ... 90
Preußen im Zerrspiegel ... 91–93
Was betrieb Frankreich schon seit 300 Jahren? ... 94
„Soldatenkönig" Friedrich Wilh. I. ... 97–101
Friedrich der Große: wollte nicht der Spielball zwischen Ost und West sein. Wer reizte zum Angriff? ... 103–108
Wer hielt immer schon systematisch den ewigen Krieg aufrecht? ... 108
Die stete preußisch-deutsche Tragödie: Haß von hundert Mitbewerbern ... 119
Friedrich d. Große: 23 Jahre Friedensprogramm ... 121
Wessen Übergewicht durch ununterbrochene Kriege? ... 123
Wer wird sich selbst verlieren und Europa dazu? Vorraussage schon vor 200 Jahren ... 134
Welches Volk ist wie kein anderes leichtgläubiger und törichter gewesen? Für wen war keine Lüge zu grob ersonnen? ... 125, 126
Nach den Befreiungskriegen wiederum: Preußen erniedrigen und dann zerstören ... 129
1848: nicht die rote, sondern die schwarz-rot-goldene Fahne ... 131–133
mit der Vereinigung Österreichs mit Deutschland ... 137
Wer hat seit fast ½ Jahrhundert keinen Krieg geführt? ... 138

1870/71: Unbelehrbare Raubsucht. Von wem? 140, 161
Schlimme Entartung der Völkerverhetzung. Von welcher Seite? 141, 144, 149–159, 201, 202, 222, 242, 244
Wer hielt 44 Jahre lang wieder den Frieden? 142
In friedlicher, ehrsamer, gerechter Arbeit? 143
Wer waren die „drei Räuber"? Einkreisung? Was schrieben Marx und Engels? 144–147
Wer zwingt Europa auf der Hut zu sein? Erbhöfe des Kriegsgewinns 146–148
Ein unerschütterliches Faktum in der Geschichte 156
Gewalt, Gewalt bis aufs äußerste 160
Versailler „Friedensvertrag": auf Betrug aufgebaut 160
Überzeugung sämtlicher Politiker, außer Kommunisten 163–169
Was ist zur Geburtsstätte des Nationalsozialismus geworden? 167
Wer verkündet eine Lehre des Hasses und des Todes? 168
Ich kenne kein Vaterland, das Deutschland heißt 173
Wer drängte auf gefährliche Wege der Radikalisierung? 182–185
Was wollten die Deutschen? Aus tiefster Not heraus! 186
Auswege nach Stefan Zweig, Walther Rathenau u. a. 189–192
Wer gehörte zu den Verführern? 195–199, 200, 239
Die erste Kriegserklärung v. 24. 3. 33 mit schlimmen Entartungen der Völkerverhetzung 202
Emigration? Anschluß an das Vorstehende 204–206
Deutsche Schuld: die moralische Bastion aller Gegner? 216–221
Verdeckte Fälschung. Niemand hatte genaue Kenntnis 224
Was bewirkt die Bewältigungsindustrie? 225
Antisemitismus: deutsche Erfindung? Juden unerwünscht, wo? 226–230
Hilfsarmee der Sowjetunion 231, 232
Wer hätte 1936 noch vom Westen gestoppt werden können? 233
Das furchtbare Deutsche Reich? 235, 237
1939: Die Falle klappte zu 238–241
Wer hat einen alles vernichtenden und ausrottenden Luftkrieg gegen Zivilisten vorbereitet und durchgeführt? 245–247
Und wer das furchtbarste Massaker gewollt und angerichtet? 248–253
Demokratie: 10% erzwingen den Krieg. 90% sind hilflos 256–258
Ohne die Deutschen schon seit 40 Jahren: Sowjeteuropa 259–261
Welcher Orkan über Europa? Mit einem neuen Weltbrand! 262–268
Wer ließ alle Versuche des deutschen Widerstandes scheitern? 262–268
Verräter an Deutschland. Wer war dabei? 269–271, 306
Nicht 5 oder 20, sondern 30 Millionen Deutsche sollten ausgerottet werden 274–278
Jeder Grundsatz des Rechts mit Füßen getreten 280, 281
Wer hat uralten Brauch barbarischer Zeiten vorbereitet und bewirkt? 282–285
Wessen Kriegsziele waren Verstümmelung, Spaltung, Vernichtung eines alten Kulturvolkes? 286–290
Im quirlenden Schlund eines unermeßlichen Hasses 291, 292
Große Aufgabe, ein neues Nationalgefühl zu bilden 299
Alle schufteten 300, 301
Wiederum verblüffend und furchteinjagend 305
Daher längst wieder an einem Strang 269, 306
Vorurteile abbauen, Verständigung anbahnen. Von wem? 308–310
Alle Völker stehen wie Geschwister nebeneinander 313–315
Die — ... die ... die ..., ja, auch die Juden 316, 317
Stärker als die Übermacht. Antwort des Westens. Keine Nacht dauert ewig 318
Polemik? 319–320
Die Macht des Bösen lebt von der Feigheit der Guten 321
Das Reich 324, 325

1914—1948

Man kann diese Zeitspanne den 34jährigen Krieg nennen, wenn man vor allem die der deutschen Zivilbevölkerung auferlegte Hungersnot von 1945—1948 zurechnet. Diese gehörte ja zum eigentlichen Kriegsziel (s. u. a. S. 286). Wie auch u. a. Churchill sagte, daß es sich von 1914—1945 in Wahrheit um einen einzigen Krieg gehandelt habe.

1933—1983

Zum 50jährigen „Jubiläum" wurde angekündigt, daß allein in drei Monaten fünfzig Fernseh-Darbietungen erfolgen werden. Also fortgesetzt wird an einem Strang gezogen ... (S. 306). Damit die deutsche Schuld die moralische Bastion der Sieger bleibt (S. 216), setzt die „Bewältigungsindustrie" (S. 225) mit der Hilfsarmee der Sowjetunion (S. 231) mit großen Energien (S. 283) die historische Verkürzung und verdeckte Fälschung (S. 224 ff) fort.
An ihren Früchten kann man sie erkennen (S. 279). Die Sieger gaben mit Zerstörung eines preußisch-deutschen Militarismus die Herbeiführung des Weltfriedens vor, haben aber allein von 1945—1978 einhundertdreiunddreißig Kriege bewirkt (S. 290), die das Leben von 25 Millionen Menschen kosteten. Von großem Leid, neuen Vertreibungen und schrecklichen Folgen abgesehen.
So müssen wir die Kraftquellen seelischer, sittlicher und geistiger Art (S. 318) verstärken und unsere Schwerter schärfen. Die geistigen Schwerter. In Liebe zu allen Völkern, wenn auch nicht zu allen Machtgruppen.